财政学类专业教育教学的改革与实践

教育部高等学校财政学类专业教学指导委员会

上海财经大学出版社

图书在版编目(CIP)数据

财政学类专业教育教学的改革与实践/教育部高等学校财政学类专业教学指导委员会 . —上海:上海财经大学出版社,2017.10
ISBN 978-7-5642-2839-2/F • 2839

Ⅰ.①财…　Ⅱ.①教…　Ⅲ.①财政学-教学-改革-高等学校
Ⅳ.①F810-42

中国版本图书馆 CIP 数据核字(2017)第 238207 号

□ 责任编辑　江　玉
□ 书籍设计　张克瑶

CAIZHENG XUELEI ZHUANYE JIAOYU JIAOXUE DE GAIGE YU SHIJIAN
财 政 学 类 专 业 教 育 教 学 的 改 革 与 实 践
教育部高等学校财政学类专业教学指导委员会

上海财经大学出版社出版发行
(上海市中山北一路 369 号　邮编 200083)
网　　址:http://www.sufep.com
电子邮箱:webmaster @ sufep.com
全国新华书店经销
上海叶大印务发展有限公司印刷装订
2017 年 10 月第 1 版　2017 年 10 月第 1 次印刷

710mm×1000mm　1/16　25 印张　380 千字
定价:68.00 元

前　言

　　教育部高等学校财政学类专业教学指导委员会(以下简称财政学教学指导委员会)成立于2013年4月(名单参见附录1),第一届财政学教学指导委员会任期自2013年4月1日起至2017年12月31日止。教学指导委员会的主要任务包括组织和开展本科教学领域的理论与实践研究,就高等学校的学科专业建设、教材建设、教学实验室建设和教学改革等工作向教育部提出咨询意见和建议,制定专业规范或教学质量标准,承担有关本科教学评估以及本科专业设置的咨询工作,组织教师培训、学术研讨和信息交流等工作,承担教育部委托的其他任务。五年来,财政学教学指导委员会在教育部高等教育司的指导和主任委员的领导以及委员们所在单位的大力支持下,每年举办一次全国财政学类专业师资培训,召开一次全体委员会议,就财政学类专业的教育教学改革开展调查研究并向教育部提出咨询意见和建议,承担并完成教育部高等教育司委托的多项任务(参见附录2),取得了丰硕成果。《财政学类专业教育教学的改革与实践》一书即是这些成果的部分反映。

　　本书共计收录26篇文章,主要是财政学教学指导委员会在开展《财政学类本科专业教学质量国家标准》(以下简称《标准》)研制、财政学学科属性研讨和对财政学类专业教育教学实践调研等活动中形成的成果。前面7篇文章是围绕《标准》研制而完成的研究报告和论文,第8—11篇文章是在对我国财政学类专业教育教学实践开展调研过程中完成的调研报告,第12—

20 篇文章是在开展财政学科属性与学科定位大讨论的过程中形成的成果，第 21—26 篇文章是举办财政学类专业相关高校学习与讨论《标准》过程中形成的成果。这些成果中的部分重要观点与建议还形成了专家建议，以财政学教学指导委员会的名义提交教育部供高等教育司参考。

编撰出版本书既是对财政学教学指导委员会五年工作的一个总结，也希冀能为下届财政学教学指导委员会的工作留下一点可供借鉴与参考的史料。感谢所有给予财政学教学指导委员会工作大力支持的委员、委员所在单位以及非委员高校和科研院所，正是有了大家的支持，本届教学指导委员会的工作才得以顺利开展并得到大家的认可。

教育部高等学校财政学类专业教学指导委员会秘书处

2017 年 8 月

目 录

研制财政学类本科专业教学质量国家标准的实践及思考

樊丽明　刘小兵　姚玲珍

一、研制《标准》①的初步实践

教育部高等学校财政学类专业教学指导委员会(以下简称财政学教学指导委员会)自 2013 年 5 月成立以来,按照教育部部署,在《标准》研制、师资培训、课程建设等方面做了一些工作。其中,研制《标准》是重中之重。为了较好地完成这一任务,财政学教学指导委员会秘书处组织了一系列调研活动。第一,开展专题研究。财政学教学指导委员会秘书处组织部分委员和专业教师完成了《中国财政学的发展历程》、《台湾地区高校财税类学系设置的基本情况报告》、《日本的财政学研究与本科教学》、《从国际比较的视野看财政类学科建设与发展的社会需求基础》和《我国财政学类专业本科教育改革难点问题研究》5 份相关报告,为《标准》制定提供了背景式参照。第二,组织问卷调查。面向国内举办财政学类专业的 121 所高校和部分用人单位,我们设计和发放了"财政学类专业建设与发展状况调查问卷(高校卷)"和"财政学类专业建设与发展调查问卷(用人单位卷)",共回收问卷 70 余份,并形成了《我国财政学类本科专业建设与发展状况调查问卷分析报告》,比较全面系统地反映了我国财政学类专业的

---

① 文中将《财政学类本科专业教学质量国家标准》简称为《标准》。

办学状况、主要成就和存在的问题,为《标准》制定提供了重要的参考依据。第三,进行实地调查。我们针对独立学院办学历史较短、以往掌握信息不够充分的问题,委托财政学教学指导委员会委员对 5 所独立学院的财税专业状况进行了实地调研,收集了一手资料,也为制定《标准》提供了参考。在此基础上,我们组成《标准》起草工作小组,学习参考了经济学、法学、工商管理等教学指导委员会提供的《标准》初稿,开展了《标准》研制和起草工作,几易其稿,形成了正式讨论稿。2014 年 5 月中旬,在中南财经政法大学召开全体委员会议,专门研讨国内外专业建设动态、《标准》制定的理论问题和讨论稿中的焦点问题。目前,《标准》讨论二稿已经完成,正在广泛征求意见之中。我们计划暑期加强与经济类其他教学指导委员会的协调,再行修改,9 月中旬召开由教学指导委员会委员、办学院系负责人、用人单位代表等参加的专题研讨会,听取意见,继续完善,10 月份完成交稿。

二、研制《标准》的基本原则

我们认为,要研制出质量较高的《标准》,关键在于正确处理下述五种关系。

(一)处理好专业基本要求与各校特色发展的关系

这一关系的实质是规范性与差异性的关系。一方面,专业教学质量标准要充分体现统一性。《标准》的定位是本专业人才培养的基本要求,是合格标准;其用途是"成为专业进入标准、专业建设标准和专业评价标准",至少满足前两项要求。因此,研制《标准》就是要找出不同类型高校中财政学类专业本科培养质量的"最大公约数",尤其要凝练出专业人才培养的核心要素和基本要求,使得研制出的专业标准具有通用性,适用于举办财政学类专业的各类高校。易言之,无论是什么类型高校举办财政学类专业,都应该达到专业基本要求。另一方面,专业标准又应具有一定弹性。财政学类专业是在不同类型、不同层次、不同地区、不同历史的高校中举办的,各校的办学传统、学科优势、办学资源等存在不小差异。因此,研制《标准》应在坚持统一性的前提下,使《标准》要素富有弹性,留有余地,鼓励高校发挥主观能动性,立足实际,找准定位,发挥优势,办出特色,提高质量。而且,要明确"校标高于国标",鼓励各高校高于国家标准办学。《标准》中的弹性主要体现于培养目标类型、总学分及其结构、核心课程、选修课程、新兴交叉课程、毕业论文形式、专业教学质量报告等内容。

(二)处理好立足教育现实与引导深化改革的关系

这一关系的实质是现实性、可行性与前瞻性、引领性的关系。一方面,研制《标准》不能脱离国内财政学类专业的办学现实。首先,现阶段我国经济社会发展对人才的需求决定着人才培养目标和主要去向,经济社会发展状况也影响着人才培养的师资水平、财力物力投入及社会实践条件。其次,我国财政学专业自20世纪30年代末开办,历经七十余年的建设发展,有着较好的办学基础和人才培养质量,积累了丰富的教育教学经验。尽管不应简单地把目前专业办学的"底线"或"均值"作为标准,但全面了解我国财政学类专业的办学现状,认真总结办学经验,充分认识专业人才培养规律,应该成为研制《标准》的认识起点和工作起点。正是基于这种认识,我们采用问卷调查和实地调研方式,面向全国财政学税收学专业点进行了较为全面系统的调研,以便做到心中有数。在研制过程中,对专业的人才培养目标、培养规格、核心课程、师资要求、办学硬件、实习基地等也较充分地考虑了必要性和可行性的统一。另一方面,研制《标准》应面向未来,适应教育发展趋势,引导教育教学改革。《标准》引领改革具体体现在如下方面:一是适度控制总学分;二是积极推行通识教育;三是用好网络课程资源;四是加强实践教学,既有学分学时保障,又应采用多种形式,让学生在社会调查、公益活动、创新创业和勤工助学等活动中深化知识学习,锻炼多种能力,提升个人品格;五是顺应国际化趋势,鼓励高校创造条件,引进国外优质教学资源;六是鼓励有条件的高校努力增加学生海外学习经历、国内访学经历和社会实践经历。

(三)处理好坚持中国特色与吸收国际经验的关系

这一关系的实质是本土化与国际化的关系。在研制《标准》的过程中,正确处理中国特色与国际经验的关系尤为重要。较为普遍地举办财政学和税收学专业是中国大陆和台湾地区高等教育的特色。欧美国家以及日本等国基本不设财政学类本科专业,但大多数经济学院系、公共管理院系或社会科学学院都开设财政学课程,在更高层次的学历教育尤其是 MPA 和 MPP 的教学中,与财政相关的各类课程更是不可或缺,且根据社会需求的变化而不断丰富;商学院系或法学院系大多不设税收专业,但设有税收类课程或项目,在更高层次的学历教育中更是普遍开设税收课程或项目。我国台湾地区目前有 12 所高校设有财政学专业并授予学士学位,其中,政治大学、台北大学、逢甲大学、岭东科技大学和高雄应用科技大学五校设有硕士班,仅有政治大学设有博士班,可授予博士学位。台湾高校重视通识教育(大多设有核心通识课程和一般/进阶通识课程)、税收课程细分、专业选修课程丰富、开设学校特色课程等做法,值得学习借鉴。① 有鉴于此,认真总结我国几十年来财政学类专业建设和发展的经验,坚持中国特色,对于《标准》研制十分必要。

(四)处理好经济学门类共性要求与财政学个性要求的关系

这一关系的实质是专业大类与专业类标准的衔接问题。我国目前本科目录中的财政学类包括财政学、税收学两个专业,与经济学类、金融学类和经济与贸易类并列,都从属于经济学门类。因此,一方面,《标准》与其他经济学类别一样有一些一般规定性。譬如,《标准》的制定依据、定位及用途、学制与学位、课程分类、教学规范、质量保障、教学效果等应该大致相同,实践教学形式、师资队伍、教学条件应该基本相近。这些相同或相近的内容需要大类内各教学指导委员会间加强沟通交流,共同研究,协调形成内容和形式上必要的一致。另一方面,《标准》又有一些特殊规定性。这主要体现在专业性质、培养目标、知识能力素质要求、总学分及其结构、各类课程的内容、实践教学内容和时间要求、毕业论文形式及指导等方面。这些特殊内容需要专业教学指导委员会根据本专业特点深入研究和反复讨论确定。

---

① 相关数据与判断来自于财政学教学指导委员会秘书处完成的《台湾地区高校财税类学系设置的基本情况报告》《从国际比较的视野看财政类学科建设与发展的社会需求基础》等 5 份调研报告。

（五）处理好本科专业标准与硕士培养标准的关系

这是一个不同层次人才培养标准的关系问题。在硕士研究生结构向增加应用型专业硕士倾斜、大部分财政学学术型硕士转为税务专业硕士的新形势下，关键是找准财政学类专业本科与税务专业硕士标准的各自定位。两者的共同点在于：有着相同或相近的专业/二级学科口径，培养目标中都含有"应用型和创新型人才"的规定；两者的联系在于：课程内容和深度具有内在联系，社会实践的深度与广度存在内在衔接等。我们更要注意两者的区别。我们认为，这种区别主要有三：一是培养目标的差异。由于专业硕士职业导向明确，学制较短，因而更强调应用型和创新型。本科是培养专业人才的初始阶段，学制较长，学生未来发展路径更加多元，应该更加注重宽口径、厚基础、重能力、强实践，培养学生的社会适应性和持续发展力，因此，定为应用型、复合型和创新型可能更符合本科专业的要求。当然，不同类型高校可根据校情选定本校该专业的人才培养目标。二是培养规格的差异。这主要体现在，专业硕士要求较高的专业知识、能力、素质要求，本科专业要求更宽的知识面和更全面的基本素质。应避免对本科生的培养规格提出不切实际的过高要求。三是实践教学的差异。专业硕士更注重专业实习，学时多周期长，为培养成一位专业从业人员而做准备。本科专业社会实践更具有基础性，注重把育人和培才结合，实验、专业实习和多种形式的社会实践结合。

三、研制《标准》的焦点问题

（一）培养目标

我们认为，财政学类专业的培养目标应定位于"践行社会主义核心价值观，具有较强的社会责任感、公共意识和创新精神，掌握经济学和财政税收基本理论和方法、熟悉我国财税政策法规、了解我国财经运行状况，具备综合运用专业知识分析和解决公共经济问题能力的应用型、复合型、创新型人才"。在此，我们主要强调三个要点。第一，培养人才的类型。撷取不同类型高校培养财政学专业人才的目标共性,我们把培养目标定位于层层递进的"应用型、复合型、创新型人才"。其中,"应用型"是最基本的定位,这既符合财政学类专业的性质,也区别于更高层次人才的目标定位;"复合型"定位主要是依据我国目前财政学类专业的经济学属性和实质上的综合性、跨学科特点,考虑到学生就业去向主要为工商企业(财务部门)、金融企业、咨询服务企业和政府部门,应奠定较为宽厚的知识能力基础,增强学生的社会适应力;"创新型"定位则是要求注重培养学生的创新精神和创新能力,增强学生的持续发展力。第二,专业知识和能力的要求。我们认为,定位于"综合运用专业知识分析和解决公共经济问题的能力",突出本专业的学习研究领域主要是公共经济问题,比较准确和恰当。第三,学生素质和品德的要求。一方面,考虑各专业学生品德的共性要求,用"践行社会主义核心价值观"来概括表达;另一方面,从财政学专业的性质和知识能力要求出发,突出"较强的社会责任感、公共意识和创新精神"。

(二)学制问题

对于"基本学制 4 年"能够达成共识。关于"最低修业年限为 3 年",考虑到实施学分制的改革背景以及学生的学习能力差异,对少数特别优秀的学生确应在政策上"开天窗"。考虑到各环节的实践教学在育人中具有不可替代的重要作用,即使课堂教学可以以集约方式完成,实践教学时间一般不宜压缩,因此,最低修业年限也不能更短。对此,绝大多数参与讨论者也可以形成共识。那么,是否应该设置修业年限的上限(如 6 年)? 我们主张不应规定上限。设置修业最高年限固然利于教学管理,也有利于督促学生尽可能在规定年限内完成学业,但关键的问题是,我们要考虑的主要因素应该是符合教育规律,而不是便于教学管理。首先,我们讨论这一问题的前提是鼓励有条件的高校实行学分制,更好地实现因材施教、个性发展。我们的制度设计应容纳所有的学生。其次,我国现在及未来大学生来源日益多元,入大学已不设年龄限制。大学生来源可分为应届高中毕业生、高中毕业工作一段时间后再进入大学的人员、退出工作后进入大学的老者,不同个体学习能力差异很大。制度设计应尊重教育主体的个体差异。最后,随着形势不断发展变化,国内、国际学生在学程中因身心健康、创新创业、服兵役等原因休学一段时间成为常态,制度设计必须适应这一现实。因此,我们统一规定修业最高年限恐不符合教育规律,难以满足当代学生日益多样化的需求。至于便于教学管理的方面,随着教学管理的信息化程度不断提高,因个性管理而增加的工作难度和工作量会大大降低,因而便于教学管理不足以成为设置修业年限上限的依据。

(三)总学分及其结构

总学分是研制《标准》中一个突出的焦点问题,也是我们在各种研讨会上和征求意见过程中争议最大的问题之一。目前我国高校财政学类专业的总学分数差异很大,但大多偏高。对全国高校财政学类专业的问卷调查数据显示,财政学类专业的平均总学分为165.5[①]。我们认为,针对这一状况,为增强学生自主学习能力,支持和鼓励学生的交叉复合培养,努力为学生创造更大成长空间,减少总学分和压缩课内学时应该成为我国高校教育教学改革的方向,《标准》中应明确体现这一方向。当然,我们也要立足于我国高校间差异较大的现实,不能简单地搞"一刀切",应设有一定弹性,给予部分高校适当缓冲。此外,学分结构是否科学合理也是研制《标准》中需要重点思考的问题。考虑到我国目前财政学类专业中一定程度上存在"重理论教学,轻实践教学"、"重专业课程,轻通识课程"的倾向,我们主张,"实践教学累计学分不少于总学分的15%、通识课程学分应占总学分的40%左右",以使人才培养效果与"应用型、复合型、创新型人才"的培养目标相吻合。

(四)课程设置

课程体系包括理论课程和实践课程,前者又可分为通识课、专业基础课和专业课。对于理论教学中的课程设置,我们认为应结合前述研制《标准》的五项基本原则考虑以下几个问题。第一,设置专业基础课。2012年教育部发布的新的本科专业目录已经将经济学这一学科门类分为了经济学类、财政学类、金融

[①] 数据来自于财政学教学指导委员会秘书处完成的《财政学类专业建设与发展状况调查问卷(高校卷)》(见附录3)的调查。

学类和经济与贸易类四类专业,考虑到经济学门类培养学生的知识能力素质的共性要求,我们将政治经济学、微观经济学、宏观经济学、财政学、会计学、统计学、金融学、国际经济学和管理学设为专业基础课,这既体现了经济学专业大类的共性要求,也体现了财政学类专业的个性需要。将专业基础课一一列出,用意还在于表明,能否满足专业基础课开课需求是判断能否举办财政学类专业的一个门槛。第二,选定专业核心课。对于财政学类专业的专业核心课程的设置,基于专业基本要求,我们建议,"核心课程不得少于5门",但对每个专业只分别统一规定了3门课程,给学校留有自设余地,以满足各校特色发展和吸收国际经验的需要。第三,鼓励用好网络课程。引导高校充分利用网络课程资源,为学生提供更多选择和自主学习机会;鼓励开发跨学科、跨专业的新兴交叉课程;鼓励学术水平较高的高校开设财税史学类课程。

(五)实践教学

实践教学是高校教育教学不可或缺的重要环节,对学生的价值观形成、知识理解和运用、综合素养提高和独立人格养成都有益处,这一点并不因体制变革、就业去向变化而变化。尤其是对财政学类专业的人才培养而言,其应用型人才的培养目标和"较强的社会责任感和公共意识"的特质,更是要求强化实践教学。因此,《标准》在实践教学的基地、经费、时间、形式等方面应有明确的"门槛"。《标准》除规定"实践教学累计学分不少于总学分的15%"之外,还提出了"独立设置实验(实训)课程或环节,利用实验室和实训基地开展教学活动"、"专业实习时间不少于8周"、"专业实习基地应不少于3个"、社会实践应采取"社会调查、志愿服务、公益活动、创新创业和勤工助学等"多种形式且"社会实践累计时间应不少于4周"等有关实践教学的定性和定量指标,其目的是推动实践教学模式改革,也是教育部开展大学生校外实践教育基地建设、提升学生实践能力精神的体现①。

---

① 参见《教育部关于开展大学生校外实践教育基地建设工作的通知》(教高函〔2012〕7号)。

(六)师资队伍

师资队伍也是《标准》研制过程中的一个焦点问题。根据教育部 2012 年版《普通高等学校本科专业设置管理规定》,高校设置专业须具备的基本条件之一是"有完成专业人才培养方案所必需的专职教师队伍"。然而,怎样的教师队伍才算能够完成专业人才培养方案,其规模、结构和质量有何具体要求,并没有统一标准。我们考虑:一方面,尽量参照教育部已有的各种制度文件中的相关规定或信息来提出标准。如《普通高等学校本科教学工作水平评估方案》、《普通高等学校本科专业设置管理规定》、《普通高等学校本科专业设置申请表》等规范性文件对师资队伍的生师比、学科带头人、师资结构、专业背景与水平等都有相应要求或传递了有关信息,可以作为《标准》研制的参考依据。另一方面,尊重高等教育办学规律,考虑各校办学现实条件,顺应教育教学改革趋势,多方听取专家学者意见设置门槛。据此,我们对财政学类专业师资队伍的标准提出了诸如"各专业应配备 7 名及以上专任教师"、"每门专业核心课程应配备 1 至 2 名专任教师"、"专任教师一般应具有 5 年以上本学科专业教育或研究背景"、"有条件的高校,教师队伍中应有一定数量具有海外留学或进修经历的专业教师"、"专业教师应具有较强的教学、科研与知识更新能力,并能将科研成果和更新的知识转化为教学内容"等一些符合规范准入、指导建设、评价质量"三合一"精神的具体标准。

参考文献:

[1]国家中长期教育改革和发展规划纲要(2010—2020 年).

[2]教育部关于进一步深化本科教学改革全面提高教学质量的若干意见,2007.

[3]普通高等学校本科教学工作水平评估方案(试行),2004.

[4]普通高等学校本科教学工作合格评估指标和基本要求(试行),2011.

[5]教育部关于开展普通高等学校本科教学水平审核评估的通知,2013.

[6]教育部等部门关于进一步加强实践育人工作的若干意见,2012.

[7]教育部关于开展大学生校外实践教育基地建设工作的通知,2012.

[8]普通高等学校本科专业目录和专业介绍,2012.

[9]普通高等学校本科专业设置管理规定,2012.

[10]杜玉波.在2013—2017年教育部高等学校教学指导委员会成立视频会议上的讲话,2013.

[11]高等学校本科专业类教学质量国家标准研制工作会议纪要,2014.

中国财政学的发展历程

教育部高等学校财政学类专业教学指导委员会课题组

自 20 世纪初以来,中国财政学经历了复杂的发展历程,大致可以分为三个阶段:第一个阶段是 1949 年以前的西方公共财政理论占主导地位的阶段。第二个阶段是 1949 年到 20 世纪 90 年代初社会主义条件下财政学发展的阶段,也可以理解为马克思政治经济学下的财政学,这一阶段又发生过两次分化与综合,第一次发生在 20 世纪 50、60 年代,第二次出现在 80 年代。第三个阶段是 20 世纪 90 年代以后财政学与西方公共经济学理论融合、相互借鉴的阶段。

一、第一阶段:西方公共财政理论主导阶段

1949 年以前,中国财政学基本上处于引入西方公共财政学的阶段,并没有具有中国特色的财政学存在。从 20 世纪 20 年代中国学者开始编写自己的财政学算起,直至 1949 年,中国财政学教材基本上都是处于翻译西方财政学教科书的阶段。1924 年陈启修的《财政学总论》强调"财政者公共团体之经济或经济经理也"。1935 年尹文敬的《财政学》指出,财政"即国家或地方政府,当其欲满足共同需要时,关于所需经济的财货之取得管理及使用等各种行为的总称也"。这都是典型的西方财政学思想。千家驹的《新财政学大纲》、梁式文的《财政学大纲》中都有对西方财政学说沿革的详细介绍,千家驹用了整整一章的篇幅来叙述西方财政思想的发展,具体分为欧洲古代的财政思想、资本主义的财政思

想、现代的财政思潮等,同时该章还罗列了欧美各国的财政学参考书籍以及民国以来部分国内的财政学著作和资料。从当时财政学体系来看,也与西方无异。之所以出现这种状况,一方面是因为当时中国的社会制度使然,资本主义制度的现实使得人们不会对源于资本主义市场经济的财政学产生排斥效应,另一方面是作为完整的财政学体系,在中国从来就没有过,它本身要经历一个消化与吸收的过程,在这短短的数年里,还只是处于消化阶段,因此,中国财政学还没有来得及显示出自己的特色,就随着整个社会制度的变迁和意识形态的变化而产生极大的扭转。还有一个重要原因是此时的财政学家大多有良好的西方学术背景,其思想必然受到西方财政学影响,比如何廉是耶鲁大学的博士,尹文敬是法国巴黎大学的博士,而陈岱孙和马寅初则分别是哈佛大学和哥伦比亚大学的博士,他们两个人的博士论文主题都是关于美国城市财政制度。

二、第二阶段:马克思主义理论框架下的社会主义财政学

(一)第二阶段下的第一次分化与综合:与西方公共财政学的决裂

1949 年以后,与社会的基本制度相适应,中国财政学表现出与西方公共财政学决裂的特征。这一次决裂所带来的财政学的分化实际上是对马克思主义政治经济学的深化,即如何在马克思主义的指导下建立中国的财政学。这次分化突出表现在运用马克思主义的阶级国家观来分析财政问题上。伍丹戈的《论国家财政》、丁方和罗毅的《新财政学教程》以及尹文敬的《国家财政学》都是这方面的著作。与此同时,中国还从苏联引入了财政理论。在 20 世纪 50 年代,源于苏联的"货币关系论"是中国财政学的主要理论。这次分化的直接原因是政治制度的变迁。社会主义的意识形态要求用全新的社会主义经济理论取代原先的资本主义经济理论。这种理论的形成,一方面是从马列原著中寻找支撑点,即在马克思主义政治经济学的基础上确立适应社会主义建设需要的财政学;另一方面是向已有多年社会主义建设历史的苏联学习,直接引入财政学。无论选择哪一种途径,首要的前提是新出现的理论必须与旧的理论决裂。50 年代我国财政理论所出现的纷争现象,正好满足了这一要求。

50 年代,中国的财政学理论流派主要有货币关系论、货币资财论和国家分配论。当时处于主流地位的是货币关系论。这与当时的政治气候有一定关系。货币关系论来自苏联,它比同样源于苏联的货币资财论更能反映财政本质,因而成为主流理论。有主流理论,必然有与之相对应的支流理论。上文所提及的几本著作实际上就是国家分配论的雏形。许廷星 1957 年的《关于财政学的对象问题》是第一本比较系统全面论证国家分配论观点的著作。到了 60 年代,中国财政学进一步分化,还出现了"价值分配论"、"国家资金运动论"、"剩余产品价值运动论"等观点。理论的分化也为理论的综合提供了条件。从某种意义上说,国家分配论在 60 年代主流地位的确定过程就是它对当时已有理论进行综合的结果。邓子基的《关于社会主义国家财政的本质与范围问题》一文,"从财政产生、发展的过程"的历史分析,"从马克思主义经典作家的有关指示","从被分配的社会产品的两重性考察"以及"从财政与经济的关系"四个方面,阐述了国家分配论的观点,较为全面系统雄辩地论述了国家分配论问题。

这次分化与综合最大的结果是国家分配论占据了主流地位。但总的来说,此时国家分配论对其他各财政学流派的综合只是初步的,要等到 80 年代国家分配论在财政学进一步分化的基础上所进行的综合才是较为系统和全面的。

(二)马克思主义框架下的第二次分化与综合:20 世纪 80 年代国家分配论与其他财政理论流派的论战

1966－1976 年的"文化大革命"使得中国财政学没有取得任何进展。到了 80 年代,中国财政学出现了第二次分化趋势。这次分化与上次相比,有共同的地方,也有相异之处。共同点在于 60 年代的其他财政学派有卷土重来之势;不同点主要在于这次分化产生了一种新理论,即社会共同需要论。社会共同需要论、剩余产品决定论和再生产论对国家分配论提出了挑战。由于再生产论只是强调了从再生产的角度研究财政问题,而这一点在国家分配论中也占相当分量,因此,它无法构成强有力的挑战,再生产论者在很短的时间内就不强调这一点了。所以,挑战主要来自剩余产品决定论和社会共同需要论。这两种理论都强调了剩余产品与财政产生之间的关系。社会共同需要论更是强调了财政活动是为了满足社会共同需要,这与国家分配论强调国家与财政的本质联系和财政是为了实现国家的职能而存在的观点截然不同。

剩余产品决定论和社会共同需要论在这次理论分化过程中有了更为系统的论述,这集中表现在这两个学派论者已有了各自的代表著作。前者为王绍飞1984年的《财政学新论》和1989年的《改革财政学》,后者是何振一1987年的《理论财政学》。在这次分化过程中,社会共同需要论得到了很大的发展,赞同者甚众,特别是许多中青年学者对这一理论情有独钟。国家分配论接受了其他各学派的挑战,从各个层面上分析了其他各学派的不足之处,再次实现了理论上的大综合,这一综合成果集中体现在邓子基1989年的《财政学原理》上。关于社会再生产理论,邓子基指出:"财政与社会再生产的联系,只表明财政与所有其他经济范畴一样,它们都是它的组成部分,它们的本质都只是'经济关系',所有的经济范畴都无一例外地与社会再生产存在着必然、稳定的内在联系。因此,财政与社会再生产的联系,无法使财政成为一个能显示自身特性、独立的经济范畴来。所以,社会再生产与财政之间,不存在我们所寻找的本质联系。"对于价值分配论,邓子基认为:"财政与价值的这种必然联系,只是在商品货币关系下才存在。在自然经济条件下,不存在价值,分配以实物形式进行……所以,价值与财政的联系,无法将财政与其他采用价值形式开展活动的经济范畴区分开来,因而它们之间也不存在我们所寻找的本质联系。"关于剩余产品决定论,邓子基认为:"剩余产品与财政之间有着一种必然的、稳定的内在联系。但是,参与剩余产品分配的不仅仅是财政,还有其他一些分配形式如利润分配、利息、地租等,也都参与剩余产品的分配。与剩余产品的联系仍然无法使财政作为一个独立的范畴而存在。所以,剩余产品与财政的联系也不是本质联系。"对于社会共同需要论,邓子基指出:"如果离开国家而抽象地空谈'社会共同需要',则必然离开了'社会共同需要'的社会性,也就无法把握'社会共同需要',更无法以'社会共同需要'为标准来把握财政的本质了。所以,国家与财政的联系,是比'实现国家职能的需要'或社会共同需要'与财政的联系更深一层次的'。这就表明,'实现国家职能的需要'或'社会共同需要'与财政之间,仍然不存在我们所寻找的本质联系。"由此,邓子基认为财政是以国家为主体的分配,而财政的本质是"以国家为主体的分配关系"。需要指出的是,这只是一种简要的财政概念和本质的提法。邓子基在分析社会主义财政的本质时,就广为吸纳了其他学派的观点,体现了财政理论的综合。他认为,"社会主义财政本质是以建立在社会主义生产资料公有制基础上的社会主义国家为主的,处于社会再生产过程中,为满足实现其职能的需要,主要利用价值形式强制地、无偿地参与社会产品或国民收入分配所形成的,'取之于民,用之于民'的分配关系"。这里顺带指出,传统财政学在某些问题上的分歧实际上并不像看上去的那样大,有的差别只是表达方式所致。例如,对于财政的起源,有的学派认为,财政是在国家出现后才有的,而有的认为财政在原始社会末期就已存在。对于这种差异,主要是各学派对财政的内涵有着不同的理解,前者一般认为财政就等同于国家财政;而后者认为,财政不仅包括国家财政,还包括其他形式的财政。但对财政的发展,特别是对于有国家存在的财政的发展,分歧基本上就不存在。这也表明各财政学派的综合有着坚实的基础。

前两次财政学的分化与综合的共同特征是基础理论的分化与综合,主要是在马克思主义经济学内部进行的。虽然社会共同需要论在某种程度上受到西方公共财政学的影响,但它还是声明自己是以马克思主义经济学作为理论基础的。为了论证其观点,该学派大量引用了马列原著。社会共同需要论提出的先进性表现在它强调整个社会的"共同需要"上,即提出了财政的"公共性"问题,但由于在论战中,受到其他学派特别是国家分配论对其忽视阶级性的指责,也不得不在其整个理论体系中阐明它并没有回避财政的阶级性问题,而这也就使得该学派在很大程度上与国家分配论没有什么差异,但也使得社会共同需要论没有产生应有的影响,国家分配论的主流地位未受到根本性的冲击与动摇。

传统财政学中较有特色的内容还有财政职能理论。理论界对于财政职能的认识在不断加深,从最初出现的"二职能论"到20世纪80年代的"三职能论"("旧三职能论")和"四职能论"以及90年代的"三职能论"("新三职能论"),后者都是在前者的基础上发展起来的,体现了理论的深化过程。财政职能理论认为,职能是财政本身所固有的职能。这蕴含着财政职能是不变的这样一个前提。然而,在科学研究过程中,人们对事物的认识总是有一个过程的,因此,过于强调

"固有职能"，只会束手自缚。理论界因之出现了一种反对这样看待财政职能的理论，他们不再区分财政的职能与作用，而直接将二者合为财政功能理论。这种看法在 90 年代的"三职能论"（"新三职能论"）中得到了反映，这也体现出理论自身发展的综合特征，虽然"新三职能论"更多的是借鉴西方财政的结果。

财政学的深化还表现在社会再生产理论对财政与经济关系理论的影响上。国家分配论分析了财政与生产、交换、分配和消费等的关系，阐明了财政在社会再生产中的地位。

20 世纪 80 年代财政学的分化表现出另外一个特征，即财政学各分支学科如税收经济学、公债经济学、财政支出经济学等的出现，使得财政理论研究进一步深化。这些子学科的出现使得对财政理论中的某一具体问题的研究更加深入。关于这方面的著作仍然主要局限于马克思主义政治经济学的基本理论，但其中也开始出现了一些借鉴西方公共财政学的内容，这是 80 年代财政学分化与综合的一种新的表现。

最初的部分接受西方财政学是有重大意义的。它意味着理论可能出现又一次新的分化与综合。作为高等学校文科教材的邓子基 1989 年出版的《财政学原理》虽然是一本以"国家分配论"为立论基础的专著教科书，但其中也包含了许多西方财政学的内容，如税收原则的分析、税收弹性的分析、公共支出分析、公债的分析、财政政策研究等。特别是其中的财政政策部分对社会总供给和总需求的分析，更是直接引入了凯恩斯主义经济学的有关论述。其他的教科书也不例外。陈共 1991 年主编的国家教委核心教材《财政学》也表现出类似特征。这些现象表明传统财政学内部开始出现新的分化与综合。"新"主要体现在对西方财政学的借鉴上。但毋庸讳言，正是因为这样的"新"导致传统财政学基础理论与具体分析的脱节，从而可能推动财政学新的分化与综合。

三、第三阶段：传统财政学与西方财政学的交流

这一阶段的财政学发展更多体现的是传统财政学与西方财政学的相互借鉴。它起始于社会主义市场经济体制改革目标的提出。在此之后，中国财政学面临走向何方的选择。我国是否有必要建立具有中国特色的财政学还是直接

引入西方财政学,其中可谓众说纷纭、莫衷一是。传统的财政理论在新时期是否仍然适用,这成为传统财政学界特别是主流学派最为关心的问题。社会共同需要论由于与西方公共财政理论有着许多的共同点,尤其是在"公共性"上的一致,导致它无需像国家分配论那样对西方财政理论"恐惧"。国家分配论者发表了大量关于国家分配论在新时期仍然适用的文章。有的想指出西方财政学的局限性,这主要是指其缺少阶级性而言的,有的则试图将西方财政学包容进来,这主要是想通过国家职能内涵的扩大,将纠正市场失效作为国家职能之一,实现中西理论的综合。由于这一过程正在进行当中,我们难以判断最终谁将取得胜利,但无疑以市场经济作为研究起点的财政理论才是有生命力的理论。

国家分配论与西方公共财政学有着较多的差异,在对二者的综合当中,出现的排斥效应可能不是暂时的,而是永久性的。当然这种观点是否成立还取决于实践和理论的发展。从最能反映对财政学的基本看法的教科书的编写来看,已有全面接受西方财政理论观点的著作。这代表了理论发展的一种取向。这些著作抛弃原先的一些教科书在借鉴西方财政理论时所采取的遮遮掩掩的做法,而全面系统地接受了西方理论。全面接受西方财政理论的教科书出现在 20 世纪 80 年代末 90 年代初,最早在这方面作出努力并有较大影响的著作当推平新乔 1992 年的《财政原理与比较财政制度》。到社会主义市场经济改革目标提出之后,这一趋势得到进一步加强。这里特别值得一提的是蒋洪等的《财政学教程》(1996)。该书与以往众多的财政学教材相比,在结构安排、理论方法、论述范围等方面有了重大的改变,但该书作者在"前言"中指出,这样做并非为了标新立异,而是认为该书所包含的内容是中外理论界长期发展所取得的成果,他们只是按逻辑关系作了整理。该书虽名为"财政学教程",但其内容与其他冠名"西方财政学"的教科书内容极为相似,这实际上表明了作者对财政学发展取向的一种看法,即不再区分中方和西方财政学,而且财政学应该就是在现代市场经济中形成的财政学。这也表明了作者对于我国传统财政理论的一种看法,即没有必要坚持原有的理论。

进入 21 世纪以后,许多学者更是提出了财政学发展与国际接轨的目标,实现资本主义与社会主义的财政学大一统。实际上财政学学科没有资本主义与社会主义之分,从现实来看都是在市场经济条件下阐述政府与市场的关系。走在前沿的当属蒋洪 2006 年的《公共经济学》,这本教材是在前版《财政学》基础上进一步修订而来,其中加入了更多的西方公共经济学的成分,并大胆地将财政学更名为"公共经济学",不再过分强调政府在财政中的作用,而更多地体现了社会力量作为市场经济的参与者对财政所带来的影响。这也体现了我国在市场改革方面的进一步放开,也印证了理论是为实践服务的。

王传纶和高培勇在他们所著的《当代西方财政经济理论》一书的"前言"中指出,财政理论框架的构建存在两种可能性。他们认为,"一是以我国从 90 年代跨越下世纪的社会主义市场经济的建立与发展为背景,建立中国社会主义财政理论的框架,吸收西方有用的观点形成体系,这样做的好处是与我国财政工作实践的结合较为密切。二是以社会主义市场经济为目标模式,写一本规范性的财政理论著作,不必冠以'中国'两个字,也无须加上社会主义的定语,这样做的理由是我们深信,社会主义市场经济的体制,将是目前不同社会制度下,处于不同发展阶段的国家终究要走向的目标"。由此,他们得出财政理论框架的建立最终取决于实践的结论。

叶振鹏和张馨 1999 年对社会再生产理论在财政学中的深化作了进一步分析。他们认为,由于社会再生产已不仅仅是物质产品的生产,非物质产品的生产所占比重大幅上升甚至在国内生产中已占绝对优势的实践,要求讨论社会再生产时必须超越马克思传统上的物质生产范围。在分析社会再生产中非物质生产活动与公共财政的问题时,他们还结合市场失效等理论进行研究。这也体现出一种试图将马克思主义经济理论与现代西方经济理论综合的愿望。

从正在进行的财政学第三阶段的发展来看,这一学科的分化与综合过程已经加深,即分化与综合不再仅仅局限于马克思主义经济理论内部,而更多地放眼世界;不再简单地抛弃某种理论而接受另一种理论,而是更多地看理论内在的东西,有选择地进行。这次分化必将导致中国财政学的进一步综合。

课题组负责人:上海财经大学　樊丽明　刘小兵

课题组执笔人:上海财经大学　刘守刚

参考文献:

[1]陈共,等.财政学[M].成都:四川人民出版社,1991.

[2]陈启修.财政学总论[M].北京:商务印书馆,1924.

[3]陈前.关于财政学教学改革的几点思考[J].商情,2008(2).

[4]邓子基.财政学原理[M].北京:经济科学出版社,1989.

[5]蒋洪,等.财政学教程[M].上海:上海三联书店,1996.

[6]马海涛,白彦锋.我国财政学研究及专业发展方向探究[D].全国高校第24次财政学教学理论与学术研讨会会议论文,2013.

[7]平新乔.财政原理与比较财政制度[M].上海:上海三联书店,1992.

[8]千家驹.新财政学大纲[M].北京:三联书店,1949.

[9]王传纶,高培勇.当代西方财政经济理论[M].北京:商务印书馆,1995.

[10]肖育才.财政学发展的历史脉络、近期成就和未来的挑战[J].山东财政学院学报,2010(5).

[11]许廷星.关于财政学的对象问题[M].重庆:重庆人民出版社,1957.

[12]杨志勇.中国财政学向何处去[J].当代财经,1998(4).

[13]杨志勇.关于中国财政学发展方向的思考[J].地方财政研究,2013(2).

[14]叶振鹏,张馨.公共财政论[M].北京:经济科学出版社,1999.

[15]尹文敬.财政学[M].北京:商务印书馆,1935.

[16]张馨.邓子基教授与我国财政学[J].福建学刊,1988(4).

[17]张馨.公共财政论纲[M].北京:经济科学出版社,1999.

[18]钟晓敏,高琳.现代财政学的发展历史、现状和趋势[J].财经论丛,2009(1).

台湾地区高校财税类学系设置的基本情况报告

教育部高等学校财政学类专业教学指导委员会课题组

一、台湾地区高校财税类学系的开设概况

目前我国台湾地区开设财政学类专业、可授予学士学位的高校约有 12 所，分别是：政治大学财政学系、台北大学财政学系、台中科技大学财政税务系、"中国科技大学"财政税务系、逢甲大学财税学系、台北商业技术学院财政税务系/科、高雄应用科技大学财富与税务管理系、岭东科技大学财政系、真理大学财政税务学系、景文科技大学理财与税务规划系、德明财经科技大学财政税务系等（见表 1）。[①] 根据台北大学财政学系提供的信息，在台湾各高校财政学系中，政治大学排名第一，台北大学排名第二。

在开设财税类学系的高校中，既有公立院校，也有私立院校，但大部分院校都是升格后的科技（高等职业技术教育）院校。修学年限一般都是 4 年。科技院校中学制为 4 年的，称为"四技"；学制为 2 年的，称为"二技"[②]。财政学或相关学系大多设在商学院或财经学院，但也有些设在公共事务学院、管理学院、社会科学学院等其他学院。

---

① 大同技术学院曾经开设财政税务系，但 2008 年已停止招生。
② "四技"招收高职、高中、综合高中毕业生或具同等学历（力）考生入学，"二技"招收专科学校（五专、二专）毕业或具同等学历（力）考生入学，修业期满成绩及格者，均可取得学士学位。

表1 台湾地区高校开设财税类学系情况（截至 2013 年 11 月）

序号	高校名称	学院名称	学系名称	学位设置	学士班内设组（模组）	学系网址
1	政治大学	社会科学学院	财政学系	学士班、硕士班、博士班	税务组、公共经济组、财政管理组	http://pf.nccu.edu.tw/main.php
2	台北大学	公共事务学院	财政学系	学士班、硕士班	公共财务管理组、租税制度与实务组	http://www.ntpu.edu.tw/finc/
3	逢甲大学	商学院	财税学系	学士班、硕士班	未分组	http://www.pf.fcu.edu.tw/wSite/mp?mp=430101
4	岭东科技大学	财经学院	财政系	学士班（四技）、硕士班（财税与会计资讯）	财税行政模组、经济行政模组、会计审计模组	http://www.teach.ltu.edu.tw/Home/Index?gpid=17
5	高雄应用科技大学	管理学院	财富与税务管理系	学士班（四技、二技）、硕士班	财富管理组、财政税务组	http://wtm.kuas.edu.tw/
6	台中科技大学	商学院	财政税务系	学士班	公共财经模组、租税与会计实务模组	http://web.nutc.edu.tw/~pft/
7	台北商业技术学院	（财经学群）	财政税务系/科	学士班（四技、二技）、五专、二专	未分组	http://fintax.ntcb.edu.tw/front/bin/home.phtml
8	"中国科技大学"	商学院	财政税务系	学士班	财政与税务规划模组、资产管理与税务规划模组	http://dft.cute.edu.tw/
9	真理大学	财经学院	财政税务学系	学士班	公共财政组、税务实务组	http://cf006.epage.au.edu.tw/bin/home.php
10	景文科技大学	商管学院	理财与税务规划系	学士班	未分组	http://wmtp.just.edu.tw/bin/home.php
11	美和科技大学	经营管理学院	财政税务系（2011 年改为财务金融系）	学士班	财务金融系内设租税会计课程模组	http://mit3.meiho.edu.tw/onweb.jsp?webno=3333333330
12	德明财经科技大学	财经学院	财政税务系	学士班（四技）	租税实务模组、租税规划模组	http://www.takming.edu.tw/takming_sim/02_1_3.html

　　虽然台湾同大陆一样，在大学内通常设立若干个学院，在学院内设立若干个系，但其系内往往只设立类似大陆专业方向的组（模组或学群）。有些大学的系之下甚至不设这类组（如逢甲大学、台北商业技术学院、景文科技大学），选修课由学生根据选课指南和自己的兴趣来选择。

　　在学位设置上，有 5 所大学（政治大学、台北大学、逢甲大学、岭东科技大学、高雄应用科技大学）的财税类学系可授予硕士学位，其中，政治大学财政系还可授予博士学位。其他高校的财税类学系只可授予学士学位。

二、台湾地区高校财税类学系的课程设置情况

　　台湾地区开设财税类学系的高校在课程结构设置上大致相似。课程结构主要包括三大类，即通识课、专业必修课和专业选修课，但各校设置的课程类别和具体课程名称存在比较明显的差异。以下选择台湾财税类学系中比较著名

的三所综合性大学(政治大学、台北大学、逢甲大学)和另外两所比较普通的科技大学(台中科技大学、"中国科技大学"),就其课程设置情况进行比较。

(一)通识课程设置(见表2)

从内容上看,台湾财税类学系的通识课程同其他学系(专业)一样,也着重培养学生的人文科学、社会科学和自然科学等方面的基本素质。

从课程体系看,台湾大部分大学的通识课都设有必修的核心通识课程。比如,政治大学、台北大学、台中科技大学、"中国科技大学"的财税类学系的通识课程都有核心通识课程。除了核心通识课程之外,这四所大学还有其他类型的通识课程:台北大学的进阶通识课程、政治大学的一般/语文通识课程、台中科技大学的博雅通识课程、"中国科技大学"的一般通识课程。不过,也有一些大学的通识课程设置具有明显的自身特色,如逢甲大学的通识课程分为正式课程和非正式课程两大类,以正式课程为主体。其中,正式课程包括基础通识课程、选修通识课程、潜在通识课程。

(二)专业课程设置

台湾开设财税类学系的高校在专业课程设置上大体可分为两种类型:一种类型(多数高校)是在系内设立若干个专业方向(组或模组),主要体现为选修课程的分组设置(如台北大学财政学系、台中科技大学财政税务系、"中国科技大学"财政税务系),但也有的高校是体现为必修课程的分组设置(如政治大学财政系);另一种类型(少数高校)是系内不分专业方向(如逢甲大学财税学系)。

1. 专业必修课程设置

根据学系内是否设立专业方向,台湾高校在必修课程的设置上可分为两种模式(见表3)。多数高校的必修课程不分专业方向,全系开设统一的专业基础必修课程(如台北大学财政学系和逢甲大学财税学系),或者专业必修课由学科群体(学群)必修课和本专业必修课组成(如台中科技大学财政税务系),或者由院核心必修课和系专业必修课组成(如"中国科技大学"财政税务系)。少数高校各专业方向除了要修习共同必修课外,还要修习本方向(组)的必修课,如政治大学财政系各组学生除了修习共同必修课外,还要修习本组的两门必修课。

表2 台湾开设财税类学系的高校中五所大学通识课程设置情况比较

课程＼高校	台北大学	政治大学	逢甲大学	台中科技大学	"中国科技大学"
核心（基础）课程	核心通识课程： 图书信息之利用 管理概论 合作经济与现代社会 经济学概论 台湾经济发展 职场软实力 大陆开放改革现势 世界现代化之变迁 国际政治与国际关系 妇女生活	核心通识课程： 人文学：艺术与人文思维，生命价值与哲学思维，世界文明与历史思维 社会科学：法政制度与民主思维，社经脉动与多元思维，区域发展与全球思维 自然科学：数学、逻辑与全球科学，物质宇宙科学，生命方法，科技与人文社会 中文通识：中国语文 外文通识：外国语文	正式课程： 基础通识课程： 国文 英文 文明史 公民素质 咨讯素养	核心通识课程： 服务与学习 台湾开发史 应用文与习作 国文 民主宪政与法治 英文 生涯运动 体育	核心通识课程： 中文写作（英文） 大学外文（英文） 大学外文（日文） 数学与逻辑 劳作、教育 体育、保健 职场英文、应用文 科技与永续环境 职涯探索、劳作 商业专业伦理 法治与公民社会
其他课程	进阶通识课程： 个人信息管理、艺术管理、国民居住问题与住宅之权利、非营利事业、国际社会文化合作、消费合作、健康社会生活、国际企业与创业、金融实务、台湾劳动共议题之经济分析、市场变迁和新移民族群融合、人口变迁与经济议题、休闲与现代环境教育、民族主义与现代国家、社团经营实务、海外研究群文化与社会变迁、客家族群文化与华人社会、媒体与公关、客家产业、客家政经发展与华人社会	一般/语文通识课程： 人文学：艺术与人文思维，生命价值与哲学思维，世界文明与历史思维 社会科学：法政制度与民主思维，社经脉动与多元思维，区域发展与全球思维 自然科学：数学、逻辑与全球科学，物质宇宙科学，生命方法，科技与人文社会 书院通识：新生定位，行动实践 中文通识：中国语文 外文通识：外国语文	选修通识课程： 人文、社会、自然、领域 导论性课程 整合性课程 潜在课程： 艺文活动、逢甲艺廊、艺文活动参访、交谊活动、校外参访活动、社团活动、竞赛活动、志工营、文艺季、艺文表演 非正式课程： 通识沙龙、专题演讲、延伸阅读、研习营、领导知能、体适能、导师课	博雅通识课程： 人文艺术领域 社会科学领域 自然科学领域	一般通识课程： 人文艺术领域 社会科学领域 自然科学领域 全民国防教育——国防科技 全民国防教育——防卫动员

表 3　　　　　台湾五所大学财税类学系的专业必修课程设置情况比较

高校 课程	台北大学 财政学系	政治大学财政学系	逢甲大学财税学系	台中科技大学 财政税务系	"中国科技大学" 财政税务系
必修 课程	**基础学群：** 微积分、民法概要、经济学、个体经济学、总体经济学、统计学、货币银行学、商事法、会计学、中级会计学、财政学(一)、租税法、所得税理论与制度、消费税理论与制度、财产税理论与制度 (基础必修课程合计66学分)	**1. 各组共同必修课程：** 微积分、民法概要、经济学、个体经济学、总体经济学、统计学、初级会计学(一)(二)、财政学、租税法、财产税理论与制度、所得税理论与制度、消费税理论与制度 (共同必修课程合计59学分) **2. 分组必修课程：** **(1)税务组：** 中级会计学(一)(二) **(2)公共经济组：** 经济数学(一)、现代财政理论 **(3)财政管理组：** 财务行政、货币银行学 (各组必修课程合计6学分)	**财税系必修课程：** 微积分(一)(二)、民法概要、经济学(一)、个体经济学(一)、总体经济学(一)、管理学、行销管理、财务管理、统计学(一)(二)、会计学(一)(二)、管理会计、成本会计、中级会计学(一)(二)、财税概论、财政学(一)(二)、租税法(一)(二)、国际租税、消费税理论与制度、财产税理论与制度、所得税理论与制度、财税专题 (必修课程合计78学分)	**1. 学群必修课程：** 经济学、学涯规划、职涯规划 (学群必修课程合计8学分) **2. 专业必修课程：** 微积分、民法、商业英文会话、个体经济学(一)、总体经济学(一)、统计学、审计学、会计学(一)(二)、成本与管理会计、财政学、租税法规、消费税法规与实务、财产税法规与实务、所得税法规与实务、财税实务实习、租税各论、财税专题研讨 (专业必修课程合计73学分)	**1. 院核心必修课程：** 初等会计学(一)(二)、经济学(一)(二)、资讯概论(一)(二)、实务专题(一)(二) (院核心必修课程合计18学分) **2. 系专业必修课程：** 微积分(一)(二)、民法(一)(二)、个体经济学、总体经济学、投资学、金融市场、个人理财(一)(二)、统计学(一)(二)、财政学(一)(二)、税法总论、财产税法规(一)(二)、税务会计、消费税法规、所得税法规、所得税实习、租税申报实务(一)、租税申报能力认证 (系专业必修课程合计48学分)

2. 专业选修课程设置

根据学系内是否设立专业方向(组或模组)，台湾财税类学系在专业选修课上大体表现为三种模式(见表4)。第一种模式是选修课由分组选修课和共同选修课组成(如台北大学、台中科技大学)，其中各组的选修科目大部分都不同。第二种模式是选修课完全分组进行确定(如"中国科技大学")，各组的选修课也几乎不同。第三种模式是选修课不分组，其中有的高校是因为学系本身就不分组(如逢甲大学)，有的高校是因为已经在专业必修课中分了组(如政治大学)，所以在专业选修课上不再区分专业方向。

表4　台湾五所大学财税类学系专业选修课程设置情况比较

课程	台北大学财政学系			台中科技大学财政税务系			"中国科技大学"财政税务系		
高校									
是否分组	是								

台北大学财政学系：

公共财务管理组：金融制度与实务、金融管理与实务、国际金融法规、国际贸易理论与政策、金融法规、高级会计、审计学、地方财政、公债理论与管理、预算理论与方法、表方分析、成本效益分析、审计学、公共选择、预算理论、地方财政、财政制度与公共选择、社会安全制度、医疗财政（合计43学分，须修满24学分）

租税制度与实务组：租税制度与实务、财务报表分析、财务管理、比较租税制度（合计41学分，须修满24学分）

各组共同选修：经济数学、计量经济学、环境与自然资源经济、商事法、会计专题（二）、西洋经济思想史、财政学名著选读、台湾财政史、财政改革、软件运用与专题规划（合计44学分，选修学分由学生自定）

台中科技大学财政税务系：

公共财务模组：个体经济学（二）、总体经济学（一）、计量经济学（一）、国际经济、数理经济、福利经济学、公共经济分析、公共政策、地方财政、研究方法（合计34学分，至少选修23学分）

租税与会计实务组：商事法、高等会计、会计专题（二）、会计实务实习、商业会计实务、内部控制与稽核、记账相关法规、税务会计、公司查核、租税申报实务（二）、税务救济、营业税、营利事业所得税、查核方法（合计49学分，至少选修23学分），各模组跨系科选修6学分

各组共同选修：管理概论、组织行为、国际礼仪、货币银行学、财政学、会计资讯系统、租税政策专题（七门课程合计18学分，须从中选三门）

"中国科技大学"财政税务系：

财务与税务规划模组：跨领域课程、公司法、中级会计学（一）（二）、记账相关法规、成本会计学（二）、税务会计专题研究（一）（二）、财会专题研究（一）、租税申报实务（二）、租税稽征实务、两岸税制（一）（二）、租税规划专题（合计36学分，至少选修30学分）

资产管理与税务规划模组：不动产相关法规（一）、不动产管理（一）、财务管理（二）、估价理论（一）、估价实务、资产营运管理、不动产经纪实务、不动产市场分析、都市开发、不动产资讯分析、信托法规实务、资产证券化理论实务、土地登记实务、与财产移转规划（合计34学分，至少选修30学分）

课程	政治大学财政系	逢甲大学财税学系
高校		
是否分组	否	

政治大学财政系：现代经济理论（一）、国际经济学（二）、计量经济学、管理经济学、都市经济学、经济数学、计量方法、数理方法、行政法、商事法、公共选择理论、公共数学、计量方法、证券交易法、审计学（一）（二）、成本管理会计、地方财政、未续税政策、财务会计问题、社会福利政策、成本效益分析、政府竞争政策、财经法、税务公债问题、所得税问题、国际税收问题、租税政策、绿色能源财经分析（选修课学分分析，须选修学分至少选修学分不详）

逢甲大学财税学系：个体经济学（二）、总体经济学（二）、金融市场、数位经济学、国际贸易与汇兑、经济数学、货币银行学、保险学、国际金融、公共选择、财务分析、审计学、政府预算、地方税、土地税、营业税、记账相关法规、电子商务与租税、财务管理、租税问题、大陆税法、比较租税制度、租税教济实习、税务会计、租税申报实务、国际租税问题、教育财政专题、地方财政专题、企业税务、租税实习、地方财政、关税理论与实务（选修课合计113学分，须修满113学分，关税理论与税务实务，赠与税、关税理论与实务、遗产税、税务会计实务，税务会计合计13学分）

(三)教学方法与考核方法

台湾高校在教学方法和考核方法上与大陆高校比较接近。其教学方法一般都是讲授法与讨论法相结合,其中专业必修课往往还采用实习法。考核方法主要是课程考试与课程论文相结合,其中专业必修课一般采用课程考试方式。具体情况如表 5 所示。

表 5 五所高校教学方法与考核方法情况的比较

	高校名称	台北大学	政治大学	逢甲大学	台中科技大学	"中国科技大学"
教学方法	通识课	讲授法与讨论法相结合				
	专业必修课	讲授法与实习法相结合	讲授法与讨论法相结合	讲授法与实习法相结合	讲授法与实习法相结合	讲授法与讨论法相结合
	专业选修课	讲授法与讨论法相结合				
考核方法	通识课	课程考试与课程论文相结合	课程考试	课程考试	课程考试与课程论文相结合	课程考试
	专业必修课	课程考试				
	专业选修课	课程考试与课程论文相结合				

三、借鉴与启示

从台湾地区高校财税类学系(专业)的现状可以看出,两岸财税类人才的培养存在共同点。比如,在课程设置上,除了财税本身的主干专业课程外,都注重通识教育以及经管类学科基础课——经济学(宏观经济学、微观经济学、计量经济学等)、统计学、法学、财务会计等方面的相关课程学习;在教学方法上也没有大的差异。但台湾在财税专业人才培养尤其是专业课程设置上的不少做法值得借鉴。

首先,从台湾开设财税类学系的高校总体情况看,尽管不同的专业方向(组或模组)对理论与实务各有侧重,但皆重视专业实务的深入学习,即使是名牌的综合性大学(如政治大学、台北大学)也不例外。一方面,从总体看,公共经济(财经、财务)专业方向侧重经济和财政理论的深入学习,税务(租税)专业方向侧重财务会计与税收实务的学习。另一方面,不管是财政还是税务方向都注重核心专业实务的深入学习。比如,在大陆高校往往只作为一门课程开设的税制或税法,在台湾高校的财税类学系中,不论是财政还是税务方向,通常都分设为四门课程:"租税法"、"消费税理论与制度"、"所得税理论与制度"、"财产税理论与制度"(或类似名称的课程),有些高校(如台北大学和逢甲大学)甚至还在选修课程中开设"关税理论与制度"(或"关税理论与实务")。此外,许多专业课程尤其是必修课程都有安排实习。

其次,从开设财税类学系的各校特色看,尽管综合性大学与科技型大学在课程设置上大同小异,但不少大学开设了有自身特色的课程。比如,政治大学的"永续财政学"、"原住民财经问题",台北大学的选修课"医疗财政",逢甲大学的选修课"社会福利与财政"、"电子商务与租税管理"、"教育财政","中国科技大学"的必修课"个人理财"、"租税申报能力认证"及选修课"租税与财产转移规划"等。

课题组负责人:上海财经大学　樊丽明　刘小兵

课题组执笔人:南京财经大学　李林木

日本的财政学研究与本科教学

教育部高等学校财政学类专业教学指导委员会课题组

日本对于财政学的研究历史较长，从 finance 一词译为汉字"财政"由日语而来也可略窥一斑。由于财政学自古被认为是有关"国库"的学问，将英语的 public finance 和法语的 finances publiques 直译为日语就是"公共资金的筹集"，所以从日本明治时代起，财政学就被看作"以国家及公共团体的货币收支为研究对象"的学问，是社会科学的一个研究领域。从日本学者的研究路径来看，日本财政学受德国财政学、马克思财政学以及英美财政学三方面的影响非常大。其中，因最早受德国"官房学"影响较深，因而到 20 世纪六七十年代为止，从制度方面来研究财政问题一直是日本财政学者的主流。随着西方现代经济学的引进吸收，日本学者越来越多地从经济学角度研究财政学，且出现大量的优秀研究成果，并不断对包括财政政策在内的各项公共政策制定产生影响，所以，七八十年代之后，日本财政学的研究和教学长期以来基本上是三种不同视角同时并存且有一定程度隔离的状态。本文将对这三种研究视角的形成以及特征作一介绍，在此基础上简单归纳一下日本各个国立大学本科财政学教学的概况。

一、三种研究视角

(一)法学界的视角

这是日本对财政学研究最为古老的学术领域,主要受德国财政学影响而形成。不过,目前日本学者从法的角度对财政的研究内容十分丰富,它至少又分为两个方面:一是从既定上位法的角度来研究实施法的问题,即通过解释宪法以及不断完善财政法来制定各项具体的财政制度;二是从法律学的角度来研究财政现象中公法和私法的关系,即研究财政现象中所反映出的政府职能的法律适用性问题。

前者在日本是一个历史较长、研究成果浩瀚且对其制度建设产生重大影响的研究视角。因为宪法中对财政的规定以及财政法的完善都是针对国家内部各项财政事项的实施程序的规定,所以国家并没有作为一个法律主体的身份,也就完全不能适用于私法。换句话说,法律界对财政的研究长期以来一直是以公法的视角来研究各项具体的实施法,如特例公债法、会计法等。虽然按照宪法中对预算必须以"国会为中心"的规定,这些法律的制定必须通过国会的承认才能成立和实施,但是,由于没有将财政行为列为"私法"研究对象,因而作为财政活动主体的"国家"在与国民的关系上不能得到"司法"的制约。由此,近年来不少财政法学的学者开始研究这一问题,以希望通过研究的深入,推动进一步实现政府行为受制于国民的民主社会。这就是后者,即从法律学的角度来研究国家财政行为的合法性问题。

很显然,这两个不同研究角度也反映了社会科学研究中学科的交叉性以及相互渗透性。传统法学对财政的研究着重于既定国家成立的前提下政府财政活动的准则,因而它是自上而下地规范政府与国民之间的关系,却没有将政府本身作为一个与国民对等的主体来研究其相互制约关系。近年来有法学研究者所提出的引入私法对财政行为进行研究,自然是受经济学研究范式的影响。

(二)政治经济学视角

这一学派实际上与上述法学界财政研究是一脉相承的,只是他们不仅受德国官方学的影响,而且接受马克思主义经济学的基本观点,强调财政制度的重要性。也就是说,他们承认国家为政治领域的固有性,将财政看作是国家与经济的连接点,从这一点来看与上述公法学观点研究财政学具有类同之处。作为具有代表性的著名日本财政学者神野直彦更是强调财政的社会统合功能,认为现实中的统治者与其说关注资源的有效配置,不如说更注重既存的政治社会得以稳定维持。因此,财政是统合社会的工具,它是综合社会政策手段,也是一门综合社会科学研究领域。

从这一视角出发,政治经济学研究财政学偏向于制度的历史、制度对社会统合作用(尤其是解决贫富差距的再分配功能)的研究。在这一学派的研究成果中,尤其存在着大量对财政历史的整理归纳和分析评判。另外,由于社会统合作用比较容易体现在区域内,因而地方财政的研究者较多是持这样的视角。前些年,以神野教授为代表的强调发展"地域经济",反对中央集权的财政学者较受关注,在民主党执政时期也对政府政策制度产生了一定的影响。因此,也有些大学的"地方财政"课程改为"地域经济"等类似课程。

(三)现代经济学视角

20世纪50年代,被称为"日本马斯格雷夫"的大阪大学经济学部木下和夫教授开辟了将新古典经济学引入日本财政学研究的先河,成为以近代经济学为基础的日本财政理论研究和实证研究的先驱者,并几乎与萨缪尔森(1955年)、马斯格雷夫(1959年)同时(1958年)提出了财政三职能理论,大阪大学因此成为日本近代经济学(简称"近经学派")研究的大本营。在木下教授带领下,大阪大学组成了财政理论研究会,对欧美现代经济学理论进行了团队式的学习与引进。他们从翻译、模仿欧美学者论文到写出原创性英文论文并在短时间内在欧美杂志上刊登出许多日本学者的财政学研究成果。由此,以现代经济学的方法来研究财政学的范式在日本逐步获得了承认其至走向主流。

研究方法实际上可反映出研究者的价值取向。第二次世界大战结束后,受美国接管的日本在政治、经济、社会各个方面都发生了很大变化,尤其是以个人主义为核心价值观的市场经济体制为这批研究者提供了非常好的研究对象和大显身手的空间。因此,应该说目前日本财政学研究的主流就在这里。

值得一提的是,日本财政学领域的包容之处在于,追赶欧美潮流前沿的同时,不仅不完全否定传统财政学的研究,而且确立其应有的地位。尽管目前在日本学术界,传统财政学的研究者已经不多了,但这不妨碍这一学派在财政学领域所起的作用。此外,传统财政学自身也不断吸收新的研究方法,尤其是在年轻研究者的论文中,前沿的实证研究方法也得以广泛运用。

财政学研究具有非常广泛的视角,但个体研究者在其中的研究却无法全面出击。日本财政学会前会长本间正明教授曾将财政学研究主题归纳为表1中各个要素的组合,认为研究者必须作出明确的选择来集中自己的研究。

表 1 财政学研究主题

对象	理论、实证、政策、制度及组织、政治及行政
目标	经济稳定、资源配置、收入及资产分配、经济增长
手段	支出、税收、公债
学派	马克思主义经济学、西方经济学学派
时间轴	不同年代

二、日本财政学本科教学概况

日本本科专业设置比较宽泛,没有财政学本科专业,但与财政学相关的课程设置在法学院和经济学院相当普遍。

(一)与财政学相关的课程

1. 财政学

在日本有经济学院和法学院的本科课程设置中,大多数都有财政学课程。在有关课程介绍中,基本上都将财政学定为"以公共部门为研究对象的学问"。由于定位于研究公共部门,因此,其核心内容就不免为"为了获得预算收入的税制的描述和分析"。不过,从网上收集的各个学校的授课计划来看,大部分财政学的教学内容会包括三个方面:财政理论、财政制度和财政状况。财政理论主要是经济学基础理论;财政制度主要介绍中央和地方政府的预算、税制以及公债制度等;财政状况则是对最近的日本财政状况加以描述和分析。

2. 行财政学

在有些学校的法学院本科课程中,有些以"行财政学"取代"财政学",尤其是在法学院的行政学专业中。这是因为财政学中所论述的财政收支问题都是与行政体制分不开的,政府的"资金"运动轨迹实际上反映了其行政部门的关系,因此,财政学往往被称为"行财政学"。此外,名为"行财政学"的课程有许多也与地方公共服务财政有关,如"垃圾处理的行财政"就是介绍垃圾处理过程中行政机构以及资金的安排状况。还有诸如"社会保障行财政"、"文化保护行财政"等。

3. 公共经济学

这是一门与财政学最为接近的课程,但是,在日本却有很多大学同时开设两门课。其区别大致有两个方面。第一,研究起点不同。如前所述,传统财政学是将政府(国家)作为既存的前提来研究财政现象,因此,财政学的起点就是政府的活动;而公共经济学则是从个体(即市场)出发,论述其效率性后,从市场的失败中引出政府的存在。第二,研究的范围有区别。前者比较固守公共部门;而后者则将研究范围扩展到包括NPO在内的民间部门,其研究的核心问题就是资源配置在哪个部门更为有效(当然包括用于收入再分配的资源)。在这一点上,我们可以从既教授财政学又教授公共经济学的同一学者的课程介绍或撰写的教科书上得到印证。

4. 地方财政学

地方财政学也是比较常见的本科课程,但是,由于日本地方自治制度是一个中央集权式的地方自治制度,其地方财政的独立性很差,因此,没有真正意义上的地方财政。从课程内容介绍以及教科书来看,与财政学、公共经济学相比,地方财政学的内容在各个学校以及各个老师之间的差异非常大,每个人的侧重点有所不同。在课程名称上,有地域经济学、地方自治财政,等等。比较统一的是,几乎所有这类课程中都会介绍中央与地方的财政关系,尤其是对中央财政转移支付制度有比较详细的描述和分析。

5. 其他课程

还有一些属于与财政学、公共经济学相关的课程,如租税法、社会保障经济学、医疗经济学等。这里就不一一介绍。

(二)日本国立大学有关课程设置概况

日本大学数量非常多,其中除了私立大学外,有公立和国立大学。由于国立大学比较有代表性,我们对所有国立大学的网页进行查找,分析其课程设置情况发现:

第一,经济学部一般都有财政学和公共经济学以及地方财政学。

第二,法学部大部分都有公共经济学、财政学和租税法。

第三,许多人文学院也有财政学。

第四,从授课对象来看,经济学都是必修课,基本上二年级至四年级都可以选;法学大多数为必修课,少数为选修课,也是二年级至四年级都可选;人文学院大多为选修课,很多是二年级或三年级可选。

下面分地区将所有 96 所国立大学的财政学相关课程设置列于表 2。

表 2 96 所国立大学财政学相关课程设置

北海道——东北地区			
北海道大学 (法学部政治学系行政学专业:行财政论、公共经济学、财政学特论)	岩手大学 (文学部经济学模块:财政学、地方财政论、政府间财政关系;法学部:无)	弘前大学 (文学部经济学模块:财政学、地方财政论、政府间财政关系)	小樽商科大学 (经济学部:财政学)
北海道教育大学	室兰工业大学	带广工业大学	旭日医科大学
北见工业大学	东北大学	宫城教育大学	秋田大学
山形大学 (人文学部法经模块:公共经济学)	福岛大学 (经济经营学类、行政政策学类:财政学)		
北关东——甲信越地区			
茨城大学	筑波技术大学	群马大学	东京医科牙科大学
筑波大学 (社会学国际学群社会学类:公共经济学、财政学)	宇都宫大学 (国际社会学部:财政学)	埼玉大学 (经济学部:公共经济学、财政学)	千叶大学 (法经学部:财政学)

东京大学 （法学部：财政学、租税法 经济学：公共经济学、财政 学、地方财政）	一桥大学 （经济学：公共经济学、地 方财政 法学：租税法）	横滨国立大学 （经济学：公共经济学、财 政学、地方财政）	新泻大学 （经济学部：财政学）
东京学艺大学	东京农工大学	东京艺术大学	东京工业大学
东京海洋大学	茶水女子大学	电气通讯大学	东京外国语大学
长冈技术科学大学	上越教育大学	山梨大学	信州大学
政策研究大学院大学	综合研究大学院大学		
东海（北陆）——近畿地区			
富山大学 （经济学部以演习课程方 式：财政学）	金泽大学 （经济学部：财政学、地方 财政论）	名古屋大学 （经济学部：财政制度、公 共经济学）	静冈大学 （经济学部：地方财政 学）
福井大学	岐阜大学	爱知教育大学	浜松医科大学
名古屋工业大学	丰桥技术科技大学	滋贺医科大学	滋贺大学
三重大学 （人文学部现代经济模块： 地域经济学）	京都大学 （经济学部：公共经济学、 财政学、地方财政学）	神户大学 （经济学部：公共经济学、 财政学、地方财政学）	大阪大学 （经济学部：公共经济 学、财政学、地方财政； 法学部：公共经济学）
京都教育大学	京都工艺纤维大学	大阪教育大学	兵库教育大学
奈良教育大学	奈良女子大学	和歌山大学	
北陆先端科学技术大学院 大学	奈良先端科学技术大学院 大学		
中国——四国地区			
鸟取大学	岛根大学	冈山大学 （经济学部：公共经济学、 财政学）	广岛大学
山口大学	德岛大学	鸣门教育大学	香川大学
爱媛大学	高知大学		
九州——冲绳地区			
福冈教育大学	九州大学	九州工业大学	佐贺大学
长崎大学 （经济学部：公共经济学、 地方财政学、财政学）	熊本大学 （法学部：公共经济学、地 域经济学）	大分大学	宫崎大学
鹿儿岛大学	鹿屋体育大学	琉球大学	

课题组负责人：上海财经大学　樊丽明　刘小兵

课题组执笔人：上海财经大学　宋健敏

从国际比较的视野看财政类学科建设
与发展的社会需求基础

教育部高等学校财政学类专业教学指导委员会课题组

随着我国高等教育发展模式从外延式量的增长向内涵式质的提高的转变,如何制定人才培养质量标准已经成为重中之重的课题。杜玉波副部长在"2013—2017年教育部高等学校教学指导委员会成立视频会议上的讲话"中指出,"要把促进人的全面发展和适应社会需要作为衡量人才培养水平的根本标准",表明了国家将"是否满足社会需要"作为一条重要的标准来衡量各个学科专业培养的人才质量。那么,为了达到这一人才培养质量标准,各个学科专业就必须了解和把握社会对自身的知识和技能的需求,并据此完善课程设计、教材编写以及教学方法等。因此,本文将美国和日本两个国家对于财政类学科专业的社会需求特征进行梳理,试图通过国际比较来寻找我国制定财政类学科人才培养标准的借鉴因素。文章分为四个部分。第一部分阐述选取美国和日本为例的意义;第二部分是美国财政学学科发展的路径与财政类专业人才的社会需求分析;第三部分是日本财政学研究和课程设置情况以及财政类专业人才的社会需求变化分析;第四部分是从美国和日本的比较中获得的借鉴与启示。

一、选取美国和日本为例的意义

无论对财政学专业的内涵有怎样的不同看法,政府收支活动是构成财政学科研究的重要内容已成为大多数学者的共识,而政府的收支活动在很大程度上取决于一个国家的政体形态,所以,对财政类学科的研究在不同政体下具有不同特征也就不言而喻了。众所周知,美国和日本都是以市场机制为主体进行资源配置的国家,但前者是一个联邦制国家,而后者是一个单一制国家。不仅如此,历史文化的差异,使得这两个采取同样经济制度的国家在财政体制以及财政政策制定、实施等方面产生非常大的区别,因而其对财政类学科人才培养的社会需求也就不尽相同。虽然美国、日本都没有财政类的本科专业,但大多数经济学院系、公共管理院系等社会科学类的院系都设有财政类的课程,且在更高层次的学历教育尤其是在 MPA、MPP 的教学中,与财政相关的各类课程更是不可或缺且根据社会需求不断地丰富。因此,本文认为,对美国和日本的研究,将在以下几个方面有助于我们研究制定我国财政类学科人才培养标准。

首先,了解不同类型国家财政体制对财政学科人才需求的特征,有助于帮助我们分析人才质量标准制定时需要考虑的一般性要素。

在联邦制的美国,其政府层级为多层结构,但最高层联邦政府与州政府之间保持着较强的独立性,50 个州掌握着除合众国宪法禁止以外所有的权限,具有高度的财政自治权;在单一制的日本,虽然也是多级政府,并实施地方自治制度,但其在明治维新时期就通过财权上移、事权下放、财力转移的地方财政制度实现了中央集权的统治,且至今这一体制仍然未有根本性的转变。在两种不同的财政体制下,社会所需的财政类专业人才的素质就有所不同。相对而言,美国需要能够直接面对民众进行沟通、协调的能力;而日本则更需要能够一丝不苟严格执行上级政策的能力。因此,美、日两国在财政类专业课程设置等方面就有比较大的差异。对于这些差异的了解,可以为我们研究财政类专业人才需求提供很好的观察点。

其次,通过分别考察美国和日本对于财政学类人才需求情况,有利于我们动态地把握国际上财政类专业人才培养的变化趋势和前沿标准。

尽管美国和日本的财政体制不尽相同,但怎样提高财政资源的利用效率、公正分配社会财富是任何国家一直探索的问题,也是美国和日本财政类专业研究和实践的不变主题。观察两国近年来的一系列行政及财政改革措施可以发现,在信息化、全球化时代的今天,不同体制下的各国政府可以相互借鉴的方法越来越多,由此可以看出,有些不受体制局限而必备的素质应该成为衡量财政类专业人才标准的内容。了解美国和日本动态和趋势,也可以为我们在高水准上制定自身的人才培养标准寻找参照系。

最后,通过观察两国对于财政类人才的社会需求,寻找市场机制在资源配置中起决定性作用的社会对财政类专业人才的潜在需求,为国内财政类专业的学科建设提供参考。

中共十八届三中全会指出,我国将坚持市场机制在资源配置中起决定性作用的方向。毋庸置疑,与计划经济时代过度忽视个人利益不同,市场机制的特点是强调对个体及个体利益的尊重和保护。那么,探索以个体及个体利益为出发点和归宿点来解决公共问题的方法必然成为当务之急,而实际上这正是一个市场机制起决定性作用下的现代财政问题。美国是一个比较充分利用市场机制的国家,而日本是一个在政府财政调控下发挥市场机制作用的国家,两种体制下财政的作用以及多年来的经验与教训对我们都具有借鉴意义。

二、美国财政学学科发展的路径与财政类专业人才的社会需求

美国是现代财政学的前沿阵地,被称为"现代财政学之父"的美国学者马斯格雷夫1959年编写的《财政学理论》奠定了这一学科的基础,建立了以公共产品论为核心,围绕公共产品的界定和供求展开的财政理论体系。与传统财政学形成本质性区别的是,现代财政学不再笼统地论述财政的必要性以及对财政收支的划分和控制,而是从个人的公共需求出发来研究这些问题,强调财政的公共性既建立在个人利益基础上又体现个人共同利益的属性。因此,美国财政学学科发展的路径有这样几个标志性的特征。

第一,在研究对象上,从政府收支活动本身,扩展至政府收支活动的成因以及对国民经济所产生的影响,并由此将涉及财政收支活动各个环节的个体行为也纳入了财政学研究视角。

第二,在研究界限上,不仅将财政学定位于经济学和政治学之间的交叉学科,而且在行政学、管理学、社会学、公共政策学等更为广阔的范围内对以个人利益为基础的公共产品提供问题进行研究。

第三,在研究方法上,越来越趋向于多种手法和各式工具的综合运用,如定性与定量、理论与实证等,特别是随着科技技术的发展和信息化的推进,大数据的分析运用也进入了财政学研究的视野。

上述这些特征可以归纳为,美国现代财政学研究的出发点定位于微观个体,但将体现个人共同利益的公共性代表落实于政府。也就是说,从微观个体的角度来研究政府收支活动以及观察政府收支活动对微观个体的影响已成为财政学研究的基本内容。美国财政学学科这种特征的形成与其社会对政府职能的认识和要求变化相适应,同时也反映出财政专业人才培养社会需求的变化。

众所周知,美国是一个高度崇尚市场机制的国家,与之相应的社会基本理念为个人主义,强调保护个体利益(私人财产)和个体的自由选择。此外,由于联邦制政体的关系,其与英、法等欧洲国家相比,关注政府财政职能的时期要晚很多。1929—1933 年爆发的世界经济大危机让整个西方社会都动摇了对自由放任的古典经济理论和政策的信仰,转向寻求政府纠正市场失败的力量。美国时任总统罗斯福实施了以政府对社会保障以及公共工程进行大量财政投入而刺激经济的"新政"。20 世纪 30—40 年代,一方面由于罗斯福新政迎合了当时的潮流而明显奏效,另一方面由于次年凯恩斯发表了《就业、利息与货币通论》,进一步系统地论证了政府财政支出增加有效需求以促进经济增长的理论,因此,强调政府财政功能的现代财政这时才在美国得以建立。不过,即使是罗斯福新政从政策实践的层面、凯恩斯《就业、利息与货币通论》从理论革命的角度唤起了美国社会对政府财政职能的重视,但尊重个体和个体利益的文化环境和体制环境让美国社会仍然对政府支出抱有高度的戒备。人们在理论上需要不断深入研究政府支出以及政府收入对个体所产生的影响,在具体政策项目上需要搞清楚政府参与的正当性。因此,在 20 世纪四五十年代出现了像萨缪尔森、马斯格雷夫等这样从个人对公共产品的需求出发研究政府职能的著名学者,同时也出现了大批公共政策、公共管理方面的实践者。如第二次世界大战后至朝鲜战争之间,美国联邦政府成立了以前总统胡佛为委员会主席的胡佛委员会(Hoover Commission)。这一相当于联邦政府智库的建立就是为了强化政府的职能,其最为有名的是1949年,胡佛委员会在向国会和杜鲁门总统递交的一份报告中,第一次指出政府预算应该显示政府职能、政府所进行的活动以及联邦行政部门的具体计划项目,而非只是记录各种"用途支出",并第一次提出了绩效预算(performance budget)的概念。其后,许多州政府也仿效州政府成立类似的咨询机构。这些大大小小的智库、咨询机构的建立创造了大量的人才需求。

事实上,时代对理论的需求催生了许多运用微观经济学方法来研究财政问题的学者;而时代对实践的需求则促进了经济学、政治学、法学、管理学等多种学科在研究财政问题上的融合,产生了不少运用交叉学科相互融合的政策分析工具,如公共项目的成本—效益分析就是一个非常好的例子。成本—效益分析原来是一种运用于民间企业的管理方法,1936年因为联邦治水法(United States Flood Control Act of 1936)的颁布,第一次被纳入公共工程管理并从此成为公共政策分析和公共管理的重要工具。这部法律规定,如果美国联邦政府介入任何一个国内的防洪工程,无论受益者为谁,必须效益大于预计的成本。因此,在美国,一旦防洪堤坝建设提案被提交,则首先必须审核是否满足这一条件,成本—效益分析法正是基于这样的现实需求而进入包括财政学在内的与公共支出相关的领域。与追求利润最大化的民间企业决策不同,公共项目进行成本效率比较用于从全社会角度看待的公共决策,且项目本身的产出往往无法在市场上交易,因此,围绕一项公共项目,不仅需要具体工程的技术上的分析,而且还需要对利益相关民众的意愿调查和汇总。这些都促使政府工作人员、理论研究人员对成本效益分析手法不断地深化,同时也对各种数据开发投入了大量的精力。可以说,这些工作创造了对于统计学、计量经济学等熟知定量分析方法的人才需求,也促进了包括财政学在内的各类与公共政策、公共管理相关的学科不断发展壮大。

由于财政活动本质上是政府的经济活动,因而从个体与个体利益出发研究政府行为的公共选择理论成为20世纪六七十年代财政学研究的热点。它反映了人们对凯恩斯主义以及福利财政政策所造成的大政府现象的反思,也反映了社会需要对资源配置更有效方式的探索。公共选择理论突破了经济学、政治学以及财政学研究中对政府的既定假设,在实践中也提出了对政府进行改革的要求。如果说上述成本—效益分析在很大程度上还是政治上的需要,即通过定量分析这种形式上的客观标准来评判公共项目的合理性,那么,70年代之后,人们则希望通过定量分析手法的不断完善来接近真实的成本—效益分析,由此产生具备各种微观定量分析能力的人才需求;同时,由于公共选择理论为公共决策政治过程的实证分析提供了理论基础,因而对于公共决策相关利益者行为的定量分析也随之兴起,这就产生了包括心理学、社会学、行政学等多方面知识的人才需求。

在上面的分析中,我们可以看到,尽管现代财政学主张从个体需求出发研究个体的公共需求,但在落脚点上,40—50年代和60—70年代的学术主流观点却截然不同:前者将政府作为"公共"的理想化身;而后者则质疑政府成为"公共"代表的必然性,主张将个人主义的假设贯穿始终,完成理论分析首尾一致的逻辑统一。这两种对于政府的不同看法也体现出美国民众不堪忍受在"福利国家"建设过程中,公共部门日益膨大而带来的沉重税收负担。个人责任再次将公共的落脚点重新回归于个人,认为公共即为个体的机械性组合。很显然,虽然公共选择理论对低效政府的病因分析淋漓尽致,但治疗的药方有失偏颇。过分强调个人独立性的结果是造成个体的封闭而忽视个体间的相互关系。正如卢梭所指出的,只是由各个个体的偏好所集合而成的全体意志与公共利益相差甚远,两者之间的转换需要个体之间的沟通。也就是说,将个体与个体之间连接的网络与独立个体的集合共同作用才能实现社会福利最大化。理论研究的深化与现实社会实践的需求再次相互影响和促进。20世纪90年代之后,在包括美国在内的西方国家中,以关注承担着社会网络功能的社区以及地方自治政府为对象的研究大量出现;与此同时,地方政府财政改革、公民参与等运动风生水起。相应地,在人才需求方面,包括公共组织的财务管理、公共组织的预算管理等与社区及地方政府管理相关的岗位也应运而生。

以上有关美国人才需求变化的描述,实际上是美国市场经济与民主政治成熟发展的必然表现。笼统地看,无论什么时期,美国对于财政类专业人才的需求都包括两个方面:一方面,需要研究在市场经济和民主政治中具有普遍性规律的学术理论;另一方面,需要与政府结构紧密相关的、以问题为导向的应用性强的政策和对策研究。具体来说,有以下几个层次需求。

第一,能够主要运用经济学手段分析政府收支活动对整个宏观经济运行所产生的影响,尤其是对各种不同税收制度设计、公债发行等政府收入及各项政府支出对资源配置效率、社会平等方面的效应进行理论分析。这方面的教学和研究比较集中于美国各个大学的经济学专业,最为著名的有麻省理工大学、哈佛大学和加州伯克利大学等。对于政府收支活动的经济学研究,从古典经济学、新古典经济学到凯恩斯主义经济学,一直以来都不乏杰出的研究者,对美国财政政策的制定产生实际影响的优秀学者也大有人在。然而,这类人才与其说是财政类专业的培养目标,不如说是财政学的教育仅仅为这类人才提供了一个独特的视角,而其研究能力的培养需要非常扎实的微观经济学、宏观经济学、计量经济学的基础,并且需要敏锐地观察经济社会现象的眼光和能力。因此,上述几所著名的美国综合性大学以及具有经济学研究传统的院系占有优势。

第二,具有经济学、政治学等理论基础,能够娴熟地运用计量经济学、社会与政策研究的统计分析手段进行公共政策分析的人才。如卡内基·梅隆大学的公共政策专业就是培养这方面人才的重地,其主要是满足政府及各类咨询机构的人才需求,注重培养能够开发和运用新的技术手段进行公共政策分析的能力。

第三,除了对财政类专业理论研究和政策研究人才的需求,事实上,在美国,对于财政类人才最大的需求则是在公共管理领域。与经济学、政治学院系相比,公共管理院系培养的人才更注重应用性和地域性。强调应用性的原因不言而喻,而对地域性的关注是因为其联邦制的政体。在美国,各个州在公共政策以及公共管理方面独立性强,尤其是最基层的地方治理历来强调住民自治,因而广泛地进行财政类专业知识的教育,有两个方面的目的:一是培养大量与其地方特征相吻合的政策研究人员和公共事务管理人员,而从事这方面教学和研究的大学不少是州立大学;二是为了使地方自治真正做到实处,需要进行公民素质教育来帮助住民理解政府收支活动的内容、过程,并以适当方式参与公共政策制定、实施、评估以及监督过程。

总的来说,美国财政类专业知识的传授不仅仅针对培养能够进行深度理论和政策分析以及高层次公共管理方面的精英人才,而且注重基层性、应用型强的知识普及和技能训练。尤其是公共管理类的专业课程一般更具体微观,更具备操作性。这类院系的核心课程中的公共预算和公共财务就具有代表性。与政治学院系研究这些问题不同,公共管理院系在这方面的课程内容设计上淡化预算政治和程序,同时强化技术性较强的预算或财务操作。如公共预算课程体系中有预算的实施与调整、政府的预算储备和预算削减管理等;公共财务管理课程体系则注重政府账目和报表的设立、汇报以及分析。很显然这些课程内容涉及政府财政活动的细节,诸如此类的知识传授不仅有助于提高政府管理水平,而且有利于问责制度甚至民主财政制度的真正实施。

三、日本财政学研究和课程设置以及财政类专业人才的社会需求变化

日本对于财政学的研究历史较长,从 finance 一词译为汉字"财政"由日语而来也可略窥一斑。由于财政学自古被认为是有关"国库"的学问,将英语的 public finance 和法语的 finances publiques 直译为日语就是"公共资金的筹集",所以从明治时代起,财政学就被看作是"以国家及公共团体的货币收支为研究对象"的学问,是社会科学的一个研究领域。从日本学者的研究路径来看,日本财政学受德国财政学、马克思财政学以及英美财政学三方面的影响非常大。其中,因最早受德国"官房学"影响较深,因而到 20 世纪六七十年代为止,从制度方面来研究财政问题一直是日本财政学者的主流。随着西方现代经济学的引进吸收,日本学者越来越多地从经济学角度研究财政学,且出现大量的优秀研究成果并不断对包括财政政策在内的各项公共政策制定产生影响,所以,七八十年代之后,日本财政学的研究和教学长期以来基本上是三种不同视角同时并存且有一定程度隔离的状态。这三种视角分别如下:

第一种是法学界的视角。

这是日本对财政学研究最为古老的学术领域,主要受德国财政学影响而形成。不过,目前日本学者从法的角度对财政的研究内容十分丰富,它至少又分

为两个方面：一是从既定上位法的角度来研究实施法的问题，即通过解释宪法以及不断完善财政法来制定各项具体的财政制度；二是从法律学的角度来研究财政现象中公法和私法的关系，即研究财政现象中所反映出的政府职能的法律适用性问题。

前者在日本是一个历史较长、研究成果浩瀚且对其制度建设产生重大影响的研究视角。因为宪法中对财政的规定以及财政法的完善都是针对国家内部各项财政事项的实施程序的规定，所以国家并没有作为一个法律主体的身份，也就完全不能适用于私法。换句话说，法律界对财政的研究长期以来一直是以公法的视角来研究各项具体的实施法，如特例公债法、会计法等。虽然按照宪法中对预算必须以国会为中心的规定，这些法律的制定必须通过国会的承认才能成立和实施，但是，由于没有将财政行为列为私法研究对象，因而作为财政活动主体的国家在与国民的关系上不能得到司法的制约。由此，近年来不少财政法学的学者开始研究这一问题，以希望通过研究的深入，推动进一步实现政府行为受制于国民的民主社会。这就是后者，即从法律学的角度来研究国家财政行为的合法性问题。

很显然，这两个不同研究角度也反映了社会科学研究中学科的交叉性以及相互渗透性。传统法学对财政的研究着重于既定国家成立的前提下政府财政活动的准则，因而它是自上而下地规范政府与国民之间的关系，却没有将政府本身作为一个与国民对等的主体来研究其相互制约关系。近年来有法学研究者所提出的引入私法对财政行为的研究，自然是受经济学研究范式的影响。

第二种是政治经济学视角。

这一学派实际上与上述法学界财政研究是一脉相承的，只是他们不仅受德国官方学的影响，而且接受马克思主义经济学的基本观点，强调财政制度的重要性。也就是说，他们承认国家为政治领域的固有性，将财政看作是国家与经济的连接点，从这一点来看与上述公法学观点研究财政学具有类同之处。作为具有代表性的著名日本财政学者神野直彦更是强调财政的社会统合功能，认为现实中的统治者与其说关注资源的有效配置，不如说更注重既存的政治社会得以稳定维持。因此，财政是统合社会的工具，它是综合社会政策手段，也是一门综合社会科学研究领域。

从这一视角出发,政治经济学研究财政学偏向于制度的历史、制度对社会统合作用(尤其是解决贫富差距的再分配功能)的研究。在这一学派的研究成果中,尤其存在着大量对财政历史的整理归纳和分析评判。另外,由于社会统合作用比较容易体现在区域内,因而地方财政的研究者较多是持这样的视角。前些年,以神野教授为代表的强调发展地域经济,反对中央集权的财政学者较受关注,在民主党执政时期也对政府政策制度产生了一定的影响。因此,也有些大学的"地方财政"课程改为"地域经济"等类似课程。

第三种是现代经济学视角。

20世纪50年代,被称为"日本马斯格雷夫"的大阪大学经济学部木下和夫教授开辟了将新古典经济学引入日本财政学研究的先河,成为以近代经济学为基础的日本财政理论研究和实证研究的先驱者,并几乎与萨缪尔森(1955年)、马斯格雷夫(1959年)同时(1958年)提出了财政三职能理论,大阪大学因此成为日本近代经济学(简称"近经学派")研究的大本营。在木下教授带领下,大阪大学组成了财政理论研究会,对欧美现代经济学理论进行了团队式的学习与引进。他们从翻译、模仿欧美学者论文到写出原创性英文论文并在短时间内在欧美杂志上刊登出许多日本学者的财政学研究成果。由此,以现代经济学的方法来研究财政学的范式在日本逐步获得了承认甚至走向主流。

研究方法实际上可反映出研究者的价值取向。第二次世界大战结束后,受美国接管的日本在政治、经济、社会各个方面都发生了很大变化,尤其是以个人主义为核心价值观的市场经济体制为这批研究者提供了非常好的研究对象和大显身手的空间。因此,应该说目前日本财政学研究的主流就在这里。

值得一提的是,日本财政学领域的包容之处在于,追赶欧美潮流前沿的同时,不仅不完全否定传统财政学的研究,而且确立其应有的地位。尽管目前在日本学术界,传统财政学的研究者已经不多了,但这并不妨碍这一学派在财政学领域所起的作用。此外,传统财政学自身也不断吸收新的研究方法,尤其是在年轻研究者的论文中,前沿的实证研究方法也得以广泛运用。

日本本科专业设置比较宽泛,没有财政学本科专业,但与财政学相关的课程设置在法学院和经济学院相当普遍。

一是财政学。在日本有经济学院和法学院的本科课程设置中,大多数都有财政学课程。在有关课程介绍中,基本上都将财政学定为"以公共部门为研究对象的学问"。由于定位于研究公共部门,因此,其核心内容就不免为"为了获得预算收入的税制的描述和分析"。不过,从网上收集的各个学校的授课计划来看,大部分财政学的教学内容会包括三个方面:财政理论、财政制度和财政状况。财政理论主要是经济学基础理论;财政制度主要介绍中央和地方政府的预算、税制以及公债制度等;财政状况则是对最近的日本财政状况加以描述和分析。

二是行财政学。在有些学校的法学院本科课程中,有些以"行财政学"取代"财政学",尤其是在法学院的行政学专业中。这是因为财政学中所论述的财政收支问题都是与行政体制分不开的,政府的资金运动轨迹实际上反映了其行政部门的关系,因此,财政学往往被称为"行财政学"。此外,名为"行财政学"的课程有许多也与地方公共服务财政有关,如"垃圾处理的行财政"就是介绍垃圾处理过程中行政机构以及资金的安排状况。还有诸如"社会保障行财政"、"文化保护行财政"等。

三是公共经济学。这是一门与财政学最为接近的课程,但是,在日本却有很多大学同时开设两门课。其区别大概有两个方面。第一,研究起点不同。如前所述,传统财政学是将政府(国家)作为既存的前提来研究财政现象,因此,财政学的起点就是政府的活动;而公共经济学则是从个体(即市场)出发,论述其效率性后,从市场的失败中引出政府的存在。第二,研究的范围有区别。前者比较固守公共部门;而后者则将研究范围扩展到包括NPO在内的民间部门,其研究的核心问题就是资源配置在哪个部门更为有效(当然包括用于收入再分配的资源)。在这一点上,我们可以从既教授财政学又教授公共经济学的同一学者的课程介绍或撰写的教科书上得到印证。

四是地方财政学。地方财政学也是比较常见的本科课程,但是,由于日本地方自治制度是一个中央集权式的地方自治制度,其地方财政的独立性很差,因此,没有真正意义上的地方财政。从课程内容介绍以及教科书来看,与财政学、公共经济学相比,地方财政学的内容在各个学校以及各个老师之间的差异非常大,每人的侧重点有所不同。在课程名称上,有地域经济学、地方自治财政,等等。比较统一的是,几乎所有这类课程中都会介绍中央与地方的财政关系,尤其是对中央财政转移支付制度有比较详细的描述和分析。

五是其他课程。一些属于与财政学、公共经济学相关的课程,如租税法、社会保障经济学、医疗经济学等,这里就不一一介绍。

与美国相比,日本的财政体制有着明显的中央集权特征,其对财政类专业人才的培养和社会需求也都呈现出不同特点。但近些年,无论是学术界还是地方政府,要求地方分权的呼声越来越高,因而从日本不同的历史时期来看,其对财政类专业人才的培养和社会需求也呈现不同的变化。

此外,日本地方政府的很多公共决策受制于中央政府,自身的自主性较低,故不同层级的官僚机构对于财政类专业人才的需求有一定的区别。同时,日本虽然是一个民主制国家,但其公共政策的制定长期以来受官僚实际控制的现象十分普遍,属于明显的精英决策模式。中央各机构集中了大量精通专业知识并具备较强分析能力的优秀人才,而地方政府机构则更多地需要能够熟知各项法律、尽职敬业的政策执行人员。因此,我们从上述日本财政类课程设计的介绍中所看到的有关"行财政学"课程的介绍就是这一特点的体现。也就是说,日本公务员大部分处于所谓的"科层制"结构中被动地发挥自己的能力,很少需要个人能动的创造力,因而日本公务员更多出身于法学专业。日本几乎没有诸如美国公共管理院系之类的院系设置,也很少有"公共预算"、"公共财务"之类操作性强的公共财政类课程设置。

在官僚精英起主要作用的自上而下制定公共政策的模式下,民众对公共政策和公共事务的参与度较低。与之相应的是,公共决策需要通过严格地遵循法律原则来维护其公信力。因此,研究层面注重制度的合法性研究,实践层面则注重政策执行是否合规的问题。日本正是如此,其财政类专业的研究和教学内容更多的是理论和制度,而对于实证分析,尤其是对于财政支出方面的经验实证分析远远不如美国发达。

然而,20世纪90年代以后,日本财政类专业人才的需求和培养发生了非常大的变化。其背景是,经过20世纪六七十年代经济高速增长期之后,日本不仅经济开始下滑,而且迅速老龄化的人口结构使得其财政支出大幅增加,连年赤字的财政让国家背上了沉重的债务负担;在政治方面,90年代初,日本战后第一次结束了自民党一党独大、单独执政的局面,因而公共决策的政治过程变得十分复杂;中央财政因不断缩减对地方的转移支付而开始弱化中央集权,加之受国际上地方分权潮流的影响,日本出现了一股非常强劲的"地方分权"热。上述经济、政治、社会所发生的变化促使日本不得不进行大的改革,这些改革的核心就是如何提高政府公共支出效率,形成的趋势就是:努力削减各项公共支出,以降低政府运行成本和国民负担;推动地方分权,要求通过调动地方政府的能动性,更加效率地提供各项公共服务;激活民间活力,将一部分公共服务交由民间提供或民间生产。

在上述背景下,日本社会对公务员的素质要求逐步发生了变化。尤其是对于地方公务员,不仅要求熟知政策法律,同时要求具有首创精神,能够从下而上地提出政策的立案、企划等,为基层居民提供切实需要的公共产品和公共服务。随着这些变化,日本财政类专业的研究和教学内容也发生了比较大的变化。

首先,视角扩大,出现多学科交融的趋势。如上述财政学和法学(包括政治学)对预算等财政问题的研究开始相互借鉴并相互融合,在课程设计上,经济学院系和法学院系相互设置基础课;更有许多大学以法学院系和经济学院系为基础,共同建立公共政策大学院(即我国的研究生专业)。除了法学和经济学的融合外,由于公共支出所涉及的内容十分广泛,如环境、医疗、教育等,而与制定这些方面相关的公共项目又分别需要各自不同的专业视角,因而不少大学还根据自身原有特色融合进去,如北海道大学就将其传统优势的农业、环境保护专业融入公共政策大学院。

其次,开始重视管理学元素的财政类课程和研究。由于强调分权和发挥基层政府的能动性,需要公务员具备一定的经营管理能力,像政府会计、公共管理这类课程开始进入财政类相关的专业;而政府需要经营管理的理念还推动了诸如政府会计制度的研究和改革,如日本政府实施权责发生制的会计制度改革、推动政府信息化公开、制作政府资产负债表等都是近二十年的事情。

最后,在研究和教学的内容上增添了实证分析所需的各项工具性方法,如社会调查方法、计量分析方法等。尤其是在当今强调大数据的时代,如何通过数据信息来更加有效地了解民众的个体需求,从居民个体需求出发落实到满足居民个体需求,成为日本公共部门所面对的新课题,因而各所高校也加紧了这方面的研究和教学。如大阪大学国际公共政策学院在这方面就走在前列,他们非常注重引入欧美流行的数据分析方法,从本科生开始就引入定量分析方法训练的课程。

四、从美日比较中获得的借鉴与启示

从上述介绍可以看出,美国和日本由于财政体制特征不同,因而在财政类专业方面的人才需求有所不同,但是近年来有逐步接近的趋势,原因主要是日本在 20 世纪 90 年代之后试图通过改革来实现从政府控制下的市场机制向真正的市场机制的转型,由此产生了对人才素质要求的变化。本文对两个国家情况的介绍,意在能够从中得到一些借鉴和启示。

首先,实行通过市场机制来配置资源的体制,必须认识从个体视角研究公共问题的重要性。"公共"并非是一个与"私"对立的存在,相反,是一个将"私"有机结合的现实空间,它完全可以作为一个分析性概念,从个体需求的组成部分来加以研究。古今中外,个人都离不开社会而孤立存在,因此,如果将个体与个体之间的关系定义为"公共"的话,那么,观察大大小小、各种各样的"公共"现象,探究其形成的机理以及受制度设计的影响等,也应该成为公共财政最为基本的研究内容。因此,财政问题的研究和教学与公共管理是密不可分的,也是美国很早就将财政管理作为公共管理重要内容之一的原因。

其次,将个体作为研究和解决公共问题的出发点和归宿点,必然要求具备收集、分析和运用个体信息来进行公共决策和公共管理的方法和技能,因此,在财政专业的课程设计中,加入经验实证分析方法方面的内容不可或缺。

当前,建立"以民为本"的服务型政府已经不仅仅是一句口号,而是必须实实在在落实于各级政府政绩考核的具体要求。正如企业只有以市场导向,强调顾客至上,在满足消费需求的情况下才能获利一样,政府要真正服务好民众,必须了解民意,必须掌握民众需求,并通过群众满意度的测评来衡量政府的施政绩效。如何通过实证方法,发掘民意与市场需求,已经成为社会科学研究和教学的重要内容。如美国密歇根大学(University of Michigan),其以"调查研究中心"(Survey Research Center)为平台,整合经济统计、人口民生、社会议题等专业,定期进行大规模调查,配合精湛的调研方法,稳坐美国公立大学前三名。

这里要强调的是,与偏重数据分析的技巧和计量分析工具的运用等既有研究方法的教学不同,财政类专业的课程设计应该从调查方案设计开始,到样本抽样、数据收集以及处理分析等环节为止,建立一整套科学的研究方法体系来进行公共财政方面的实证研究,向社会输送能够运用这些方法、具有职业技能特色的应用型人才。长期以来,国内社会科学的教学过多地注重知识的灌输和空泛理论的介绍,即使注重定量分析的课程,也只知道光教授分析数据的技巧和工具,而疏于传授如何发现问题、搜集数据。这就造成学生只能考测教材习题,却无法亲身操作。因此,给社会造成的印象是文科学生身无技能、学无专长,最多只能写出一些看似满篇华丽词藻,实则无病呻吟的官样文章。这些说法也许有些过激,但是它提醒我们,作为提供文科教育的工作者,应该思考如何把学科建设做实,如何教给学生一生受用的看家本领。

最后,加强对于"公共性"和"公共逻辑"认识的课程。在现代市场经济体制下,公共政策的制定必须具有公共逻辑性,如今不再完全是精英运用工具理性就能解决问题的时代,因而财政类人才需要具备能够与各种社会力量协商、博弈,逐步达成共识的能力,这就是理解和运用"公共逻辑"的能力。

课题组负责人:上海财经大学　樊丽明　刘小兵

课题组执笔人:上海财经大学　宋健敏

参考文献:

[1]杜玉波.在2013—2017年教育部高等学校教学指导委员会成立视频会议上的讲话[R].2013.

[2]宋健敏,等.日本地方财政的财源结构与地方自治的特征[J].复旦政治学评论,2013(13).

［3］Musgrave R A. *The Theory of Public Finace*［M］. New York：McGraw Hill,1959.

［4］单学勇.财政学科建设若干问题探讨［J］.社科纵横,2010,25(4).

［5］Hoover Commission. Reports of the Commission on Organization of the Executive Branch of the Government［R］. Washington D. C. ；Government Printing Office,1949,1955.

［6］赵志荣.公共预算与财政在公共管理中的课程设置［J］.公共管理与政策评论,2013(2).

［7］藤谷武史.財政制度をめぐる法律と経済学の交差［J］.フィナシャル レビュー,2011(2).

［8］前大阪大学经济学部教授本田间明先生在 2012 年日本财政学会年会上的发言稿［R］.

我国财政学类专业本科教育改革难点问题研究

教育部高等学校财政学类专业教学指导委员会课题组

财政学专业作为我国的一个经济类专业，建立初期就已经被作为一个本科专业而得以设立并不断得到发展。截至 2012 年底，我国共有 102 所高等学校开设了财政学本科专业，45 所高等学校开设了税收学本科专业。应该说，我国财政学类专业本科生的教育培养取得了较大的成绩，如培养学生规模不断扩大、培养学生质量不断提高等，但与此同时，我们也看到，目前在财政学类专业本科教育培养方面仍然存在着一些不足，如一些学校对本科教学不够重视、本科教育投入仍然不足、教学方法有待进一步完善等。因此，找出目前我国在财政学类专业本科教育改革方面存在的难点问题并提出改进建议，对进一步提高财政学类专业本科教育培养质量具有十分重要的意义。

一、财政学类专业本科教育培养存在的难点问题

为进一步了解我国高等学校财政（税收）本科专业的建设和发展情况，找出我国目前各高等学校在财政学类专业本科生教育培养方面所存在的难点问题，教育部高等学校财政学类专业教学指导委员会于 2013 年 10 月向全国开设财政（税收）本科专业的高等院校进行了问卷调查（见附录 3）。问卷设计中有关财政学类专业本科生教育培养方面的重点问题主要有两个。一个是"您认为影响本科教学质量的主要因素是什么"，选项有"A. 学校重视程度；B. 学校管理水

平;C. 经费投入水平;D. 学校整体师资水平;E. 社会实践条件;F. 其他"。另一个是"当前我国财政(税收)专业本科生教育存在的最主要问题是什么",选项有"A. 教育投入不足,教学条件紧张;B. 专业设置、课程体系与社会需求脱节;C. 人才培养的规格或模式趋同,缺乏特色;D. 教师队伍整体素质不高;E. 教学模式和方法落后;F. 其他"。对各高校的回复情况,我们进行了统计,具体情况见表1。

表1 样本高校财政学类专业本科生教育培养方面的问题

问 题	选 项	选择比重(%)
您认为影响本科教学质量的主要因素是(限选3项)	A. 学校重视程度	56.41
	B. 学校管理水平	51.28
	C. 经费投入水平	64.10
	D. 学校整体师资水平	76.92
	E. 社会实践条件	38.46
	F. 其他	0
当前我国财政(税收)专业本科生教育存在的最主要问题是(限选3项)	A. 教育投入不足,教学条件紧张	38.46
	B. 专业设置、课程体系与社会需求脱节	66.67
	C. 人才培养的规格或模式趋同,缺乏特色	79.49
	D. 教师队伍整体素质不高	25.64
	E. 教学模式和方法落后	64.10
	F. 其他	0

由表1结果可知,"学校整体师资水平"、"经费投入水平"以及"学校重视程度"是影响本科教学质量的前三位因素,它们的比重分别达到76.92%、64.10%及56.41%;"学校管理水平"因素位居第四,它的比重也较高,为51.28%;选择"社会实践条件"因素的比重为38.46%,没有被调查院校选择"其他"项。

由统计结果可知,"人才培养的规格或模式趋同、缺乏特色"是当前我国财政(税收)专业本科生教育存在的首要问题,选择此选项的比重高达79.49%;其次是"专业设置、课程体系与社会需求脱节"选项,其所占比重也高达66.67%;排在第三位的是"教学模式和方法落后"选项,其比重为64.10%;其余"教育投入不足,教学条件紧张"、"教师队伍整体素质不高"与"其他"三个选项的比重相对较低,分别为 38.46%、25.64%和 0。

由此可见,"人才培养的规格或模式趋同、缺乏特色"、"专业设置、课程体系与社会需求脱节"与"教学模式和方法落后"是当前我国财政学类专业本科生教育培养存在的几个难点问题。下面我们将围绕这三个问题进行阐述。

(一)人才培养模式趋同、缺乏特色

为财税部门培养人才是我国高等院校最初开设财政学类专业的直接目标,正因为如此,各高等院校传统财政学类专业本科人才培养模式基本趋同,缺乏各自的特色。此后随着专业建设的不断推进、人才培养改革的深化,特别是近些年来自就业市场的挑战,各高校开始根据自身的发展定位及所在地域的现实经济状况提出了自己的人才培养模式。总体来看,近年来财政学类专业的人才培养模式较之前有了很大的改观,主要体现在以下几方面:

第一,根据办学类型定位,财政学类本科专业分为研究主导型(研究型)、研究应用型(技术型)、应用主导型(实务型)。研究主导型主要集中于一些重点研究型大学,以培养继续在本专业深造的理论研究型人才为主要目标,如北京大学财政学本科专业的定位为"培养方向侧重于财政学、福利经济学、中外税收制度、国际税收、公共选择理论等领域。毕业学生将能够胜任公共政策研究和宏观经济管理工作"。厦门大学则明确定位于只培养前两种类型的本科人才。研究应用型主要分布于具有硕士授予权的一般研究型大学。而应用主导型则主要集中于新升本的高校和独立学院。

第二,以"宽口径、厚基础、重应用"的复合型人才为基本培养模式。复合型人才是针对市场化就业需要提出来的,具有普遍的指导意义。在这一基本培养模式下,厚基础主要体现在外语与计算机应用和法律基础、西方经济学等通识课的开设;宽口径主要体现在各类财经类课程的开设,如会计、金融、国际贸易、管理等课程;重应用则主要体现在实验课程、专业实习、毕业论文等实践性和应用性教学环节。

第三,选择某些与财政类相关的特定的热门职业作为专业方向,如资产评

估、国有资产管理等。此外,进行双学位、理论实验班等新的培养模式的实验,也是近年来兴起的人才培养模式改革的尝试。

尽管如此,目前我国财政学类专业的人才培养模式改革从总体上说还存在以下问题:

首先,复合型人才模式基本停留在课程体系改革层面。尽管课程体系是人才模式改革的重要一环,但课程体系仅是人才培养的基本菜单,除此之外,它还受到教学规范、培养途径、支持条件等一系列因素的影响。因此,复合型人才模式作为一项系统工程,必须同时进行一系列改革才能实现,但是目前尚未引起高度重视。

其次,新的改革在某种程度上存在新瓶装旧酒的问题。这主要表现为教学方法、考核方法和管理方法的陈旧,某些教学环节流于形式,如专业实习、学年论文和毕业论文等。

最后,人才的个性化培养难以得到满足。素质教育的出发点和核心是尊重学生的个性,必须因材施教,才能使学生的素质得以提高,但是目前教学的大班化和单一层次培养,难以实现因材施教,科研导向使教师在教学方面的投入明显不足。

(二)专业设置、课程体系与社会需求脱节

与其他专业课程体系的安排类似,我国目前的财政学类课程体系基本上采用了以专业课为轴心的公共基础课—专业基础课—专业课的"三段式"课程体系来组织教学,这种课程体系设置更多地重视专业素质的培养,而忽略了综合素质的提高,已不能较好地适应社会发展、人才市场对复合型人才的需求。许多高校在进行课程设置时,明显表现出重专业课程、轻基础课程,重理论课程、轻实践课程的倾向,其课程体系安排与社会需求脱节。此外,由于教学成本等问题,许多高校对于选修课的开课条件进行了限制,例如间歇性开课、对选课学生人数进行限制等,从而抑制了学生选课的自由性,无法实现开设选修课的真正目的,这在很大程度上也制约了学生综合素质的提高。

此外,许多财政类课程内容陈旧、落后,滞后于社会和科技的发展。财政学

类专业归属于应用性经济学,所涉及的领域较宽,且与当前经济的发展状况、财政(税收)等公共政策的变化有着密切的联系,这就要求财政学类专业的教师在进行课程的讲授过程中,一方面应介绍课程的理论体系,另一方面还应该与国内、国外的经济现状及财政(税收)等公共政策的变化紧密联系,将理论与实践较好地结合起来,以此锻炼学生分析问题、解决问题的能力。但由于某些原因,有些学校的专业教师所授课程内容几年如一日,基本上处于凝固状态。在选择课程内容时,许多与专业相关的新的科技成果、现代科学研究方法、现代新实验、新思想、新动向都没有及时纳入到课程中来,从而造成课程内容与社会发展需要相脱节的状况。

(三)教学模式和方法落后

与传统教学方法和手段相比,目前各高校财政学类专业的教学方法与手段已有了一定的创新,文字教材"一统天下"的局面被彻底打破,立体化的多媒体教材已被人们普遍接受和应用。然而,在多媒体教学的过程中,有的教师用最先进的多媒体教学手段对学生进行立体化、全方位的"满堂灌",从以黑板作为载体的"填鸭式"教学转化为以计算机为载体的"填鸭式"教学,从而片面地认为使用了多媒体设备,就是进行了教学创新。这种以教师为中心的传统的集中授课模式有一个比较明显的缺点,就是作为认知主体的学生在教学过程中自始至终处于受灌输的被动地位,其主动性、积极性难以发挥,不利于培养学生的发散性思维、批判性思维和创造性思维,不利于创新能力的形成和创造型人才的成长。此外,为了便于教学管理工作的开展,许多高校对于课堂形式也有过于严格的限制,更改授课方式需要更高级部门的审批,否则一经查出则被视为教学事故,这在很大程度上也抑制了教师对于教学方法创新性的探索。尤其是类似财政学类专业的教学,由于该类专业经常与当前的时事要闻、经济政策有联系,有时需要学生及时去图书馆、网络上进行资料查询、核实及分析,但在严格的教学管理体制下,课堂教学形式较为单一,从而使教学效果大打折扣。

二、提高我国财政学类专业本科教育培养质量的建议

在问卷调查中,我们还设计了与提高财政(税收)专业本科教育培养质量建

议相关的两个问题,分别是"提高我国财政(税收)专业本科生教育质量最急需的是什么"和"为了提高财政(税收)专业本科生教育教学质量,贵校采取了哪些有效措施?哪些经验值得推广"。由于后一问题不便统计,在此,我们统计了前一问题的回复情况,统计结果见表2。

表2　　样本高校财政学类专业本科生教育质量提高急需解决的问题统计

问　题	选　项	选择比重(%)
提高我国财政(税收)专业本科生教育质量最急需的是(限选3项)	A. 提高教师队伍整体水平	66.67
	B. 推动人才培养模式改革	74.36
	C. 加强实践性教学环节	74.36
	D. 推动人才培养的国际化进程	23.08
	E. 推动人才培养的个性化	25.64
	F. 其他	5.13

由表2可知,大多数高校认为,"推动人才培养模式改革"、"加强实践性教学环节"与"提高教师队伍整体水平"是提高我国财政学类专业本科生教育质量最急需解决的三大问题,其中,认为应急需"推动人才培养模式改革"与"加强实践性教学环节"的比重高达74.36%,应"提高教师队伍整体水平"的比重也达到66.67%。围绕着急需解决的这三大问题,我们提出一些具体看法和建议。

(一)继续深化人才培养模式改革

综合上述分析可以看出,我国财政学类专业本科人才培养模式趋同,缺乏自己的特色,近年来尽管各高校在人才培养模式改革方面进行了一些有益的探索,但总体来看还有待进一步深化。我们认为,不同高校结合自身的学科优势,在拓宽本科生知识面、培养学习与创新能力的基础上,进行分类、分层的人才培养模式改革,将更有利于财政学类专业的发展和财政学类本科生培养质量的提高。

作为财政学类专业而言,其本科人才的教育培养应有其共性,这种共性就体现在拓宽本科生知识面、培养学习与创新能力方面。具体而言,就是知识结构完善,掌握经济学基本原理,熟悉财税基础理论,熟悉财税基本政策法规,具备运用经济学基本原理分析财税问题的能力。同时,作为不同的学校,其本科人才的教育培养又应有其个性,这种个性则体现在分类、分层的人才培养定位上。具体而言,就是不同学校在完成共性的目标基础上,结合学生的兴趣与个人职业规划,充分利用各自学校的资源优势与特色,引导学生向不同类型的专业领域、不同层次的专业方向发展,注重学生的个性化教育。需要指出的是,各类院校在确立自己的人才培养模式时,毫无疑问,要从自己学校的性质出发,要考虑自己学校的定位,应实事求是,不可急于求进,超越实际,盲目攀比和模仿。同时,还应考虑自己所在地区的现实情况,结合所在地区对人才的特殊需求。

为体现"宽口径、厚基础、重应用"的复合型人才培养模式,同时引导分类、分层的人才培养改革,我们建议将财政学类专业本科教育培养区分为三个阶段(如图1所示):第一阶段为通识教育阶段,第二阶段为专业及拓展教育阶段,第三阶段为创新能力培养阶段。

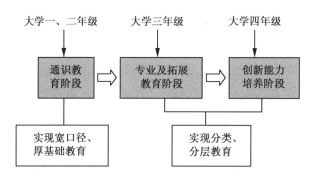

图1 财政学类专业本科人才培养实施路径

1. 通识教育阶段

大学本科不是培养某个狭小领域的专家,而在于通识教育,在于基本素养和基本训练,于人的养成。通识教育的根本,首先在于能体现通识教育理念的相关课程和教学方式,如果在课程和教学方式上无法落实通识教育的理念,那么其他方面的所有改革例如成立"文理学院"等未必有太大意义;反过来,如果课程和教学方面能够体现通识教育理念,那么其他外在形式方面未必一定要作大规模的变动。在财政学类专业本科人才培养的通识教育阶段,培养模式应体现宽口径、厚基础的"广博"培养原则。在课程设置上,可以建立以思想政治类、工具类课程为先导,以经济学基本原理课程为核心,以人文素质类、科技类课程为辅助的综合课程体系。

2. 专业及拓展教育阶段

该阶段的培养可以结合不同高校的特色,在突出专业培养的同时,围绕专业课程进行充分的拓展,引导学生结合专业与个人兴趣,合理制定大学选修课程菜单。在课程设置上,可以建立以财税类课程为必修课,以经济类、管理类相关课程为选修课的综合课程体系,同时辅之以学术讲座、第二课堂等开放式培养手段。选修课的取舍要体现不同高校的资源优势与特色,体现不同高校财政学类专业本科人才培养的个性,并且应尽可能提供更多的课程供学生选修。

3. 创新能力培养阶段

大学教育不同于中小学教育,它不仅要传授知识,而且要培养学生运用知识、创造知识与社会财富(包括物质财富和精神财富)的能力。就大学本科生的人才培养而言,本阶段培养手段与方法是否科学有效,直接关系到学生创新能力的积累和今后个人能力的可持续发展。毋庸置疑,目前国内财政学类本科专业人才培养在本阶段还存在着许多不足。我们认为,本阶段的人才培养方案应弱化理论课程的安排,强化学生实践能力的培养。如通过学术报告、学生科创、社会调查、案例分析、社团活动、假期实践、毕业实习等方式,有组织、有目的、有成效地实施人才培养活动,为财政学类专业本科生毕业后的个人综合能力的提高与可持续发展打下坚实基础。

(二)改进教学方法,加强实践教学

"宽口径、厚基础、重应用"的复合型人才培养改革是一项系统工程,它还依赖于教学模式和方法改革等方面。此外,教学实践是财政类专业本科学生整个修学过程中的一个重要环节,是学生学以致用、缩短上岗适应期的一项重要措施。改进教学方法、加强实践教学可以进行以下方面的改革探索。

第一,广泛开展教学改革。在一些专业课程的教学中,引入"学习讨论小组、课内讨论和课内实践"等形式,运用讨论课、案例课、实验课、实训课的载体,实现学生与教师间的互动,培养学生自主学习、创造学习、协作学习的能力。

第二,增加课程中的实验实践环节。可在专业必修课和选修课如财政学、税收学、政府预算、国际税收、税收筹划等增加实践实验教学比重,注重技术性、综合性和探索性关系间的处理,注意培养学生创新思维和独立分析问题、解决问题的能力。

第三,试行"第一课堂+第二课堂"的学分认定方案。学生必须参与社会实践类、志愿服务类、学术研究类、科技创新类、文化艺术类、身心发展类、社团活动类与社会工作类八大类第二课堂的教学与实践活动,并获得所要求的学分方能毕业。

第四,深化行业背景的内涵,加强与政府、企事业单位、中介机构的联系,建立良好的校社关系,拓展"产学研"合作基地、实验实训基地,通过积极推进校企合作、"产学研"结合培养人才。

最后,我们建议积极采用现代化教学手段,精心准备多媒体课件,将案例教学法、课堂讨论、作业练习、论文写作等融入课堂教学之中,增强授课的启发性和探究性,激发教学对象的参与、互动意识,在注重共性教育的同时,充分发展学生的学习个性,提高其学习兴趣和强烈的求知欲望。

(三)提升教师队伍建设

"古之学者必有师。师者,所以传道授业解惑也。"在当今社会,教师的职责不再仅仅是传道、授业、解惑,同时还承担着繁重的科研创新任务,因此,对教师素质的要求越来越高。如何提高教师的素质,各校做法不尽相同。我们认为,提高教师素质可采用外引内促的方针。首先是敞开校门,广揽天下贤士,这是集聚起高水平教师队伍、提高学校教师素质的快捷之道;其次是注重学校现有教师的培养提高。一要坚持"以人为本",建立激励制度,用事业、感情和较高的待遇留住和吸引优秀人才;二要创造条件,采取在职进修、访问学者、出国留学、短期外语、计算机强化培训和提高学历等多种形式,加强对中青年教师的培养;三要提倡学术自由,加强国内外的学术交流、科研合作,鼓励教师在科研上开拓创新。

此外,我们鼓励应用主导型财政类专业人才培养高校打造"双师型"师资队伍,即具备高等学校教师资格和行业从业资格的师资队伍,他们既具备深厚的专业理论基础,又具有较强的动手实践能力。目前财政类专业的教师大部分是从高校到高校的毕业生,并没有多少实践经验,不能满足实践性课程的授课要求。入校之后,工作也大多局限于学校内,与社会联系很少。这就需要学校牵头打造一支"双师型"的师资队伍,途径可以有多种:第一,推进教师的挂职锻炼。可以安排专业课教师在实务部门进行专业实践训练,对于缺乏专业实践经验的新教师,可以在实务部门见习半年或一年;其他教师则可每三年去轮训;或者利用假期开展行业、企业、专业的社会调查。第二,加强教师的资格培养。鼓励专业教师取得相关专业技术资格证书(如注册税务师、注册会计师、注册资产评估师等)或者教育部组织的教师专业技能培训合格证书,并给教师提供取得专业技术资格证书的培训机会。第三,加强教师的在职培养。要求教师在指导学生学年实习、毕业实习时要和学生所在实习单位接轨,把实务部门的要求带入实践教学中,通过学校实验室、实训基地的建设与改造,锻炼教师对实务的把握能力。

三、简要小结

本科生的教育培养是高等教育人才培养的基础,各高校必须充分重视对本科学生的教育培养问题。"人才培养的规格或模式趋同、缺乏特色"、"专业设置、课程体系与社会需求脱节"与"教学模式和方法落后"是制约当前我国财政学类专业本科生教育培养质量提高的主要因素,因此,继续深化财政学类专业分类、分层的人才培养模式改革,加强"宽口径、厚基础、重应用"的复合型人才培养,改进教学方法、加强实践教学,以及提升教师队伍建设,是进一步发展财政学类专业和提高财政学类专业本科生培养质量的重中之重。

课题组负责人:上海财经大学　樊丽明　刘小兵

课题组执笔人:上海财经大学　温娇秀

参考文献:

[1]郝书辰,樊丽明.财政学教学改革与理论前沿问题研究[M].北京:中国财政经济出版社,2009.

[2]王莹.应用型财政专业人才培养的若干思考[C]//财政学人才培养模式改革探索:2010年上海市高校财政学本科教学改革研讨会论文集.北京:中国财政经济出版社,2011.

[3]李延均.深化财政学专业人才培养模式改革的几点思考[C]//财政学人才培养模式改革探索:2010年上海市高校财政学本科教学改革研讨会论文集.北京:中国财政经济出版社,2011.

[4]章辉.财政学专业本科人才培养目标及实施路径——基于本科毕业生就业市场化的背景[C]//财政学人才培养模式改革探索:2010年上海市高校财政学本科教学改革研讨会论文集.北京:中国财政经济出版社,2011.

[5]田发.财政学专业应用型人才培养模式探析[C]//财政学人才培养模式改革探索:2010年上海市高校财政学本科教学改革研讨会论文集.北京:中国财政经济出版社,2011.

[6]王跃生.危机之中——世界经济学科五十年[J].读书,2010(4).

[7]陶金国.财经类本科应用型人才培养的探索与实践[J].中国大学教育,2010(4).

[8]温桂荣.完善财政学专业实践教学体系的路径探讨[J].教师,2009(6).

[9]课题组.地方院校财政学专业课程体系与人才培养模式创新研究[J].河北经贸大学学报:综合版,2008(1).

[10]邓文勇.打造财政专业人才培养新机制[J].高教论坛,2007(6).

[11]甘阳.大学通识教育的两个中心环节[J].读书,2006(4).

[12]杨志勇.试论研究型大学财政学本科专业的发展[J].厦门大学学报:哲学社会科学版,2003年教学论文专集,2003.

[13]高培勇."一体两翼":新形势下的财政学科建设方向——兼论财政学科和公共管理学科的融合[J].财贸经济,2002(12).

[14]厦门大学财政学本科专业人才培养模式改革与实践[EB/OL].http://blog.zlgc.org.

我国财政学类专业建设与发展
状况调查问卷分析报告

教育部高等学校财政学类专业教学指导委员会课题组

一、基本情况

财政(税收)专业在我国的办学历史较为悠久。目前,国内开设财政、税收专业的院校有 121 所。其中 985 高校 17 所,占 14％;211 高校 19 所,占 16％;一般院校 68 所,占 56％;独立学院 17 所,占 14％。本次问卷(见附录 3)共发放 121 份,回收 62 份,有效问卷 56 份,包含了 49 所高校的 56 个财政、税收专业,部分高校调研了财政、税收 2 个专业。样本高校中,985 高校 13 所,占 27％;211 高校 9 所,占 18％;一般院校 24 所,占 49％;独立学院 3 所,占 6％(如图 1 所示)。样本涵盖了全部学校类型,具有一定的代表性,但 985 高校的样本比重偏高,独立学院和一般院校的比重偏低,可能会使我们高估全国财税专业水平。此外,我们还就用人单位对财税专业毕业生的需求与使用情况进行了调研(见附录 4),共获得了 10 个用人单位的问卷反馈,其中有 8 个财政(税务)机关、1 所高校、1 家工业企业。

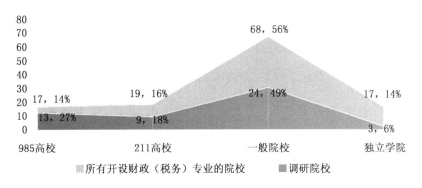

图 1 财税专业各类型学校数量分布及占比

(一)平台设置与专业地位

1. 平台设置

样本高校财政(税收)专业的院系设置各不相同。财经类大学财税专业的发展平台比较独立,有 13 所财经类大学设立了独立的财税学院、财政学院或税务学院,还有 2 所财经类大学的财政(财税)专业与公共管理学科共同组建学院。其他高校的财税专业平台设置多注重与经济、管理、金融等学科的结合,设于经济学院、商学院、管理或贸易学院等。

2. 专业地位

财税专业整体的学科地位较高。49 所样本高校中,6 所高校拥有 7 个财政(税收)专业国家重点专业,均为 985 和 211 高校;13 所高校拥有 17 个财税国家特色专业,包括 3 所 985 高校、3 所 211 高校和 7 所一般财经类院校;20 所高校的 22 个财税专业是省(直辖市、自治区)重点专业,分布在 3 所 985 高校、3 所 211 高校和 14 所一般院校。

财税专业的校内地位和其在国内的学科地位呈正相关。在大部分 985 高校、211 高校和财经类院校,财税专业都属于中等偏上甚至是最好的专业。财税专业在 20.4% 的样本高校中属于"最好的专业之一",在 55% 的样本高校中属于"中等偏上的专业之一",在 20.4% 的样本高校中属于"中等的专业之一",只有 2 所即 4% 的样本高校认为该专业是"中等偏下的专业之一"。

(二)人才培养的目标与定位

1. 人才培养目标

财税专业人才培养目标体现了学科共性和学校个性的有机结合。按培养方向和规格划分,财税专业的人才培养目标大体归为应用型、研究型、复合型和创新型四种。其中,应用型是所有样本高校财税专业人才培养的共同目标,几乎所有样本专业都强调应用型人才培养。同时,不同层次的高校之间,培养目标又各不相同。985 高校、211 高校更重视研究型、创新型人才培养,一般院校更注重复合型人才培养,而独立学院只是单一的应用型目标(如图 2 所示)。

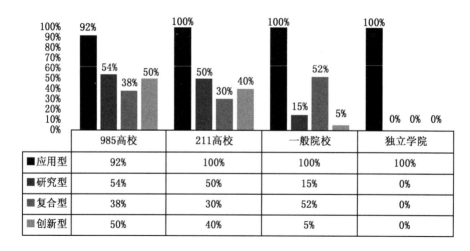

	985高校	211高校	一般院校	独立学院
■应用型	92%	100%	100%	100%
■研究型	54%	50%	15%	0%
■复合型	38%	30%	52%	0%
■创新型	50%	40%	5%	0%

图 2　各类型学校人才培养目标类型

2. 培养目标的评估与修订

大多数高校能够与时俱进,不断调整和优化财政(税务)专业培养目标和方案。93%的样本高校定期评估与修订其财政(税收)专业的专业培养目标,但有5%的样本高校仅仅偶尔评估与修订培养目标,有 1 所高校从不评估与修订培养目标。共 52 个专业给出了培养方案的具体修订周期,25%的高校每年修订,每两年修订一次的高校最多,约占 44%,三年修订一次的占 16%,四年修订一次的占 15%。

(三)师资情况

1. 师资总体水平

我国高校财政(税务)专业师资总体水平较高,已经达到或超过教育部本科教育评估的优秀标准。根据教育部 2004 年《普通高等学校本科教学工作水平评估方案(试行)》以及 2011 年《普通高等学校本科教学工作合格评估指标和基本要求(试行)》,生师比 16∶1 为优秀,18∶1 为合格;具有研究生学位(硕士、博士)的教师占专任教师的比例 30% 为合格,50% 为优秀;具有高级职务(副教授及其以上职称)教师占专任教师的比例 30% 为合格,50% 为优秀。样本高校财政(税务)专业生师比平均值为 15.54∶1,具有博士学位的教师占专业教师的比例平均值为 59.7%,副教授及以上职称教师占专业教师的比例平均值为 64.9%。从整体上看,财税专业师资水平较高,均超过了教育部优秀起点标准(如表 1 所示)。

表 1   **高校财政(税务)专业师资总体水平情况**

指　　标	教育部合格标准	教育部优秀标准	高校财税专业平均值
生师比	18∶1	16∶1	15.54∶1
研究生/博士学位占比*	30%	50%	59.7%
高级职务教师占比	30%	50%	64.9%

    ＊教育部规定的是研究生学位(包括硕士和博士)占比;本调查采用博士学位占比。

2. 师资水平的院校差异

不同层次高校师资水平发展不均衡,整体呈梯次状态。985 高校和 211 高校的师资水平普遍优于一般院校以及独立学院。其中,985 高校师资水平最高,平均每所 985 高校的博士师资比例高达 78.4%,副教授及以上职称比例达 77.3%;211 高校师资水平略高于平均值,平均每所 211 高校博士师资比例为 66.2%,副教授及以上职称比例为 65.1%;一般院校的师资水平低于平均值,而独立学院副教授及以上和博士的师资比例分别为 45.9% 和 34.6%,大大低于平均水平(如图 3 所示)。总体而言,一般院校和独立学院的师资较弱,亟待提升。

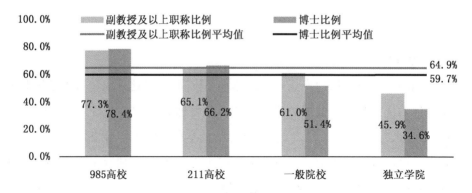

图3 财政(税务)专业师资水平的院校差异

(四)在校生情况

1. 规模

财税专业在校生规模不大,且呈正态分布。49所高校财税专业的平均在校生数量为520人,87.8%的样本高校财政(税收)专业在校生规模集中在100~1000人,规模在2000人以上的有2所,1000~2000人的有3所,100人以下的1所(如图4所示)。同时,财税专业在校生数量在各样本高校的占比也不是很大,49所高校的平均值为2.64%。其中,财经类高校财税专业在校生的比例较高,最高达9.8%,最低的为1.6%。综合性大学的比例较低,只有3所高校超过1%。独立学院的比例略高于综合性大学,在2%~4%。

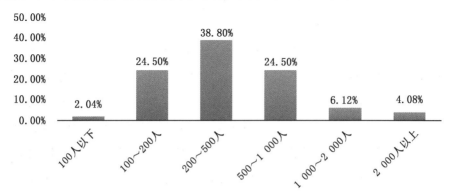

图4 财政(税收)专业在校生规模分布

2. 生源质量

样本高校财政(税收)专业的生源普遍较好。73%的高校该专业生源处于中等偏上水平,其中12%以上的高校认为生源在所有专业中"最好",61%的高校认为生源处于"中等偏上"水平,21%的高校认为生源"中等",但也有6%的高校认为该校财政(税收)专业生源在全校处于"中等偏下"水平。

二、教学情况

(一)核心课程设置

1. 各高校开设的核心课程

通过对开办财政(税收)专业的49所高校(56个专业)进行调查,要求各专业填报对财政(税收)专业人才培养知识、能力、素质要求的核心课程,我们统计得到的课程数为523门(平均每个专业填报9.34门),剔除相同或相似的课程,共有70门课程①(如表2所示)。

在专业基础课程方面,较多高校选择宏观经济学、微观经济学、计量学和统计学。考虑到部分高校把这四门课程当成是通识课程或专业平台课程而未填报,部分高校把宏观经济学与微观经济学合并为西方经济学(经济学原理),因而选择这四门课程的学校数量实际可能比问卷调查结果多。

在财政(税务)专业课程方面,填报数量在10次以上的课程有11门,相对较为集中,分别是:财政学、中国税制(税法)、政府预算、税收筹划、税务管理、国际税收、政府会计、国有资产管理、纳税检查、税收经济学和公债学。除了财政学和中国税制这门课专业主干课以外,其他课程大致可分为财政专业课、税收专业课以及财税共同课。

---

① 需要说明的是,一些受访者在填写核心课程时,对"核心课程"概念理解有误,将大一、大二的通识课(或专业平台课)列为核心课程;受访者填写的核心课程,最少的仅有6门,最多的有11门。这两个因素将给问卷分析带来一些偏差。

表 2　　　　　　　　　　　**各高校普遍选择的核心课程**

课程类型		序号	课程名称	填报频次
专业基础课		1	宏观经济学	21
		2	微观经济学	21
		3	计量经济学	16
		4	统计学	16
		5	政治经济学	7
		6	经济学原理	6
财税专业课程	专业主干课	1	财政学(公共经济学)	51
		2	中国税制(税法)	49
	财政专业课	1	政府预算	35
		2	政府会计	12
		3	国有资产管理	12
		4	公债学	10
		5	公共支出	8
		6	地方财政	8
		7	外国财政	7
		8	政府采购	6
		9	公共经济学(见表注)	5
	税务专业课	1	税收筹划	16
		2	税务管理	15
		3	国际税收	15
		4	纳税检查	11
		5	税收经济学	10
		6	税务会计	5
	财政税务共同课	1	财政史(含财政思想史)	8
		2	财税管理模拟实验	8
		3	财税政策分析	6
其他专业的热门课程		1	基础会计(会计学原理)	24
		2	金融学	18
		3	中级财务会计	9
		4	财务管理	8
		5	社会保障学	8
		6	资产评估	6

　　说明:(1)一些高校没有开设"宏观经济学"和"微观经济学",而是将其合并为一门,开设"经济学原理"或"西方经济学"。(2)财政专业课中的"公共经济学"与专业主干课"财政学"不是一门课,调查中发现有五所院校同时开设"财政学"和"公共经济学"课程,我们推测前者偏中国财政实务,后者偏经济学。

在其他专业的热门课程方面,比较受欢迎的有:基础会计、金融学、中级财务会计、财务管理、社会保障学和资产评估等。这也反映了就业去向多元化对课程设置的客观要求,如果财政(税务)专业的学生无法进入财税部门,去往财务会计和银行等金融机构工作的比例会比较高。

虽然在调查样本中有较多高校属于研究型大学,其财税专业的培养目标也是研究型和创新型,但是从课程名称和各校填报数量来看,还存在需要完善的地方。例如,在总计56个专业中只有8个专业开设财政史或财政思想史课程,而该课程是深入研究财政学的重要课程,是整个财政学体系中的重要组成部分,应该给予更充分的重视。

2. 课程设置的结构分析

将各校在问卷中填报的核心课程分成专业基础课(宏观经济学、微观经济学、计量学、统计学等)、财税专业课程和其他专业的热门课程三类,可以发现不同类型高校的课程设置结构有较大差异(如图5所示)。其中,985高校和211院校的专业基础课比重最高,财税专业课程比重最低;一般院校的基础理论课和其他专业课比重较低;独立学院的基础理论课比重最低。

从课程设置比重来看,各院校根据本校财税专业的定位,选择了不同的课程设置结构,符合各自的专业培养目标和要求,也有利于学生的发展和就业。985高校和211高校院校多开设专业基础课,有利于培养学生的研究能力和创新能力;一般高校多开设财税专业课,侧重于应用;独立学院的非财税专业课比重较高,符合学生就业多元化的现状。

从师资结构来看,课程设置结构与各院校的师资结构相匹配。985高校和211高校基本为研究型高校,在专业基础课方面具有较强的师资;而一般高校多为教学科研型或教学型高校,师资偏应用型,擅长开设较为丰富的、应用性的财政税收专业课。再次,目前许多专业基础课的教学视频已经上网,为一些师资相对薄弱的学校提供了良好的学习条件,可以弥补相关师资的短缺,也使一些学有余力的学生有机会利用网络资源自主学习。

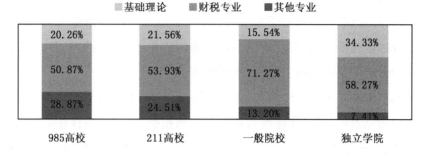

图5　各类型学校的课程设置结构

(二)教材选用

1. 普遍出台了教材选用管理办法

总体来看,有83.3%的高校有教材选用管理办法。从各类型学校看,985高校有教材选用管理办法的比例较低,为57.14%,远低于平均水平;211高校和独立学院所有被调研高校均有教材选用管理办法;一般院校该比例略高于平均水平,为89.29%(如图6所示)。

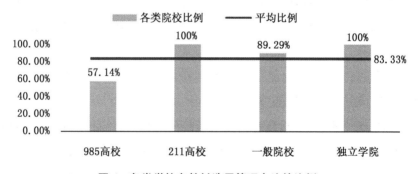

图6　各类学校有教材选用管理办法的比例

2. 教材选用以任课教师自选为主

总体来看,超过一半(57.14%)的高校由任课教师自选教材,其次是使用统编教材(37.5%)和由学科带头人推荐教材(23.21%),很多高校采用多种教材选用方式相结合的选用原则(如图7所示)。

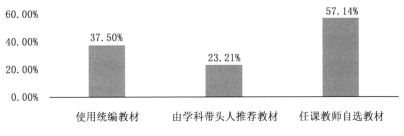

图 7　财政类教材选用方式(多选)

如图 8 所示,从不同学校类型来看,985 高校和 211 高校由任课教师自选教材的比例最高,使用统编教材的比例最低,可能的原因有二:一是 985 高校有教材选用管理办法的比例较低,任课教师的独立性较强,倾向于自选教材;二是985 高校和 211 院校的办学历史较长,有一些约定俗成的惯例,加之任课教师的授课经验也较为丰富,对教材选择更加自主和灵活。一般高校使用统编教材的比例较高,略高于自选教材的比例,规范性较强;而独立学院多数采用由学科带头人推荐教材的方式,这可能是由于独立学院的办学历史较短,年轻教师的授课经验尚不丰富,由学科带头人推荐教材,有利于提高办学质量。

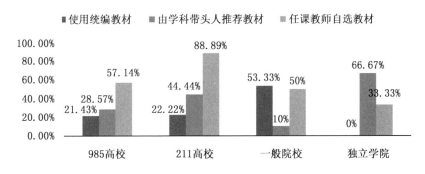

图 8　各类型学校财政类教材选用方式(多选)

(三)实践教学

在对用人单位的调研中,所有单位都认为财政(税收)专业人才培养中进行的实践教学非常有必要。在对各高校财政(税收)专业的调研中,关于实践教学的现状主要有以下几个特点:

1. 实践教学环节内容丰富

总体来看,所有样本高校财政(税收)专业均设有实践教学环节,而且实践教学环节种类较为丰富,66%的高校设有 4 种及以上的实践教学环节。如图 9 所示,在各类实践教学环节中,"社会实践"是最普遍的一种实践教学形式,有 98.2%的高校选择;其次比较普遍的实践教学形式是课程实验和教学实习,分别有 89.3%和 83.9%的高校选择;科研训练有 71.4%的高校选择。另外还有 12.5%的高校采用了其他实践教学环节,例如自主实践、校内仿真实习、集中实训、行业调研、毕业实习等。

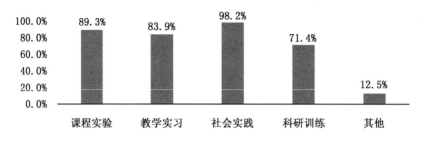

图 9　各实践教学环节的采用比例

2. 专业实验室得到有效推广

调查发现,我国高校财政(税收)专业平均每所高校建设实验室 1.06 个,但各类学校存在较大差异(如图 10 所示)。独立学院实验室数量偏低,每所高校平均有 0.67 个,换言之,并非所有独立学院都设立了专门实验室。一般院校实验室数量较多,每所高校平均有 1.15 个。而 211 高校和 985 高校平均每所高校都有 1 个财政(税务)实验室。

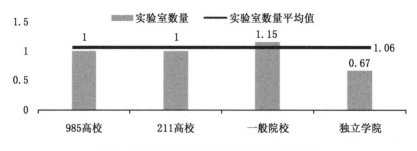

图 10　高校财政(税务)专业实验室建设情况

3. 实习基地数量差异较大

调查发现,平均每所高校财政(税收)专业有 8 个实习基地。各层次学校之间差别较大,如图 11 所示。985 高校实习基地数量偏低,平均仅有 5.5 个,可能是因为这些学校更注重研究型人才培养,学生升学比例较高,不需要建设太多的实习基地;211 高校平均有 11.4 个;一般院校平均有 8.2 个;而独立学院仅有 3 个。

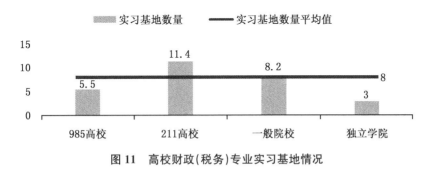

图 11 高校财政(税务)专业实习基地情况

(四)教学质量评估

1. 教学质量评估制度基本建立

总体来看,有 87.27% 的高校建立了教学质量定期评估制度。从各类型学校看,985 高校已建立教学质量定期评估制度的比例最高,达 92.86%,独立学院的比例最低,仅为 66.67%(如图 12 所示)。

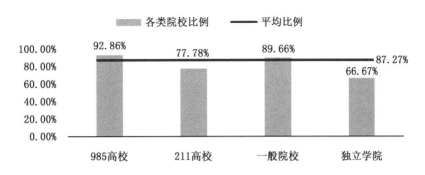

图 12 各类学校已建立教学质量定期评估制度的比例

2. 质量监控措施多管齐下

各高校为提高其本科教学质量都采取了许多积极的措施,所有样本专业均采取了学生评教,高达96.36%的专业采取了领导专家听课的措施,这说明各高校的质量监控措施基本到位。在对教学评价的结果利用方面,有72.73%的专业设置了奖惩制度,有21.82%的专业采取了二级学院督导制、教师定期交流、课程分级管理制度、校长和院长教学贡献奖等其他教学质量监控措施(如图13所示)。

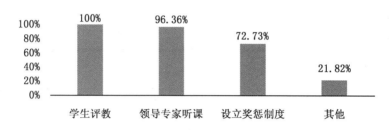

图13　各种本科教学质量监控措施的比重

三、就业情况

(一)就业率

1. 总体就业率较高

在56份问卷中,5所高校没有提供就业率数据,其余高校财税专业学生近三年平均就业率为95.34%,高于近几年全国本科毕业生平均就业率(2011届为90.8%,2012届为91.5%[①])。

从学校层次来看,985高校的就业率较高,平均为96.08%,211高校的平均就业率为93.32%,一般院校的平均就业率为95.58%,独立学院的平均就业率为95.38%(如图14所示)。

---

① 数据来源于麦可思研究院发布的就业蓝皮书《2012年中国大学生就业报告》和《2013年中国大学生就业报告》。

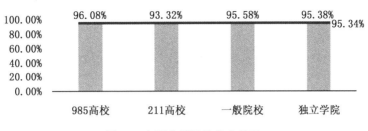

图 14　各层次学校就业率情况

2. 财经类院校的就业率更高

从学校类型来看,财经类高校的平均就业率达 95.83%,高于 95.37% 的平均就业率;综合类高校的平均就业率为 94.41%;理工类高校的就业率为 95%(如图 15 所示)。数据表明,财经类院校财税专业毕业生在就业上具有一定优势。

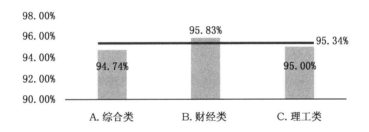

图 15　各类型学校就业率情况

(二)就业去向

1. 首要就业去向①较为集中

从总体来看,财政(税收)专业本科毕业生的首要就业去向较为集中,76% 毕业后去企业,其中 35.2% 选择金融机构,18.5% 选择工业企业,16.7% 选择商业企业,5.6% 选择各类事务所中介机构;其次是升学,选择比重也较大,为 27.8%;而选择传统的就业方向如选择财政(税务)机关的为 13.3%,选择其他机关事业单位的为 1.9%(如图 16 所示)。可见,传统的就业方向已发生了很大

---

①　首要就业去向实际是调研高校对毕业生就业去向的主观选择和排序,并不等于实际去向。本部分图表根据调研对象的排序得出。

变化,企业已成为财税专业毕业生的主要去向,这可能与目前第三产业大发展尤其是新兴服务业勃兴的背景相关。同时,这种变化也表明,当前财税专业人才培养需要进行调整,尤其是财税专业课程的设置需要进一步面向市场,进一步强化实践教学。

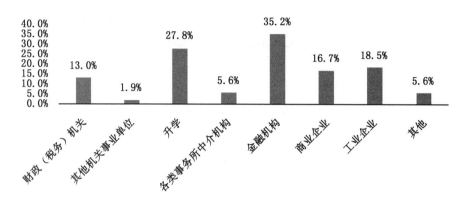

说明:由于有部分高校首要就业选择去向选择了两个及以上的去向,所以各比例加和大于1。

图16　财政(税收)专业本科毕业生首要就业去向

2. 就业去向的院校差异

如图17所示,从学校层次上看,985高校的首要就业去向最为集中,选择升学的比例最高,达71.4%;211高校的就业去向集中在金融机构,达62.5%;一般院校的就业去向较为多元,各类型单位都有,其中金融机构(43.3%)、工业企业(30%)、商业企业(26.7%)相对较多;由于独立学院样本太少,难以说明其就业去向的差异,在此不作分析。

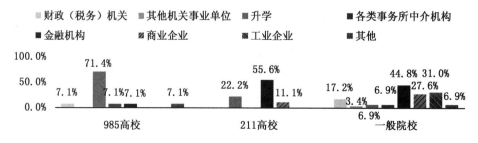

图17　各层次学校财政(税收)专业本科毕业生的首要就业去向

按办学定位划分,研究型高校有 73.3% 的首选就业去向是升学,这与 985 高校和部分 211 高校均为研究型大学,并且这两类高校以研究型、创新型为人才培养的主要目标相一致。教学研究型高校较为多元,但有近一半的首选就业去向是金融机构,这与教学研究型高校多为一般院校和小部分 211 高校,而这些院校多以复合型为人才培养的主要目标相一致。教学型高校的首选就业去向较为多元并且分布比较平均,这与教学型高校多为一般院校,以应用型、复合型为人才培养的主要目标相一致(如图 18 所示)。

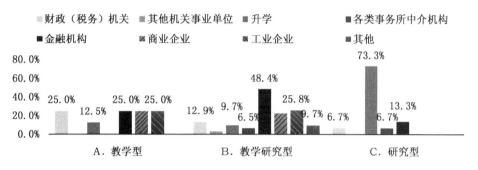

图 18　各定位类型的财政(税收)专业本科毕业生首要就业去向

(三)毕业生的社会评价

1. 用人单位整体满意度较高

在用人单位对已聘用的财政(税收)专业毕业本科生的总体印象上,有 40% 的单位表示"非常满意",有 50% 的单位表示"比较满意",有 10% 的单位表示"基本满意",没有单位对已聘用的财政(税收)专业毕业本科生表示"不满意"。

2. 财政(税收)专业毕业生的专业适应性较高

在用人单位对于财政(税收)专业毕业生的专业适应性的评价上,有 80% 的单位认为财政(税收)专业毕业生比非财政(税收)专业毕业生在专业适应性方面更具有优势,仅有 20% 的单位认为"不好说"。

四、建设成效

经过多年的努力,我国财税专业建设和发展成效显著。

(一)人才培养目标呈现良好适应性

财税专业人才培养目标定位比较适应社会经济发展需要。从就业率来看，近三年样本高校财税专业学生的平均就业率为 95.34％，表明财税专业人才培养的适应度较高。调查也发现，样本高校都认为自身人才培养适应经济社会发展需要，70％以上的高校认为适应或很适应社会经济发展需要。从就业去向来看，学生就业去向发生了根本改变，由过去以财税机关为主转变为以企业为主，各高校能够面向市场，调整课程设置，加强实践教学，使得目前的财税专业人才培养较为贴合社会经济发展需要。从人才培养目标与学生就业去向的匹配度来看，以应用型、复合型为人才培养目标的，毕业生选择直接就业（非升学）的比例较大；以研究型、创新型为人才培养目标的，选择升学的比例较大，财税专业人才培养目标与学生就业去向比较匹配。

(二)课程体系较为完备

通过长期的积累和完善，财税专业形成了较为完备的课程体系。首先，财税专业课设置相对集中。比如在专业基础课方面，普遍开设宏观经济学、微观经济学和统计学等；在专业课程方面，普遍开设财政学、中国税制（税法）、政府预算、税务管理等。其次，课程设置与时俱进。一方面，应用性课程比重增加。近年来，所有高校财税专业都增加了应用性课程的比重，这与财税专业的应用性以及高校普遍把应用性作为人才培养主要目标是相一致的，也是合理的。另一方面，能够根据财政理论与实践的发展趋势、就业需求等来调整课程设置。如 2000 年以后，我国开展了政府收支分类科目改革、绩效评价等诸多财政改革，调研发现不少高校都早已设置课程或编写教材来介绍这些改革的理论与实践情况。同时，高校也能根据毕业生就业去向的改变，更新课程设置。大多数高校在调整课程时，在保持财政类课程主体地位的同时，还开设"会计学"、"金融学"等课程，加重公共管理学和法学类课程的分量。最后，课程设置因校制宜。调研发现，不少高校都能根据自身师资、区位、定位等情况开设审计学、数据库技术、社会科学研究方法等特色课程，为学生的错位就业、差异化发展提供了很好的条件。

(三)实践教学初显成效

财税专业实践教学成效较为显著。所有样本学校财政(税收)专业均设立了实践教学环节,而且实践教学环节种类较为丰富,涵盖了社会实践、课程实验、教学实习、科研训练、自主实践、校内仿真实习、集中实训、行业调研、毕业实习等形式,60%以上的学校设有 4 种及以上实践教学环节。财税专业实习基地建设力度很大,平均每所样本高校有实习基地 8 个,211 高校实习基地的平均数量甚至超过 11 个。实践教学的开展,有力地促进了财税专业人才培养。

(四)师资队伍整体水平较高

我国财税专业发展的历史比较悠久,很多老牌高校长期开办财政学类专业,学科基础深厚,积累了大量优秀师资,储备了大量后备人才。同时,在高等教育大扩招的大潮下,财税专业并未进行急剧扩张,每年最多有两所学校增设财税专业,确保了师资质量和生师比。根据教育部 2004 年《普通高等学校本科教学工作水平评估方案(试行)》以及 2011 年《普通高等学校本科教学工作合格评估指标和基本要求(试行)》的评价标准,从整体来看,财税专业师资水平较高,生师比、具有研究生学位(硕士、博士)教师占专任教师的比例、具有高级职务(副教授及以上职称)教师占专任教师的比例等指标都已经达到或远超过教育部本科教育评估的优秀标准。但是,我们也要看到,师资水平在不同类型高校间呈梯次分布,部分院校尤其是独立学院的师资水平不容乐观,独立学院的副教授及以上职称教师比例和博士教师比例均与平均水平相差 20 余个百分点,急需提升;同时,即便是部分 985 和 211 高校,由于师资队伍的年龄结构和知识结构也不尽合理,教师培训仍有待加强。

(五)质量评估与监控制度基本形成

目前,各高校财税专业质量评估制度基本建立,为提高本科教学质量,采取了学生评教、奖惩制度等许多积极有效的评估措施,同时,加强监控制度建设,以确保各项质量评估制度的有效落实。比如,把教学工作作为一把手工程,院系领导是所在单位教学质量的第一责任人,层层抓落实,确保教学中心地位;在绩效考核和职称评定时,坚持实行教学质量和教学表现"一票否决制";实行学校领导联系教学单位制度;将本科教学工作纳入院系管理考核指标体系。通过有效的评估和监控,切实保障了财政学本科专业教学质量。但总体来看,对评估过程有足够重视,而对评估信息的利用则相对不足。

五、问题与建议

(一)适当降低总学分

财税专业的总学分设置偏高。调研发现,44 所高校 51 个财税专业的有效样本,平均总学分为 165.5,所有专业的总学分要求都在 140 学分以上。总学分设置集中在 160～169 学分的专业有 26 个,占 51%;140～159 学分的专业有 9 个,约占 18%;170～180 学分的专业有 10 个,约占 20%;180 学分以上的专业有 6 个,约占 12%。而分析武汉大学 2014 年财政、税收学排名情况发现,排名前十位高校的平均总学分为 160～162 分,部分 985 高校甚至只要 140 学分,远低于样本平均总学分。过高的学分要求不利于创新人才培养。近几年,降低必修课比例、减少本科学分是人才培养改革的重要趋势。依托学分改革,高校的课程、专业与教学形式以及学位、学制乃至招生制度发生了深刻变革。北京大学 2003 年就已将总学分压缩至 130～140 学分,让学生选修其他课程,参加辅修/双学位学习、本科生科学研究,实现自主学习。

财税专业有必要逐步推进学分改革,适当削减总学分,增加实践学分。通过倡导学生自主学习,加强通识教育,强化创新能力和实践能力培养,创新教育教学方法,加强重点实验室和研究基地等建设和开放力度,支持本科生参与科研活动等人才培养模式创新举措,加强创新人才培养力度,进一步提高人才培养质量。

(二)优化课程设置

调研发现,一些财税专业基础课程被弱化,比如财政史仅有 8 所高校开设,这极不利于学生形成扎实的专业理论基础;一些学校通识类课程严重不足,跨学科、跨专业的新兴交叉课程缺少;社会研究调查方法等工具类课程在一些学校未得到应有的重视;等等。

财税专业课程设置需要进一步优化。首先,建议各高校在不减少财政学类专业主干课程的前提下,根据自身定位与学生选择,设置个性化的课程体系。研究型高校应该充分挖掘本校的优质资源,加大力度开设必要的研究型课程,如财政史、经济数学、计量经济学、中高级西方经济学,并以此为基础探索本专业本硕连读培养模式,使人才培养保持连贯性;以教学为主的一般院校,需要更多考虑提升学生就业竞争力,要增加财务、会计、法律、管理、金融等与实务关联较密切的课程设计,提高素质训练课程,增强学生实践能力。其次,大力推进跨学科或通识课程设置。尤其是部分行业特色鲜明的财经类高校、一般院校和独立学院在通识教育方面处境不利,可以尝试综合化设置财税专业,打破财政、税收课程界限,开设跨专业课程,按知识、能力、素质协调发展的要求来设计教学计划和课程体系。

(三)强化实践育人

实践教育能够有效提升学生的团队精神、社会适应能力。调研也发现,用人单位特别注重学生的综合素质,看重包括社会实践和适应能力、专业素质等在内的综合应用能力。然而,不少高校财税专业的课程设置与实践相脱节,人才培养与社会需求的联系还不够紧密,还不够适应学生多元化发展以及用人单位对综合素质的需求。

财税专业建设需要进一步强化实践育人。首先,各高校应结合专业特点和人才培养目标,制定实践教学标准,明确专业实践和非专业实践界限,切实提高实验、实习实训、实践和毕业设计(论文)质量。其次,各高校应提高课程、教学与实践的契合度,在课程设计时注重实践课与理论课的结合,加强桥梁课程的设置,增设社会研究方法等工具类课程。还可以尝试将部分课程与执业考试相互衔接,允许学生在校期间参加相关资格考试,增强未来从事岗位的实践能力。教学内容上,应更加贴近实际、贴近市场,鼓励专任教师与具有一定经验和水平的实务工作者共建财政学类专业特色课程,通过有组织的借力于专家型实务工作者加深学生对财税专业实务的了解。最后,各高校应加强实习基地建设,注重实习基地准入门槛和后续建设,切实发挥实习基地的平台作用,鼓励学生广泛开展社会调查、志愿服务、公益活动和挂职锻炼等专业社会实践活动。

(四)加强师资队伍建设

尽管财税专业师资水平总体较高,但部分院校尤其是独立学院的师资水平不容乐观,而且财税专业专任教师的国内进修培训研究等相对不足。财税专业建设要进一步加强师资队伍建设。首先,要着力推进不同层次院校间的师资交流。985 高校、211 高校财税专业的师资水平较高,要充分发挥引领、示范和辐射能力,通过访问学者、博士后研究人员、培训班等形式为弱势院校开展师资培训。其次,在财政学教学指导委员会的指导下,各类高校也要发挥教师(教学)发展中心的作用,根据财税专业教学能力发展需要,积极借鉴引进先进教育理念和教育教学管理经验,开展教学研究、教学能力培训、教学服务咨询、教学质量评估,不断改善教师教学,提升整体师资水平。

(五)严格把关教材建设

仅根据上海财经大学图书馆的收录图书进行检索,就找出在 2010－2013 年期间我国出版的各类《财政学》、《公共经济学》教材 78 本,质量良莠不齐,重复建设严重,浪费了大量的人力物力(见表 3)。建议各院校在教材出版、资助与奖励方面,加强论证,严格评估和把关,提高教材出版质量。对于专业核心课程,要选用优秀教材,尽量选用获国家级奖、国家规划立项、国内外知名学者编写的教材。

表 3　　　　**2010－2013 年期间我国出版的各类《财政学》、《公共经济学》教材**

序号	书　名	作　者	出版社
1	财政学	曾康华 主编	清华大学出版社 2010
2	财政学．第 3 版	储敏伟 杨君昌 主编	高等教育出版社 2010
3	公共经济学	戴文标 主编	浙江大学出版社 2012

续表

序号	书 名	作 者	出版社
4	财政学. 第3版	邓子基 林致远 著	清华大学出版社 2012
5	公共经济学	杜振华 编著	对外经济贸易大学出版社 2010
6	财政学. 第3版	樊丽明 李齐云 陈东 主编	高等教育出版社 2012
7	公共经济学. 第3版	高培勇 编著	中国人民大学出版社 2012
8	公共经济学	葛乃旭 许洁 编著	同济大学出版社 2012
9	财政学	关晓光 主编	中国铁道出版社 2010
10	公共经济学. 第2版	郭庆旺 赵志耘 著	高等教育出版社 2010
11	公共经济学. 新修订版	韩康 等 著	经济科学出版社 2010
12	公共财政学	郝凤霞 主编	清华大学出版社 2012
13	财政学	郝书辰 岳军 主编	经济科学出版社 2013
14	财政学	何廉 李锐 著	商务印书馆 2011
15	公共财政学. 第3版	洪银兴 尚长风 编著	南京大学出版社 2012
16	财政学	贾红海 主编	化学工业出版社 2011
17	公共经济学:财政学. 第2版	蒋洪 主编	上海财经大学出版社 2011
18	财政学教程. 第3版	寇铁军 主编	东北财经大学出版社 2012
19	财政学. 第2版	匡小平 主编	清华大学出版社 2012
20	财政学	李汉文 杨颖 主编	科学出版社 2013
21	财政学	李红 陈杰 龚恩华 编著	南京大学出版社 2010
22	财政学. 第2版	李红霞 赵仑 主编	中国财政经济出版社 2010
23	公共经济学	李延均 主编	立信会计出版社 2012
24	公共财政学. 第3版	梁朋 主编	首都经济贸易大学出版社 2012
25	财政学. 第3版	廖家勤 等 编著	暨南大学出版社 2013
26	财政学	林江 温海滢 编著	东北财经大学出版社 2010
27	公共财政学概论. 第2版	刘隽亭 许春淑 主编	首都经济贸易大学出版社 2012
28	财政学. 第2版	刘怡 编著	北京大学出版社 2010
29	公共经济学	柳新元 编著	武汉大学出版社 2010
30	财政学	孟一坤 朱立芬 王瑞兰 主编	上海大学出版社 2012
31	财政学概论	聂庆轶 主编	上海财经大学出版社 2013

序号	书 名	作 者	出版社
32	财政学	牛永有 李互武 富永年 主编	复旦大学出版社 2013
33	财政学	裴育 主编	辽宁大学出版社 2012
34	公共经济学	裴育 主编	东北财经大学出版社 2011
35	财政学教程	孙凯 著	机械工业出版社 2012
36	财政学	孙世强 主编	清华大学出版社 2011
37	财政学	谭建立 眘志宏 主编	人民邮电出版社 2010
38	财政学	唐祥来 黄书猛 主编	经济科学出版社 2010
39	财政学	唐祥来 康锋莉 主编	人民邮电出版社 2013
40	财政学．第 2 版	王国清 马骁 程谦 主编	高等教育出版社 2010
41	公共经济学	魏陆 吕守军 编著	上海交通大学出版社 2010
42	公共财政学．第 2 版	巫建国 主编	经济科学出版社 2013
43	公共经济学基础	吴晓燕 主编	科学出版社 2012
44	财政学	辛立秋 主编	科学出版社 2013
45	公共经济学	徐德信 等 编著	中国科学技术大学出版社 2011
46	公共经济学	许彬 主编	清华大学出版社 2012
47	新编公共财政学	许峰 主编	北京大学出版社 2012
48	财政学．第 2 版	杨斌 主编	东北财经大学出版社 2010
49	公共经济学．第 3 版	杨志勇 张馨 编著	清华大学出版社 2013
50	财政学理论	姚贵元 编著	远方出版社 2012
51	公共经济学	叶子荣 主编	清华大学出版社 2010
52	现代财政学原理．第 4 版	张志超 编著	南开大学出版社 2011
53	财政学	郑华 主编	对外经济贸易大学出版社 2010
54	财政学	钟晓敏 主编	高等教育出版社 2010
55	财政学	朱福兴 上官敬芝 主编	机械工业出版社 2010
56	财政学	常向东 徐运敏 张飞霞 主编	西南财经大学出版社 2012
57	公共财政学	陈爱东 魏小文 主编	四川大学出版社 2011
58	财政学．第 2 版	邓子基 主编	中国人民大学出版社 2010
59	财政学	樊长才 常向东 郭北辰 主编	经济科学出版社 2011

续表

序号	书 名	作 者	出版社
60	财政学	何崑 佟伯承 主编	哈尔滨工业大学出版社 2012
61	财政学	贾冀南 主编	电子工业出版社 2010
62	财政学	李克强 主编	中国社会科学出版社 2013
63	公共经济学原理	凌岚 主编	武汉大学出版社 2010
64	公共经济学（财政学）.第3版	刘小兵 蒋洪 主编	高等教育出版社 2012
65	财政学:理论·实务·案例·习题	马海涛 温来成 程岚 主编	首都经济贸易大学出版社 2012
66	财政学	马海涛 温来成 姜爱华 主编	中国人民大学出版社 2012
67	财政学	尚可文 主编	科学出版社 2013
68	财政学	孙健夫 主编	人民邮电出版社 2011
69	财政学教程	孙文基 主编	苏州大学出版社 2010
70	财政学教程.第2版	孙文基 主编	苏州大学出版社 2013
71	财政学	王曙光 主编	科学出版社 2010
72	财政学	武彦民 主编	中国财政经济出版社 2011
73	财政学	辛波 朱智强 主编	中国金融出版社 2011
74	财政学	张国兴 李芒环 主编	河南大学出版社 2013
75	财政学.第4版	张素琴 主编	立信会计出版社 2013
76	财政学.第2版	张馨 主编	科学出版社 2010
77	财政学	朱永德 付伟 主编	北京理工大学出版社 2011
78	公共经济学	邹洋 主编	南开大学出版社 2010

课题组负责人:上海财经大学　樊丽明　刘小兵

课题组执笔人:上海财经大学　张锦华　郑春荣

切实加强财政学类专业实践教学研究

教育部高等学校财政学类专业教学指导委员会课题组

一、财政学类专业实践教学的总体情况

为深入了解和掌握目前国内财政学类专业实践教学存在的问题,本课题组向国内开设财政学(含税收)专业的高等院校发放了调查问卷(见附录5)。本次调查共发放问卷 100 份,回收有效问卷 48 份,占目前国内开设本专业的 117 所高等院校的比重约为 41%。本次问卷调查内容分为四个部分:一是被调查学校及所在财政学科的基本情况;二是财政学类专业实践教学的内容(具体包括校内实验课程设置情况、校外实践教育基地情况、假期社会实践情况、毕业实习情况、其他实践教学形式情况);三是财政学实践教学的管理情况;四是财政学实践教学效果与评价。

调查结果显示,样本高校财政学类专业实践教学体系在近年来取得了长足的进步,大多数院校都采用了设置校内实验课程、建设校外实践基地、利用假期进行社会实践、毕业实习、开展大学生创新创业教育和校园实训等实践教学形式来提高学生的实践能力。同时,部分院校还设有专门的职业资格培训教育和产学研合作教育。

校内实验课是各院校开展财政学实践教学采取的最为普遍的形式,在课程设置方面多数院校分门别类地设置了包含政府预算、税收征管等在内的财政学

实验课程体系,实验课程以技能型实验和仿真模拟型实验为主。多数院校实验室硬件建设基本能够满足教学需要,并根据不同实验课程的需要,平均拥有 4～5 套教学软件,主要包括用友政务软件、兰贝斯财政管理系统、福斯特纳税申报模拟实习软件、CTAIS 税务软件和新中大财政管理软件。

此外,大多数院校与财政部门、税务部门、社会中介机构、企业等校外组织机构协同建立了校外实践教育基地。学校一般都要求财政学类专业学生利用假期进行社会实践活动,并将毕业实习作为检验学生大学本科理论学习程度的重要实践内容。

同时,各院校开始重视实践教学的制度建设以及专门的管理评价体系建设,并在实践教学方面取得了较为丰硕的成果。其中最主要的成果形式是精品课程、实验教学示范中心和教学成果奖。部分院校将本校的财政学类专业实验课作为区域内的共享资源与其他院校分享,并撰写了有价值的实验教材。这些成果为继续探索财政学实践教学提供了宝贵的参考经验。

二、财政学类专业实践教学存在的问题分析

调查发现,各高校财政学实践教学存在的问题集中体现在实践教学师资建设、教学形式和方法以及资金投入方面(见图 1)。绝大多数样本院校认为从事财政学实践教学的教师缺乏专业实践经历,使得实践教学仍然与现实脱节,且与理论教学方法区别不大。2/3 院校认为校内实训的教学方法过于单一,无法展现实践教学的优势。1/2 院校仍然囿于实践教学资金投入的不足、教学形式不够丰富。近 1/3 院校认为实践教学质量监控与评价体系存在不足,缺少实践教学评价标准。近 1/2 院校认为实践教学管理中对软、硬件设施的维护和更新不足。此外,实践教学课时少、教学内容缺乏前沿性和实践性、教学体系缺乏完整性也是目前实践教学亟待解决的问题。除了实践教学本身的不足,学校和上级单位对实践教学的重视程度,也会直接影响实践教学的建设程度。

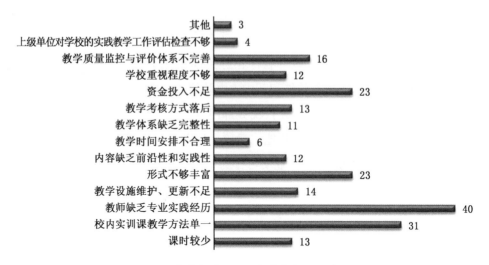

图 1　样本学校财政实践教学存在问题的调查

(一)实践教学经费投入不足

近年来,包括财政学类专业在内的高等教育正在完成从精英教育向大众化教育过渡,与急速扩张的学生规模相比,高校办学经费普遍紧张,实践教学经费更加捉襟见肘。从调查结果来看,仅有1/10的样本院校经费投入能够满足实践教学,其余高校都存在实践教学经费投入不足的问题。尽管各院校普遍提高了对实践教学的重视程度,多数高校的硬件建设基本能够满足实践教学的需要,但是对软、硬件设施的维护及更新和毕业实习的投入明显不足,无法充分满足实践教学深入的需要,直接影响着学校发展和应用人才培养的质量(如图 2 所示)。

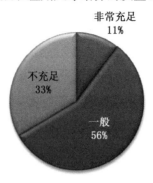

图 2　实践教学经费投入情况

(二)实践教学体系缺乏完整性

通过调查可以看出,校内实验课程、校外实践教育基地、假期社会实践和毕业实习是各院校财政学实践教学普遍采用的实践教学形式。但从整个实践教学体系来看,各类高校所开设的实验教学项目数量、实验教学项目类型、实验教学课程内容等存在较大差距。

多数院校的实践教学体系缺乏系统性和完整性,与理论教学衔接不紧密。问题突出表现为:第一,缺乏明确的实验实践教学功能定位;第二,实验实践教学体系设计缺乏总体规划;第三,专业实践教学课时安排较少,缺乏对理论教学的有力支撑;第四,实验类型设置单一,不利于培养学生综合实践能力;第五,实验课程设置缺乏灵活性,无法满足学生个性化发展的需要。上述问题的存在直接导致学生实践能力训练比较薄弱,专业实践能力无法得到显著提升。

(三)实践教学师资能力不足

调查结果显示,近3/4的样本学校认为实践教学师资薄弱是制约财政学实践教学发展的主要问题。实验课教学任务多由专职实验课教师与非专职实验课教师共同承担,近1/2的院校没有专职的校内实验课教师,一般由非专职实验教师担任实验教学任务(具体见图3)。

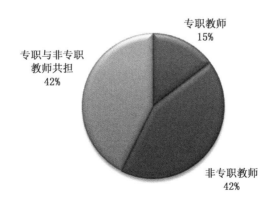

图3 校内实验课的师资情况

同时,担任实验课程教师中超过20％从来没有在财税部门和企业工作或锻炼的经历(见图4),这些教师对税收征管、政府预算管理实践自身都是门外汉,又怎么能将理论与实践有机结合,向学生有效传递实践知识和能力?

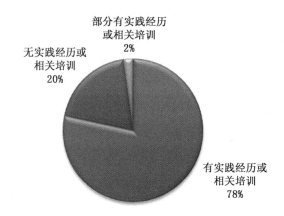

部分有实践经历
或相关培训
2%

无实践经历或
相关培训
20%

有实践经历或
相关培训
78%

图4　校内实验课教师的实践经历及培训情况

　　目前大多数高校考核制度中赋予学术能力的权重较高,教学能力权重较低,而实践教学能力权重就更低了,缺乏鼓励教师进行实践教学的相关措施,导致教师更多地将有限的精力投入到科研活动中。调查结果显示,对担任校内实验课程的教师,1/10 的样本学校并未采取任何鼓励措施,只是将其纳入正常的教学工作量核算中,与其他教学形式没有任何差别。仅有不到 1/5 的院校将承担实验课程作为教师评优或职称晋升的参考条件(如图5 所示)。对于校外实践教学,部分院校也是采取将其作为教师评优或职称晋升的参考条件,但多数院校仍然只是视其为一般理论教学统一计算教学工作量,1/4 院校未采取任何鼓励措施,教师带领学生进行校外实训的积极性受到很大影响(见图6)。

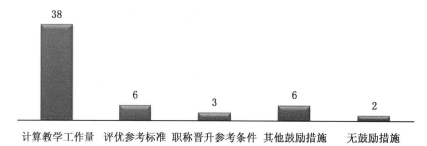

38　　　　　　6　　　　　3　　　　　6　　　　　2

计算教学工作量　评优参考标准　职称晋升参考条件　其他鼓励措施　无鼓励措施

图5　学校鼓励教师从事实验课教学的措施

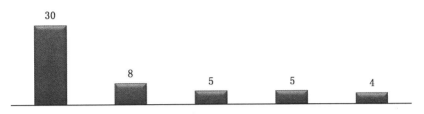

图6 学校对教师带领学生进行校外实训的鼓励措施

综上所述,实践教学师资基础相对薄弱、实验课教师缺乏相关实践和培训经历、高校缺乏鼓励教师进行实践教学的措施共同导致目前财政学实验课程的师资建设状况良莠不齐,高水平的实践教学教师队伍人才奇缺,现有的实践教学效果大打折扣,既定的教学目标难以实现,实践教学呈低水平运行状态。

(四)实验课教学方式亟待创新

从调查结果来看,目前实验课教学方式仍受传统教学的影响,与传统教学并无太大差异。实验课授课地点基本上在实验室,由于财政学类专业本身的特点,没有太多的动手实验,老师讲授的内容多为理论内容,学生仍然是知识的被动接受者。即使多数院校引进了实践软件,大多也是与理论课程配套的模拟软件。而且从实际来看,学生对软件本身很容易掌握,但对软件操作背后的理论联系与进一步的改革和完善并不是很清楚。

(五)实验课程教材有待统一规范

从调查结果来看,目前实践教学教材建设滞后,缺乏统一性和规范性。在开设财政学实验课程的样本院校中,仅有不到1/2的院校拥有专门的财政学实验课程教材(见图7)。实验课程教材的缺乏直接影响了教学效果的提升,而且即便是有教材的院校,多数教材中也缺乏鲜活的实验素材、实验案例,类似于软件操作说明书,无法满足培养学生实践和创新能力的要求。

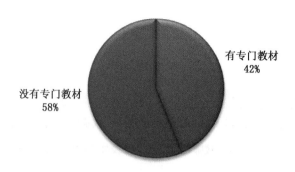

图7　财政学实验课程教材情况

(六)实验教学平台建设有待完善

调查结果显示,虽然样本高校教学软件的数量和质量基本能够满足教学目标的要求,但超过1/3的院校没有建立教学软件更新制度(见图8),无法在教学过程中不断扩展与实时动态更新,无法跟踪财政税收实践部门业务流程的改革与发展。此外,各样本高校普遍缺乏较高水平的实验室管理人才,有时候存在软件无法维护或者软件遗失损坏的情况,极大地影响了实验教学的组织和教学目标的实现。

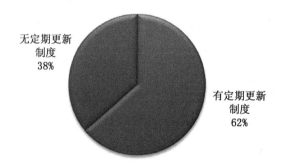

图8　实验教学软件更新制度

(七)实践教学考核与评价制度不健全

1. 对学生的实践课程的考核方式有待创新

目前实践教学考核形式较为传统，主要是采用实验报告、调查报告结合学生实习心得、实习单位评价等对学生进行考核。这些考核方式普遍存在重视结果性考核、忽视过程性考核等问题，与理论课的考核基本类似，使得许多学生平时不上课，考试时"临时抱佛脚"，甚至不惜采用一些作弊手段（包括获得用人单位的虚假评价等），最后大部分学生都能顺利通过。这种考核方式已经不能满足财政学实践教学的需要，亟待改革和创新。

2. 学校对实践教学质量监控与评价体系不健全

学校开展实践教学评价工作是促进实践教学质量提高的重要手段。调查发现，样本高校大多缺乏健全科学的实践教学质量监控与评价体系，接近 1/2 院校未制定专门的实践教学评价管理制度（如图 9 所示）。近 1/3 院校认为实践教学质量监控与评价体系存在不足，缺少统一教学监控与评价标准，是实践教学质量不高的重要原因。实际上，各高校对于理论课程教学水平评价一直缺乏科学并具有公允性的质量监控和评价体系，对于开展时间不长的实践教学来说，建立统一的教学监控和评价标准也是非常困难的。

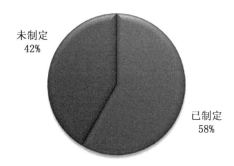

图 9　实践教学评价管理制度

（八）实践教学管理水平有待提高

高效规范的实践教学管理团队和管理制度是保证实践教学体系有效运转的重要保障。调查结果显示，目前仍有 1/3 的样本院校未设置专门的实践教学管理机构（见图 10），导致实践教学管理缺乏规范性。此外，在校外实践教学管理方面，各院校的管理水平普遍较弱，缺乏统一的管理标准和制度，也无法从根本上指导和干预学生在实习单位的实践方式,只能依靠实习单位最终的反馈信息,造成学校对校外实习学生监管不力,实习过程基本失去监控,实习内容带有一定的盲目性,实习效果难以保障。

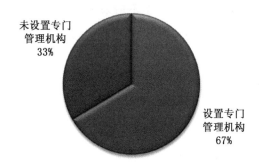

图 10　实践教学管理机构设置情况

三、完善财政学类专业实践教学的基本路径

(一)加大财政学类专业实践教学投入力度

如果没有充足的财政投入,任何教学模式的开展都会受到硬件设施的束缚。由于实践教学的特殊性,需要大量的教学软件以及具有实践经验的师资队伍。只有加大投入,才能解决硬件和软件不足的问题,才能快速培养高校自身具有实践教学经验的教师,同时还可以聘请校外实践指导教师,构建合理的实践教学体系,真正做到实践教学各环节有机衔接,校内实验紧密结合社会实践,实习环节得到有效监督和指导,社会调研和创新创业训练落到实处,既提高学生解决社会实际问题的科研能力,又增强学生进入实践工作的动手能力。

(二)完善实践教学课程体系

1. 重构实践教学体系

从专业实践能力提高的渐进性来看,实践教学内容体系应包括四个渐进的过程:专业认识—课程实验—综合实验—实习—创新创业。其中,专业认识主要通过对入学新生进行的财政学类专业介绍课程,使学生了解财政学类专业知识所包括的主要领域和内容,对将来自己所从事的专业有一定的了解。课程实验主要是在课堂内依托实验室进行的仿真式和验证性实验课程。综合实验是指将各种片断化的实验课程整合构建综合实验课程,如将税收征纳、税收稽查两门实验课程构建税收管理综合实验课程,将部门预算编制、预算指标分配、国库集中支付、政府采购、政府决算、政府会计、财政审计整合为财政管理综合实验课程。毕业实习就是结合自己所学财政学类专业知识和实验课程到校外相关行政事业单位、中介机构、企业等进行实地学习。创新创业实践主要是指目前国家开展的大学生创新创业训练项目。从财政学实践教学的环节来看,包括"实验、社会调研、专业实习、毕业实习、毕业论文设计"五个环节。从实践教学可以植入的课程来看,无论是通识课程、学科基础课程、专业主干课程、专业方向课程还是专业拓展课程等,都可以渗透实践教学,开设相应的实验课程,采用实践教学的方法。从理论课程与实践教学的构成和衔接来看,可以根据本校财政学科培养目标的定位,看培养目标是单纯的应用型人才,还是应用研究型人才或者是单纯的研究型人才,来进行实践教学体系的规划和设计。

2. 加强实践教学课程设置与执业考试对接

我国目前有关财政学类专业重要的财经类执业考试,如初级、中级经济师、会计师和注册类税务师、会计师等执业证书,不允许在校大学生参加考试(如注册税务师为经济类、法学类本科毕业两年),学生步入社会以后不得不边工作边参加培训与考试。可以考虑在应用研究型大学或者应用型大学尝试允许学生在校期间参加执业资格考试,将执业资格考试与实践教学安排有机地结合起来,这不仅可以缩短专业知识向专业能力转化的时间,而且对提高学生实践能力有着积极的现实意义。

此外,我们建议在教育部本科专业设置中,将财政学类专业核心课程的"国家税收"、税收学专业核心课程的"中国税制"改为注册税务师、注册会计师考试课程"税法",在会计学专业中的核心课程中增加"税法"等,其目的是使学生在校所学内容与注册类执业证书考试内容相衔接。

(三)实现校内实验课程考核办法多样化

在设计实验教学方法时,以培养学生能力为目标,实行弹性实验教学。对基本的原则及方法采用教师实验室授课和现场指导相结合的课堂讲授,随后利用软件公司提供的经修订过的数据,设计交易,指导学生进行处理,使学生能熟悉并掌握目前该领域最新的管理技术及方法。为了培养学生的实际应用能力,应增加开放时间,允许学生在课余时间自选实验内容,自行安排上机实验。通过网上预约和到实验室登记等方式进行实验,增强学生实验的自主性。

财政学类专业课程实验的考核方式应实现多样化,注重过程考核与结果考核相结合,考核的重心应向学生创新能力倾斜,以构建有利于全面素质提高的评价体系。实验教学指导教师必须全面地了解和掌握学生参与实验教学活动的整体情况,采用分组形式进行的实验项目,应将单个学生的考核与小组的考核相结合,以促进学生团队精神的培养。课程实验考核成绩由平时成绩与期末成绩构成,平时成绩主要根据学生的平时表现,如参与情况、个人能力、实际结果的优劣等综合评判。在对学生的实验过程、实验质量和实验结果作出及时、客观和公正评价的基础上,给予恰当地评分。

(四)加强高素质的实践教学师资队伍建设

为解决当前各学校普遍面临的财政学实践教学师资缺乏的问题,各高校可根据财政学类专业培养方案和课程设置的要求,在师资队伍建设上实行"理论型"和"双师型"复合型教师结构。

"理论型"教师主要是服务于理论课程的教学以及社会实践问题的探讨和解决,其研究水平和方向分别体现基础理论功底及地区优势和特色,如"财政理论与政策"、"财政政策与区域经济发展"。对"理论型"教师要提供继续教育的机会。在完成教学任务的前提下,鼓励年轻教师继续深造,攻读硕士、博士学位,以适应本专业人才培养的需要。

而"双师型"教师主要服务于专门的校内实验课程的需要,既是"教师",又是"实验师"。这种类型的教师必须具备丰富的实践经验和执业能力,主要讲授专业实验课程,有助于训练学生的实践应用能力和满足社会经济发展需要的适应能力。针对"双师型"教师,学校要创造条件,制定一定的激励措施,鼓励他们定期到有关部门、基层、企业挂职锻炼,与专业技术人员接触交流,或参与具体项目,以帮助他们丰富教学内容,转变教学方式,提高教学水平,促使教学内容、教学方式服务于应用型人才培养模式的转变。针对目前各高校在激励教师从事实验教学的措施方面仍然缺乏的现状,各高校应从实际出发,向"双师型"教师进行一定的倾斜,在教师评价、职称评审、奖励制度等方面制定相应的政策和措施。从财政学类专业所在学院来说,也可首先根据专业培养目标有意识地对从事实验教学的教师进行一定的激励。

此外,各高校可从一些知名企事业单位,包括实习基地,聘请一些实践经验丰富、理论水平较高的人员担任实验课程的兼职教师、调查报告的指导教师、大学生创新创业的兼职导师等,定期可给学生开办专题讲座、指导实际业务操练等。

(五)探索形式多样的教学模式

针对目前财政学类专业校内实验课程大多数仍然采用以教师授课为主、学生被动接收的模式,各高校应该探索更为适用的实验课教学模式。目前实验课程的授课过程已引入相应软件,学生对软件的操作流程掌握普遍较快,但对操作流程背后的道理了解得并不深刻,财政学类专业实验课程变成了简单的软件操作。从本质上来说,财政学类专业的培养目标与职业技术学院的学生是根本不同的,不仅要掌握一定的实践知识,更为重要的是明白实践操作背后的机理,能够成为将来工作中的改革者和开拓者。因此,财政学类专业校内实验课程同样要采用引导启发、问题研究、案例教学、课堂讨论的教学方法,充分调动和引导学生积极思维,从而培养学生解决问题和开展研究的能力。在实验教学过程中,要采用符合学科特点的"科研渗透"和"现实问题渗透"等探究型教学模式,将科研思维、科研方法、实验设计进行学用结合。全方位、开放型的教学模式不仅可以让学生的思维方式、学习能力和应用知识的能力得到充分发展,也能促进学生的创新品质和个性得到全面发展。

(六)重视校外实践基地建设

加强校外实践教育基地建设可以促进学科建设、人才培养和社会服务等多个功能的实现。实际上,好的校外实践教育基地不仅可以覆盖本科生,还可以辐射到硕士生乃至博士后工作站各个层次,不仅可以接受学生实习,还可以聘请兼职硕士生导师、开展横向课题研究、定向培养专业人才、培养实践型师资、建设博士后工作站等,因此,校外实践教育基地的建设非常重要。但是,财政学类专业校外创新实践教育基地一般建立在财政、税务、会计师事务所等相关机构,较少建立在企业机构,加之政府机关、事业单位甚至部分企业出于对工作连续性和保密性等诸多方面的考虑,与财政学类专业校外实践教育基地实际开展的合作并不是太多,使实践教学的效果大打折扣。

加强校外实践教育基地建设主要可以从两个方面入手:一是继续加强与财政、税务及会计师事务所等中介机构的合作,选择一些可以开展的公开领域,如一些关系民生的社会调查活动,利用学校人员充足、具备一定专业知识的优势,配合政府部门开展调研。二是大力开展与一些企业的合作,结合企业在生产经营中遇到的财政税收问题开展相应的课题研究、财务人才培养或师资培养。

(七)规范财政学实验教学内容和教材编写

如前所述,目前我国财政学类专业实践教学教材建设滞后,在开设财政学实验课程的样本院校中,仅有不到 1/2 的院校拥有专门的财政学实验课教材。在出版的一些教材当中,关于财政学类专业实验课程的内容也有所不同,多数高校的实验课程是基于财政收支管理领域来设计的,如政府预算模拟流程、政府采购流程、政府会计实验、税收收入征收、税务稽查等,其教材基本上是基于实验软件的操作流程编写的。少数高校是将财政收入预测分析等一些经济模型引入到实验课程中,类似于统计分析软件在财政学类专业领域的应用课程。因此,教育部财政学教学指导委员会可以发挥相应的作用,在充分调研和研讨的基础上,规范财政学类专业实验教学内容,制定相对统一的财政学实验教学大纲,以规范适合学生使用的实训教材的编写。

(八)成立专门的实验室教学管理机构

鉴于实践教学在高等教育中占有十分重要的地位,为了改善实验室教学薄弱的现状,提高实验室教学质量,有条件的高校应该在人员和机构配置等方面向实践教学倾斜,建立专门的实验室教学管理部门,配备专门的管理人员负责全校实验室教学的管理工作,指导各院系实验室教学的实施,加强对各院系实验室教学工作的监控,定期对实验室教学软件进行维护和更新,引进和培训实验人才等。

课题组负责人:上海财经大学　樊丽明　刘小兵

课题组执笔人:西安交通大学　李香菊　赵　娜

东北财经大学　孙　开　崔惠玉

孙　哲　田　丹

参考文献:

[1]时伟.论大学实践教学体系[J].高等教育研究,2013(7).

[2]马红宇,唐汉瑛,郑伦楚.面向优秀教师培养的实践教学体系探索与实践[J].中国大学教学,2013(4).

[3]孙爱晶,范九伦,赵小强.卓越背景下实践教学方法改革与学生工程实践能力培养[J].中国大学教学,2013(6).

[4]钟华,韩伯棠.创新型、研究型人才培养实践教学范式及应用[J].中国大学教学,2012(3).

[5]崔智林,王进.综合性大学本科实践教学研究:目标、路径与保障措施[J].中国大学教学,2012(8).

[6]杜东华.关于如何强化高等财经类专业实践教学环节的思考[J].全国商情:理论研究,2010(8).

[7]鲍丽娜.以实践技能大赛为平台的实践教学改革与研究——以财经类专业实践教学改革为例[J].东北财经大学学报,2010(6).

地方财经类院校财政学类专业课程
设置与就业导向问题研究

教育部高等学校财政学类专业教学指导委员会课题组

影响大学生就业的因素较多,因课程设置导致就业要素供给不足是关键因素。本课题组以地方财经类院校财政学类专业课程设置为切入点,以影响学生就业为关键问题,实证分析得出地方财经类院校财政学类专业课程设置对学生就业所需要素供给显著不足,推导出该专业学生就业压力主要在于高校及其被教育者自身的结论。为了掌握全国地方财经类院校财政学类专业课程设置情况,本课题组采取两种方式:一是采用实地索取、样本学校邮寄、网上搜寻等方式,选取了 30 所地方财经类院校财政专业课程表;二是问卷调研,了解课程表以外的专业情况。以这些信息为依据,经过认真分析、总结,归纳得出财政学类专业课程设置及运行对学生意识、方法、知识和能力要素供给呈现弱支撑状态。

一、就业需求导向下财政学类专业课程设置对要素供给的问题分析

(一)意识供给偏向经济意识

意识决定行为。意识种类复杂,本课题组从经济意识和社会意识两种意识入手分析财政学类专业课程设置对学生意识的传导效应。经济意识是以个人主义为中心,追求效益最大化的意识,注重的是工具理性。社会意识是指在注重社会关系意识或责任意识的前提下,追求效益最大化的意识。两种意识的差

别主要体现为遵循条件的环境差异。不必讳言,现在高等教育已经成为中西方意识包括经济意识和社会意识较量的阵地之一。舶来学科引入是经济意识在高校扩展的主要渠道。虽然舶来学科也是人类的成果,让学生了解也是必要的,但是高校对舶来学科的过度重视不仅导致学科开设数量及结构的变化,更带来两种意识的对撞以致社会意识的挤出。

我们将样本院校所开设的课程按传导意识类型划分,剔除数学、语文、外语、体育、计算机、文学、艺术、统计学、会计学、史学类及程序性学科,如税务管理与稽查、税务管理、税务代理实务、财政管理、国有资产管理及审计、政府采购及其模拟实验、实习等对学生意识影响不大的学科,将西方经济学(微观、宏观部分)、计量经济学、博弈论、制度经济学、西方财政学等课程划归偏向经济意识传导的学科,将政治经济学、《资本论》选读、马克思主义哲学原理、毛泽东思想和中国特色社会主义理论体系概论、思想道德修养与法律基础、形势与政策、财政学、经济伦理学、福利经济学、社会保障学、税法等定位为偏向社会意识传导的学科。

依据该分类和样本院校财政学类专业课程设置所体现不同意识学科的课时量,计算出课时结构比例。结果显示:样本院校中,体现经济意识的课时占比在 67%~85%,平均为 77.8%,其中有 8 所院校的比重超过 80%,占比最小的为 67%。相对而言,体现社会意识的课时比重在 15%~33%,平均仅为22.2%,占比最小的是 15%,最大的是 33%。

可以看出,在地方财经类院校财政学类专业课程设置中,体现经济意识与社会意识的课程结构严重失衡,偏重经济意识的学科课时占较大比重,而体现社会意识的学科课时比重偏低,社会意识供给明显不足。过多的经济意识带来的外显行为必然是忽视关系,注重个人利益,注重"索取"。这有可能导致走出高校的学生异化为赚钱的工具,更可怕的是,这些人会演化为"社会所有人与所有人之间战争"的基因,旋即加大社会中人与人之间的互斥力,恶化社会关系。

(二)方法供给不到位

方法,是授人以渔之法,是培养学生如何获取知识和发现、分析、解决问题之法。方法重于知识。方法类课程设置及伴随知识点而衍生的方法要素供给的培育应该成为课程设置和内容传输中必不可少的部分。

分析样本院校财政学类专业课程体系,专门对学生进行方法传输的课程很少,包含"经济学方法论"学科、指导毕业论文设计和就业指导在内,30所样本院校财政学类专业方法类课程的总课时仅为40学时,占总课时的3%。诸多院校还没有专门开设方法类课程,那么供给方法要素就只能依存教师在授课中结合知识点进行传输。如果教师自身的能力有限或在传授知识的同时不能有效注重方法要素的供给,那么学生在校期间应得的"渔"也只能在教育目的的"名义意义"上得到体现了。

教师在传授知识点的同时绝对可以传授方法。譬如在讲述"评价政府购买性支出中的教育支出绩效"内容时,不仅能让学生从知识点角度掌握,也能让学生从方法论角度掌握评测政府教育支出绩效的方法,更重要的是,只要教师稍加调整,即能将这一方法扩展为评价科教文卫事业费、行政管理费、基本建设支出等其他支出绩效的方法,也能扩展为市场主体各项支出绩效的方法。如此,不仅扩展了课程本身的内涵,提升了课堂效应,而且传授给学生解决更多问题的方法。

现实是大多数院校的教师仅仅注重流水式课程内容的传输,淡化方法要素供给,极大地缩小了课堂内容的应有效应。无方法,就无思维,无自立,无创新。无论是面向政府需求、市场需求还是社会需求,都是不适应的。

(三)知识供给缺位

分析30所样本院校财政学类专业课程的知识要素供给程度,总结出无论是知识内容供给还是知识结构供给,都存在较大的改进空间。

1. 知识内容供给存在诸多不足

(1)知识点西方化。以财政学教材为例,23.3%的院校直接用西方学者编著的原版教材(越是与国际接轨的院校,体现得越明显)或翻译后的著作。46.7%的院校使用的虽然是本国学者编著的专业类教材,但内容中大量引用舶来的内容。70%的高校财政学课程的知识点西方化。还有些高校的教师,即便是财政学类专业课,因有留学背景或对西方理论研究的偏好,就直接将西方理论大量纳入课堂。我们不反对将研究成果与专业内容有效融合,但过多的西化会失去财政学类专业设置的本土特征,难以获得国内区域或社会认同。

(2)专业知识理论化。地方本科院校办学要体现立足就业倾向的应用型特征。诸多地方高校因教材错配、教材质量差、实践教学不足、教师缺少实践经验等,专业知识理论色彩浓重,应用实效差。仍以财政学课程为例,30所样本院校中有7所选用西方原版英文教材或翻译教材,14所选用重点高校编写的侧重研究型教材,9所选用自编教材。理论型和研究型教材与地方院校的应用型定位不符,与地方院校的学生发展方向不符,教材错配使然。自编教材缺少意识、方法、知识和能力要素供给的考量,教材内容的宽度和深度都存在诸多欠缺。专业办学与实践脱节严重。样本院校财政学类专业实践课课时占比平均仅为13%,体现不出应用型大学的办学特征。另外,教师缺少实践经验也是专业课知识与实践融合空间较大的原因。缺乏实践经验的教师根本不可能结合经济社会所需的大视野萃选出课程的必备知识点,只能就书本论书本。如果教师本身都缺少实践经验,他们又怎能传授实践技能?

(3)专业课程体现不出区域服务功能。高校紧紧围绕"全面深度融入区域发展"的目标办学,走内涵式发展之路是必然趋势。但专业课内容的西化和理论化注定会使高校失去本土化或区域化功能。这不仅体现不出学生针对本土或本区域就业所需的知识传导,更糟糕的是,西化的课程内容注重的是经济意识,直接冲击社会主义核心价值体系。

2. 知识结构供给亟待优化

合理的知识结构供给是学生提高综合素质和就业能力的决定性要素。从不同角度对样本院校财政专业课程设置状况分析得出,经济类与非经济类课程、理论课程与实践课程、必修课程与选修课程、经济意识导向课程与社会意识导向课程,以及培养不同能力的课程设置都普遍存在比例失衡的现象,见表1。

表 1 样本院校财政学类专业课程分类结构汇总

课程分类	课时对比
经济意识：社会意识	78：22
理论：实践	87：13
必修：选修(其中：非经济类选修)	79：21(4)
基本技能：专业能力：实践能力：创新能力	26：55：16：3

资料来源：根据 30 所样本院校财政学类专业课程按不同标准分类后统计课时的比例得出。

我们承认按不同标准对财政学类专业课程进行分类达不到十分准确的程度,但这种不同标准下的课程结构分类及结构比例大体上能够反映出问题的主流,不影响对其问题的基本判断。经济意识与社会意识的 78：22 的课程结构,意味着将学生"塑造"成绝对的"经济人"或赚钱的工具而非"社会人"或"道德人"也就成为必然了。87：13 的理论与实践课程比例,很难支撑大学的应用型转型和培养应用型复合型人才目标,目标实现的理论意义大于实际意义。在基本技能的培养中,实践能力和创新能力的课程课时只占 19%,明显偏低。另外,样本院校有一个共同特点,就是培养学生兴趣、爱好的非经济类选修课比重普遍较少,平均仅为 4%。这不仅忽视了学生个人爱好,而且抑制了学生个性发展。

(四)能力供给不足

根据 30 所样本院校财政学类专业课程设置对学生的基本技能、专业技能、实践能力与创新能力的培养倾向和效应大小,对学科进行分类,然后分析课时结构。结果为：样本院校中,基本技能的课时比重一般在 20%～30%。专业技能课时占比普遍较高,一般比重在 50%～66%。专业技能课时占比较高主要用于理论能力培养；实践能力占比在 8.2%～20%,最低占比为 8.2%；创新能力课时占比普遍较低,一般低于 6%,最低的仅为 1.3%。

可以看出,目前的财政学类专业课程设置明显体现出专业性过强、实践能力较弱、创新能力不足、人际交往与沟通能力较差和综合素质不高等问题。

二、财政学类专业学科设置弱支撑就业的归因分析

(一)注重财政学学科程度不够

对财政学学科注重程度不够,具体体现在三个方面:一是学科属性定位不准,学科设置层次低;二是对财政内在的社会功能认识不足;三是缺失辩证法思维。国内对财政学学科属性定位基于三种判断:一是基于亚当·斯密等的文本理论,认为财政学是经济学的分支;二是认为财政学是经济学、管理学、社会学、法学等交叉学科,主导学科属性决定财政学科属性;三是认为官房学早于经济学,是经济学前身。目前,前两种认识的主导性基调,加之财政学界的官房学早于经济学认识的非主流性,导致财政学类专业退化为经济学的次级学科,学科的自主性面临认识性危机。

摆正财政学学科地位是关键。从财政学类专业社会功能考察,财政被认为是国家治理的基础和重要支柱,其精髓在于通过供给政治规则及其为之服务的其他机制,实现自我治理和保证社会秩序。秩序高于一切。这在客观上要求财政功能应服务于社会的所有领域,应从亚当·斯密的传统政府与市场两维世界扩展到包括社会领域的三维空间,对应的财政学理论也应涵盖政府理论、市场理论与社会理论,甚至是全球的治理理论和共同合作理论。这在客观上要求财政学科应超越资源配置的经济学范式,增加国家治理范式。然而,一些学者仍然依据指导不了西方实践的"文本理论"定位现今中国的财政功能,导致学科主导性定位危机。从辩证法之维考察,水无常态,物无常形,任何事物属性及功能定位都应结合时代背景和社会需求等要素确定。亚当·斯密等的财政理论是自由市场经济背景下的产物,包括财政理论在内的经济理论即便在西方经济运行中也暴露出诸多的局限性,暴露出诸多世界范围的负效应。而中国的学者还将这些理论奉为圭臬,定位现代社会尤其是中国的财政学科属性、学科定位及其财政理论,犯的就是过度崇拜西方理论和静止看问题的错误。对财政学科注重程度不够严重影响该专业建设及运行的质量。

(二)财政学类专业课程设置与社会需求的动态联动机制弱

1. 财政学类专业设置目标名义化

该专业设置目标名义化主要体现在专业培养目标同质化、专业建设与区域实践松散化两大方面。

基于专业培养目标同质化考察,外来文化冲击和理性思考缺失对目标同质化影响巨大。改革开放以来,包括以弘扬"经济人"意识和个人主义为特征的西方经济理论在内的西方文化迅速占领国内高校各个领域。包括财政学类专业在内的诸多社科专业都大量开设了西方舶来学科,课程同质化问题严重。从另一个角度看,外来文化渗入以前,国人对专业设置及未来发展缺少理性思考,由此才产生很多地方性院校课程设置盲目跟从,脱离中国实际和院校实际,造成课程结构的同化。可以说,是西方文化抽空了财政学专业特色,混乱了意识培养,使集体主义意识传承改变了递进式的线性成长轨迹,呈现突然和断裂性运行特征。学校重点培植了追求个人效应最大化的能力,而社会认可的意识要素和能力要素则供给不足。另外,随着社会的快速发展,政府、市场和社会对高校专业人才不断提出新的要求,无论是内涵还是标准,都在不断提高。面对需求的新内涵和高标准,一些院校显得手忙脚乱,力不从心,专业人才培养标准低于社会标准。

基于专业建设与区域实践的松散化考察,地方财经类院校财政专业学科设置应以服务地方发展为目标,依据区域特色,结合区域市场需求,设计出独具本土特色的财政学课程体系。但综观 30 个财政学类专业的课程设置及教学实践,普遍存在与区域实践的弱关联特征。一些数据可为佐证:只有 3％的高校聘请本地财税专家或企业家走进课堂,且主要是偶尔的讲座形式。91.3％的高校与本地财税系统没有任何形式的合作,即便有实习基地的设置,其功能只体现在合作协议上。94％的高校财政学类专业缺少与区域服务如培训、咨询、服务承接等的对接。97.5％的高校财政学类专业建设和运行未建立起与本地财税系统和市场主体的第三方评价机制。

专业培养目标同质化,专业建设与区域实践松散化,则专业目标名义化不可避免。

2. 建立与社会需求的动态联动机制,并不否定财政学类专业特色

财政学类专业毕业生就业途径多元化趋势突出了高校注重就业所需要素培养的重要性,但这并不排斥财政学类专业特色的建设,因为依据该专业建设一样能供给市场与社会各主体所需的社会意识、一般方法和能力。财政专业设置弱支撑就业的关键是没有立足本专业而供给社会所需的一般的社会意识、方法和能力的要素。我们认为,财政学类专业建设要依托市场需求,但不能完全依托市场需求,完全按市场需求注定会产生所有专业的起伏跌宕,失去专业建设的稳定性,因为按照市场供求理论,经济有周期,经济所需要素有周期,若按需求程度设置专业,注定有兴衰,这是经济规律使然。而依据财政学类专业特色供给社会所需的一般的意识、方法和能力是市场及社会永恒的需求。兴就设置,衰就退出,不仅严重影响资源效率,也严重影响教育事业的可持续性。

(三)财政学类专业教师水准提升空间大

在地方财经类院校中,财政学类专业教师水准的提升空间较大,主要体现在三个方面:一是一线专业教师资历低。在 30 所样本院校中,财政学类专业的教授比例仅占 6.8%。多数是年轻教师,且大多不是本专业毕业的。很多资深教师致力于项目研究,无心也不愿参与一线的教学与实践。二是专业教师教学经验不足。在专业教师队伍中,有些是高学历但专业不对口,有些是欠缺实践经验,有些则是刚参加工作的。教师的专业技能和教学技巧不足,不仅无法激发学生学习兴趣,更不用说满足财税行业和企业的需要。三是专业教师缺乏立足本专业充分供给就业要素的思维。经济意识与社会意识的课程课时比重(78∶22)极易导致学生形成物质化、利己化的价值观。方法类课程设置不足意味着高校及教师对学生方法的培养至今未得到普遍重视。传统的填鸭式教学方式导致学生思维固化,个性受到压抑,应变能力逐渐削弱。从高校专业课的知识要素考察,普遍存在着知识时效性弱、基本知识传授不足和依据知识点扩展的活用能力弱等问题。现代社会需要综合能力强的人,但地方财经类院校财政学类专业对学生的各种能力培养中,培养基本技能的课时量仅占 26%,实践

能力培训课时量占 16％，最低的是创新能力的培养，课时量仅占 3％，且各种能力培养受资源、社会环境等因素影响，常流于形式。种种情况说明，地方财经类院校的财政学类专业课程设置普遍存在着社会意识矫正功能弱化，方法要素、知识要素和能力要素供给不足等问题。

(四)财政学类专业建设践行本科教学评估标准尚有差距

评价指标体系的不同倾向是决定高校就业率的关键。目前的教育部本科教学水平评估目的在于全面提高教育质量和办学效益，评估指标体系虽然没有同就业建立直接的联系，但该评估体系在内涵的诸多方面都体现出注重就业的导向，或给以就业为主的各项改革留存了充足的空间。在评估指标体系中，办学思想和思想道德修养两类二级指标侧重的是意识培养，至于培养何种意识，财政专业人才的特殊性和财政资金的人民性要求培养社会属性意识，要以马列主义理论为指导。基本理论及基本技能、实践教学和质量控制三个二级指标内含着知识、方法和能力要素供给倾向，还包括质量监管机制的设计。另外，教学内容与课程体系改革、教学方法与手段改革两个观测点为随时动态地向就业要素的供给转型提供机遇。因此，本科教学评估指标体系注重意识、方法、知识和能力要素，只是我们落实得不够。

财政学类专业课程设置应亟待改进。原因在于：第一，意识培养模糊。这与高校意识培养导向、社会对西方意识的推崇及课程设置比例的失当有直接关系；第二，方法要素供给不足。方法重于知识，占总学分仅为 3％的方法教学不利于"渔"的获取。教师基于知识点传授方法要素的能力不足。第三，学科应掌握的知识点不全。教师队伍的年轻化、集体备课和传帮带机制的缺失是关键。第四，专业应培养的专业能力和一般能力不足。专业学生实际水平远低于本科生应该对应的水平。基于专业能力而衍生的举一反三能力不足。

三、地方财经类院校财政专业课程设置实现强支撑就业的措施

(一)升级财政学科定位

时代需要扩展财政功能，强化其重要性，提高财政学学科的自主性和独立

性。财政学学科应由经济学下的二级学科升级为一级学科。在一级学科属性定位下,进一步强化系统研究。重新定位财政学类专业办学目标,规划财政学类专业学科设置,创新出体现学科特点的就业要素供给手段,打造出体现强就业需求的包括社会属性意识、基本理论与基本技能、实践教学和教学方法、质量监管机制于一体的财政学类专业体系。

(二)加强与市场的衔接,强化专业学科就业要素的供给能力

社会意识的供给应予以强化。结合社会意识的边缘化趋势,增设引导学生社会意识的课程,如"资本论"、"道德情操论"、"经济伦理学"、"福利经济学"等相关课程,加强"三个代表"、社会主义核心价值观、"三严三实"等教育。注重在授课中融入专业课基本理论和基础知识的社会意识传导。通过在授课中引导学生,在社会实践中感化学生,培育出具有正能量的意识;在方法要素供给方面,增设注重方法类课程,同时结合课堂教学内容,创新教学方式,采用启发式、讨论式以及实践调研等多种教学方法,鼓励学生独立思考,努力提升学生恰当选择发现问题、分析问题和解决问题方法的概念技能;在知识要素供给方面,针对财政学类专业学生就业的多元化趋势,课程设置需要作出调整:一是合理安排通识课程内容,增设满足个性发展的文学、艺术、哲学等跨学科的课程教学。二是增加专业选修课,增设扩大专业知识领域、塑造学生个性品格及培养学生综合能力的课程,如信息经济学、福利经济学及专业案例分析内容等。三是结合区域环境,充实课程内容。结合财政专业服务地方特点,增设本土化服务课程,或将具有区域特色的财税改革实践纳入授课内容中,进行分析讨论。四是整合学科内容。梳理与整合专业课程内容,避免专业课程内容交叉重叠,人为扩大知识容量,节约教学时间,提高教学效率。在能力要素供给方面,增加案例式教学课时比例,结合财政学真实案例、课堂讨论,培养学生分析问题、解决问题的能力;增加财政实验课时,提高财政税务模拟操作实验室利用率,为学生提供仿真专业实践环境,提升实践实验课程效果;加强学校与财政部门、税务部门、政府部门或企业合作,给学生提供多方式、多途径的实训方式,让学生在通过实践拓宽专业知识的同时,培养沟通能力、管理能力、合作能力和协调能力;

积极进行创新创业课程建设,培养学生创新意识与创新能力。

(三)强化专业师资队伍建设

1. 进行教师职业道德教育

增强教师教书育人的责任感和使命感,将意识倾向作为评价教师师德的主要标准,作为教师能否登台和考核聘用的首要因素。彻底改变无意识倾向传导或倾向经济意识(资本意识)传导的教学模式,注重教师社会意识倾向。让财政专业的意识形态培养高度服务于社会主义核心价值观的内在要求。

2. 着力完善推进师资交流机制

通过访学、博士及博士后研究、学术交流、与财税部门合作、培训等形式提高财政学类专业教师教学水平、科研水平和服务社会的能力。通过交流,锤炼财政学类专业领军人才和教学骨干,提升他们对专业发展的引领、带动和辐射效用。启动弹性引人机制,将专业素质高、实践经验丰富的财税人员聘为兼职教师,努力打造一支专兼聘结合的双师素质教学团队。同时要健全财政学类专业教师内部交流机制。一些院校组织的专业提高班,效果较好。

3. 优化教师资源配置

将高职称的教授、教学能力强的教师大量配置到本科教学课堂中。通过传帮带机制带动教学能力和科研能力提升空间较大的教师。通过“导师制”让所有学生与师德有保证且研学较好的教师全天候结合,让良好的师资资源在课堂外同样发挥效用。

4. 引导教师认真备课

规划固定业务学习时间集体备课,集体实践,加强专业教师自身意识、方法、知识和能力等优良要素的存储。依据地方院校定位,本着“务求高深,但求实用”的原则,萃选专业教学内容,服务应用型转型。立足基本专业知识点,明确选择何种方式,侧重何种要素供给,做到精细备课。

(四)完善财政学类专业质量保障机制

设立校内外财政学专家组成的专业咨询委员会,完善财政学类专业课程设置,并在征求多方意见尤其是财政学教师建议的基础上,进行修订。强化课程检查委员会或督导组监管质量,完善督导机制,组织专业人员对课程实施过程进行全面评控;完善评控标准,侧重对意识、方法、知识和能力要素供给效度的考评;对教学评测中发现的问题,实施问责制。健全财政学类专业评估机制,实现自身评价与社会评价相结合;分析专业课程设置问题和运行问题,及时改进;注重政府、市场与社会反馈评价;掌握毕业生的就业情况及工作适应性情况,分析原因并提出对策,以此调整财政学类专业课程设置及其要素传导导向中出现的偏差。

课题组负责人:上海财经大学　樊丽明　刘小兵

课题组执笔人:河南大学　孙世强　任倩倩

贵州财经大学　朱红琼　杨　颖

关于地方财经类院校财政学类专业
教材建设与选用问题分析

教育部高等学校财政学类专业教学指导委员会课题组

一、引　言

在高校教学活动中,教师和学生是教学的主体,教材是教学内容的载体,也是学科与专业内容的体现,教材为教师和学生架起了教与学的桥梁。教材内容的时效性、一致性和适应性对高校人才培养发挥着重要的引导作用。因此,财政学类专业教材建设和选用直接关系到地方财经类院校教学质量和效果,是人才培养过程中的一个重要环节。财政学类专业在我国属于传统专业,特别是在财经类院校中受重视程度较高,因此,在教材建设和选用方面相对较成熟,但由于财政学类专业具有较强的应用性,加之专业教材种类繁多、编写质量良莠不齐、供给与需求脱节等原因,教材建设和选用问题仍然困扰着财政学类专业的发展。因此,研究分析财政学类专业教材的建设与选用,对提升财经类高校的教学质量意义重大。

高校教材建设一直受到教育主管部门的高度重视。1988年,国家教育主管部门颁布了《高等学校教材工作规程(试行)》,明确提出教材建设要突出思想性、科学性、启发性、先进性和适用性;2011年,《教育部关于"十二五"普通高等教育本科教材建设的若干意见》(教高〔2011〕5号文件)指出,"十二五"普通高等教育本科教材建设要坚持育人为本,充分发挥教材在提高人才培养质量中的基础性作用,体现我国改革开放 30 多年来经济、政治、文化、社会、科技等方面取得的成就,适应不同类型高等学校和不同教学对象需要,编写推介一大批符合教育规律和人才成长规律的具有科学性、先进性、适用性的优秀教材,进一步完善具有中国特色的普通高等教育本科教材体系。因此,加强教材建设是实现财政学类专业人才培养模式优化的重要保障;教材质量水平在一定程度上反映编著者所在学科专业学术水平,加强教材建设有助于提高财政学类专业师资队伍建设水平;同时,地方财经院校财政类精品课程的建设与实践证明,加强教材建设有助于提升财政类课程质量水平。

面对高等教育办学形式、学校定位、人才培养模式和人才培养标准的多样化趋势,如何做好教材建设工作,是摆在教学管理者面前的一个重要课题。为了强化财政学类专业教材建设和选用研究,提高教材建设和选用质量,根据财教函〔2015〕4 号文件精神,我们受教育部高等学校财政学类专业教学指导委员会委托,承担了"我国地方财经类院校财税应用型人才培养问题"的子课题"教材建设与教材选用问题研究",对财政学类专业的教材建设和选用开展了较为深入的专题调研。本文是在问卷调查①的基础上,对国内地方财经类院校财政学类专业教材建设与选用现状进行深入调查,剖析其中存在的典型问题,并结合全国高校财政学教学研究会 2015 年第一次、第二次常务理事会与会专家关于教材建设的意见和建议,就如何加强教材建设和选用质量,提出相应的有针对性的建议。本文所述"财政学类专业"是指财政学专业和税收学专业。

二、地方财经院校财政学类专业教材建设与选用现状分析

(一)地方财经类院校财政学类专业核心课程门类较多,教材建设和选用普遍定位于应用型

国内各地方财经类院校财政学类专业较普遍地将人才培养定位为应用型,但由于人才培养方向和要求不尽相同,使得财政学类专业人才培养涉及的核心

---

① 调查问卷针对多个地方财经类高校发放。其中,面向学生共发放相关调查问卷 500 份,有效卷数 484 份;面向地方财经高校财政类负责人共发放相关调查问卷 38 份,有效卷数 36 份。

课程也不尽相同,涉及的课程门类较多。调查显示,地方财经类院校财政学类专业所涉及的核心课程主要有"财政学"、"公共经济学"、"国家预算"(或"政府预算")、"国有资产管理"、"地方财政"、"西方财政理论"、"公债管理"、"中国财税史"、"中国税制"、"税务管理"、"国际税收"、"政府采购"、"纳税筹划"。除此之外,部分院校还开设了"预算会计"、"公共支出分析"、"非税收入管理"、"比较税制"、"财政专题研究"、"社会保障"、"税务稽查"、"专业英语"等课程。其中,"财政学"和"政府预算"是各地方院校财政专业共性核心课程,"中国税制"和"税务管理"是各地方院校税收专业共性核心课程。与此同时,大多数地方财经类院校财政学类专业人才培养目标定位与中国人民大学、上海财经大学、厦门大学和复旦大学等院校财政学类专业人才培养目标定位不同,直接影响到教材的选用。重点院校财政学类专业使用的教材多以国外原版教材或国外引进教材为主,如厦门大学财政学专业使用的教材是哈维·罗森的《财政学》,复旦大学使用的是吉恩·希瑞克斯、加雷思·D. 迈尔斯的《中级公共经济学》;而地方财经院校并不强调使用国外原版教材,多使用国内教材或自编教材,如很多院校使用的是陈共教授编著的《财政学》。

(二)绝大多数地方财经类院校制定了专业教材选用与管理制度,教材选用权主要集中于主讲教师

教材选用需要建立相应制度进行规范管理。调查问卷显示,36 所有效问卷调查单位中,有 31 所制定了相应的专业教材选用制度,占被调查对象的比重高达 86.11%。一般实行学校、学院(部、中心)二级管理体制,即:学校教务处负责全校教材建设与规划、教材的汇总与订购、教师与学生教材的使用以及教材样本库建设等日常管理工作;各学院(部、中心)根据学校及人才培养方案要求,制定专业教材建设规划、教材预订计划,审核选用教材的质量,提出选用教材的建议。同时,为了保障择优选用教材,学校通开课一般使用国家"优、统、重"教材,比如"财政学"在大多数财经院校属于经济类专业必修课程,要求优先使用教育部、省教育厅推荐的优秀教材、各部委统一规划编写的教材、国家重点大学出版使用的教材。

在所调查的地方财经类院校中,财政学类专业教材选用权在主讲教师的院校占比 77.77％,也有少数院校专业教材选用权分布于课程组长、教研室主任和系主任。

(三)地方财经类院校财政学类专业教材选用标准不一,教材立项等级成为影响专业教材选用的主要因素

在所调查的地方财经类院校中,大多数财政学类专业在专业教材选用上均设置了相应标准,但标准不一,其中 33.33％的被调查院校将国家级精品(规划)教材作为选用标准,22.22％的被调查院校将省级精品(规划)教材作为最低选用标准,22.22％的被调查院校将校级精品(规划)教材作为最低选用标准。教材立项等级则是影响各高校选择财政学类专业教材的主要因素,其他影响因素有教材适用性、教材内容和主编的名气。

(四)地方财经类院校财政学类专业教材自编与选用自编教材比较普遍,但院校间差异较大,编写积极性不高

调查问卷显示,75％的被调查院校财政学类专业使用自编教材,并呈现办学实力越强其选用自编教材门数也越多的特点,最多的院校使用 8 门自编教材,大部分高校选用自编教材在 3 门以下。大多数自编教材编写获得立项支持,其中获得国家级立项支持的院校占 30.56％,获得省(市)级立项的院校占 38.89％。

调查结果还显示,由于市场可供选用的教材多,学校相关制度限制和教师水平等原因,教师编写财政学类专业教材积极性总体不高,具有编写积极性的院校占比仅为 36.11％。选用自编教材的高校主要用于专业基础课程和专业核心课程,只有极少数高校用于实践实验课程和专业选修课程。选用自编教材最多的前五门课程分别是"财政学"、"中国税制"、"税务筹划"、"税务会计"和"国际税收",占被调查院校比例分别为 66.67％、50％、25％、16.67％和 16.67％。专业实验课程使用教材的院校占被调查院校比例为 63.89％,使用自编讲义的院校比例为 52.78％。另外,还有少数课程如"政府预算"和"公共经济学"使用

外编教材比例偏高,分别为 90％和 95％,其中使用英文原版教材的比例为 12％。

(五)财政学类专业核心课程选用国家级精品(规划)教材比例差异较大,但使用比较稳定

调查结果显示,被调查院校财政学类专业开设的"财政学"、"中国税制"、"政府预算"和"税务会计"四门核心课程选用国家级精品(规划)教材的比例分别为 43.24％、30.56％、33.33％和 8.3％,差异较大,这与国家教材立项数多少有关,其中"财政学"的国家教材立项数最多,而其他课程对应教材国家立项数较少。从教材使用情况来看,被调查院校四门课程同一教材的使用年限都在 5 年以上,使用国家级和省级精品(规划)教材年限更长,可见,地方财经类院校对选用国家级精品(规划)教材重视程度在不断提高。

(六)财政学类专业教材内容与课堂教学能够较好地保持一致性

调查结果显示,85.48％的学生认为所选用的财政学类专业教材和课程教学内容高度一致或比较一致,较高程度上达到教材与教学内容的一致性。这一方面说明地方财经院校财政学类专业的教材选用和课程教学内容安排相衔接,为保障财政学类专业学生课程学习和专业建设奠定了良好的基础;另一方面反映了本校推荐教材的契合度,由于绝大多数同学购买了学校(即主讲教师)推荐的教材,因而能保证所选用教材与课程教学内容的一致性,满足专业学习的需要。

(七)财政学类专业教材总体上能满足专业人才培养需要,教师和学生对教材的认同度较高

调查结果表明,97.58％的学生认为教材能够满足或基本满足学习需要,而认为不能满足的调查学生比例仅为 2.42％,表明地方财经院校在财政学类专业的教材选用和教师教学工作之间达到较高的一致性,总体上能够满足专业人才培养对教材的需要。其中,83.06％的学生愿意选择和购买学校推荐的教材,说

明绝大部分学生认可学校和老师对财政学类专业教材质量的把关。而教师满意或比较满意的比例占 86.5％,不满意的比例占 13.5％,说明财政学类专业教材基本上能满足高校教师的教学需要。

三、地方财经类院校财政学类专业教材建设与选用存在的问题

(一)具有中国特色的财政学理论难以在教材中体现

目前,财政学教材的思想体系还是借鉴西方体系,对中国现实以及改革实践缺乏解释力。调查结果显示,教师认为"财政理论与中国实践脱节"的占 90％,认为"不能反映最新政策变化"的占 80％,认为"理论和概念之间逻辑关系不顺"的占 60％。财政现实问题需要用政治学、经济学、法学、管理学、社会学等学科知识进行解释,传统的财政理论已不能解决现有问题。尤其是随着中国改革进程的加速,新情况和新问题层出不穷,现有的西方财政理论远远不能满足中国改革实践的需要。

(二)教材建设投入不足,教材创新滞后于财税改革步伐,高水平成果偏少

长期以来,各地高校重科研轻教学现象十分严重,科研导向和激励往往导致教材建设投入严重不足,不仅体现在政策资金支持上,也体现在教师精力的投入上。大多数院校没有将教材编写成果纳入考核、职称晋升成果范围,难以调动教师编写的积极性,导致财政学类专业高水平教材数量偏少。调查结果显示,财政学类专业教材中获得国家立项教材种类很少,而获得国家立项的学校也很少,即使是省级立项的教材也不多,地方财经院校获批省级以上立项的教材则更少,尤其是实验教材,种类和质量都堪忧。现在高校越来越强调学生实践能力的培养,尤其是很多普通财经高校主要为地方培养应用型人才,教育部对实践教学也有规定①。因此,很多高校设立了相应的实验课程。财政学类专业中实验课程主要有"税务管理"、"国家预算"、"资产评估"、"中国税制"等。但是,实验课程教材编写滞后,不受重视,无法满足实验课程的需要,导致很多实

---

① 实验课程占学分不得低于全部学分的 15％。

验课程流于形式。教材建设投入不足,高质量成果偏少,将严重制约财政学类专业发展。

与此同时,教材创新滞后于财税改革步伐。教材建设是一项艰巨而又复杂的工程,从规划、立项、编写到出版发行,需要较长的周期。而我国现阶段财税制度又处于变革之中,出于培养应用型人才的需要,要在教材中及时反映科学理论和财税改革新情况,及时补充财税改革新知识,这样才能让学生了解本学科最新制度动态,掌握最新的知识内容,使学生的知识层次与财税制度改革、发展水平同步。而现实中的教材建设跟不上财税体制改革的步伐。由于教材更新不及时,对于财税制度改革新知识的补充完全由教师在教学过程中自主决定,这必然导致教学内容的随意性。

(三)教材编写质量良莠不齐,低水平重复现象严重,教材建设与课程体系建设配套性差

在各级教育主管部门、各高等学校、广大教师和出版发行部门的共同参与下,财政学类专业教材编写取得了一些成绩,出版了一批精品教材,但从总体来看,教材编写质量良莠不齐,低水平重复现象严重。调查结果显示,有40%的受访学生认为教材内容存在陈旧、实用性不强等问题,有10%的受访学生认为教材内容错误较多,35%的受访教师认为所使用的教材存在更新不及时、内容滞后、内容与实际严重脱节等问题。同时,教材之间相互借鉴成为普遍现象,导致大量低水平重复教材的出现。

在现有教材中,有的一本教材涵盖两门以上课程,有的一门课程所需内容不能在同一本教材中充分反映,导致教材与课程难以一一对应,继而引发不同课程教材内容交叉重叠,甚者同一内容在三门以上的课程教材中都有所涉及。例如,《税务管理》、《税务检查》与《税务代理实务》教材存在不少内容重叠。另外,为了满足学生对相关职业资格考试的需要,某些教材采用相关职业考试全国统编教材,如《税法》、《税收相关法律》、《税务代理实务》等教材。这种情况必然会导致资源浪费,教学计划混乱,教学效果不佳。

(四)教材缺乏质量跟踪评价与反馈机制

教材质量高低、能否使用,需要相应的质量评价机制,但调查结果显示,大多数地方院校只是规定了教材选用程序和选用标准,而对于所使用的教材教学使用效果尚未建立相应后续跟踪评估机制,即使是使用国家级、省级规划教材也是如此。在此次调查中,无论调查的对象是学生还是教师,普遍反映的问题是:即使是一些国家级、省级规划教材,也存在许多问题甚至是错误。而对于在教材使用过程中发现的问题,理应及时反馈给出版社和教材编写者,但由于沟通渠道不畅,导致教材修订再版存在同样的问题和错误也就不足为奇了。

(五)教材编写缺乏校际协作,影响教材在各院校的适应性,本科、研究生教材缺乏层次性

调查结果显示,无论是立项教材还是非立项教材,财政学类专业教材编写普遍缺乏校际协作,往往是单个院校根据自身教学需要组织本专业教师进行编写,即使是国家立项的教材,其他学校教师参与的比例也非常低,致使教材在实际使用中难以达到普遍适用性。

调查结果还显示,地方财经类院校财政学类专业教材建设和使用中本科、研究生教材缺乏层次性,不仅体现在"财政学"课程上,还体现在"中国税制"、"政府预算"、"西方财政理论"、"地方财政学"等多门课程上。一般情况下,本科生有教材,到了研究生阶段,基本上就没有教材了,讲课内容往往以专题为主,教师可以临时发挥。如果研究生在本科阶段学习的是非财政或税收专业,则教师的讲课内容基本上会重复部分本科学习内容。本科和研究生教材内容如何衔接,各自的范围、重点如何界定,目前尚比较模糊。

四、加强地方财经类院校财政学类专业教材建设的建议

根据人才分类培养目标的要求,地方财经类高校财政学类专业应强化应用能力培养,其教材建设重点围绕应用能力展开,同时,注重理论体系与实践体系的结合,坚持创新与汲取相结合的原则,根据本专业实际,引入新方法和新技

术,这对应用型人才培养无疑是必要的。具体建议如下:

(一)尽快启动"财政学"大纲的编写

"财政学"课程在地方财经类院校均定位为学科基础课,为保证教材质量,建议由教育部高等学校财政学类专业教学指导委员会(以下简称财政学教学指导委员会)组织相应的师资力量编写教材。编写教材首先要有大纲,大纲要解决以下几个问题:一是不同层次的教学大纲内容如何区分、定位,重点是本科生和研究生的大纲定位,界限要搞清楚;二是综合性大学、重点财经院校、地方一般财经院校的财政学大纲如何定位;三是财政学大纲包括哪些内容、结构体系如何确立,需要集中讨论达成共识;四是财政学的基础理论到底有哪些,到底怎样体现中国特色,如何实现理论联系实践,理论和政策如何区分,根据领导讲话内容观点编教材能否经受住历史检验,政策能否升格为理论。[①]

调查问卷设计的"您认为地方财经类院校有必要联合编写《财政学》,统一使用吗",高校教师认为"有必要"的占 67.6%,"没必要"的占 21.6%,"无所谓"的占 10.8%。说明大部分高校教师还是认同《财政学》有必要联合编写的。

(二)在科学确定课程体系基础上,进一步规范专业教材体系

在科学的专业课程体系框架下,规范教材体系,使各教材内容独特,既避免泛而不专、蜻蜓点水,又避免不同课程内容重复。以税收专业为例,如将"税收基本知识、基本理论"完全归于"税收学"课程中,不要占用"中国税制"课程的教材内容。不仅如此,各教材内容之间还应该凸显相互之间的联系。例如,专业教材体系应该展现"税收学"、"中国税制"、"外国税制"、"税务管理"、"国际税收"、"税务检查"等几门传统课程之间的"基础"与"拓展"的关系。在这一关系指导下,对于重叠的内容进行合理的归并,最终形成既相互独立又相互关联的清晰的教材体系。

---

① 参考了"全国高校财政学教学研究会 2015 年第二次常务理事会暨财税制度创新专题讨论会"达成的共识。

(三)构建多部门联合机制,提升教材建设质量

首先,财政学教学指导委员会、财政学教学研究会、专业委员会要尽可能建立信息沟通和资源共享机制,全面推动全国高校财政学科发展、教材建设、学生培养等重大改革和创新。其次,政府主管部门和各类教学研究会之类的团体组织可在其中发挥桥梁作用,组织相关教师和专家联合攻关,优势互补,实现资源的有效整合。其中,很多教材的编写还需要地方财政实际部门的参与,做到理论和实践紧密结合,把解决地方财政实践中的问题作为财政学类专业研究和教学的重要基点。最后,全国各高校教授同一门课程的教师要利用教学研讨会等各种机会,加强交流,优势互补,联合编写教材,如"地方财政学"、"国有资产管理学"等教材建设薄弱或者现有教材内容有较大缺陷的课程,还有一些实验课程等,需要高校之间联合攻关,加强横向合作,共同出版精品教材。

(四)构建自编教材管理与质量评价跟踪机制,提高自编教材质量

鉴于目前财政学专业核心课程的教材自编比例较大的现状,有效提高自编教材质量,多出教材精品,是当前教材建设和使用的重点所在。自编教材的质量可以通过构建内外部评价机制共同督促提高。内部评价机制的重点可以放在自编教材的建设方面,主要包括组织机构、编写条件、教材奖励、使用管理等。如可以规定各学院(部、中心)院长或主管教学的副院长(主任)负责本部门的教材编审;鼓励教师编写有特色、高质量的教材,鼓励教师(或与其他院校教师合作)参加国家、省级统编教材的申报与评选;坚持专家编书原则,对自编教材的参编者实行资格认定制度等。通过这些条件约束保障自编教材的建设质量。而外部评价机制可以由财政学教学指导委员会组织,定期抽选高校财政学类专业的自编教材,每年选取不同的院校、不同的课程,由财政学教学指导委员会组织专家对教材建设质量进行评价,对于不合格的教材要停止使用。

(五)建立财政学类专业教材信息库

提高教材管理专业人员的服务水平不是无的放矢,采用先进的计算机软件

控制采购计划、财务、库存等管理平台和建立教材样本信息库,是提升教材服务水平的有效途径。学校的教材选用要率先形成以纸质图书、电子图书、网络出版物及音像制品等形式为载体的专业课教材、教师参考书、学生指导用书和配套习题等完整体系,从而改变以往教材选用形式单一和被动尴尬的局面。在此基础上,应广泛收集教材出版动态和发行信息以及对已出版教材的评价信息。利用校园网络这个媒介,广泛开展教材评论研究,让学生对所开设课程选用的教材质量进行评分,及时反映学生对教材的满意度,用真实的数据反映出教材选用的质量,杜绝低分数的教材进入课堂,从而满足不同"教与学"模式的要求。

课题组负责人:上海财经大学　樊丽明　刘小兵

课题组执笔人:南京审计学院　裴　育　欧阳华生

河北经贸大学　王晓洁

参考文献:

[1]张风玲.人才培养模式改革背景下的高校教材建设管理[J].重庆高教,2011(6).

[2]陈春茹.高校教材建设与创新型人才培养的若干问题[J].宁夏大学学报,2006(6).

[3]王恬,阎燕.加强教材建设助力人才培养[J].中国大学教育,2013(9).

[4]胡格.高校教材选用中的几个问题及其改进建议[J].内蒙古师范大学学报,2009(11).

[5]吕小艳.提高高校教材选用质量的思考[J].广西大学学报,2010(4).

[6]贾智莲,安锦.《地方财政学》教材内容体系的创新思路[J].内蒙古财经大学学报,2013(5).

[7]胡格.试论新形势下高校教材建设与管理工作创新[J].内蒙古师范大学学报,2012(5).

地方财经院校财政学类专业本科实践教学的目标、现状与改革路径

教育部高等学校财政学类专业教学指导委员会课题组

一、引言

(一)地方财经院校的界定

我国财经院校基本是 20 世纪 50 年代院系调整的产物,随着 20 世纪 90 年代开始的我国高等教育体制改革的不断推进,在"共建、调整、合作、合并"的八字方针指导下,我国高等教育基本形成了"中央与地方共建,以地方为主"的管理体制。财经院校的隶属关系和举办主体也发生了变化,分化为教育部主管的财经院校(简称部属财经院校,下同)及地方财经院校。地方财经院校是相对于部属财经院校的一个称谓,是由地方政府主管并以地方财政拨款作为办学资金主要来源,以经济、管理类学科为主的普通高等学校。据教育部统计,截至 2014 年,我国普通高校总计 2 305 所,列为财经院校的有 242 所①,其中 48 所为本科以上财经院校,除上海财经大学、中南财经政法大学、中央财经大学、西南财经大学和对外经济贸易大学为部属或部省共建以外,其他均为地方财经院校。

部属财经院校均为"211 工程"和研究型财经类院校。这些学校建校历史

---

① 教育部:普通高等学校规模,http://www.moe.edu.cn/publicfiles/business。

长,长期得到中央部委的资助,办学条件好,经、管、法、文、理、工学科门类齐全,相互配套,师资力量雄厚,本、硕、博点齐全,以培养研究型高级人才为主。本科以上地方财经院校又分为两类:一类是建校历史在 50 年以上的大学,例如东北财经大学、江西财经大学、浙江工商大学、天津财经大学等,这些大学都是省属或省部共建重点大学,办学条件较好,经、管、法、文、理、工学科门类较为齐全,师资力量较强,培养研究生的一级学科办学史一般在 10 年以上,以培养研究型和应用型高级专门人才并重。另一类是本科建校历史不长,大多由财经专科学校独立升格或由多所不同层次的学校合并后经教育部批准设立的财经院校,在 48 所财经类本科院校中占 80% 以上,是我国财经高等教育的重要组成部分,是国家培养财经人才的重要阵地,是财经本科教育的主力军,以培养应用型人才为主,担负着为地方经济社会发展培养大量财经应用型人才的重要任务。

(二)财政学类专业本科实践教学的意义

本科以上地方财经院校的一个共同特点是以财政学类本科专业(包括财政学专业和税收学专业)作为其重要的骨干专业。根据教育部《普通高等学校本科专业目录(2012 年)》规定,财政学类专业属于经济学科,应用性极强。其专业目标是培养适应社会主义市场经济建设需要,德、智、体、美全面发展,富有持续竞争能力、实践能力和创新精神,具备宽厚、扎实的经济学、管理学、法学等多学科的基础知识,系统掌握财税基本理论、基本知识和基本技能,能在财政、税务等经济管理部门、中介机构和企事业单位从事财税工作的应用型、复合型高素质专门人才,同时,为有志于继续深造的学生打好基础。

财政学类专业的应用性决定了实践教学的重要性。《教育部、财政部关于实施高等学校本科教学质量与教学改革工程的意见》和教育部《关于进一步深化本科教学改革全面提高教学质量的若干意见》特别强调实践教学与人才培养模式的改革创新,要求开展实践基地建设,拓宽校外实践渠道;实施大学生创新性实验计划,推进高校在教学内容、课程体系、实践环节等方面的综合性改革;以倡导启发式教学和研究性学习为核心,探索教学理念、培养模式和管理机制。这些要求为财政学类专业建构科学的实践教学体系指明了方向。

实践是人类自觉自我的一切行为。马克思主义认为,实践是认识的基础和动力,是获得知识的源泉,是检验真理的标准。实践的磨练和体验是人们获得完全知识的必要条件,是培养人的兴趣、发现人的特长,并将知识转化为能力和智慧、形成精神和品格的根本路径。《教育大辞典》对实践教学的解释是:"实践教学是相对于理论教学的各种教学活动的总称。包括实验、实习、设计、工程测绘、社会调查等。旨在使学生获得感性知识,掌握技能、技巧,养成理论联系实际的作风和独立工作的能力。"笔者认为,财政学类专业实践教学是将财税实践活动引入传统的财税理论教学过程,旨在引导学生参加财税实践活动的同时,锻炼培养学生的逻辑思维能力,提升实际操作能力、学用结合能力及创新能力,以提高教学质量和塑造兼具情商、智商和灵商全面发展财税人才为目的的创新型教学模式。在大众化教育背景下,加强财政学类专业实践教学具有重要意义。

首先,实践教学是培养学生实践能力和创新精神的重要手段,是提高学生综合素质的关键环节。财政学类专业毕业生大多从事机关、企事业单位财税管理和财务等工作。这些工作岗位不仅专业性强,还或多或少涉及机关、企事业单位的国家秘密和商业机密。正因为如此,这类专业学生能够获得的真实实践教学机会很少,也容易导致人才培养过程重理论而轻实践的状况。稳定有序的实践教学,是解决这一问题的关键。通过实践体验,可以让学生接触社会、了解社会,并依社会需要进行自我调整。在培养实践动手能力和创新能力的同时,学生的团队合作精神、人际交往能力、信息获取素质等也得到提升。

其次,实践教学是人才差异化培养的关键要素。实践教学活动的开展,不仅可以深化与扩展理论教学内容,还有助于培养学生理论联系实际的能力,达到学以致用的目的。通过实践教学,不仅可以体现出地方财经院校人才培养的特色,实现人才培养与学校特色、地方特色的结合,还有助于发挥学生的个性优势或兴趣专长,形成差异化的财经专门人才;不仅可以满足不同类型学生个性发展需要,还可以满足市场的差异化、多样化需求。

最后,实践教学既是培养复合型人才的需要,也是财会信息化高速发展的必然要求。随着我国电子政务建设和企事业单位信息化的发展,"金财工程"、

"金税工程"已相继完成,企事业单位信息化程度大幅提高,对财政学类专业复合型人才培养提出了更高的要求。而这种复合型人才培养仅依靠课堂理论教学是很难实现的。只有通过实践教学,学生才能启迪思维、拓宽视野,完成知识迁移和理论与实际结合,实现复合型人才的塑造。

(三)财政学类专业本科实践教学的目标

实践教学目标是实践教学应达到的标准和要求,明确实践教学目标对于深化实践教学改革、提高实践教学质量有着重要意义。财政学类专业的实践教学目标是其人才培养目标实现的重要标准之一,引导着实践教学体系、实践教学条件、实践教学方法、实践教学考核和实践教学质量保障制度的建设,具有实践教学的统驭作用。财政学类专业实践教学目标体系包括提升专业认知能力、提高实际操作能力、激发专业创新能力等内容,这种实践教学目标体系的构建是有效实施实践教学计划、有效运行实践教学过程、有效开展实践教学活动、实现实践教学目标的保障。

1. 提升专业认知能力

财政学类专业课堂理论教学概括性强、抽象度高,仅靠课堂理论教学,对于从学校到学校的 80 后、90 后学生来说,艰涩难理解是可想而知的,这就很难实现专业培养目标。只有通过制定合理的实践教学计划,认真安排和筛选实践教学内容,采用科学的实践教学方法,才能使学生在实践中通过观察、实际操作、科研分析体验理论教学的正确性和适用性,从而感知社会和财税专业领域,促进理论与实际的结合,提高对专业基础理论认识的再认识。通过理论—实践—再理论—再实践的过程,夯实财税专业理论功底。

2. 提高实际操作能力

财政学类专业相关课程,如财政预算管理、国有资产管理、社会保障管理、国债管理、中国税制、税务管理、税务稽查、税务会计、税务筹划等实务性都很强。尤其是在信息化条件下,在熟悉相关业务流程的同时,还需掌握不同软件的操作使用方法。这些课程的课堂理论教学内容需在实践教学中巩固。因此,创造良好的实践教学环境和条件,保证学生开展实务操作,是实验教学的前提。

学生通过对业务流程和相关软件的实际操作,能够增强其对相关业务处理的感性认识,提高实际操作能力,以适应社会多样化需求。

3. 激发专业创新能力

创新能力是运用知识和理论,在各种实践活动领域中不断提供具有经济价值、社会价值、生态价值的新思想、新理论、新方法和新发明的能力。创新是培育核心竞争力、获取竞争优势的重要源泉。创新需要在理论指导下,通过实践平台融合多学科、多专业知识,发现问题、解决问题。财政学类专业实践教学应打造多种平台,如开展大学生创新性实验计划、研究性学习、课外科研训练等。在实践中,学生能运用多学科、多专业知识,观察、分析、甄别各种社会现象,发现存在的问题,激发科学研究兴趣,提出有价值的对策。通过实践教学,将学生塑造成具有创新意识、创新精神、创新能力并能取得创新成果的应用型财税人才。

需要强调的是,实践教学目标应具有与时俱进的时代品质,要随着社会经济的发展而进行动态调整,确保培养出的人才能够适应不断变化的社会需要。

二、地方财经院校财政学类专业本科实践教学现状

为进一步了解地方财经院校财政学类专业实践教学的现状,南京财经大学财政与税务学院和云南大学经济学院共同组成的"地方财经院校实践教学的经验与问题"课题组设计了三份问卷,分别从高校、毕业生和用人单位三个角度对高等院校财政学类专业(包括财政学、税收学专业)的相关情况进行了调研(参见附录5、附录6和附录7)。本次问卷分别收回高校问卷17份、毕业生问卷121份、用人单位问卷59份。现将财政学类专业本科实践教学现状和成效调研结果分析如下:

(一)地方财经院校财政学类专业实践教学的现状

如前所述,地方财经院校大多由财经专科学校独立升格或由多所不同层次的学校合并而成。由于该类院校在办学历史、社会声誉、办学条件、资源配置、生源质量等方面与部属院校无法匹敌,为求生存和发展空间,长期以来,都把实

践教学放在应用型财经人才培养模式的重要位置,大力开展实践教学研究,努力构建合理的实践教学体系,加大投入创造实践教学条件,不断改进实践教学方法,加强实践教学考核,建立实践教学质量保障机制,以期在社会对人才需求的竞争中以实践能力取胜。在该类院校的本科教育中,实践教学环节是学生必须参与并按要求完成的教学任务,大学生必须完成专业要求的一系列实践教学内容,才可以毕业。

1. 实践教学体系初步建立

地方财经院校实践教学体系的含义有广义和狭义之分。广义的实践教学体系包括实践教学目标体系、实践教学内容体系、实践教学管理体系、实践教学条件体系和实践教学评价体系等。而狭义的实践教学体系仅指其内容体系,即根据人才培养目标,在制定教学计划的时候,采用合理的课程设置和教学实践活动(实验、讲座培训、第二课堂活动、毕业论文设计,科学研究,社会实践等),建立起与理论教学体系相辅相成的实践教学内容体系。由于实践教学目标体系已在第一部分单独论及,本文取狭义的实践教学体系之含义展开后续论述。

问卷调查中有关实践教学体系建设的现状整理归纳如下:

(1)关于是否制定了财政学(税收学)专业实践教学的培养方案或教学计划的问题(高校卷第1题),17所高校(100%)表示已经制定了财政学(税收学)专业实践教学的培养方案或教学计划。

(2)关于财政学(税收学)专业实践教学体系主要包括哪些方式的问题(高校卷第1题),17所高校中开展专业实践教学的有15所学校(88%),开设第二课堂的有10所(58%),利用假期进行社会实践的有15所(88%),进行毕业实习的有14所(82%),在校内模拟实验(训)的有11所(64%),还有1所采取了行业调查的方法,如图1所示。

(3)关于是否开设财政学(税收学)专业实践教学相关课程的问题(高校卷第3题),有16所(94%)院校表示已经开设相关课程,只有1所(6%)表示没有开设相关课程。开设的课程有:政府预算、政府采购、税收筹划、中国税制、税务检查、税务会计、税务代理、税务筹划、税收信息化、公共预算管理、预算资金管理、社会保障管理、资产评估、税务管理、纳税评估、税务风险管理、财政专业综

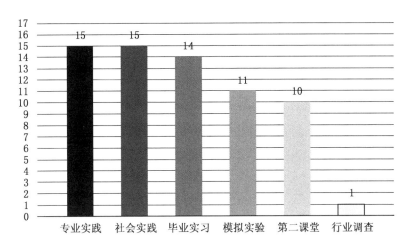

图1　实践教学方式调查

合实验课、税收专业综合实验课、ERPⅠ、ERPⅡ、企业行为模拟等。

上述数据说明所有地方财经院校财政学类专业实践教学已经制定了培养方案或教学计划,并根据不同专业开设了相关的实验课程。从开展实践教学活动的形式来看,大多数院校把专业实践教学、假期社会实践、毕业实习作为本专业主要的实践教学方式。校内模拟实验也是大多数院校采用的方式。由此可见,地方财经院校财政学类专业实践教学体系已经初步建立。

2. 实践教学条件基本具备

实践教学条件是开展实践教学的前提和基础,主要是指实践教学师资队伍、实践教学设备、基地和软件系统。它是实现实践教学目标的重要支撑和保证,也是衡量实践教学水平的重要指标之一。

问卷调查中有关实践教学条件的现状整理归纳如下:

(1)关于是否有财政学(税收学)专业实践教学实验室问题(高校卷第7题),17所院校(100%)均表示有教学实验室。

(2)关于财政学(税收学)专业是否建有校外实习(践)基地的问题(高校卷第4题),17所院校(100%)均表示有实习基地。

(3)关于财税模拟实验室拥有的配套软件系统问题(高校卷第10题),大部分院校采用不同的软件系统,包括公共财政管理软件、用友财政审计软件、网中网税务会计实训软件、税务管理系统、用友税务实验室、中普税务稽查系统、纳税筹划实训教学系统等。

(4)关于财政学(税收学)拥有配套软件系统的课程问题(高校卷第10题),大部分院校有财政审计模拟实验、预算会计模拟实验、经济文献检索实验、税务会计模拟实验、纳税申报实验、税收综合实验等课程。

(5)关于负责实验教学工作的师资队伍构成问题(高校卷第12题),17所高校中有13所院校(76%)以校内有较强的理论功底和教学经验的专职教师为主;2所院校(12%)以校内教师和校外兼职教师联合指导,产学研相结合,1所院校(6%)以校外兼职教师为主,1所院校(6%)选择"其他情况",如图2所示。

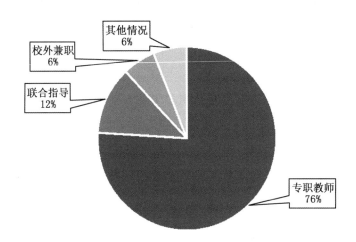

图2　实践教学师资队伍构成调查

以上数据说明所有地方财经院校财政学类专业都建立了校内模拟实验室和校外实习基地,采用了不同的配套软件系统,表明实践教学条件基本具备。

3.实践教学方法多样

实践教学方法是实现实践教学目标、完成实践教学任务、提高实践教学质量的手段。要传承实践知识、培养实践能力,激发创新力,就必须讲究实践教学方法。

问卷调查中有关实践教学方法的现状整理归纳如下:

关于财政学(税收学)专业实验室教学的主要方式方法问题(高校卷第10

题),17 所高校中有 6 所院校(35%)采用以教师为主体的启发式教学,有 7 所院校(41%)采用教师和学生作为合作者相互沟通交流的教学方式,有 8 所院校(48%)采用以学生为主体,进行课堂讨论和情景模拟等内容的教学方法,如图 3 所示。

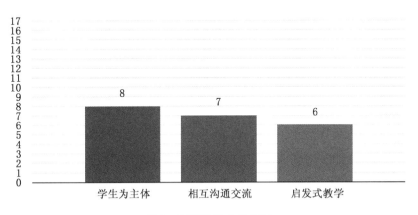

图 3　实践教学方法调查

以上数据说明地方财经院校财政学类专业实践教学采用了多种实践教学方法,同时在问卷调查中也反映出实践教学过程主要依托专业软件,模拟业务流程和案例分析,以及开展学生自主选题的创新创业竞赛。

4. 实践教学考核有规可循

实践教学考核是完成实践教学任务、确定学生实践水平和教师教学有效性、实现实践教学目标、提高实践教学质量的重要措施,也是深化实践教学方法改革的动力源泉。实践教学考核既包括对学生的考核,也包括对教师的考核。

问卷调查中有关实践教学考核的现状整理归纳如下:

(1)关于财政学(税收学)专业实践教学中对于教师的考核标准问题(高校卷第 13 题),有 3 所院校(18%)以教师的理论水平和学术水平为主要考核标准,有 11 所院校(64%)以学生的评价和学生考核成绩为主要考核标准,有 2 所院校(12%)以院校教学督导组的听课评价为主要考核标准,有 1 所院校(6%)选择"其他情况",如图 4 所示。

(2)关于财政学(税收学)专业实践教学中对于学生成绩的评定标准问题(高校卷第 14 题),有 10 所院校(59%)以学生的考试成绩或实践教学成果评

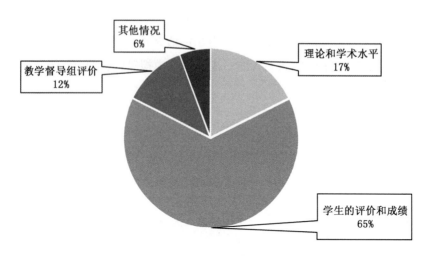

图4　教师的考核标准调查

定,有9所院校(53%)综合学生的平时表现进行评价,有2所院校(12%)以用人单位、实践实习基地的反馈为主要参照标准,有2所院校(12%)选择"其他情况",如图5所示。

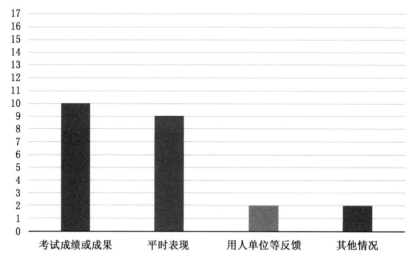

图5　学生成绩的评定标准调查

以上数据说明地方财经院校财政学类专业实践教学不管是对教师还是对学生都有考核方法和标准,只是侧重点不同,有的是重结果,有的是重过程,但合理性和科学性值得探究。

5. 实践教学质量保障意识已经形成

实践教学质量保障机制是指为保证实践教学质量而建立的管理控制机制，包括实践教学管理机制、实践教学考核机制、实践教学督导机制、实践教学信息反馈机制等。

问卷调查中有关实践教学考核的现状整理归纳如下：

关于如何保障专业实践教学质量问题（高校卷第 21 题），收集到的答案主要有：①制定实践教学考评制度，加强实践教学过程与结果的考核：实行督导与同行听课，开展实践教学中期检查，建立学生测评制度，鼓励教师开展实践教学创新；②购买实验教学软件，加强实验教材建设；③大力引进和培养专业实践教学师资，重视专业技术人员建设；④积极促进毕业生实习；等等。

由此可见，地方财经院校财政学类专业实践教学质量保障意识已经基本形成。

(二)地方财经院校财政学类专业实践教学取得的成效

1. 实践教学成果

经过多年的积累，地方财经院校财政学类专业实践教学取得了一大批成果。仅从问卷调查的 17 所院校反馈的信息来看，在回答关于开设财政学（税收学）专业实践教学工作取得的主要成果形式问题（高校卷第 16 题）中，有 4 所院校（24％）为科研论著，9 所院校（53％）为案例，8 所院校（47％）为各类竞赛获奖，9 所院校（53％）为课题研究报告，如图 6 所示。

在回答关于在财政学（税收学）专业实践教学方面做了哪些创新性的工作问题（高校卷第 20 题）中，收集到的答案主要有：①将专业实践教学与学生竞赛、大学生创新实践指导结合；②鼓励实验课程开发，在校院两级实行课程开发项目管理制度；③注重与地方财税部门合作，运用财税实践教学中心先进的软、硬件教学设施，为地方政府绩效评价和进行债务风险预测提供支持，为财税干部、审计干部和内审人员在职培训提供支持与服务；④努力加强产学研服务，提高对企业的辐射能力；⑤模拟财政局和模拟税务局，建立财税一体化综合实验；

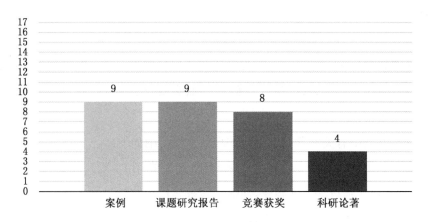

图 6　实践教学成果调查

⑥推行本科生导师制,将各级各类创新创业训练计划、学生科研活动、学术交流活动以及学校认可的其他实践训练活动作为专业实践教学方面的突破口;⑦让学生分别从财政管理者角度、企业角度,自行编制预算书,或者就一个企业或上市公司的财务状况作出分析,指出企业的成功之处和存在的问题等。

2. 学生动手能力

通过实践教学,学生动手能力得到了提高。在回答关于开展财政学(税收学)专业实践教学工作以来本专业学生的动手能力提升问题(高校卷第 15 题)中,有 4 所院校(24%)表示有明显提高,有 13 所院校(76%)表示有一定提高,如图 7 所示。

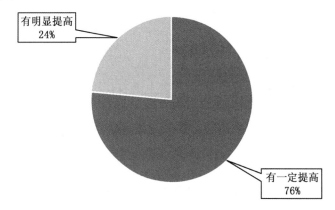

图 7　学生动手能力调查

3. 社会反映

实践教学是否取得了实效,不是由学校或老师说了算,也不是学生自己说了算,最终应由社会作出评价,特别是用人单位的评价。本次问卷调查收回用人单位卷59份,在回答关于对已录用的财政学(税收学)专业毕业的本科生总体印象的问题(用人单位卷第3题)中,有28家(48%)认为非常满意,有24家(40%)认为比较满意,有7家(12%)认为基本满意,没有用人单位认为不满意,如图8所示。

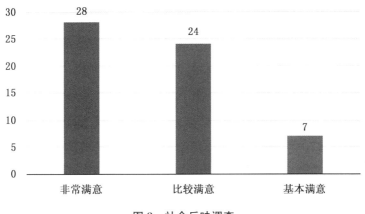

图8 社会反映调查

以南京财经大学财政与税务学院为例,该院设有财政学与税收学两个专业。长期以来,在提高第一课堂教学质量的同时,该院致力于加强校内财税模拟实验室建设,构建同步实验、课程实验、专业综合实验三位一体的校内实验体系。加大经费投入购置实验软件,推进实验教学物理空间、软件平台、网络平台开放共享,提高实验室使用效率。在实验教学中逐步建立健全研究性、开放型实验教学模式,加大综合性、设计性实验项目,加强学生应用技能的训练,使学生熟练掌握"金财工程"、"金税工程"等常用软件操作和财税核心业务流程。不断深化校企、校政合作,签订全面合作发展协议,建立稳固的校外实践基地,为学生的实践活动提供充足的平台。提倡实验教学和科研课题相结合,创造条件使学生较早地参与科学研究和创新活动,根据研究主题开展科学实验、社会调查等形式的实践活动,提升学生运用理论知识研究问题、解决问题的能力,促进创新意识的培养。积极倡导学生参加省级以上各类创新创业训练项目和竞赛,获得了比较突出的成绩。2014 年组织、指导学校代表队参加第 11 届大中华区"德勤税务精英挑战赛",在两岸四地参赛的 64 所高校中脱颖而出,在分赛区比赛中获得"最具人气奖",并在全国总决赛中获得"优异奖",成为境内地方财经院校为数不多的获奖高校。此外,在近三年江苏省高等学校大学生创新创业训练计划中,由该院教师指导的多个大学生创新创业训练项目获得省级重点项目,并为实践创新成绩突出的学生提供激励制度保障。该院定期或不定期邀请国内外著名财政经济学家及资深财经工作者举行专题讲座,增强学生对当前财经实践和改革动态的了解,拓宽学生的财经视野。

根据江苏省教育厅的统计,2012－2013 届该院税务专业就业率达 100％。受学校委托,国家统计局江苏调查总队对学院财税本科毕业生情况进行调查。调查报告认为:"财政与税务学院毕业生的总体工资水平最高,而其他学院毕业生之间的工资水平则差别较小。从后期发展来看,财政与税务学院及经济、金融、信息工程学院毕业生的后期发展速度较快。"

三、地方财经院校财政学类专业实践教学存在的问题

(一)实践教学体系

学科体系建设是高校建设的基础和核心,是发挥高校科学研究、人才培养、社会服务三大功能的基础。高等学校的办学水平和人才培养质量很大程度上取决于学科体系的建设水平。由此,财政学学科实践教学体系的建设水平也决定了财政学专业人才实践能力的培养水平。

1. 实验课程体系设置有待进一步完善

财政学专业实验教学大部分基于单一基础理论课程的教学需要而设置,各门专业理论课程都从本课程自身需要的角度,对财政学专业实验教学提出相应的要求,实验教学内容与安排受到基础理论课程的制约。财政学类专业实验教学课程集中度偏高,主要集中于税务课程方面。这种现象造成了财政学实验教学课程之间缺乏有机联系与相互协调,实验教学与理论教学之间缺乏统筹考虑,实验教学内容或相互重复,或存在遗漏现象,整个财政学类专业实验教学课

程体系布局的整体性不强,尚未形成独立的教学体系,仅仅作为传统理论教学的一个附属品而存在。在调查中,有 7 所院校(41%)表示专业实践教学体系构成不够全面、完整。

2. 实践教学在整个课程结构中所占的比例较低

一方面,在课程教学体系中,实验课程地位不高。关于财政学(税收学)专业实践教学的学分设置占全部学分的比重问题(高校卷第 5 题),有 2 所学校(12%)在 10% 以下,12 所学校(70%)在 10%~20%,仅有 3 所学校(18%)在 20%~30%,没有学校在 30% 以上,如图 9 所示。

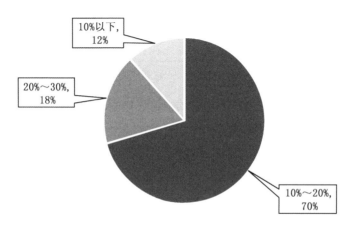

图 9　实践教学学分比重调查

在国外较发达地区,实践教学体系已成型,具有科学性和系统性,高校培养出的学生动手能力强,实践教学硕果累累。例如,斯坦福大学的实践教学学分占总学分比例为 36%,伊利诺伊大学的实践学分占总学分比例为 34%。我国的高等教育理念依旧延续传统,导致实践教学和理论教学成为对立面,认识还不够深刻,研究还不够深刻。在本科教学课程设置中,理论教学与实践教学间的比例是关键问题。在实际的人才培养过程中,一些院校没有建立独立的相关的实验室,导致不能开设相关的实验课程,即使有些院校建有财税实验室,实验课程的开设也得不到重视。

3. 专业实践教学课程结构布局不尽合理,严重脱离实际

关于开展财政学(税收学)专业实践教学工作中的薄弱环节问题(高校卷第

19题),3所院校(18%)表示对用人单位需求了解不够充分,实践教学内容陈旧、脱离实际,6所院校(35%)表示专业实践教学内容和社会实践脱节,难以有效培养学生的实践和创新能力,如图10所示。

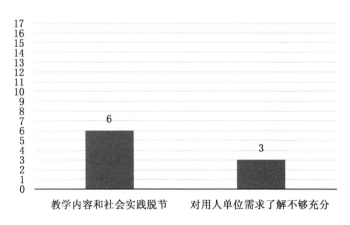

图 10 实践教学薄弱环节调查

关于校内实验课程的学习对动手(实践)能力影响的问题(毕业生卷第3题),27名同学(22%)认为提高较快,59名同学(49%)认为有所提高,33名同学(27%)认为提高不明显,2名同学(2%)认为没有提高,如图11所示。

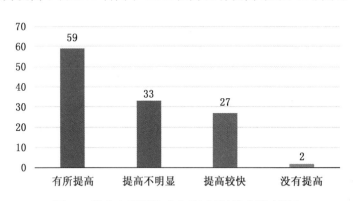

图 11 校内实验课程对动手(实践)能力影响调查

(二)实践教学条件

1. 对实践教学和实践教学团队的重要性认识不足

在高校长期的发展过程中,传统意义上的实践教学内容一直占有非常重要的地位。一直以来,在"以理论教学为主导,实践教学相辅;理论教学一直是学术性的代表,而实践教学则只是理论教学的一个环节、一个附属"等传统思想意识的指引下,高校实践教学处于相对弱势地位,这在一定程度上也导致高校学生缺乏创新素质,动手能力弱,协同能力差。校内实践教学的安排仅仅体现在简单的实务模拟或者少量的软件和计算机结合上机模拟,大部分校外实践则安排到大四,而此时学生精力投入在找工作或考研上,很难保证实习的时间,更谈不上质量和效果。团队在组建之初就形成明确统一的团队目标,为团队的建设和发展指明方向,这是非常重要的。在实际的建设过程中,很多实践教学因素和教师成员没有真正理解这个总目标所要求的主要内容,或者是虽然明确实践教学团队的建设目标是什么,但落实到行动中又会受到各种主客观因素的影响,最终使教学团队难以形成每个人都认可的共同建设目标。

2. 实践教学经费投入不足,现有的实验室利用率也很低

校内实践教学通过实验和实训等形式锻炼学生的自主创新能力,是理论和实践相结合的重要场所和直接体现。实践教学需要有相应的硬件、软件条件,这就不可避免地需要有较大的资金投入,需要有配套的实验设备、实验场所等教学条件。然而,目前财经类高校往往缺乏这方面的投入和教学条件,大部分实验室硬件过于简单滞后,无法满足实际需求,以软件为平台的实践教学有一个致命弱点,就是不能做到及时更新,实验内容容易过时,无法与社会发展同步。因为这种模拟软件的操作流程和内容往往都是固定了的,除非能及时升级换代,而通常这种软件又都很昂贵,在高校经费普遍紧张的情况下,鲜有院校有能力做到这点。关于实验中使用计算机等仪器设备是否能满足教学要求问题(高校卷第9题),有8所院校(47%)能满足教学要求,有8所院校(47%)基本满足教学要求,有1所院校(6%)无法满足教学要求,如图12所示。

这会导致实践教学内容陈旧、脱离实际,实验实训设备和配套设施准备不充分,种类简单、功能单一,甚至无法达到教学要求,对提高学生的动手能力、分析问题和解决问题的能力效果甚微。同时,被调查的财经院校虽然基本具备了开展实验课所需的硬件、软件,但是真正按要求上实验课的还不多,设备形同虚设,造成

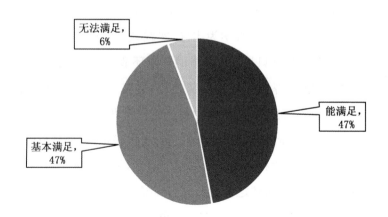

图 12 仪器设备是否能满足教学要求调查

教学资源浪费,实验课开出率并不高。大部分高校的实验室利用率很低,关于学院的实验室开放情况问题(毕业生卷第 1 题),27 名同学(22%)认为全方位开放(时间、空间、内容),84 名同学(70%)认为只在实践教学时开放,5 名同学(4%)认为只对创新实验项目开放,5 名同学(4%)认为不开放,如图 13 所示。

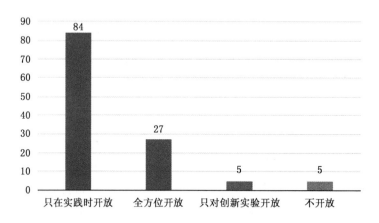

图 13 实验室开放情况调查

3. 实践教学的师资队伍建设相对滞后

实践教学实施的好坏与否取决于教师的素质。随着近年来高校的扩招,高校学生人数直线上升,各高校教师缺乏。各高校虽然都在积极引进高学历、高职称的人才,但是,高学历、高职称并不等于高水平、高素质。在高校引进的人才中,相当一部分是从学校毕业后没有经过实践磨练直接走上讲台的,往往缺乏企业实践和社会实践经验。这些年轻的教师学习能力强,但缺乏相应专业的实践锻炼,无论是科研还是教学都没有经验,初级阶段甚至对工作流程和讲课过程都不够熟练,无法满足实践教学团队建设的需要,更谈不上"双师型"建设。而真正具有丰富实践经验的财经人才到高校任教的并不多。少数理论水平高又有实践经验的精英人才,又把精力主要放在理论教学与学术活动中,很少承担本科层次的讲课任务。在我们的调查中,17所高校有9所院校(53%)表示缺乏专业实践教学师资队伍,难以起到引领作用。关于本专业实验课程指导教师的操作和指导的水平问题(毕业生卷第2题),有58名同学(48%)认为整体水平较高,有53名同学(44%)认为部分教师水平较高,有10名同学(8%)认为整体水平一般,如图14所示。

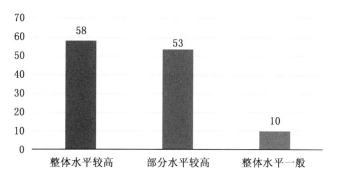

图14 实验课程指导教师的操作和指导水平调查

4. 实践基地建设不完善

由于种种原因,一些校外实习基地流于形式,走过场,满足于拿学分,实践基地分散、弹性大、临时性较强,不能对学生的专业起到提升作用,也不利于学校指导和监督。对于实践教学基地而言,主管部门没有相应的政策把接待实习任务确定为其应当承担的本职工作,各单位由于人员紧张,工作任务繁重,竞争压力大,不愿意接纳实习生,怕影响本单位正常工作,即使碍于情面接纳实习生,也仅安排一些辅助性工作,不会让实习生进入实质性的工作环境。加之有些实习基地确因设备简陋、条件较差、师资薄弱,而难以安排实习生的食宿、办公条件和指导教师,增加了实习基地建设的难度。关于校外实践基地实习中的收获问题(毕业生卷第7题),56名同学(46%)认为很大,57名同学(47%)认为很一般,8名同学(7%)认为没有收获,如图15所示。

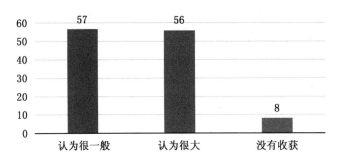

图 15　校外实践基地实习收获调查

5. 毕业实习落实难

毕业实习是实践教学的重要一环,也是大学生整个大学生涯中的重要内容。实习对于提高学生的实践能力、动手能力和分析问题的能力,加深对有关理论课的理解和掌握都有很大的帮助。由于就业形势普遍严峻,就业压力大,加上实习单位不好落实,很多学生根本就没有了毕业实习这一内容,取而代之的是毕业找工作。有关校外毕业实习指导情况问题(毕业生卷第9题),31名同学(26%)选择有校内带队教师指导,57名同学(47%)选择实习单位安排专人指导,33名同学(27%)选择没有任何人指导,靠自己干,如图16所示。

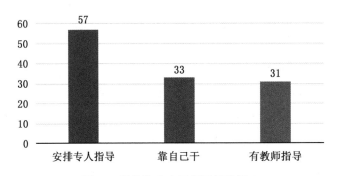

图 16　校外毕业实习指导情况调查

(三)实践教学方法

1. 实践教学相对封闭,校企合作有待深化目前一些高校在实践教学的实施途径上,行业、企业的作用发挥不够。如在教学项目设计与选择上,仍主要由校内教师负责,缺乏与行业企业的合作与交流,因而实践教学项目缺乏生产性,与行业企业的实际工作任务存在较大的距离,不能较好地培养学生的实际动手能力和解决问题能力。

2. 实践教学方法和手段单一

我国本科高校实践实习处于简单的操作和参观阶段,本科生实际工作机会较少,层次低,实践教学成为理论教学的辅助手段;校内实验仅能满足简单的实验内容,综合性、设计性实验又多以演示为主,导致学生实际设计和操作机会少,而且社会实践以规定内容居多,缺乏想象力,学生科技活动也是按规定进行,如此使学生处于被动状态,难以激发学生的学习兴趣。

(四)实践教学考核

1. 实践教学考评制度和管理措施跟不上

虽然各院校对各专业、各课程的学分、课时以及实践教学所占比例都有规定,但是,不少学校对实践教学的过程、内容和效果等如何进行监督、考核和评估,并没有很具体的操作和监控办法。正是因为实践教学在考核评估和管理措施方面跟不上,监管制度有缺失,造成了实践教学出现偏差时无法及时纠正的被动局面。

2. 实习的考核要求不到位

考核包括阶段性考核和总结性考核两个方面。阶段性考核可以参照实习计划与要求量化分解,根据对学生的实习表现记录进行评定考核。总结性考核的内容包括实习操行评价和实习或调研报告考核两个方面。习惯的评定方法是以批阅的学生实习或调研报告成绩为主,参考学生阶段性考核成绩评出最终的实习成绩。而学生的实习或调研报告往往是形式化、格式化的,并不涉及实习的核心目标——提升学生分析问题和解决问题的能力。

3. 评价标准不科学,体系不健全

本科实践教学有自己的特点,不能用理论教学的要求进行评价,也不是简单几个环节的评议,只有通过综合的、科学的、系统的评价体系才能完成,而现有宏观层面的本科实践教学评价主要体现在专业评估与《普通高等学校本科教学工作水平评估方案（试行）》（2004 版）中，内容表述笼统，缺乏操作性与系统性。大多数本科高校没有制定专门的系统实践教学考核办法和标准，无法对实践教学质量作出公正的科学评价，以致于高校教学计划中关于实践教学内容的零星标准，也仅是对学分、学时、考核等方面的定量规定，缺乏具体评价标准的定位。

（五）实践教学质量保障

质量保障体系不健全，质量管理机制欠缺。总体来看，我国目前本科实践教学的外部和内部质量保障均未超越零星的孤立阶段，尚未形成一套完整体系，尤其是作为质量保障体系建设核心的管理机制、制度建设和评价评估三方面更是如此。建立健全管理机制是科学管理的基础，实践教学灵活多样、分散、时间长等特点，要求必须有科学的全程管理，否则实践教学将不能科学运行，从而影响学生实践能力和创新能力的培养。

四、国外财政学专业（项目）实践教学的经验借鉴

实践教学是高校教学手段的重要形式，是培养大学生创新能力的重要渠道，对形成大学生的创新思维和动手能力具有重要作用。正因为如此，国外高校对实践教学给予高度的关注，并积累了丰富而有效的实践经验。结合我国实际情况，笔者认为以下几个方面的实践经验对国内财政学专业（项目）的实践教学有借鉴意义。

（一）实践教学体系

课程体系的设置方面，应该重视学生的实践能力的培养。学校课程设置应该为"以教师讲授为辅，学生互动参与为主"的教学模式奠定基础。国外很多大学很早就开始在课程教学中强化实践教育思想，如哈佛大学从第 21 任校长查里斯·艾略特时代起就开始重视课程的实用化并加强学生实践能力的培养。他们认为，大学必须根据人们的需要，迅速适应各种变化，培养社会需要的各种

各样的专家,并由此大胆实行"选课制",大力削弱古典课程和古典学习,增加实用课程和实际训练,为美国现代大学重视实践教育和建立实践教育制度开启了先河。此后,美国各大学纷纷以哈佛大学为榜样,推动课程的实用化和科学化,增加实践教学课程,更新实验课、习题课、见习课的内容,增加它们的学时数。在课程教学中,不是一开始就讲授课程内容,而是先介绍课程内容在工农业生产和社会生活中的实际意义。在教学过程中,教师往往设定一些具体的问题让学生讨论,通过讨论寻求解决办法,这样既巩固了知识,又提高了学生思考和解决问题的能力。理论课教学结束以后,教师还要安排2~3次见习课或实验课,鼓励学生用所学理论知识设计出具有创新意识的设计方案或实验报告。如在斯坦福大学,相当一部分课程是以学生为中心的讨论式教学,课堂上老师主要发挥引导和顾问作用,每堂课推举一名负责人,由这名负责人主持讨论。讨论先是发散式的,然后对问题进行归类,最后对问题进行逻辑排序,通过一次或两次的课堂讨论后确定总体研究方案。

此外,开辟第二课堂,鼓励学生参加各种社团活动和社会活动。国外大学课外活动之多、范围之广是超乎人们想象的。这些课外活动从组织者上分,有大学管理部门组织的活动和学生社团的活动;从性质上分,有学术活动和非学术活动;从范围来分,有校内活动和校外活动。常见的学生活动有讲座、沙龙、俱乐部活动、学生模拟法庭、演讲等,这些活动丰富了学生生活,弥补了课堂的不足,增长了知识,锻炼了才干,增添了情趣,是学生实践教育环境的重要组成部分。

结合我国教学体系的特点,财政学专业地方高校本科教学的课程体系应遵循"广博、精深、专特"的思路,在本门学科的层面上,架构以思想政治类、工具类课程为先导,以政治经济学、西方经济学为公共基础核心课程,以财税类课程为主干,以金融投资类、财务会计课程为两翼的课程体系。在理论教学的基础上,大量开展模拟实验和社会实践课程,培养学生的动手能力和理论联系实际的能力。学校应为各种学生团体活动提供环境和条件,并鼓励学生积极参加,将第二课堂的参与情况纳入到学生成绩考核体系中。

(二)实践教学条件

就实践教学的条件来说,最值得参考的就是国外大多数学校的实践教学是以学生实践(实习)为主。许多美国企业主动与高校合作,为学生提供实践机会。部分用人单位将提供实习岗位视为自己应当承担的社会责任,更重要的是许多有远见的企业发现提供实习岗位能够降低企业人才的培养成本。花旗银行与美国 40 多所著名大学开展人才培养计划,每年向这些高校提供 1 850 万美元用于教学实践活动,并为学生提供实习岗位,每年招收的员工中有 60% 来自于这些大学。在高校开展的实践教学活动中,参与进来的既有中小企业,也有跨国公司,如通用汽车公司等世界 500 强企业;既有美国本土企业,如惠普、微软等,也有国外公司,如丰田、诺基亚等。这种合作方式既节省了学校建立模拟实验室和购买实践软件的成本,也使得学生能够将课堂的理论知识运用到实践中,大大提高了学生的动手实践能力。

在师资队伍建设方面,应参考 Co-op 合作教育模式的方法。实践教学的师资队伍不仅需要具备较高的学术水平,同时还要有丰富的实践经历和较强的应用能力,需要通过企业实践、挂职锻炼等各种途径加强培养。而 Co-op 直接由行业单位委派高级技术人员或资深工作人员担任学生指导老师,他们直接来自于实践,弥补了高校教师的不足。双方共同为财经类应用型本科人才的培养提供基本保障。

国内地方高校应主动与地方政府财税部门以及财税相关的企事业单位建立合作关系,为学生提供良好的实习环境和机会。此外,也应完善学校的软硬件设施,便于学生在校内进行模拟实验,辅助理论授课的顺利进行。

(三)实践教学方法

对于国外实践教学的方法,以下几种教学模式值得国内高校借鉴。

1. 实习—见习模式

在美国的高校中,实习一贯受到高度重视。高校会帮助大学生寻找合适的实习机会,每个高校都会有一部分合作企业,为大学生提供一定的实习岗位。

近年来,各级各类高校不断进行教学改革,进一步加强在校大学生的动手能力培养。

2. 以案例、问题为中心的教学模式

案例教学是以工商界实际发生的各类经营案例作为第一手教学资源,培养大学生实战经验的训练模式,是一种对未来工作环境的模拟和预演,较适宜于工商管理、经济、贸易类的大学生实习。哈佛大学不仅拥有世界一流的教授亲自讲课,而且还以培养大学生实战能力闻名于世。哈佛商学院使用的教科书是来自全世界的商战案例,教学围绕研习案例而展开。教师通常预先对某一公司的经营策略进行全面的实地调查,将企业经营情况写成案例,让学生们在课前充分研究案例,并进行研讨和评价。然后,教师会对学生们的观点进行点评。

3. 产学研合作模式

在美国,产学研合作的主体是大学和企业,合作方式是由企业提供课题和资金,大学提供研究场所和人员。在产学研合作过程中,企业与大学各取所需。企业解决了生产的技术难题,大学获得科研经费,并利用企业提供的科研机会培养大学生的实践动手能力。

4. 合作教育模式

辛辛那提大学开创的合作教育模式,关注大学生的技能学习以及采取更有利于促进学生今后充分就业的实践课程,提出学校课程设置要以促进学生就业为导向。安提亚克学院为代表的合作教育模式,特点是将学生的学习与社会实践定期转换。安提亚克学院的每个学生都必须按照规定的"学习—实践—学习"的方式完成学业,要求每个毕业生都应当具有在多部门、多领域工作的实际经验。这一模式将合作教育功能从单一提高学生的动手能力,拓展到促进学生综合素质提升的领域,显示了合作教育的广阔前景。

国外大学在培养学生实践能力方面,无论是实习、项目设计还是科研训练、实验等,都与社会实际情况紧密联系,源于社会,用于社会,如英国工读交替的"三明治"模式、德国校企合作的"双元制"等工程实践教育都取得了很大成功。

(四)实践教学考核

在教学考核上,我国传统的考核方法就是以考试成绩作为学生学习成果和教师教学质量的评定标准。这种考核方式不仅不利于学生综合素质的提高,也往往会使教学模式陷入应试教育陷阱中。国外很多学校在合作教育的基础上,开展企业和社会参与评教的考核方式。通过引入企业参与对学生实践活动的考评,既有利于学生注重自身实践能力的培养,也有利于企业培养自身需要的人才,从而形成双赢局面。

结合我国的实际情况,全方位地引入合作企业进行参评的可能性比较小。因此,对于各地方高校普遍开展的社会实践活动,可以首先尝试引入相关单位参与到学生的社会实践成绩考核中来。

五、地方财经院校财政学类专业实践教学改革建议

(一)全面构建实践教学体系

针对实验课程体系设置不合理、实践教学在整个课程结构中所占比例较低和专业实践教学课程脱离实际的问题,当务之急是将实践教学体系构建作为一个系统化、全局化的任务持续深入推进,确立实践教学体系的应有地位。

财政学科是实践性较强的学科,实践应用能力培养是财政人才培养的重要目标之一。新形势下,在本科课程设置方面,实践教学环节显然应该安排更多时间。应在保证有扎实的教学和科学基础的前提下,改革现有课程体系,使之尽早面向实际和课程交叉,并展开动手实验、科学实践、团队工作、系统思考和创新设计等。以实践教学资源建设为平台,以实践教学项目、形式、内容、基地的系统化、集成化为着力点,以理论教学和实践教学互动等方式开展实践活动,推动实践教学内容和方法改革和研究,最终实现实践教学质量的提高。

(二)切实改善实践教学条件

实践教学条件的滞后归根于对实践教学和实践教学团队的重要性认识不足,产生了实践教学经费投入不足、实践教学的师资队伍建设相对滞后、实践基地建设不完善等问题。

根据现实的要求,实践教学团队建设的总目标是全面提升实践教学活动的

育人功能,促进教学研讨和实践经验交流,推进教学工作的老中青相结合,发扬传、帮、带的作用,加强实践教学师资培养与考核。在实践教学师资的引进和培养方面,因地制宜、因校制宜,制定符合专业需求的师资引进标准和培养、考评和激励约束方案。

与此同时,针对实验课程投入严重不足的问题,需要改变长久以来以项目建设和项目拨款为主要经费筹集模式的做法,探索建立实践教学经常性经费拨款机制和绩效评估机制,通过实施实践教学经费拨款的长效思路,为提高实践教学质量提供持续充足的动力。

(三)积极探索实践教学方法

目前,实践教学相对封闭,校企合作有待深化,且实践教学方法和手段单一。针对实践教学方法上存在的问题,应借鉴其他国家或地区在实践中学习专业知识的做法,改变以"课堂"和"书本"为中心的教学方式,将与实践密切联系的课程放入实践中教学。同时,借鉴英国工读交替的"三明治"模式、德国校企合作的"双元制"工程实践教育、加拿大的"能力本位型"和我国香港的"工业训练中心型"等实践教学经验,探索实习—见习模式、以案例和问题为中心的教学模式、产学研合作模式和合作教育模式,丰富与拓展财政专业的实践教学方法。

(四)切实完备实践教学考核

针对实践教学考评制度和管理措施薄弱、实习考核流于形式以及评价标准不科学的弊端,应着手建立科学规范的实践教学评价机制。实践教学评价内容应至少包括三个部分,即用人单位或者实习单位对学生实践活动的评价、双师型教师对学生实践活动的评价以及学生自己对实践教学活动的评价,并且每项评价内容注重的环节各有侧重,评价内容应进一步细化。

在用人单位或实习单位对学生实践教学活动的评价方面,应着重于综合素质评价和实践能力评价,主要评价内容和标准应突出学生工作太多、工作能力、交际能力等综合素质。在双师型教师对学生实践教学活动的评价方面,应侧重于综合评价和专业技能评价,包括评价是否达到了教学目标、是否达到了对实践能力的要求等。在学生对实践教学活动的评价方面，应侧重于兴趣和效果评价，包括对实习单位和双师型教师的评价、对整个实践教学活动效果的感知评价，以及对实践教学活动的兴趣和效果评价。

(五)大力加强实践教学质量保障

实践教学质量保障是一个全面而又系统的有机整体，这就决定了它的每一环节都是彼此相关和影响的。这一管理过程需要学校领导、相关部门管理人员和实践教学的教师、学生等的互相配合和共同努力。

构建财政学专业的实践教学质量保障体系和质量管理，首先需要加强实践教学管理规章和制度建设。为了规范实践教学活动和内容，实践教学管理制度应包括实践教学计划、实践教学考核以及评价标准、实践教学基地管理等方面，涉及实践教学大纲、实践指导书、实训项目指导单、实训项目管理卡、实训项目报告等。其次，需要建立实践教学过程管理规章制度，包括实践项目记录、实习单位鉴定、实习总结、实习成绩表评价等。同时，明确实践教研活动，包括教学研讨会议、教师培训等。再者，需要建立专门的管理实践教学的督察机构，不定期安排人员对实践教学进行检查。实践教学开展的方法、教学内容及教学结果等都是督察机构检查的重点所在。发现对于实践教学采取走形式、教学环节组织散乱等现象，要严格依照管理文件对相关人员进行管理和处置。最后，需要建立及时有效的收集反馈机制。坚持每学期召开学生和教师座谈会，了解实践教学一线情况，听取老师和学生对教学管理工作的意见。另外，学校应以调查问卷和派人员进行调研等形式，收集企业、学生以及教师对实践教学的建议，并认真分析，对于实践教学体系不断改进。

课题组负责人：上海财经大学　樊丽明　刘小兵

课题组执笔人：南京财经大学　李林木　陆新葵　汪　冲

程　瑶　苏　建

云南大学　　　罗美娟　李亚红

参考文献：

[1]成华军,李佳国. 新建本科院校实践育人体系建设探究[J].赤峰学院学报:自然科学版,2014(11).

[2]肖娥芳. 加强地方院校财经类专业实践教学的思考[J].统计与咨询,2010(5).

[3]李敬,高峰,赵喜艳. 实践教学目标体系的构建研究[J].中国电力教育,2011(35).

[4]吴瑾瑾,李斌,梁秀梅. 财经类高校实践教学问题探讨[J].高等教学研究,2006(6).

[5]王延俊. 实践性教学在财经类专业的应用[J].现代企业教育,2014(18).

[6]张宝义,李斌,吴瑾瑾. 财经类院校实践教学体系的构建与实施[J].中国大学教学,2010(9).

从中国财政制度史切入的皇权专制财政的本质属性

教育部高等学校财政学类专业教学指导委员会课题组

一、农耕文明、海洋文明与财税制度

中国封建国家运行的血液是财税制度,而财税制度就是建立在土地制度和人口规模的基础之上,由此,土地制度决定了财税制度的本质,人口规模决定了财税制度的体量。

(一)农耕文明与海洋文明

中国封建经济发展态势,其本质属于农耕经济,这与游牧经济有着本质的区别。

农耕文明或海洋文明,不同的文明有各自不同的文化范畴,每个民族都有自己独特的生产方式和生活方式,不同的生产方式自然延伸出不同的分配方式。这就是说,不同的生产方式决定了不同的分配方式,进而决定了税收分配制度的本质、形式和内容。

农耕经济属于农耕文明。农耕文明是有序的、稳定的,男耕女织、自给自足。经济诉求是温饱有余,对市场的依赖性较小,不太重视商品经济。政治诉求是皇权至上、圣人治国。

农耕民族的强大,在于其扎根农业经济的渊源。官府具有丰富的税源,国家具有超强的权威性，社会具有超强的稳定性，而农耕民族具有惊人的民族凝聚力和向心力。

农业民族的孱弱，在于其囿于自给自足的自然经济，满足现状，渴求稳定，缺乏原生的创造力，自我封闭，锁国闭关。

农耕民族生产生活方式决定了其财政分配方式，进而决定了以赋役制度为主体的直接税体系。这一直接税制度的最大缺陷就是法律界定相对模糊，随意性较强，同时又有较大的地方性和割据性，特别是对劳动者的超经济剥夺每时每刻都在触及被奴役者的生存底线。中国五千年的税制，其中直接税体系就占了至少 4 800 年。

游牧经济属于海洋文明。海洋文明是迁移的、动荡的，单一经济形态，自给不足。经济诉求是等价交换，生活必需依赖市场，重视商品经济。政治诉求是公平契约，依法治国。

游牧民族的强大，源于生存机制的压迫。马背上的民族生来具有军事化组织系统和武装功能，会不惜一切代价，拓展与生存空间有关的一切政治与经济领域，具有惊人的开创性和进取心。

游牧民族的孱弱，就在于必须把经济发展与民族生存绑架在残酷的战争机器上。兼并拓展疆域，政治版图变化莫测，使游牧民族大起大落，被历史所湮灭。在意识到战争的不可持续性后，游牧民族其发展空间在于与其他各民族平等相处，努力开拓广阔的世界市场，进行商品交换和对外贸易，建立自己的美好家园。

游牧民族生产生活方式决定了其财政分配方式，进而决定了以商品交易税和关税为主体的间接税制，即简单工商税制度。间接税制度简单易行，相对比较规范和完善。

五千年的传统文化、五千年的东方文明，令中华民族为之自豪。这是我们走向繁荣昌盛的起点，但同时也给我们带来一丝焦虑。焦虑不仅来自农耕文明与海洋文明的落差，同时也产生于五千年东方文明与不断发展的近现代文明的传播与交流、碰撞与摩擦。

中国农耕文明的封闭性、排外性与自给自足的自然经济直接相关。草原或海洋文明对于农耕文明的经济体系没有太大的吸引力,无法提供开疆拓土的战略需求。因此,中国历史上虽有出师远征,但其主动进攻的目的皆是为了巩固既有的政权,为农耕经济的持续发展创造稳定的周边环境。

(二)我国直接税制度的渊源

土地和劳动力是任何一个国家的立国之本,也是国家赖以运行的财政之源。土地不仅是最主要的生产资料,同时也是最大的财富形态。

土地制度构成一国生产关系的总和,是包括生产、分配、交换、消费生产方式的总体。土地制度是政治制度和经济制度的核心,更是财政制度的基本要素。土地制度决定社会制度、分配制度,当然更决定财政税收制度。

马克思在研究整个经济发展过程时,依据生产资料所有制形式和劳动者在社会劳动中地位的判断标准,按历史进程把社会性质定为五种形态:原始社会、奴隶社会、封建社会、资本主义社会、共产主义社会。

马克思曾研判了中国古代社会的经济发展过程,却没有具体指出当时中国是属于哪种社会形态,但是马克思把古代中国定义为"亚细亚生产方式",这是因为中国古代社会最大的生产资料——土地,不是私有,而是"公有"。在我国原始社会、奴隶社会、封建社会的经济运行中,土地制度几乎都是"公有",即所谓的"王有",这也验证了我国的一句至理名言"普天之下,莫非王土"。

我国自古以来就是一个以农业经济为主体的国家,农业经济就是垦殖和利用土地。在中国奴隶制(封建制)时代,有所谓的土地制度,但不存在土地所有权,地权是不受法律保护的。但是,一定的土地关系反映了一定的生产关系和社会关系,从一定的生产关系和社会关系中,还是可以洞察到这一土地所有制的基本性质的。

中华民族五千年,实行过各种形式的土地制度,诸如授田制、井田制、爰田制、占田制、屯田制、均田制、占山法、营田制、给田制等,但没有一种土地制度明确界定土地的所有制形态。五千年的历史表明,我国有地籍,却没有地权,有土地制度,而没有地权制度。

无论是"宗法制"和"分封制"下的"授土授民",还是"郡县制"下的"按等级和劳力分配土地",土地制度都在"王权"控制之下,国家作为全国土地最高所有者的地位是不容置疑的。"王有制"下的土地,没有地权制约,土地随时都可能被蚕食和兼并,也随时可能被没收和收回,不受任何法律保护,因此,土地制度就是一个严重的政治问题和经济问题。

我国超强稳定的直接税制度恰恰就是这一土地制度的产物,而这一奇特的土地制度直接造就了中国封建经济的"钟摆理论"。从夏商周时期直至封建社会晚期(康熙末年即 1710 年),五千年的中国封建史,经济态势始终围绕百亩之家、八千万人口的平衡机制而运转。

农耕民族囿于自给自足的自然经济,王朝立国,分田分地,男耕女织,温饱有余。随着封建经济的发展,土地兼并盛行,大土地所有者不断涌现,流民难民不断集中,这一平衡机制被迅速打破,随之而来的农民起义和农民革命,用暴力行动剥夺了剥夺者,改朝换代,于是新的王朝诞生,重新分配土地……这个周期短则五六十年,长则二百年左右,可怕的"钟摆理论"如恶魔般死死缠在了中国封建经济发展的巨轮上。

恩格斯认为:"在这里(中国),同家庭手工业结合在一起的过时的农业体系,是通过严格排斥一切对抗成分而人为地维持下来的。"闭关自守的排外政策与自给自足的自然经济密切关联,自然经济强大的超稳定性和历史惯性充分昭示了自然经济体系必然崩溃的命运。

中国封建财税制度就是这一"钟摆理论"的典型杰作。

二、中国皇权专制财政的本质属性

中国封建财税制度的本质属性有三个方面:特别强制权、自由裁量权和天花板原则。

(一)特别强制权

财税制度的特别强制权表现在诸多方面:其一,财税的中央集权制就是君主擅权制,财税立法不是基于经济发展和社会负担能力,而是以国家开支与君主耗费为切入点,故而立法不稳,朝三暮四,条格嬗变,影响国是。其二,中国封建皇权专制下,实行中央一级制财税制度,中央政府规定全国税收完全纳入国家预算,地方政府不得染指国家收支。其三,在国家一级制财税体制下,政策传导性极强,州郡府县各级政府及税吏随之层层扩大特别强制权,在法律的光环下,中央利益、地方利益和中饱私囊的个人利益相互博弈,这样的特别强制权与其政治与司法体制一脉相承。

按照财税的"钟摆理论",新建王朝初期,为维护小农经济的基础,巩固新生的统治阶级政权,法定的税收相对较低,让小农经济得以喘气,社会经济开始恢复,重建国家蓝图可望可及。但是,随着封建经济的蓬勃发展,税收不断提高,土地兼并盛行,小农经济日趋破产。在税收特别强制权下,税种丛生、税率提高。小农经济似乎就是取之不尽、用之不竭的国库宝藏。然而,一边是税收提高,一边是小农经济破产,这个逆向关系不断地蔓延和扩大,皇朝的大厦就在农民起义和农民革命中轰然倒塌了。前朝的税种和税收就成了新朝的起点,只是法定征收额有所收敛,新一个轮回开始了。

(二)自由裁量权

高度的中央集权制决定了特别强制权,强制权又决定了自由裁量权。强制权与自由裁量权互为因果,相互推波助澜,以掠取统治阶级的最大利益。

封建社会实行实物财税,百姓以实物缴纳税款,故而税收总额由两个方面组成:税收本额与税收成本。

税收本额是由王朝政府税法规定的,由百姓直接缴纳的税收款项。按封建专制财税法律规定,税收本额由中央政府确认,收入完全纳入国家预算,地方政府不得染指国家收支。

税收成本即由征纳费用、仓储费用、运输费用、入库费用等构成的基本成本。举例来说,一般田赋征收,农民只负责把税粮从乡村运至县城缴纳,县衙却要装船运往郡守州府,再运及京城,千里迢迢至长安或洛阳(北京),这个高昂的成本应该由财政负担。然而,封建法律对此偏偏没有明确的规定,或者默认地方政府的规定,这该是"作恶授权",即地方各级衙门税史直接把税收成本全部转嫁给纳税人,构成税收附加(或称地方附加),这就是中国皇权专制下税收附加的源头。

如果说特别强制权体现在税收本额上，那么自由裁量权就主要体现在税收附加上。自由裁量权决定了地方附加的合法性，自由裁量权的大小决定了地方附加的多少，这完全授权地方各级衙门。皇权专制以政治手段处置了税收问题，不仅免了皇权麻烦，同时也调动了县衙税吏的积极性。

地方自由裁量权的尺度，即税收附加总额，应包含税收成本、各级衙门留用和贿赂经费、各级官吏个人的贪欲度（中饱私囊的程度），以及贿赂有利害关系的京官费用，特别应该指出的是，中央官吏更是自由裁量权的主要受益者，或者说是最大的受益者。自由裁量权的诱人空间，自然充分地调动了县衙税吏横征暴敛的阴暗人生，也给封建社会制造出许许多多说不清道不明的税收附加。

当然，所谓的自由裁量权，县衙税吏必须谙熟政治家的治国规则，也即税收本额与税收附加有一个能够站得住脚的比例，百里漕运成本与千里漕运费用当然是不可比较的，对百姓的欺诈和对皇权的交代，必须是能够假话真说而且自圆其说，否则就会把自己轻易地送上断头台。

因此，这个自由裁量权必须考虑以下问题：第一，正如法国财政部长柯勒贝尔所说：征税就像从鹅身上拔毛，你要拔最多的毛，但又不能让鹅叫；第二，要给皇权送多少财礼，既能给附加正名，又能使自己官运亨通；第三，中饱私囊的空间还有多少。风险与收益是正相关的，县衙税吏的自由裁量权必须在这个三维空间里才能有效运行。

同时，从一般意义上说，附加远远小于正税，但在实物财政时代，百里漕运可以这样认定，但千里漕运就不能这样说了，附加可能是正税的几倍。那么，正税与附加的关系颠倒了，农民会用造反来回应，皇权则可能顺水推舟把县衙税吏作为替罪羊。即使百姓忍了，皇权也不能容忍，税吏私库怎能胜于皇家司库？别忘了"普天之下，莫非王土，率土之滨，莫非王臣"，这是欺君之罪。

这样一来，自由裁量权又多了一个约束——附加只能小于正税。那如何解决"跨国五百里"或"千里漕运"的费用呢，当然还要加上中饱私囊的部分？那就是税外征费，这是中国皇权专制下征税不足、税外收费的源头。

征税征费，唇齿相依，源于一头，实为一辙。税费之意，税即费，费即税，各种各样的收费,有名称的,无名称的,叫得出的,叫不出的,收多的,收少的,犹如洪水猛兽,扑向贫困百姓。附加与收费,恰似扎在小农经济身上两把看不见的快刀！这就是五千年来中国农民起义和农民革命的基本导火索。

(三)天花板原则

财税制度的天花板原则:被推翻的前朝财税法制,往往就是后朝初期财税立法的天花板,财政的本质属性丝毫没有改变,君主专制一脉相承。新王朝初期,不断削减前朝赋税,意在压低税负天花板,恢复社会经济,巩固新王朝的统治;新王朝中后期,不断冲击前朝财税天花板,以至于新朝财税天花板远胜前朝,而被剥夺的阶级则在新一轮的阶级博弈中,以暴力剥夺的方法,夺回特别强制权和自由裁量权,改变财税天花板。按照财税的"钟摆理论",新一个轮回开始了。

其实在上述"特别强制权"和"自由裁量权"中都包含了"天花板原则",这是一个柔性过程,却充满人间最自私、最肮脏的卑劣。

三、清代税制印证的皇权专制财政的本质属性

我国封建时代的每一个王朝都可以说明这个问题。下面就试以清代税制为例,释疑中国专制社会财税的特别强制权、自由裁量权以及财税立法的天花板原则。

清军入关后,为了维护和巩固清王朝的统治,强化以皇权为核心的封建专制主义的中央集权,从财政税收上采取了一系列的措施,完善国家机器,强化集权统治。

清初田赋尽管沿用了明代的"一条鞭法",但前代赋税制度的天花板效应已尽现无疑,鞭外有"鞭",税外有税,附加日多,弊病丛生,负担苛重,民心不定。

清政府采取的田赋改革措施,包括:蠲免明末"三饷加派",优惠垦荒措施,扶持旱地改水田,削减苏松嘉湖赋额,减赋减租并行。清政府的这些措施贯彻力度较大,具体落实到人,为历代王朝所罕见,产生的效果也较大。前代税制的"天花板"政策解决得较为彻底。

前代税制改革的一项重大举措就是康熙末年开始"摊丁入亩",即实行固定丁银、摊丁入地之法,将全部丁银摊入田亩征收,并规定自康熙五十年后"滋生人丁,永不加赋"。这就是著名的"盛世滋生人丁,永不加赋"的一大善政。这是中国封建社会的最后一次赋役制度变革,在中国田赋发展史上具有重大的意义。清代政府的一系列恢复生产、振兴经济的政策和措施得以落实,特别是"摊丁入亩"税制改革成功,推动了清朝前期社会经济的飞速发展,清王朝的统治逐渐巩固。

随着经济的全面发展,国家需求不断扩张,财政收不抵支,负担日趋沉重。清政府曾三申五令"永不加赋",但一纸空文不受制约,中国封建专制社会独特的强制权如天马行空般独来独往。

(一)田赋附加

田赋即有五大加派:漕粮附加、耗羡、平余、浮收及预征。

1. 漕粮附加

清初的田赋,地丁以银两缴纳,漕粮以实物缴纳。漕粮附加表现为:

其一,部分漕粮折征。漕粮基本征收实物,但也有一小部分折征银两,折征的部分称为漕粮永折,国家的折征标准为每石银六钱至八钱,实际折征额为每石自三两数钱至四两数钱不等。那么,中间的巨额差价哪儿去了?

其二,漕粮经费。漕粮在转运过程中有各种损耗,征收漕粮时加派各种损耗,故称漕粮经费。凡漕粮经费,有正耗加耗、轻赍、席木、船耗、行粮月粮、贴赠杂费等。

其三,附加名目丛生。漕粮附加五花八门,应有尽有,诸如帮费、漕规、房费、河费等,既无统一课征标准,又不解缴国库,随意苛索敲诈,中饱私囊。据钟琦估计,江南人民的实际漕粮负担相当于应征漕粮额的三倍半。专家们认为,钟琦估计还是十分保守的,这足以说明漕粮附加之苛重。

2. 耗羡

耗羡,是"火耗"与"羡余"之合称,当则以"火耗"为主。

"火耗者,本色折银,畸零散碎,经火熔销成锭,不无折耗,稍取于正额之外,以补折耗之数,重者每两数钱,轻者钱余。"此意为,清政府规定地丁征银,即田赋以银缴纳,官府把征来的散碎银两经过加工,熔炼为一定成色的一定规格的银锭,才能上缴国库,销熔之际,不无损耗,税吏为补偿损耗,就在征收时多取补耗之数,重者数钱,轻者钱余,行之既久,则成定例。若是课征粮食,则要搬运仓储,自然就有了"雀耗"、鼠耗、"脚耗"等,这也由粮户负担,名曰"羡余",两者合称为"耗羡"。

中国封建专制社会的赋税制度,属于国家一级制财税,赋税本额由国家统一规定,而其征收费则由各地州县政府或税吏自定,全部费用由纳税人负担。

耗羡既没有政府的明文规定,也没有统一的课征标准,地方财政亏空、官吏中饱私囊皆取自于耗羡,真是一举两得,这就是财税征管中的自由裁量权。

火耗源于明代,清初顺治年间就下令禁止私加火耗,私加火耗者,以枉法论。康熙初期更是多次下令禁止额外课敛和克取耗羡,但令行而不止,火耗逐渐得到了朝廷的默认,始成官吏掠夺人民财富的一种特殊手段。

随着州县官吏想方设法虚增苛索,火耗日增,扰民日甚。至康熙中期,湖南巡抚赵申乔也忍无可忍痛斥加耗之害:"每两有加二三钱、四五钱者",甚至"税轻耗重,数倍于正额者有之",耗羡遂成地方官吏的重要收入。

耗羡并不是地方官吏的专利,因为整个清代官吏阶层都参与了分配,从中央各部门到地方州县,贪官污吏沆瀣一气,"反以馈送礼物为常例","按定数目,公然收受,州县官员,俱自民间派取"。全国耗羡银收入至少为300万两,这笔庞大的收入引起了清政府的注意。

康熙晚年,陕西总督年羹尧曾建议,将耗羡收入移于官员津贴和弥补地方亏空,使之合法化,亦即耗羡归公。但康熙皇帝根本不认可"耗羡"的合法性,予以否决。直至雍正二年,山西巡抚诺岷以及山西布政司高成龄再奏此事时,因地方财政巨额亏空,雍正皇帝没有任何选择余地,只能准奏,并于同年7月,发布了耗羡归公和养廉银制度的谕旨。这实质上是把明末清初以来的各种非法田赋附加和地方搜刮存留银,用法律的形式固定下来,变为合法的国家税收。这是强制权和自由裁量权的巧妙结合。耗羡之外更有耗羡,耗羡日趋增加,人民负担日趋加重。

3. 平余

平余即为耗羡归公后的又一田赋附加。乾隆二年，四川巡抚奏称：于火耗税羡外，每银百两提解银六钱，名为"平余"，以充各衙门杂事之用。

此奏为乾隆皇帝所否决，并下令"永行革除"。按封建国家税制规定，税额由中央政府确定，而征收费用则由各地州县政府或税吏自定，自由裁量权在地方。故而，乾隆下令革除，可实际上明除暗增，此后各省仿行，遂成公例，于是平余成了正式附加，人民平添一项额外重赋。

4. 浮收

浮收，即州县征收钱粮时额外多征的部分。据《清史稿》记载："初时，不过就斛面浮收，未几，遂有折扣之法，每石折耗数升，渐增至五折、六折，余米竟收到二斗五升，小民病之。"

嘉庆、道光年间，由于鸦片输入，白银外流形成银荒，地丁银又不得不折成铜钱缴纳。州县税吏就利用银钱不合理比价，肆意加重钱粮浮收。前后不到五十年，赋税折价上涨了近一倍。这也是地方政府滥用自由裁量权的案例。

5. 预征

预征，即官府每以经费不足，提前征收其后年份的田赋。顺治初年，因军费不敷，预征三年；顺治四年，预征五年；顺治八年，预征九年；康熙十八年，预征次年。清史上这类记载繁多，不一一引录。

上述简略阐述，基本说明清代"永不加赋"的虚幻性。在封建专制下，法律受制于中央政府的强制权以及地方政府的自由裁量权，要不加赋都难。

(二)其他各色附加

1. 盐税附加

盐税附加堪称清政府盐制的三大弊政：盐税预征、加征加派和捐输报效。

盐税预征始于清初，至康熙中期，已成为盐税收入中不可或缺的部分。

盐税加征始于清初，康熙年间，盐税的加征加派越来越频繁。康熙三十六年，仅浙江一省的盐税加派就近 31 300 两。除了朝廷加征加派，还有各地州县官府和贪官污吏私加私派，诸如长芦盐区的加派就有铜斤脚价、河工银、辑费、归补辑费、领告杂费、平饭费、口岸汛工银、各项解费、岁修官道银等二十项之多。两淮盐区的各种加派多达五十余项。

捐输报效始于乾隆、嘉庆年间,每遇国家军需庆典、大灾大赈、河防工需,盐商必须巨额捐银,称为捐输、报效。如乾隆三十二年,两淮盐商捐银一百万两,乾隆五十三年,两淮盐商捐银一百万两,两淮盐商前后捐额高达 3 826 万余两。此后各朝均有。以乾隆朝为例,捐输可考者共 38 次,即水灾者 8 次、军费者 22 次、河工 2 次、庆典 1 次、屯田 1 次、工赈 1 次、救济 3 次,共捐银 2 285 万两,其中军费就占了 1 840 余万两。

2. 关税附加

清政府规定:内地关税(常关税)除定额上缴外,关税盈余也必须上缴,这算是一个例外,清政府据以考核各关税吏。

清代关税附加,实为各关巧立名目之苛索,诸如:

火耗:清政府为弥补所征关税银两在熔铸时的损耗而加征的税额。火耗征收没有统一的标准,各关随意加派,最高可达正额的 50%。雍正年间将火耗并入正税,留存地方公用,各关又另立名目进行浮收。

楼税:雍正年间按过关货物重量所征收的税。每百斤货物课银一厘五毫。

签量费:向过关商货征收的杂费。每担课银三厘,其中二厘充作各关办公费,一厘给专揽代纳签量费的牙人之用。

另外,还有饭盒、陋规索银、容费等,五花八门,不胜枚举。各关税吏差胥中饱私囊,扰民极深。

清代政府的各种附加都与中央政府的强制权和地方政府的自由裁量权相关,于是赋外有赋、税外加税、差外有差,赋税成灾,加派成祸。清政府从独立的封建国家逐渐坠入半殖民地半封建国家,其税制就是一个不可忽视的重大因素。

课题组负责人:上海财经大学　樊丽明　刘小兵
课题组执笔人:上海财经大学　黄天华

1949 年后中国财政理论的演进

教育部高等学校财政学类专业教学指导委员会课题组

1949 年后,中国财政理论的发展始终受三种力量的推动:一是国外财政理论的引进,即运用现成的名词、概念和理论来说明和理解中国财政的现实;二是财政工作经验的升华,即从实际财政工作出发,将其中的经验总结、提炼为规律性、全局性的东西,以便用于进一步的财政工作;三是理论工作者运用某种理论框架,透视和把握财政运行规律,并揭示其与其他经济领域乃至社会领域、政治领域的内在关联。当然,这三种力量并非各自完全独立,经常是相互交叉和混合出现的。

本文将在概述 1949 年后中国财政学研究变迁的基本脉络基础上,将 20 世纪 90 年代发生在财政学领域的"公共财政大争论"作为案例来研究,以探索财政理论演进及其历史意义。

一、1978 年前财政研究的基本脉络[①]

过去财政学界总是习惯性地将财政研究的框架定为"财政本质 + 收支平管",翻开 20 世纪 80 年代及 80 年代之前的财政学教科书,基本上都是这样的

---

① 本文第一部分和第二部分的写作,参考了蒋洪负责、孙芸执笔的科研项目"二十世纪中国财政学的发展",原文可参看 http://www.shufe.edu.cn/kyc/kyxx/财政学的发展.doc。

体例。对财政本质的研究,是财政基本理论研究的一部分;而"收支平管",分别指财政收入、财政支出、财政平衡和财政管理几个方面,是财政的工作研究。财政基本理论部分,既有新中国成立后从苏联引进的内容,也有我国财政学者对财政领域的理论把握;而财政收入、财政支出、财政平衡和财政管理的研究,更多地是对我国财政体制的介绍和工作经验的总结。

(一)财政基本理论

作为后发国家,中国在走向现代国家的过程中,不断参照先发国家的经验。财政学也是在不断吸收发达国家现成理论基础上发展而来的。1949 年以前,我国财政学吸收的是西方国家的财政理论,教材的编写一开始大多是对西方特别是美国财政学教材的编译,理论体系上也基本模仿西方财政学体系,后来逐渐加入了中国现实的内容。当时的财政学教材大致涉及三个方面的内容:一是财政平衡(赤字)及公债问题;二是地方财政问题,即地方财政支出、收入和公债,以及中央与地方的财政关系问题;三是财政行政的问题,即财政管理和政府预算等。由于历史的原因,此时的财政研究尚未能形成自己完整的体系与内容。

1949 年以后,我国的财政研究与西方财政学决裂,转而学习和借鉴已有 30 多年经验的苏联财政学,从而掀起了大规模引进苏联财政学教材与论著的热潮,如引进的 A. M. 亚历山大洛甫的《苏联财政》、弗·吉雅琴科的《苏联财政的本质和职能》。在苏联财政学的启发下,中国财政学者也开始运用《资本论》中的理论和苏联政治经济学体系,运用马克思主义的阶级国家观来分析中国财政问题。千家驹在《新财政学大纲》(1949)中的一段话,可视为新中国财政学的主要特征和方法论指引:"在着手创立新财政学的时候……关于各社会形态的经济结构的知识,关于阶级和国家的理论,都成为我们研究财政学时的方法论的出发点,而应用于一般社会科学研究上的方法,特别是应用在经济学研究上的方法——唯物史观的方法、唯物辩证法,便是我们最主要的武器。"伍丹戈的《论国家财政》(1951),丁方、罗毅的《新财政学教程》(1951),以及尹文敬的《国家财政学》(1953)等,都是这一时期论著的代表。

随着中国经济建设和社会改造的进行，以及社会主义经济运行的现实展开，财政学者也纷纷运用马克思主义经济理论来研究中国财政。目前所能见到的专著有许廷星的《关于财政学的对象问题》(1957)，曹国卿的《社会主义财政的本质和作用》(1957)，许飞青、冯羡云的《中国财政管理体制问题》(1964)，以及中国人民大学财政教研室的《财政学》(1964)等。

在苏联财政学体系的基础上，中国财政学者开始运用马克思主义的概念和理论来概括和把握中国财政现实，慢慢形成了自己的财政学概念与理论体系。1964 年 8 月和 1965 年 8 月，财政部分别主持召开了第一次和第二次全国财政理论讨论会，着重研讨了有关财政本质、财政职能和作用、财政与经济关系等基本财政理论问题。后来，财政学界将这些基本理论问题大致概括为财政本质、财政范围、财政属性等几个方面。这些内容成为 1978 年以前乃至整个 80 年代财政基本理论研究的重点，也是计划经济时期最具特色、最有深度及最成体系的财政理论部分。

1. 财政本质

财政本质问题的研究，是与"什么是财政"这一问题紧密联系在一起的。关于什么是财政，大致上有两种论点：一种将财政视为以国家为主体的分配活动，另一种将财政视为国家的经济活动。赞成前一个论点的众多学者，对分配的内容，看法也不尽相同，有社会产品、物质资料或价值等多种看法。赞成后一个论点的学者们，也有多种看法。

对"什么是财政"这一问题的看法，决定了各学者对财政本质的认识。关于财政的本质，大致有三种观点。

第一种观点认为，财政的本质是一种货币关系。这种观点实际上来自于苏联财政学。我国学者谭本源提出，"在我国各种货币关系中，凡是与国家的存在及其活动有关，为国家有计划地建立起来，并为国家有意识地利用的货币关系，就构成我国财政体系的组成部分"。曹国卿在《社会主义财政的本质和作用》一书中认为，"财政是一种货币关系，通过它有计划地积聚、分配和使用货币基金，以便保证满足社会主义扩大再生产和其他社会上的需要"。

第二种观点认为，财政的本质是以国家为主体的分配关系（简称国家分配论）。这是我国财政学者一个比较有创造性的看法，也是 20 世纪 60 年代至 90 年代初占据财政学主导地位的看法。该观点在 50 年代初就有其雏形，到 50 年代后期，影响不断增大。许廷星在《关于财政学的对象问题》(1957)提出了较为系统的国家分配论观点："财政学的对象是国家关于社会产品或国民收入分配与再分配过程中的分配关系，也就是人类社会各个发展阶段中国家对社会的物质资料的分配关系。"在这里，国家为主体的分配关系，已基本成型。经过几年的发展，国家分配论日渐成熟。在 1964 年于大连举行的财政学讨论会上，国家分配论终于取得了在中国财政理论界的主流地位。在这次讨论会结束后出版的讨论集中，主张国家分配论的论文占多数，如邓子基、沈云、陈共、谷祺、刘明远、赵春新等人都持这一论点。中国人民大学财政教研室编写的《财政学》(1964)则是一部公开出版的以较为系统的国家分配论为理论基础的财政学著作。

第三种观点，实际上不是一种完整系统的看法，主要是一些不同于上述两种观点的看法的集合。如将财政视为价值的分配，还有强调财政是国家的资金运动，等等。

2. 财政属性

对财政属性的探讨，是从马克思主义关于经济基础和上层建筑的范畴体系出发，来概括和把握财政这样一种兼有经济性和政治性的活动。从 20 世纪 50 年代前期起，财政理论界就开始提出财政是经济基础还是上层建筑这一属性问题。到 50 年代末 60 年代初，财政属性成为热门话题之一。

至 60 年代，中国财政学界对财政属性大致上存在三种看法。其一，认为财政属于上层建筑。代表人物是陈明鉴，他坚决主张财政是一种上层建筑。其二，认为财政既属于经济基础，又属于上层建筑。如周伯棣从财政所涉及的生产领域和非生产领域去认识财政的双重属性；赵春新认为财政在内容上一部分属于上层建筑，另一部分属于经济基础。其三，认为财政只是经济基础范畴。如王传曾、李民立等人就是持这样的看法。总体而言，持"财政属于经济基础范畴"这一论点的学者占了半数以上。

3. 财政范围

财政范围是对财政活动包括哪些环节的看法,主要有"五环节论"和"三环节论"两种看法。

"五环节论"者认为,财政应该包括国家预算、国家财政信用、国营企业财务、国家税收、其他财政资金这五个环节。而"三环节论"者认为,财政范围只包括国家预算、银行信贷和国营企业财务这三个部分。

无论是五环节还是三环节,它们都反映了当时财政实践中银行和国营企业已被纳入财政体系中、所有资金活动都是国家财政一部分的现实,这与当时高度集中的计划经济体制和统收统支的财政体制是一致的,也是本书所言的家财型财政的典型特征。国营企业财务纳入财政范围,当时已有学者揭示出本书所强调的家财型特征:"第一是由于社会主义国家财政资金主要是来自于国营企业所创造的纯收入,第二是国家财政资金中有很大一部分用于国营企业的基本建设投资和流动资金增补的需要。"

(二)财政工作总结

除了基本理论的研讨,1978 年前财政学者还就财政活动与财政工作进行总结,并提炼出一些规律性和理论性的内容。按照财政工作的环节,这部分大致区分为收入、支出、平衡和体制四个方面。

1. 财政收入

就财政收入而言,当时的收入在形式上主要是国营企业利润和税收两个方面,对此进行的探讨也主要从这两个方面进行。

在家财型财政下,国家财政收入多数以国营企业利润上缴的形式纳入国家预算,并在实践中倾向于不断扩大这一比重。中国人民大学财政教研室编写的《财政学》(1964)一书中,以一章的篇幅介绍了国营企业利润的性质、分配制度以及缴纳方式,并介绍了基本折旧基金收入和事业收入。该书对利润上缴制度提出的理论依据是:"国营企业的利润,必须由国家集中地统一支配,这首先是由国营企业的性质决定的。……其次,国营企业的利润必须由国家集中支配,还决定于社会主义国家有计划按比例地发展国民经济的要求。……为了使社会主义积累能够在各部门与各地区之间进行合理的分配与调剂,从满足整个社会扩大再生产的需要和非生产领域的需要,也要求国营企业利润的绝大部分必须集中到国家手里,由国家统一支配。因此,国营企业利润由国家统一集中分配,是国营企业利润分配的根本原则。"当然,该书强调并不要求企业利润全部上缴,而要在保证国家财力统一集中的前提下,留给企业一定的机动财力,用于抵补企业一部分生产支出和改善职工生活福利。

随着税收的衰落,税收仅仅成了获得财政收入的一种工具,不再负有其他职能,如调节收入分配、调控经济运行等。在实践中,简化税制就成了税制改革的重要指导思想。在理论上,也很少有明确探讨税收问题的论文和著作。对税收问题比较集中的一次讨论,是在1964年财政学讨论会上。在这次讨论中,主要阐述了税收四个方面的问题:一是对国营企业征税的必要性,二是国营企业税收的性质,三是对国营企业征税所起的作用,四是采用什么税收形式来发挥国营企业税收的作用。中国人民大学财政教研室的《财政学》(1964)有三章篇幅介绍税收问题,而在厦门大学财政金融教研室的《社会主义财政理论》(1978)中,没有专门篇幅讨论税收问题。

2. 财政支出

财政支出是财政研究中不可缺少的内容,社会主义国家最为突出的支出项目是经济建设支出(家财型财政的特征)。丁方、罗毅的《新财政学教程》(1951)已经颇有创见性地提出了生产支出和非生产支出的分类。该书的另一个重要成就就是提出了财政支出原则,强调财政支出要符合政策、计划、节约、监督等原则①。中国人民大学财政教研室的《财政学》(1964)以五章的篇幅阐述财政支出问题,对各项支出介绍比较具体,概括了以后各种版本财政学支出部分的基本内容。但这些内容大多是关于财政支出具体形式的描述和说明,而缺乏理论上的概括。

3. 财政平衡

财政平衡理论开始于20世纪50年代。1957年1月,陈云在提出建设规模

---

① 所谓政策的原则,是指国家经费流出的方向,决定于国家的职能,反映着国家的政策;所谓计划的原则,是指社会主义范畴的国家中财政计划根源于国民经济计划;所谓节约的原则,是指要以最少的经费,收取最大的效果;所谓监督的原则,是指国家经费的流出应该公平,从而加强国家对人民的责任(参看参考文献[9])。

必须与国力相适应的思想时,明确指出,"只要财政收支和银行信贷收支是平衡的,社会购买力和物资供应之间,就全部来说也会是平衡的"。后来理论工作者将其归纳为财政收支平衡、信贷收支平衡和物资供求平衡的"三平"理论,并对"三平"的概念及其在国民经济综合平衡中的地位和作用①进行了广泛探讨。"三平"理论是我国 1978 年前财政方面最重要的理论成就之一,表明我国财政理论研究从宏观上已经跳出了财政自身框框,而要求注重财政政策与货币政策、信贷政策的协调,以及财政、金融与经济计划的协调。这种强调资金与物资综合平衡的财政理论,在物资供应十分有限的低水平经济下,发挥着稳定经济的重要作用。

4. 财政体制

财政体制涉及的是中央与地方之间的关系,它处理的是财权财力的划分问题,也被称为财政管理体制。许飞青、冯羡云的《中国财政管理体制问题》(1964)是比较早的一本关于财政体制问题的专著,其对财政管理体制的定义是:"财政管理体制就是在国家财政管理工作中,按照党和国家对于社会主义经济实行民主集中制原则,划分中央同地方、财政部门同各部门之间的职责权力,划分财政收支范围的一项重要的管理制度。""财政管理体制的实质就是正确处理国家管理财政的集权和分权的关系问题。"

就财政体制建立的原则而言,当时的财政研究者提出的原则有:"一级政权,一级财政"原则,即"国家有一级独立行政级次就要相应地有一级财政,只有如此,才能够保证各级政权既有事权又有财权,充分地行使各级的职责权力,使国家财政能够直接服务于国家和地方行政机构的政治、经济、文化等工作";"统一领导,分级管理"的原则,即在集中与统一居于主导地位的同时,在民主与分级管理的基础上进行具体的预算管理。

---

① 有学者认为"三平"在整个国民经济综合平衡中具有决定性作用,是再生产过程中分配与流通之间的关系问题,预算收支平衡是保证信贷收支平衡和物资供求平衡的首要关键,物资供求平衡则是预算收支平衡和信贷收支平衡的基础。也有学者不同意这种看法,认为"三平"只是整个国民经济中一部分货币购买力与物资供应之间的平衡,企业财务收支平衡才是"三平"的基础。

二、1978 年后财政研究发展的基本脉络

1978 年后,随着经济体制改革的进行和国家的整体转型,财政研究处在不断变动和发展中,以反映和把握变化中的财政活动,并为其提供政策建议和指导。经济体制改革中遇到一系列重大理论和实践问题,多少都影响着财政的研究,如计划与市场的关系、社会主义公有制的实现形式、国有资产的保值增值、劳动就业与社会保障、贫富差距等。财政领域还有自己的问题,需要财政研究者来回答,如中央财政收入比例下降、预算外资金膨胀、公债规模日渐扩大、地方财政要求扩大财权等。也就是说,在经济体制改革的大背景下,在财政领域问题的挑战下,并在 1978 年后思想解放潮流的激励下,中国财政研究经历了相当大的变化和发展。

1978 年后财政理论的发展与 1978 年前有一个根本的不同,就是西方因素的进入,包括西方财政制度和西方财政理论两个方面。一开始西方财政制度和理论是作为介绍和批判的对象引进的[①],主要是为了完善当时计划经济体制下的财政制度,这主要集中在 80 年代。到 90 年代特别是 1993 年以后,随着我国市场化改革进程的加快,以及适应市场经济的西方经济学的推广,财政研究中也开始大力推广和运用西方经济学,出版了一系列这样的论文和专著[②],财政制度的改革在许多方面甚至以西方特定制度为自己的目标模式和学习对象[③]。

(一)财政基本理论

财政本质问题是 1978 年前中国财政理论界讨论的中心话题,在 80 年代初

[①] 1981 年 7 月,王传伦编著的《资本主义财政》一书出版,系统介绍资本主义国家财政理论的框架,这是我国改革开放后介绍西方财政学理论的第一本正式出版物。1983 年 3 月,张愚山翻译的美国阿图·埃克斯坦的《公共财政学》一书出版,这是当时直接译自西方学者的财政学理论的第一部译著。80 年代中期,涉及西方财政的著述日益增多,其中较有影响的著作有:1985 年上海财经大学主编的《资本主义国家财政》,1985 年席克正等合作编写的高等财经院校统编教材《资本主义国家财政》,1988 年刘永桢主编的《资本主义财政学》,等等。

[②] 比较有代表性的著作有:平新乔的《财政原理与比较财政制度》(上海三联书店 1992 年版)、蒋洪主编的《财政学教程》(上海三联书店 1996 年版)等。

[③] 翻阅 90 年代以后的财政学论文和著作,经常可以见到这样的字句:"西方……,我国也应……"。比如,"西方财政收入占国民收入的 30%,我国太低了";"西方教育支出占 GDP 的 4% 以上,我们太低了",等等。

这一问题得以惯性延续①。这一时期，是财政本质问题争论最激烈的时期，也影响了关于财政属性、财政范围、财政职能等问题的讨论。到了 90 年代，在下文将论及的"公共财政大争论"中，财政本质论迸发出最后的光彩。之后，"财政本质"之争基本上无人继续了，只是偶尔在各种论著中由于需要才提及。同时，由于经济体制的变革，引起了财政界关于"财政职能"转换的讨论，成为这一时期财政理论的热点问题之一。90 年代末和新世纪起，财政基本理论已经与西方财政学差异不大，大体上都是用福利经济理论来阐明政府干预市场的理由与方式，以及运用公共选择理论来研究财政决策的过程等。

1. 财政本质

20 世纪 80 年代，对财政本质问题的研究，除坚持和发展五六十年代的"国家分配论"、"货币关系论"、"价值分配论"和"资金运动论"四大流派之外，又产生"社会共同需要论"和"剩余产品决定论"两个新学说。

"社会共同需要论"和"剩余产品决定论"，都是对当时占主流地位的"国家分配论"提出的挑战②。"社会共同需要论"由何振一于 20 世纪 80 年代初提出，一经提出就立即引起极大的反响。在 1982 年在厦门大学举行的全国财政基础理论讨论会上，"社会共同需要论"和"国家分配论"两大论点首次直接对阵交锋。何振一于 1987 年最终完成并出版了《理论财政学》一书，系统全面地表述了其"社会共同需要论"的思想，将财政的本质界定为"社会再生产过程中为满足社会共同需要而形成的社会集中化的分配关系"。

"剩余产品决定论"由王绍飞提出。他认为财政的本质在于"财政分配的对象不是社会总产品和国民收入，而是包含在社会总产品和国民收入中的剩余产

---

①   1979 年 12 月 27 日至 1980 年 1 月 7 日，财政部、中国财政学会筹备委员会和中国会计学会筹备委员会于广东佛山召开第三次全国财政理论讨论会。1982 年 11 月 12 日至 22 日，由中国社会科学院财贸研究所发起并主持，在厦门大学举办全国财政基础理论讨论会。这两次会议，前者以财政本质问题作为中心和主要议题，而后者以财政本质为中心议题，仅附带性地涉及财政职能和范围等财政基础理论问题。

②   "社会共同需要论"着力强调财政的分配要从社会共同需要（即公共性）出发而不能从国家（政府）需要出发，"剩余产品决定论"强调财政分配的对象只能是剩余产品（新增价值）而不能是全部产品，反对过度索取和占有社会财力（甚至及于折旧这样的非剩余产品价值）。从本书术语体系看来，二者都是针对家财型财政中的问题而提出的理论创造，这些问题都是由家财型财政下国家、社会不分带来的，如将政府需要当成社会需求，以及不区分政府之财与社会之财等。

品"。

到了 90 年代,财政学界对于比较抽象的"财政本质"问题的争论已很少见,而对具体的财政问题的讨论越来越多。在某种意义上,财政本质问题(以主流的"国家分配论"为代表),不是通过争论来解决的,而是被越来越多新进学者有意无意地遗忘而淡出的。以 2002 年 7 月"全国财政基础理论研讨会"(由中国财政学会、财政部科研所主办、中南财经政法大学财政与公共管理学院承办)的发言来看,对财政本质的探讨所占篇幅极少。

2. 财政职能

对财政职能的探讨,试图回答的是"财政能干什么"这样的问题。20 世纪 80 年代是中国财政学中财政职能讨论最为热烈、成果也比较丰富的时候。

影响比较大的说法一开始是将财政职能概括为"分配、调节、监督"三个方面,如何盛明、梁尚敏主编的《财政学》、赵春新编著的《社会主义财政学》、潘启华主编的《国家财政概论》等,都具体论证了分配、调节与监督这三个职能的内涵。

后来有人从财政的分配职能(以国家为主体的分配)出发,将其分解为筹集资金和使用资金这两个职能,再具体化形成"四职能说"。邓子基在《财政与信贷》(中国财政经济出版社 1986 年版)一书中,即提出社会主义财政具有"筹集资金、供应资金、调节经济与反映监督四个职能",并强调了四职能之间"互相联系、彼此制约、相辅相成、不可偏废"。

20 世纪 80 年代,西方财政学对财政职能的讨论也被介绍进国内。西方学者(以马斯格雷夫为代表)一般习惯性地将财政职能概括为资源配置、收入分配和经济稳定与增长三大职能。到了 90 年代,由于社会主义市场经济目标模式的提出,这种新的三职能说,逐步成为中国财政学教材的标准说法。陈共在其《财政学》(四川人民出版社 1991 年版)中,就持有这样说法。蒋洪在其《财政学教程》(上海三联书店 1996 年版)中,也不加质疑地采用这一学说。这种对财政职能认识上的转变,表面上是对西方财政理论的借鉴,但更准确地说是我国财政学界基于市场经济逐步形成而对财政职能的重新界定,这对我国市场经济条件下财政的实践具有深刻的影响,也是市场经济对中国财政理论的要求和促进。

3. 财政模式

财政模式由财政框架体系结构和运行机制等构成,财政活动总是在特定的财政模式规范和约束下运行的。对财政模式问题的讨论,与下文将详述的公共财政大争论有关,此处不再叙述。

(二)财政活动理论

1. 财政支出

综观 1978 年后财政学在财政出方面的变化,有以下几个方面值得关注:

第一,在教材篇章结构上,"财政支出"章节在 80 年代初大多放在"财政收入"相关章节之后,但到 90 年代后一般被置于"财政收入"之前。这样的结构安排,固然有西方财政学教材形式上的影响,但更多反映了财政领域内的时代特征,即财政收入问题(国家为生存而融资)已不再像新中国成立初期那样重要,而财政支出问题(如何花钱)在财政领域内越来越重要。用本书的话语来说就是,研究重点从收入向支出的转变,反映了公财型财政的逐渐成型。

第二,财政支出理论的内容也有比较明显的时代变化。财政学界一般称之为从计划经济财政转向市场经济财政,用本书的术语来说,就是从"家财型财政"向"公财型财政"的转变。80 年代初的财政学教材,除了描述具体财政支出项目(围绕家财型经济建设)外,还从家财安排的角度探讨财政支出的原则①。到 90 年代初,中国财政的市场因素持续增强,原有的"量入为出"、"统筹兼顾"和"讲求效益"等具有家财型财政性质的原则,此时许多财政学著作都不再提及。1991 年陈共的《财政学》即是如此。而现代财政支出中的公共性特征,在其后的财政学论著中不断地被强调,许多财政学者围绕着"公共性"与"外部性"等问题,开展财政支出的研究。蒋洪的《财政学教程》(1996)是这方面的典型代表。

第三,财政支出的研究典型地反映了这一时期经济体制改革带来的财政范

---

① 一般将财政支出原则概括为三项:一是"量入为出原则";二是"统筹兼顾,全面安排,按比例地分配资金的原则";三是"有效使用的原则"。从这三项原则看,基本上都与家庭理财无异。

围的变化,更准确地说是反映了国家与社会分离的趋势。如财政与金融的分离(特别是商业银行活动的市场化),基本建设投资"拨改贷",国有企业财务从财政体系中分离出去①,等等。反映在财政研究中,金融问题、投资问题、企业财务问题渐渐不再是财政支出理论的内容。

2. 财政收入

随着税收的复兴和税收国家的成型,税收理论也慢慢成为财政收入理论中的主要内容。在80年代初期,由于税收在当时的财政收入中所占的地位并不突出,财政学教科书及著作中有关税收的内容平均不到10%。甚至有的财政学教科书中,没有专门的税收章节(如赵春新等1983年的《社会主义财政学》)。这与同时期西方财政学教科书中,税收的内容平均占收入篇章的2/3以上,形成了鲜明的对比。即使有些著作涉及税收问题,其论述也非常粗略②。随着税收地位的恢复,到1985年陈共、侯梦蟾、袁振宇编著的《财政学教程》中,第一次以税收作为章的标题,将税收提到比较重要的地位③。到陈共的《财政学》(1991年)时,已有三章的篇幅来讲述税收的问题,涉及税收原理、税收制度和国际税收等问题。在中国全面进入市场经济建设特别是1994年全面税制改革后,税收理论和税收制度已成为财政收入篇章中最为重要的内容,税收的公平原则和效率原则得到普遍的认可。

与税收相反,随着国有企业收入上缴在财政收入中的地位下降,国有企业及其利润在财政收入篇章中也渐渐消失。在前述1980年《社会主义财政学》中,有专门一节内容具体描述国营企业利润分配制度及其变革。之后,随着国家"利改税"政策的出台,利润逐渐退出主要的财政收入地位,对国有企业及利

---

① 1994年后,国有企业建立国家资本金制度,依靠商业原则获得银行贷款,以税收形式上缴财政收入,已与一般的财政活动关系不大。

② 如1980年版的《社会主义财政学》只简单论述了税收的一般特征、税制要素以及社会主义国家税收的本质、作用和发展概况。

③ 在该书中,他们详尽论述了建立税收制度的原则:第一,保证财政收入和促进生产相结合,是建立税制的根本原则;第二,国家建设资金的需要与纳税人的量力负担相结合;第三,在同一经济成分或同一阶级的纳税人之间,力求负担均衡、公平合理;第四,在不同经济成分、不同阶级和不同课税对象之间,实行区别对待。这四项税收原则代表了家财型财政时期人们对税收原则问题的看法,有着较深的时代烙印,如不同主体按不同阶级和成分实行区别对待等。也可以看出,其中一些原则与现代税收原则有着接近和接轨的一面。

润的探讨越来越少。代之而起的是对国有资产管理的强调,如陈共的《财政学》(1991 年)强调了在国有资产管理中,政企分开、两权分离和税利分流等问题。

对公债的探讨,也是与中国慢慢成为公债国家联系在一起的。20 世纪 80 年代出版的国内财政学专著和教科书中,已经开始讨论到公债。之后对公债的研究和论述越来越多,但在概念上大多将"公债"与"国债"等同起来,这与当时地方财政仅是中央财政的附属物是一致的。1992 年之后,随着市场经济体制的建设和分税制的实行,渐渐将公债与国债分开,认为公债应是"公共债务"的简称,是各级政府部门债务的总称,它应包括由中央政府发行的国债、地方各级政府发行的地方公债、政府所属行政机构或预算机构的债务等。其中如蒋洪的《财政学教程》(1996),特别强调公债研究应该将视野扩展到国有银行和国有企业的债务方面,关注它们对国家债务可能造成的影响。在公债研究方面还有一个比较明显的变化,就是对公债的态度。在 80 年代初,公债总是被视为不好的东西(不得已而为之),强调尽快恢复收支平衡,消灭公债。而到了 90 年代特别是 1998 年以后,研究中不再将公债视为邪恶,而认为是一种必要的政府理财工具,可以长期运用而不必刻意消灭政府赤字。正如该书所强调的,这一变化实际上是从家财型财政向公财型财政转型的反映,反映出家庭理财伦理观向公共理财伦理观的变化。

3. 财政平衡与宏观调控

在 20 世纪 80 年代初,强调财政平衡和综合平衡是当时财政学的主要内容之一。只不过在对外开放的背景下,外汇的平衡也成为综合平衡的重要内容,于是原有的"三平"理论发展为"财政、信贷、物资和外汇"四项平衡("四平"理论)。

应该说,"四平"理论仍然是家财型财政下对家庭财产安排的一种算计,是当时计划经济的产物,还不是西方财政学理论中政府的宏观调控理论。到了 80 年代后期,受西方经济学和西方财政学的影响,以总供给和总需求均衡理论为基础的财政宏观调控研究,逐渐占据财政宏观研究的上风。特别是到 90 年代以后,随着市场秩序的建立和完善,运用财政和货币手段作用于市场,实现宏观经济均衡成为政府宏观调控的主要手段。

4. 财政管理体制

财政管理体制主要处理的是上下级政府间财权财力划分的问题。随着以根本否定计划经济为导向的改革逐渐开展,财政理论界开始总结计划经济时期财政管理体制的经验教训,在此基础上不断探索适应于市场经济的财政管理体制模式。

在前述 1980 年版《社会主义财政学》中,对财政管理体制的理解及其建构原则仍延续了 60 年代的说法,着重强调"一级政权,一级财政"以及"统一领导,分级管理"等。80 年代,我国对财政管理体制进行了三次重大的改革和调整,统称为财政包干制。这一时期,财政学界对财政包干制的经验教训进行了激烈的探讨,特别是对各类包干制度的弊端揭露得尤其深刻。80 年代末和 90 年代初,理论界中对分税制的主张渐多,陈共的《财政学》(1991 年)明确提出"预算体制的最终目标是实行分税分级预算体制",而蒋洪的《财政学教程》(1996)则断言"从原来集中计划经济体制转向市场经济的改革运动,是一种从财政集权走向财政分权的过程"。

三、公共财政大争论[①]

从 1978 年直至 90 年代初,随着经济领域市场化倾向的增强、国家与社会的逐渐分离,财政领域也发生了一系列变化。正如张馨所观察到的:就收入而言,原来收入基本来自于国有企业的收入上缴,现在多数来自于税收特别是非国有企业的税收;就支出而言,呈现出一种全面退出生产领域的趋势,从生产性投资为主转向社会性消费(过去称为非生产性支出)为主,原来一半以上的财力用于国有经济单位的基建、流动资金和补贴等,现在用于国有经济单位比重很少,用于基础设施、公用设施,以及科教文卫、社会保障的资金越来越多;就精神而言,原来歧视非国有企业,视非公有制为落后,极力扶持公有企业,现在转向一视同仁、无差别地对待所有的企业和居民,并日益运用规范性的法制来处理财政活动。也就是说,财政领域明显经历着从私原则处理财政问题(视财政为

---

① 本部分写作参考了公共财政大争论的核心人物张馨教授对此所作的总结和回顾(参看参考文献[18]、[19])。

政府自家院落的事情)向公原则处理财政问题(取众人之财、办众人之事、平等待人),从非规范性的活动走向规范性的活动,公共性和法治性的原则在财政领域日益生长。

现实的变化,对理论提出了挑战,要求学者提出恰当概念来概括和说明现实的变化,并为下一步变化和改革提供理论指引。此时,理论界兴起一种自称为"公共财政"的理论,来概括现实变化并提供政策指引。公共财政理论的提出,在 20 世纪 90 年代的财政学界引起广泛的争议与批评,并成为财政学界 20 世纪 90 年代直至 21 世纪初主要争论的话题。

(一)公共财政论的兴起

公共财政论者将公共财政定义为"国家或政府为市场提供公共服务的分配活动或经济活动,它是与市场经济相适应的一种财政类型和模式",着重强调财政的市场性、公共性和服务性等性质,并强调公共财政是运行于市场经济中的一种模式。

公共财政论的兴起,首先来自于对国有企业和国有资产的认识。到 20 世纪 90 年代初,在财政收支两方面,国有企业都不再占有主导性地位,大量的财政活动已不再像 80 年代以前那样围绕着国有企业进行。这一时期的财政活动被自然分为两类:一类与国有企业或国有非企业的资产有关,被认为是生产性(或建设性)的;另一类与国有资产无关,被认为是非生产性(或经常性)的。在这两类活动中,政府的地位是不一样的:在前一类活动中,政府是投资者,行使着所有者的权力,遵循的是民法中的私权原则;在后一类活动中,政府是社会管理者,行使着公共治理的权力(或称为政治权力),遵循的是公法中公权原则。在 90 年代初的预算改革中,将两类财政活动纳入不同的预算表,前者称为建设预算,后者称为经常预算。为了适应这一情况,需要财政学提出新的概念或模式来加以概括或解释。

1993 年叶振鹏首先提出"双元财政论"来概括上述两类财政活动,并于同年 6 月下旬在"全国第七届财政基础理论讨论会"上,与张馨一起共同提交了题为"论双元财政"的论文,较为全面系统地介绍了双元财政论的基本观点,认为双元财政是社会主义市场经济条件下由相对独立的公共财政和国有资产财政组成的有机体。在他们看来,中国政府和财政一方面具有社会管理者和公共财政的内容,另一方面具有资本所有者及非公共财政的内容,同时体现着市场性和非市场性的经济关系,因而需要实行双元财政。后来叶振鹏、张馨两人发表了关于双元财政的一系列文章,并于 1995 年 6 月合著出版了《双元结构财政——中国财政模式研究》一书。

事实上,就"公共财政"这一字眼而言,并不是此时刚刚才出现的。1949 年前财政学教材和译作屡次出现"公共财政"。1983 年,张愚山翻译的埃克斯坦的教材 Public Finance 时,也正式使用"公共财政学"作为书名。80 年代后半期,重庆财政局提出"重庆财政改革的目标模式是建立城市公共财政"。但当时这些做法并未在中国财政理论界引起什么反响。双元财政论被提出之后,虽然在 1993 年的"全国第七届财政基础理论讨论会"上受到一些批评,各种刊物也屡次出现公共财政的字眼,但总体来说在财政学界未有太大反响。财政学者安体富、高培勇和刘迎秋也都曾主张建立公共财政,也未受到广泛批判。

真正引起理论界争论的是张馨在 1997 年《经济学家》第 1 期上发表的《论公共财政》一文。该文对"公共财政"概念作出了界定:"国家或政府为市场提供公共服务的分配活动或经济活动,它是与市场经济相适应的一种财政类型或模式。"这一定义突破了原来的"双元财政论"的格局,将市场经济下的财政类型统称为"公共财政"。从这篇论文开始,财政学界兴起批评和维护"公共财政论"的热潮。1997 年也是争论"公共财政"最为激烈的一年,争论的主阵地是《财政研究》杂志,并扩展到其他一些报纸、杂志与著作中去。

(二)"公共财政论"争议的内容

作为这场大争论的核心人物张馨,曾从六个方面总结这场争论,即有无"公共财政"的问题、姓"社"姓"资"的问题、价值理论与国家学说的问题、新旧财政理论的关系问题、如何构建公共财政的问题、名词之争的问题等①。本文将其概

---

① 本文下面的概括,来源于张馨先生在《析中国公共财政论之特色》一文和其他著作中所作的描述和总结。

括为三个方面,即财政的公共性与阶级性问题、公共财政在中国的适用性问题,以及公共财政的名词问题,分别属于理论、实践和学术规范三个方面。

争论焦点一:财政的阶级性与公共性。

阶级分析法是我国财政学界 1949 年以来长期坚持的理论分析方法,凡事要追问姓"资"姓"社",注意强调阶级剥削性,是 90 年代以前财政研究的正统方法。如前所述,这一方法在此次"公共财政论"争论中,发出最后的光彩。

反对公共财政论的学者强调坚持阶级分析法,认为阶级社会中的财政(哪怕处于社会主义市场经济中)仍具有阶级性和剥削性,不存在抽象意义上的公共性。因此,否定财政阶级性而强调公共性的"公共财政论",是一种反马克思主义的财政观。

"公共财政论"的辩护者委婉地表示财政的公共性和阶级性没有矛盾。在资本主义社会,财政是公共性、阶级性和剥削性的同一;而社会主义社会,由于总体上不存在剥削阶级,因而财政有公共性,但总体上不具有阶级性和剥削性。在马克思主义创始者那里,市场经济就是资本主义,资本主义灭亡之日也是市场经济废除之时。然而,中国通过国内外数十年社会主义建设经验认识到,市场经济不姓"资"也不姓"社",在公有制经济是我国社会主义市场经济主要成分的前提下,我国的市场经济从整体来说不具有阶级性和剥削性,但具有公共性。强调财政的公共性,反映了我国财政制度逐步从原有的服务于国营经济和压抑私有经济,转到了对所有经济成分一视同仁的现实,也可以大大促进我国经济市场化进程。

争论焦点二:中国是否可以搞公共财政?

反对公共财政论的人认为中国不能搞公共财政。主要原因是,它来源于西方,产生于资本主义制度,建立在资产阶级唯心主义的社会契约论国家观和庸俗的边际效用论基础上。他们认为,公共财政论不是建立在马克思主义的阶级国家观和劳动价值论的基础之上,因而是地地道道地为资本主义服务的。我们是社会主义国家,只能坚持和采用国家分配论。

公共财政论者认为,中国可以搞公共财政。从理论上来说,"契约国家"学说与"阶级国家"学说并不矛盾,契约国家是从市场经济的角度来看的,阶级国家是从生产关系的角度看的。社会契约论实质上是与市场经济相适应的一种国家学说,尤其适用于当前中国的状态,即从传统社会向现代社会转型过程中,个人正从行政附属物解脱成为独立的市场主体。这是市场经济关系得以在我国形成和发展的根本条件之一,此时强调财政的公共性,承认社会契约论,是从契约角度对政府与市场关系的理论归纳和概括,是非常有必要的。而边际效用价值论的问题,不是财政理论的问题,而是整个经济理论面临的问题。在改革过程中,我国从原来的以劳动价值论为基础的工农业总产值等指标体系,改为采用边际效用论为基础的国民生产总值(GNP)等指标体系,已表明在实践中解决了效用论这一问题,在理论上至少可以存而不论。张馨还提出一种特别的辩解,即公共财政只是一种财政类型,不应与财政本质相混淆,两者是一般与特殊的关系,我国的财政应当坚持国家分配论的本质观的同时,代之以公共财政论的类型观。公共财政论者还强调,在实践中,公共财政论能够从增进资源配置的角度,阐述市场经济条件下的国家职能,这对于构建我国社会主义市场经济的财政具有重要的意义。

争论焦点三:公共财政的概念有无必要?

反对公共财政这个概念的有三类人(或者说有三种理由)。第一类人坚持国家财政的说法,认为国家体现了"公共财政论"所强调的公共性,没有必要再用"公共"一词,而且国家财政的说法与原来的国家分配论是内在一致的。第二类人认为,"财政"、"公共财政"两个词都是从英文 public finance 翻译而来的,财政就包含了公共的含义,在"财政"一词前再加上"公共"二字,是同义反复,没有必要。第三类人认为,现代西方财政学已经从财政学(public finance)发展为公共经济学(public economics),以强调政府收支活动对整体经济的影响,使用"公共财政"一词已落后于时代。

坚持公共财政论的人认为,我国过去使用的"财政"、"国家财政"这样的名词无论在理论上还是在实践上都不包含"公共性"内容,都是指计划经济体制下从"国家"的角度来认识和开展财政活动,围绕着满足国家直接安排和控制全部经济活动的需要来进行的。在市场经济下发生的种种财政变化,总的来看都可以用"公共性"来概括,此时的"国家"或"政府"不能随心所欲行事,必须服从、服务于市场,必须从事公共性的活动。运用"公共财政"这样的概念,可以包含以下围绕着公共性展开的理论内涵:首先,公共财政是弥补"市场失灵"的财政;其次,公共财政是为市场提供一视同仁服务的财政;再次,公共财政是非营利性的财政;最后,公共财政是法治化的财政。至于公共财政能否为公共经济学所代替,公共财政论者认为在市场化改革中,必须从经济角度去把握和分析财政问题,但这并不能简单地以"公共经济"一词去替代"公共财政"。财政虽然必须立足于、服务于和促进经济发展,但并不是"经济"本身,两者不能等同而论。

(三)简评

这场公共财政大争论涉及老中青三代财政学者,牵扯出各种财政观点的碰撞。1998 年底,财政部召开"全国财政工作会议",会议提出建立公共财政基本框架的目标。之后,虽然公共财政论的争议仍余波未息,但"公共财政"这个名词术语本身却日益得到理论和实务部门的接受。即使是不使用"公共财政"这一名词的学者,也基本赞同公共财政论者提出的财政公共性的内涵(即弥补市场失灵、提供一视同仁服务、政府活动的非营利性以及财政的法治化等)。在某种意义上,这场争论以"公共财政论"大获全胜而告终。

从本书的术语体系来看,公共财政论者无非是把握到中国财政从传统家财型财政向公财型财政的转型,使用"公共财政"一词来强调转型后财政活动过程中的收入、支出及管理活动的公开性、公益性和平等性[①]。这本是一个正常、单纯的学术事件,并不具有特别深远的意义。但在中国财政学界,这一事件却引起轩然大波,遭到如此多的批评,特别是考虑到种种批评的方式[②],不能不让人注意这一事件的可玩味性,以及其中所蕴含的社会和政治意义。一定意义上

---

① 有人是这样评价的:"市场化的改革带给中国财政运行格局的最根本变化就是,自家院落内的收收支支演变成覆盖全体社会成员的收收支支了,故而要按照公共的规则、公共的理念来运作了。换句话说,在过去的 20 多年中,即便我们最初并没有提出公共财政的概念,但财政改革与发展的道路始终是踏在公共化的印迹上的。公共财政概念的形成,只不过是以此为基础,将以往'摸着石头过河'般的探索提升为逼近财政公共化目标的自觉行动罢了。"

② 张馨自己的评价是:"在我国财政学界对'公共财政论'的批评和批判中,几十年来的陋习依旧,即学术上的论战,依靠的不是以理服人,而是寄希望于政治压力,希冀通过扣帽子、打棍子并上纲上线来压服对方。"

说,这是整个国家转型在财政学领域的表现,体现出两代人、两种学术观点和两种学术风格的更替与延续。

四、财政研究中的财政转型

(一)财政研究的变化

从上述 1978 年前后财政研究基本脉络的总结中,特别是对公共财政大争论的描述中,可以发现财政研究正在发生深刻的变化,这些变化是中国财政转型的体现,同时又影响了财政的转型。财政研究的变化,大致可以概括为以下几个方面:

第一,财政研究的地位,正从依附走向独立。1978 年前的财政研究,基本依附于马克思主义经济学,强调字字句句要有马恩经典著作的依据,或者从属于财政实际工作。所谓的研究,大多是运用马克思著作中的概念和模式,来诠释财政活动或实际财政工作。此时的财政学者,承担的是文本注释者和政策歌颂者的角色。即使当年比较有创造性的成果,如国家分配论,依附于马克思主义的阶级国家观和劳动价值论,"三平"理论只是实际财政工作经验的总结。从1978 年前财政基础理论会议由财政部支持召开这一事实,也可以看出理论研究对实际工作的从属地位。1978 年后,财政研究的地位大大独立,研究的内容、方法和范围大大拓宽。在研究工作中,已不再要求字字句句有马恩原著的渊源,甚至已不再要求一定要运用马克思主义经济学(以劳动价值论为代表)。运用马克思主义经济学研究财政学的路径仍然存在,但越来越多的论著都是以西方经济学为基础的(以边际效用论为代表)。站在政府立场上,对财政工作经验进行总结和升华的研究仍然存在,但出现了大量独立于财政工作的研究,以及对政府活动的批评和建议。财政研究活动基本上以高校为主导,而不再由政府部门主导。在一定程度上,政府部门及政府领导人也越来越重视财政研究者的主张和意见。在这一状态下,财政研究者更多承担的是理论创造者、现象解释者和政策立法者的角色。

第二,在研究方法上,财政研究正从本质主义走向唯名主义。1978 年以前,财政研究强调探寻财政的本质,要求准确认识它的超越于现象的内在特性——一种带有普遍性、绝对性的东西。国家分配论、货币关系论、价值分配论等理论,都是财政研究在本质主义方法要求下产生的。揭开财政这一名词所表示的真正本质,是 1978 年以前乃至 90 年代前财政研究的首要任务和先决条件。90 年代以后,财政研究中盛行的是唯名主义研究方法,这种方法认为科学研究的任务只是描述事物是如何活动的,语词只不过是描述现象的有用工具,本质即使存在恐怕也难以为研究所达到。从这一角度看,就可以很好地理解有关公共财政论的争议。反对公共财政论的学者大多仍持有一种本质主义的研究方法,坚持财政研究首先必须确定财政的本质(决定于国家的本质),认为公共财政论没有说明财政的本质。坚持公共财政论的学者只是将"公共财政"这一名词作为方便有用的工具,用它来描述我国财政活动中公共性不断增强的现象,不去追究财政的真正本质是什么[①]。对公共财政论的争议,实际上是两种方法论的竞争;公共财政论的胜利,也是唯名主义方法论的胜利。

第三,财政研究的内容,从家财研究转向公财研究。1978 年前的财政研究,主要内容侧重在财政收入,研究的目的是为了进一步巩固家财型财政的地位,如是利润上缴还是税收更有利于经济建设,基建投资如何才能提高效率,国营企业怎样才能获益,等等。即使对支出进行研究,如经济建设支出的比率、积累与消费的关系等,其目的也主要是为了提高经济建设水平,为财政积累更多的家财。随着 1978 年后特别是 90 年代以后,政府财政从经济建设领域逐步退出,支出变成首先尽可能满足公共需要,在非营利领域(基础设施建设、环境污染处理、教育和科技研究、社会福利等)的财政支出越来越成为大头[②]。财政研究的内容也因此渐渐转向支出,重点研究如何用众人之财办好众人之事(公财研究),比如说,如何构建一个公共服务性政府,如何进一步优化在科教文卫、社

---

① 张馨称之为"带有神秘色彩的'本质'",并认为自己的公共财政论只是探讨财政类型,而不是财政本质。

② 对这一过程,白景明的概括是:"在计划经济下,国家统管一切经济活动,财政负责国民收入分配计划的落实,把全社会的剩余产品集中到手中,再按计划分配出去,进而从财力划分上确保政府对资源配置格局的控制。这时国家财政必然是投资型财政,支出结构中用于企业和基本建设上的资金占较大比重。市场经济必然要求财政转到公共财政轨道上,原因在于市场经济是分散决策的经济形态,国家不再直接管理、控制经济资源的流动和配置状态,政府职能相应转到管理公共事务,实施宏观调控上来。"

会保障等非经济领域的支出,以促进社会长期科学发展、和谐发展,等等。

(二)对贾康的案例研究

下面本文以财政学者贾康为例①,展示一下 1978 年后中国财政学者思考的对象与研究的范围,所选取的研究材料是他个人的自选论文集②。这本论文集虽不能反映他研究的全貌,但由于是自己所选,大体可以反映他研究的基本状况。若将书中的财经短文 17 篇、论坛与访谈 9 篇和 2 篇附录撤除在外(这些内容相对零散、不系统),就可以把剩下的论文编入下述两张表格(表 1 和表 2):以1994 年为分界线③,第一张表格反映 1994 年以前的状况,第二张表格反映 1994年后的状况。同时,在每张表格中,再将基本理论研究和财政工作研究区分开。

表 1   1994 年前论文情况

论　题	时间(年)	发表刊物	类　型
论广义、狭义价值规律	1984	《经济研究》第 6 期	基本理论研究
抽紧银根与压缩规模——论我国需求控制的着力点及转换条件	1988	《经济研究》第 5 期	基本理论研究
市场取向的改革与改革的配套	1993	《财政研究》第 4 期	基本理论研究
深入进行财政体制改革的设想	1986	《中国经济体制改革》第 10 期	财政工作研究
近中期财政体制改革思路的探讨	1988	《中国经济体制改革》第 4 期	财政工作研究
美国财政体系的基本特点及对于我国财政改革的若干启发	1989	《经济研究参考》第 196 期	财政工作研究
分税制改革与中央、地方政府间关系	1990	《改革》第 4 期	财政工作研究
论国有资产的分类与分层管理	1991	《财政研究》第 5 期	财政工作研究
我国财政平衡政策的历史考察	1993	《中国社会科学》第 2 期	财政工作研究

资料来源:贾康. 转轨时代的执著探索——贾康财经文萃[M]. 北京:中国财政经济出版社,2003.

---

① 贾康是当前处于活跃期和具有政策影响力的学者中有代表性的一位,简历如下:1954 年 7 月出生,1982 年从北京经济学院获经济学学士学位,1985 年从财政部科研所研究生部获经济学硕士学位,1998 年于财政部科研所获博士学位。1985 年至今在财政部科研所工作,历任研究室副主任、主任、科研所副所长、所长。

② 参看参考文献[23]。

③ 1994 年是市场经济正式开始建设和财税体制大变革的一年,也是作者任财政部科研所副所长的开始年份。

表 2   **1994 年后的论文情况**

论 题	时间(年)	发表刊物	类 型
马克思关于社会资本再生产的原理及指导意义	1996	《财政研究资料》第 7 期	基本理论研究
从"国家分配论"到"社会集中分配论"	1998	《财政研究》第 4,5 期	基本理论研究
财政职能及平衡原理的再认识	1998	《财政研究》第 7 期	基本理论研究
否定之否定:人类社会公共财政发展的历史轨迹	2002	《财政研究》第 8 期	基本理论研究
税制三题	1997	《经济纵横》第 8 期	财政工作研究
财政政策与政府支出对供求关系的影响作用	1998	《经济研究参考》第 83 期	财政工作研究
国有企业战略性改组中的债务重组问题	1998	《管理世界》第 4 期	财政工作研究
中国政府收入来源及完善对策研究	1998	《经济研究》第 6 期	财政工作研究
中国财政体制改革的回顾与评析	1999	《财经科学》第 5 期	财政工作研究
以税费改革实现政府收入规范化	1999	《光明日报》5 月 7 日	财政工作研究
教育投入多元化应防止两个问题	1999	《中国改革报》7 月 12 日	财政工作研究
积极运用财政政策加强供给管理	1999	《财政研究》第 3 期	财政工作研究
国债适度规模与我国国债的现实规模	2000	《经济研究》第 10 期	财政工作研究
可持续养老保险体制的财政条件	2001	《管理世界》第 3 期	财政工作研究
县乡财政解困与财政体制创新	2002	《经济研究》第 2 期	财政工作研究
怎样看待税收的增长和减税的主张	2002	《管理世界》第 7 期	财政工作研究
(总理"经济形式座谈会"汇报提纲之附件)如何认识改革开放中出现的高收入阶层问题	2002	《财政研究》第 10 期	财政工作研究
财政监督与政府采购制度改革	2002	《财政监察》第 3 期	财政工作研究
公职人员收入分配制度的改革构想	2002	《中国财政》第 8 期	财政工作研究
对我国 1998 年以来实施的积极财政政策及其效果的评析	2002	《税务研究》第 6 期	财政工作研究
重视低保资金使用效果 保证低保制度政策目标	2003	《中国社会保障》第 2 期	财政工作研究

  资料来源:贾康. 转轨时代的执著探索——贾康财经文萃[M]. 北京:中国财政经济出版社,2003.

  观察上述两张表格,可以发现该学者的研究至少具有以下几个方面的特点:

第一,基本理论仍然来自于马克思主义经济学,对马克思主义中的资本理论、价值理论和哲学理论造诣颇深,但在研究和写作中也受到西方经济学的强烈影响,如供求理论和凯恩斯主义。理论的混合性和时代的过渡性,是 1980 年前后进入高校学习的一辈学者之普遍特征。1990 年后进入高校学习的学者,基本上都能熟练运用西方经济学,却很少再有人能熟练运用马克思主义政治经济学的概念与理论。从贾康身上,也可以看出,与 1949 年前后财政研究的彻底断裂不同,1994 年前后财政学研究的转变,有一代学者承担着过渡与传承的历史任务。

第二,研究内容主要是财政工作的研究,基本理论比重很小。1994 年前的 9 篇论文中,研究财政工作的有 6 篇,而 1994 年后 21 篇论文中,研究财政工作的有 17 篇。这既与贾康本人 1994 年后担任的行政职务有关,也与这一代学者面临的时代要求有关。事实上,整个 20 世纪,中国的国家建设都是在生存危机压迫下进行的,现实对理论要求主要集中在对策方面,即要求立即解决迫在眉睫的种种实际问题,而对基础理论的研究没有这么大的需要(基础理论往往依靠从国外引进)。特别是 1978 年后,在快速变化的时代下,层出不穷和亟待解决的财政问题,如税制选择、国债负担、财政困境等,都要求学者立即提供工作对策。对这些问题的解决,既促进了财政的发展,也促进了国家的成长①。

第三,财政工作研究中,1994 年前以整体性的财政体制改革设计为主,而在 1994 年后则以具体性的收支体制改革为主,这也是中国财政学者研究的一个普遍转向。因为 1994 年前,总体财政体制改革仍处于探索中,财政研究最为重要的是确立财政总体框架。随着 1994 年分税制改革和新税制的实施,财政体制总框架基本确立,财政研究的主要任务自然转到具体收支制度的改革和完善上,特别是重点研究教育、社会保障等公共财政论者最为强调的非生产性支出部分。

第四,公共财政已成为财政学者的普遍共识。在《从"国家分配论"到"社会

---

① 当然,在本文作者看来,目前也许到了学者(至少部分学者)将更多精力投入基础理论研究中去的时候了。正如黑格尔在 1818 年对柏林大学的学生所说的:"现在现实潮流的重负已渐减轻,日耳曼民族已经把他们的国家,一切有生命有意义的生活的根源,拯救过来了,于是时间已经到来,在国家内,除了现实世界的治理之外,思想的自由世界也会独立繁荣起来。"

集中分配论"》和《否定之否定：人类社会公共财政发展的历史轨迹》两篇基本理论研究论文中，贾康也明白地支持公共财政。在他所进行的财政工作研究中，公共财政论者所强调的东西，也得到了他的支持。不过，有意思的是，他的观点也与国家分配论作了某些妥协，且看他对公共财政的定义："公共财政，是以社会权力中心代表公众利益，为满足社会公共需要而发生的理财活动，是属于社会再生产分配环节上的公共分配。"

综上所述，1978 年后的财政转型，决定了财政研究在这一时期转折性的变化，而财政研究的转折，又进一步引导财政的转型，并与整个国家的转型交织在一起，成为现代国家成长的一部分。

课题组负责人：上海财经大学　樊丽明　刘小兵

课题组执笔人：上海财经大学　刘守刚

参考文献：

[1]谭本源. 我国过渡时期财政的本质和职能[J]. 财经科学，1958(1).

[2]王亘坚. 财政科学中各门学科的对象[J]. 教学与研究，1957(5).

[3]李成瑞. 从实践中的若干体会来谈社会主义财政的实质和范围问题[M]//财政学问题讨论集：上册. 北京：中国财政经济出版社，1965.

[4]陈明鉴. 财政是一种上层建筑[M]//邓子基主编. 财政是经济基础还是上层建筑. 北京：中国财政经济出版社，1964.

[5]周伯棣. 论财政学的对象、范围和任务[J]. 财经研究，1956(2).

[6]赵春新. 财政是经济基础还是上层建筑[M]//邓子基主编. 财政是经济基础还是上层建筑. 北京：中国财政经济出版社，1964.

[7]王传曾，李民立. 财政是经济基础[M]//邓子基主编. 财政是经济基础还是上层建筑. 北京：中国财经经济出版社，1964.

[8]沈云. 论社会主义国家财政的本质、特点和范围[M]//财政学问题讨论集：上册. 北京：中国财政经济出版社，1965.

[9]张馨，等. 当代财政与财政学主流[M]. 大连：东北财经大学出版社，2000.

[10]陈云. 陈云同志文稿选编(1956－1962)[M]. 北京：人民出版社，1980.

[11]葛致达. 财政、信贷与物资的综合平衡问题[J]. 经济研究，1963(10).

[12]李建昌. 财政、信贷、物资综合平衡的几个问题[M]//财政学问题讨论集:下册. 北京:中国财政经济出版社,1965.

[13]许飞青,冯羡云. 中国财政管理体制问题[M]. 北京:中国财政经济出版社,1964.

[14]何振一. 理论财政学[M]. 北京:中国财政经济出版社,1987.

[15]王绍飞. 财政学新论[M]. 北京:中国财政经济出版社,1984.

[16]陈志勇,毛晖. 财政理论研究要与时俱进[J]. 财政研究,2002(10).

[17]《社会主义财政学》编写组. 社会主义财政学[M]. 北京:中国财政经济出版社,1980.

[18]张馨. 公共财政论纲[M]. 北京:经济科学出版社,1999.

[19]张馨. 析中国公共财政论之特色[J]. 财政研究,2001(7).

[20]叶振鹏. 适应社会主义市场经济的要求重构财政职能[J]. 财政研究,1993(3).

[21]中国社会科学院财政与贸易经济研究所. 科学发展观:引领中国财政政策新思路[M]. 北京:中国财政经济出版社,2004.

[22]白景明. 为什么要转到公共财政轨道上来?[M]//吴俊培主编. 公共财政研究文集. 北京:经济科学出版社,2000.

[23]贾康. 转轨时代的执著探索——贾康财经文萃[M]. 北京:中国财政经济出版社,2003.

[24]黑格尔. 小逻辑[M]. 贺麟,译. 北京:商务印书馆,1980.

浅议财政学一级学科体系的架构

教育部高等学校财政学类专业教学指导委员会课题组

从财政的本质属性及其在国家政治经济管理中的作用来看,财政无疑是国家治理的基础和重要支柱,在"四个全面"和"五位一体"总体战略布局中地位极其重要。同样,从财政学科历史来看,财政学从来都不只是一门单纯的经济学,财政学的研究领域(如预算、税收等)大多介于经济学、政治学、公共管理学、法学和社会学等学科之间。因此,财政学跨学科属性是经济学所难以涵括的。

从目前我国财政学学科设置和院系设置来看,财政学是作为应用经济学二级学科之一,财政学从人才培养到课程体系完全局限于经济学的知识体系,相应的财政学研究也仅仅局限于经济学效率的单维视角,由此大大削弱了财政学科发展和人才培养在服务于我国政治经济社会全面发展、在促进国家治理体系和治理能力现代化中的地位和作用。我们认为,只有通过把财政学升级为一级学科,才能更有效地还原财政学本有的多学科属性,也才能更好地服务于我国全面深化改革和促进国家治理体系现代化的实践。

财政学一级学科构建的主要原则包括:第一,在知识体系和课程设置上,还原和体现财政学的多学科属性;第二,在学科对象和专业设置上,实现有效服务于我国全面深化改革和国家治理现代化的目标。因此,财政学一级学科下二级学科和专业设置应具有开放性与兼容性。一方面,在知识体系上,综合经济学、管理学、政治学、法学等学科理论知识;另一方面,在学科方向上,除保留财政学、税收学等传统学科方向外，归并社会保障、国防经济、资产评估等已有二级学科或专业，新设国有资本管理与运营等二级学科，即进行学科组织结构的创新、融合与重构。对此，我国对财政学一级学科框架提出如下设想（见图1）。

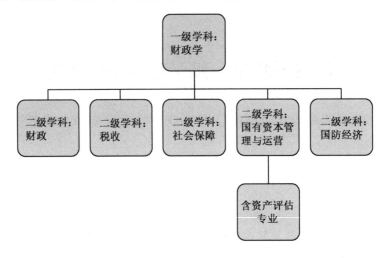

(一)保留原财政、税收两个专业，并拓宽学科基础和课程设置

在财政学一级学科框架下，保留原财政和税务两个专业。在此框架下，财政学和税收学就可以改变原有单纯经济学的知识体系和课程设置，引进政治学、管理学、法学、社会学等知识和课程体系，设置如财政经济学、财政管理学、税收政治学、税收管理学、财税法学、国际税法、财政社会学等知识模块。由此，以财税为对象在经济学、政治学、管理学和法学间实现知识体系互补，进而在财政学一级学科上实现学科间的交叉融合，这样能充分还原财政学综合性学科属性，并更好地服务于我国财税管理和国家治理。

(二)将社会保障作为二级学科(或专业)归并入财政学一级学科

按目前学科设置，社会保障是作为公共管理学一级学科下的二级学科。但就社会保障其内容而言，其更适合归并入财政学一级学科中。首先，社会保障是社会治理乃至国家治理的重要内容之一。政府不仅通过立法起着主导作用，更通过大量财政支出来支持整个社会保障体系。其次，2015年开始实施的《中华人民共和国预算法》明确规定，我国预算体系由一般公共预算、政府性基金预算、国有资本经营预算、社会保险基金预算共同构成,目前社会保障基金已经列入财政的复式预算体系中。最后,从国际经验和发展趋势来看,社会保障"费改税"是必然趋势和要求,而目前许多地方社会保障费收取都已经委托地税局征收。因此,社会保障专业归并到财政学一级学科是合适的。

(三)新设国有资本管理与运营二级学科(或专业),以服务于国家治理和社会需求

建议设置"国有资本管理与运营"二级学科,以更好地服务于国家治理和社会需求。主要理由在于:一是理论基础方面。中国财政是包括国有资本财政和公共财政的双元财政。作为社会中心组织,政府分配形成了公共财政;作为资本所有者,政府分配形成了国有资本财政。二是现实需求。财政是国家治理的基础与重要支柱。在国家治理中,国有资本管理和运营十分重要,如当前的混合所有制改革、PPP 模式等都有很大的社会需求。三是学科历史。国有资本管理天然与财政密不可分,我国国有资产管理活动是财政的一个重要组成内容,财政学科的体系原本就包括"国有资产管理"。四是目前在我国学科和专业设置中,还没有国有经济或国有资本的学科或专业,由此在财政学一级学科下设置该二级学科可以填补学科空白,为国有资本管理、运营和国有企业治理输送专门人才。

(四)实现"资产评估"专业回归财政学一级学科

虽然目前教育部本科专业目录中"资产评估"是属于工商管理类下的专业,但是我们认为其更适合回归财政学一级学科,并归并于拟新设的"国有资本管理与运营"二级学科下。首先,从专业历史渊源来看,财政学科原来包括"国有资产管理",而资产评估专业最初就是从国有资产管理需要中发展起来的;其次,从主管部门来看,我国对资产评估的管理主要实际中是由财政部和国资委来负责管理和实施的;再次,从资产评估专业特点来看,其需要经济、工商管理、法律乃至公共管理等方面的综合性知识,并关系到国有资产增值与运营乃至国家治理问题,更适合归在财政学这一具有综合性特点学科下;最后,从可行性上

看,目前许多学校财政学科都有资产评估师资和资产评估专业硕士点,因而具备新办资产评估本科专业的条件。

(五)将国防经济归并入财政学一级学科

按目前学科设置,国防经济是作为应用经济学一级学科下的二级学科。但就国防经济学科内容而言,其更适合归并入财政学一级学科中。首先,从理论上说,国防是纯公共物品,本身就是财政学研究对象;其次,从现实上来说,国防经费基本上都来自于财政支出,本身就是财政的重要组成部分;最后,从目前二级学科来看,国防经济二级学科设置院校很少,在应用经济学中处境尴尬,其更适合并入财政学一级学科,以获得更好发展。

此外,投资学、审计学、教育经济、卫生经济是否可以归并入财政学一级学科,请大家讨论。

课题组负责人:上海财经大学　樊丽明　刘小兵
课题组执笔人:厦门大学　雷根强　刘　晔

从财政在我国政治经济改革中的地位和作用看财政学科的属性

教育部高等学校财政学类专业教学指导委员会课题组

中共十八届三中全会公报提出："财政是国家治理的基础和重要支柱,科学的财税体制是优化资源配置、维护市场统一、促进社会公平、实现国家长治久安的制度保障。"财政是国家治理的基础和重要支柱,这一提法显然将财政在全面深化改革,特别是在经济体制改革和政治体制改革中的地位中提高到一个新的战略高度,即不能仅从政府收支及管理的角度来看待财政职能,而是要以政府收支及管理为基础来理顺事关国家治理的若干重大关系,从而夯实国家长治久安的制度基础。本文先讨论了财政内在的政治属性和经济属性;再分别从服务于我国政治改革、经济改革、社会其他方面改革来论述财政的地位与作用;最后提出对财政学科属性的结论性观点与建议。

一、财政内在的双重属性——"财"与"政"的结合

财政是国家为了实现其职能,凭借其政治权力和生产资料的所有权,占有社会总产品价值的一部分的经济行为。从财政的本质来看,财政是国家与经济相互联系的纽带,其研究的核心就是国家政治与社会经济的关系。道尔顿(Dalton)在《公共财政学原理》一书中指出,财政学是介于经济与政治之间的一门学科。以布坎南(Buchanan)等为代表的公共选择学派所创立的公共选择理

论，为政治学建立了与经济学相同的分析基础，使得经济学的分析范式拓展和应用于政治领域，以财政学为纽带将研究经济学与政治学研究联通。按照国家分配论的观点，财政的产生必须具备两个条件：一是剩余产品，它是财政产生的物质可能，即经济条件；二是阶级国家，它是财政产生的社会需要，即政治条件。因此，财政学研究的基本视角并不局限于经济学，它与生俱来的政治属性提供了不同的研究视角。现代财政通过政治学与经济学理论和方法的融合获得了研究财政问题和解释财政现象的新视角和新方法。要探究实践中财政如何服务于政治和经济改革，首先需要认清理论上财政内在的政治属性和经济属性。

(一)财政的政治属性

1. 财政是国家政治的物质基础，是政治在经济活动中的集中体现

财政是以国家或政府的分配行为，也就是通过政府的收支活动，通过征税、举债以及收取各种规费、使用费等途径集中一部分社会资源，用以实现政府职能和满足社会公共需要。按照马克思的劳动价值论，国家是实行阶级统治的工具，不参与直接生产过程，国家的政治活动是非生产性的，不能创造价值。国家为获得生存与发展以及实现其政治目的的物质资料只能凭借手中的政治权力参与价值(主要是剩余价值)的再分配。国家必须掌握一定数量的社会产品来实现其政治上的职能，依托政治权力开展财政收支活动，对社会要素进行强制性分配，这一获取物质资料的途径带有强烈的政治性质。随着社会的发展、政府财政规模的扩大，财政运行对社会成员利益的影响程度越来越深刻，已经成为社会分配体系中的重要组成部分和环节，因而也就构成了再分配体系。财政作为国家获取物质资料的手段，构成了国家政治的物质基础。

财政是伴随着国家而产生的。国家运用政治统治和公共权力来管理社会公共事务，实现其政治职能，这一过程需要财政作为国家从经济中摄取物质资料的手段，更多的是国家运用政治权力通过财政政策对资源配置、收入分配和经济运行进行宏观调控，国家公共选择和政治决策的过程最终就表现为财政过程，国家职能与政治目的通过财政渠道产生影响社会经济的作用。财政收支政策体现着政府关于社会成员利益安排的目的意图：税收负担在社会成员之间的

分配、财政支出中不同利益群体的受益差异等都体现了政治目的。近年来,中央提出科学发展观、"五位一体"和"四个全面"等战略目标之后,我国目前的财政政策中前所未有地重视改善民生和社会公平正义,强调均衡、统筹发展、可持续和以人为本,财政的收支方向和结构都作了重大调整,财政用于政治民主、繁荣文化、社会公平和生态环境的支出大幅度增长。财政收支政策的这种调整就充分证明财政改革的政治层面得到了重视,即用于全面建设小康社会,用于调整社会各阶层之间的利益,保障人权和人民民主,维护社会公平正义,丰富精神文明,促进可持续发展,这既是社会目标实现的体现,也是政治目标在经济活动中的集中体现。

2. 财政活动建立在政治制度框架之中,并在不同的社会政治制度形态下有相应的财政运行模式

财政体制是政治制度中的核心部分,而政治制度是财政体系运行的框架性基础,财政的性质决定于生产资料的所有制性质,财政体制在很大程度上也是由社会经济体制决定的。财政体制实质上是与政治权力分配相匹配的财权分配制衡体系。财政体制包括财政收支划分和财政管理权限的划分,但财权划分是基础,财政收支划分是财权纵向分配的结果。而就财权分配来看,虽然财权从支配和调节的对象看是经济利益,但从所属的层次看却是政治权力的重要组成部分,而且是支撑整个政权体系的基石。

从人类社会的发展历史来看,在封建专制统治时期,财权整体上掌握在封建帝王手中,形成了国家财政与皇室财务不分的格局。到了资产阶级民主革命兴起以后,国家财权被逐步掌握在资产阶级议会手中,到当代资本主义时期,类似于议会的立法机关主要掌握财政税收的立法权,行政性质的政府机关掌握财政税收的行政执法权及在此过程中所需的部分低层次立法权,国会或司法机关的审计机构负责对行政政府的财政税收执法实施监督审计,构成了制衡体系避免财权的集中垄断,即已经形成了民主的财权分配模式,而财权的科学分配与制衡制度是整个财政民主化的基础。财权的分配状态是政治权力分配的结果,进一步说,财权分配的民主化程度是与整个政治权力分配的民主化程度相一致的。这是因为财权是整个政权体系的基础与保障,每个特定的政权体系都离不

开财权的支撑。有什么样的政权分配格局,就有什么样的财权分配模式。从税收征收权由封建君王转移到代表民主倾向的议会手中,到预算制度的诞生与发展,都反映了整个社会从封建向民主的转变。在中国,第一个预算的诞生也正是在辛亥革命前夜,但清政府只是制定并初试了预算,而没有决算,这表明此时还不完全具备民主政治的基础。这也充分说明,财政体制依附于政治体制,财政的运行模式依赖于社会政治制度形态。

(二)财政的经济属性

1. 财政是一种经济活动

首先,财政执行国家的经济职能,优化资源配置。国家是一个具有多重职能的混合主体,并因其职能的不同将国家活动区分为众多的领域。中共十八届三中全会决定指出:"政府的职责和作用主要是保持宏观经济稳定,加强和优化公共服务,保障公平竞争,加强市场监管,维护市场秩序,推动可持续发展,促进共同富裕,弥补市场失灵。"财政就是处于国家经济活动领域里的一个职能部门。其次,财政在经济领域中开展活动必须采取经济方式,符合客观经济规律的要求。财政收入的使用必须服从和服务于经济发展的需要。从财政活动本身来说,也必须讲求效益,力求收支平衡。再者,财政活动是社会再生产不可分割的组成部分,财政收入的筹集调整的是分配关系,必须服从社会再生产的需要。社会再生产包括生产、分配、交换、消费四个环节,财政投资属于生产,税款征收、利润上缴、转移支付属于分配,政府采购及服务收费属于交换,行政管理与国防支出属于消费。离开了财政的介入,社会再生产就不能顺利进行。再次,财政活动的规模、速度、水平决定于经济发展的规模、速度、水平,财政活动的内容和方式随社会经济的发展而不断变化,财政收入的结构决定于社会经济的结构,财政支出的方向决定于社会经济发展的需要。最后,财政学对象可以反证财政只能是经济基础的范畴。财政学是从政治经济学中分化、发展出来的部门经济学,它所研究的对象仍然是经济关系,采用的分析方法主要是经济学的方法,关心的问题仍然是资源配置、收入分配和经济稳定。

财政对经济具有反馈作用。首先,公共部门作为买者,既出现在商品市场又出现在要素市场,其活动就成为价格机制的一个组成部分,因此,在制定财政政策时,必须考虑到私人部门的反应;其次,政府在经济循环的任何一点上征税,都会因税负转嫁而影响到价格的变动;再次,政府通过税收将家庭和企业的收入转化财政收入,又通过政府采购和转移支付回到私人手中,不但影响资源配置,而且影响收入分配;最后,政府通过对公债的调节,影响资本市场的供求和宏观经济的运行。

2. 国家经济的正常运行需要财政干预

现实中的市场存在垄断、公共产品不足、外部性和不完全信息等问题,从而导致市场失灵,这时资源的有效配置就必须借助政府来矫正、补充和调节。

财政在改善竞争失效中发挥作用。竞争失效造成了低效率,比如,垄断厂商为了获得垄断利润而制定对自己有利的价格,往往造成市场上商品供应的短缺和高价。而且,垄断厂商为了获得垄断利润往往进行寻租活动,寻租成本是非生产性成本从而被白白浪费,造成经济效率的损失。对此,需要政府采取一些财政政策限制垄断厂商的行为,例如对垄断企业的产品进行限价。

财政在改善公共物品问题中发挥作用。由于公共物品的生产和消费不能由市场上的个人决策来解决,所以必须由政府来承担提供公共物品的任务,即由政府来确定某公共物品是否值得生产以及该生产多少。国防是一种重要的公共物品,国家中的每个人都得到国防的益处。但并非每个人都会愿意为国防支付相应的费用,所以,像国防这样的公共物品就需要政府采取措施保证国防的稳固。政府靠国家强制力取得公共收入,保证国防等公共物品的供应。

财政在改善外部性方面发挥作用。由于外部性的存在,往往使得完全依赖市场机制的经济状态偏离帕累托最优,财政在改善外部性方面发挥着巨大作用。政府可以采取多种财政手段,对能产生正外部性的经济行为进行补贴,对产生负外部性的经济行为进行惩罚,从而使得这些经济行为的个人效益等于其社会效益,从而有效地解决外部性问题。

财政在改善信息不完全方面发挥作用。由于市场机制并不能完全解决不完全信息问题,在这种情况下,需要政府采取一些政策在信息方面进行调控。信息调控的目的主要是保证消费者和生产者能够得到充分的和正确的市场信息,即增加市场的"透明度",以便他们能够作出正确的选择。

二、从服务于我国政治改革视角看财政的地位和作用

(一)财政与加快转变政府职能

中共十八届三中全会决定提出"必须切实转变政府职能,建设法治政府和服务型政府",包括"健全宏观调控体系","最大限度减少中央政府对微观事务的管理,市场机制能有效调节的经济活动,一律取消审批","加快事业单位分类改革","深化机构改革,严格控制财政供养人员总量"等方面的改革精神。其根本点在于政府应如何适应市场要求来转变自身职能,致力于更好地为市场提供公共服务,如何按市场要求建设"法治政府和服务型政府"。这一切都有赖于公共财政制度改革的推进,不仅要通过财政支出结构的调整来反映甚至引导政府职能的转变,更重要的是要以公共财政的一些基本理念来指导政府职能转变。这些理念包括市场失效性、公共服务性、公众决定性等,具体来看主要体现在:

按市场失效性要求来调整财政支出结构,才能实现政府职能的归位。公共财政是弥补市场失效的财政,其基本理念就是,市场能做的事就应交给市场去做,政府应该做市场不能做而又需要做的事情。与此相对照,目前我国政府及其财政职能还存在很多"越位"和"缺位"的问题,比如对竞争性领域还有较多参与,对市场还有很多不恰当的管制,这些都是政府职能"越位"的表现;而在很多民生服务、宏观调控等市场失效领域,很大程度上又存在政府职能"缺位"问题。由此,应该积极通过财政支出结构的调整,实现政府职能合理归位。一方面,政府要退出竞争性市场有效领域,将资源配置职能重点转移到公共服务特别是民生服务上来;另一方面,政府要弱化微观管理功能而强化宏观调控功能,着力从直接参与市场微观经济活动的状态中摆脱出来,把市场的事务交给市场而致力于履行国家对市场的宏观调控职能。

按公共服务性要求来正确定位政府职能,安排相应公共支出。公共财政是为市场提供公共服务的财政,其基本理念就是,为所有市场主体一视同仁地提供基本公共服务,从而使它们公平参与市场竞争。而所谓基本公共服务,是指与全体公民民生关系最密切的,用于保障全体公民生存和发展基本需求的公共

服务,主要包括满足基本民生需求的教育、就业、社会保障、医疗卫生、保障性住房等领域的公共服务。要有效地增加这些方面的支出,则需要相应减少政府在经济建设和行政管理方面的财政支出,进一步强化民生支出和构建公共服务型政府。而政府职能转变的目标就是由计划经济中的生产建设型政府转为市场经济中的公共服务型政府。因此,在财政支出安排中突出基本公共服务导向,是通过公共财政改革来推进政府公共服务职能转变的重要内容。

按公众决定性要求来构建法治政府,规范财政收支行为。公共财政是公众决定的法治性财政。财政是政府履行其职能的必要财力支撑。按公共财政法治性要求,对政府收支实施依法监督,有利于从根本上规范政府行为。毕竟,从政府收支入手,硬化预算约束和依法理财,是推动"法治政府和服务型政府"建设的一条现实路径。只有真正建立了受公众决定和约束的政府预算制度,政府才能真正地按市场要求来办事,真正按市场要求来转变其职能。

(二)财政与加强社会主义民主政治制度建设

政治文明的根本在于民主法治,而如何实现国家权力的公众决策与监督机制则是我国政治体制改革的核心问题。从世界各国宪政实践来看,在民主政治实现过程中,财政制度都起了极其关键的作用。因为公共财政制度的基本特征之一就是以公民权利平等、政治权力制衡为前提的公共选择机制。通过这一公共选择机制,特别是通过税收法定和预算民主,实现公民权利平等地参与国家决策并构成对国家权力的宪政约束。

民主化是公共财政的本质特征,这不仅是对市场经济国家公共财政共性特征的总结,更是深化我国财政制度改革的基点。由于深水区改革更多涉及上层建筑领域,作为高端性、系统性的顶层设计要着眼于解决治本性、长远性问题,因此,深化政治体制改革是无可回避的必然选择。而公共财政制度既从深层面上关系着公民权利和国家权力间宪政基础,又在具体层面上体现出公民参与的政治过程。因此,公共财政的民主化既推动了我国人民代表大会制度的与时俱进,又发展了基层民主,可望为我国政治民主化改革提供一个既有实质性影响又有现实可操作性的突破口。

公共财政是公众决定的法治性财政。公共财政民主化取向,要求提高财政收支及管理活动每个环节的公民政治参与度,并将其置于法治化约束之下。而在这其中,税收法治和预算民主应是需要突出强化的两个重点。对前者来说,征税维系着公民私人产权与国家公共权力间的宪法关系,因而纳税人权利是公民最基本的权利并构成对政府行为的硬性约束。税收从立法、执法到司法全过程将是民主宪政最直接有效的实现形式。而对后者来说,预算民主是一个公民权利参与和偏好表达的公共选择过程。通过进一步增强预算公开性、完整性和法治性,将切实保障和实现公民对政治过程的知情权、参与权、决策权和监督权。

(三)财政与推进法治中国建设

中共十八大报告指出:"法治是治国理政的基本方式。"收入分配制度改革的核心就在于实现社会的公平正义,现代财政制度作为对保障社会公平正义具有重大作用的制度设计和运行规则,在促进和保障收入公平分配、建立社会公平保障体系方面具有重要作用。现代财政制度应承担起收入分配制度改革的重任,并促进社会公平正义的达成。在建立现代财政制度的过程中,应在合理划分中央地方收入涉及社会公平政府职能的基础上,特别突出加强预算体制改革及其法治化运行,以财政支出的民生取向作为法治化的基本方向和主要抓手,在财政收入和财政支出两个方面都要注重发挥其调节收入分配的功能并遵循基础性的法治框架。

中共十八大报告重申了"法律面前人人平等"及"任何组织或者个人都不得有超越宪法和法律的特权",就是要用平等的宪法原则去反人治、反特权、反腐败。限制权力、保障权利,是法治的精髓,也是法治思维和法治方式的核心。财政是国家治理的基础和重要支柱,而税法制度和预算制度则在整个现代财政制度中居于核心地位,对我国维护宪法权威、深化行政执法体制改革具有重大意义。

一方面,税收立法的合法性、税收执法的正当性、税收司法的独立性共同构成了我国依法治税的重要指导方针和依据。税收作为一种文明的对价,在很大程度上乃是国家对于公民财产权的一种合法侵犯。法治思维下的税收应当以公平正义为核心价值,实现国家征税权与纳税人财产权之间的良性互动和有效平衡。在这方面必须重新认识法律对政府与公民之间税收关系进行规范的本旨。法律不应仅仅是政府管理和规范社会的工具,还应当规范政府行为,使其服务于社会、服务于人民,并为民众创造良好的法治环境,使民众充分享有个性发展与自由的空间。具体到税法层面,就是要求充分尊重和保障纳税人权利,尤其是纳税人的宪法性权利,在税收事务决策、财政资金运作等方面为纳税人的有序参与和监督提供法制保障。

另一方面,现代预算制度的本质特征是法治性。只有真正建立了受公众决定和约束的政府预算制度,政府才能真正按市场要求来办事,真正按市场要求来转变其职能。2014年《中华人民共和国预算法》的修订、颁布和实施,通过以"全面规范、公开透明"为预算制度的基本取向,强化了人大预算权力,明确了全口径预算原则,健全了预算公开性和透明度,规范了预算的约束力,充分体现了依法理财、依法治国的法治精神,为实现预算执行和预算法治进而实现政府法治提供了基本前提。

(四)财政与强化权力运行制约和监督体系

中共十八届三中全会通过的《中共中央关于全面深化改革若干重大问题的决定》提出,"坚持用制度管权管事管人,让人民监督权力,让权力在阳光下运行,是把权力关进制度笼子的根本之策"。这一政策表明,国家权力良性运行和有效制约国家权力的滥用,对于保障公民权利的实现、司法权力运行机制的健全及法治国家的建设有重要意义。

财政权不仅仅是一个经济学的问题,也是一个民主法治问题,政府一切行使权力的行为都要以财政作为物质保障。公民作为纳税人,通过税收等形式将一部分财产让渡给国家,形成财政收入,用于支持国家管理社会活动。由此可见,国家权力与国家财政之间具有共同的宗旨,那就是保障好、维护好公民人身、财产权利,促进公民权利得到全面实现。因此,公共财政作为公民可以全面参与其中、为公众服务的民主财政,就成了约束并监督国家权力行使的有力保障,有助于形成科学有效的权力制约和协调机制,实现反腐败体制机制创新和制度保障,健全改进作风常态化制度。公共财政是公众规范和监督的财政。财政对政府的制约和监督主要来自于财政的法治性、民主性和公共性。

首先,从财政的法治性来看,财政法治性要求政府权力(包括财政权力)应由宪法规定来授予。宪法应对权力的分配、取得方式、行使范围进行明确规定,以使政府在服从宪法法律的前提下行使权力。公共财政法治性强调政府要以为公众提供公共产品和公共服务来尽量满足社会公众要求为目的,政府必须依法行事,避免政府借助具有强制性的国家权力,行使有损于公民利益的财政权力的情况发生。因此,构建健全的财政预算、财政监督等法律规定和法定程序就成为了公共财政法治性对制约权力发挥作用的重要体现。

其次,从财政的民主性来看,财政本身就是民主的重要体现,财政的收支管理和预算过程本质上就是公民通过选举人民代表间接对政府权力进行限制、约束,保证政府财政活动全过程都置于代议机关和公民监督、制约之下的重要保障,政府行为要严格遵照人民代表大会的决议执行,不应有预算之外的政府行为。

最后,从财政的公共性来看,财政收入、支出管理时刻要体现公共利益。在财政收支公共性的特征支配下,任何个人、团体组织都不能违背财政收支公共性的本质而将其占为己有、挪归己用。政府及其行政工作人员在进行公共财政收入管理过程中,要时刻对财政收支公共性保持清醒和正确的认识,加强政府廉政建设,构建一套完善、规范、合理的公共财政收入管理制度,形成有效的反腐败机制。

(五)财政与中央、地方的关系

现代财政制度应是适应现代多层级政府治理的财政制度。现代国家一般都是多级政府,一级政府一级财政,财政分权已构成与现代市场经济和现代政府治理相适应的基本制度安排。尤其是对我国这样一个发展中大国而言,如何通过财政合理分权,实现各级政府间财权和事权相匹配,充分发挥中央和地方两个积极性,是事关我国国家治理的重大问题。

中共十八届三中全会决定指出,要"建立事权和支出责任相适应的制度"。其中,既包括事权划分,即"适度加强中央事权和支出责任","逐步理顺事权关系";也包括财权划分,即"结合税制改革,进一步理顺中央和地方收入划分";还包括转移支付规定,即"中央可通过安排转移支付将部分事权支出责任委托地方承担","中央通过转移支付承担一部分地方事权支出责任"。而这里关键之处是事权划分,以此来构建与事权相适应的支出责任,再进一步以此安排财权划分和相应的转移支付。

在进一步深化改革中,除了正确处理政府和市场关系外,在政府内部以财政体制改革为核心,正确处理中央和地方关系,是全局性改革的重中之重。毕竟对于我国这样单一制政体下的市场经济大国而言,如何既维护中央权威又发挥地方积极性,是深化改革中的一个重大而复杂的问题。而从中央地方财政关系入手,通过合理规范的事权和财权划分并使之制度化,是从务实层面推进中央地方权力分配、形成相应激励约束机制的有效途径。

我国当前财政体制成型于1994年分税制改革,在运行二十年后面临着进一步改革的要求。当前,中央和地方间事权和财权不对称的矛盾十分明显。从2013年中央和中央财政预算执行来看,当年我国中央财政收入60 173.77亿元,而中央本级支出20 471.75亿元;地方本级收入68 969.13亿元,地方财政支出119 272.51亿元。可见,地方政府普遍支出大于收入,面临主体税种缺乏、隐性债务风险、土地财政依赖等现实问题的困扰。由此,从地方政府层面来理解,"事权和财权相匹配"原则意味着中央应进一步下放财权。但从中共十八届三中全会决定来看,其改革方向在于"适度加强中央事权和支出责任",进而再"理顺中央和地方收入划分",即通过事权适当上移来实现中央和地方间"事权和财权相匹配"。

中央和地方间事权如何划分,理论上源于基于受益范围考虑的公共物品层次性。因此,有些事权在归属上一直是明确的,如国防、外交、国家安全、统一市场规则等一直都是中央事权;而区域性公共服务,如地方性城市交通、卫生、治安、消防、公园、基础设施一直都属于地方事权。但有些事权和相应的支出责任,一直以来都没有很明确而更多由中央、地方共同参与,其中主要是各种民生性支出(教育、医疗、社保、环保等)和跨区域的大型基础设施。而从中共十八届三中全会的决定精神看,今后这些领域,尽管可能还是采取中央地方共同事权的界定,但在事权上将逐步向中央倾斜,由中央承担更多的事权和支出责任。事实上,由于这些支出具有较强的收入再分配公平职能,由中央政府来承担更为合适,也有利于促进各区域间基本公共服务均等化和公民基本权利的公平。

事权上的划分必然带来支出责任上的相应安排。由此,决定指出"中央和地方按照事权划分相应承担和分担支出责任"。因此,在教育、卫生、社保等民生性支出上,"中央可通过安排转移支付将部分事权与支出责任委托地方承担",由此实际上将产生中央对地方的"委托性支出职责",并与中央对地方的专项转移支付相结合。因此,今后可能更多出现由中央政府出资和委托,由地方政府负责具体实施,来提供城乡居民最低生活保障、小学和初中教育、社区医院和乡镇卫生院、社会保障性住房建设等方面的公共服务。此外,对于跨区域的大型基础设施和重要公共服务,决定也已明确"中央通过转移支付承担一部分地方事权支出责任"。

三、从服务于我国经济改革视角看财政的地位和作用

(一)财政与坚持和完善基本经济制度

我国社会主义市场经济是以公有制为主体、多种所有制经济共同发展的基本经济制度,是中国特色社会主义制度的重要支柱。公有制经济和非公有制经济都是社会主义市场经济的重要组成部分,都是我国经济社会发展的重要基础。在当前我国经济增速放缓的背景下,要发挥财政的调控职能,既要毫不动摇巩固和发展公有制经济,坚持公有制主体地位,发挥国有经济主导作用,不断增强国有经济活力、控制力、影响力;又要毫不动摇鼓励、支持、引导非公有制经济发展,激发非公有制经济活力和创造力。财政在完善基本经济制度方面主要有以下作用:

推动国有企业完善现代企业制度。在完善国有资产管理体制方面,以管资本为主加强国有资产监管,改革国有资本授权经营体制,组建国有资本运营公司,支持有条件的国有企业改组为国有资本投资公司,使国有资本投资运营要

服务于国家战略目标,更多投向关系国家安全、国民经济命脉的重要行业和关键领域,重点提供公共服务、发展战略性产业、保护生态环境、支持科技进步、保障国家安全;在健全公司法人治理结构方面,通过建立职业经理人制度,更好发挥国企企业家的作用,建立长效激励约束机制,强化国有企业经营投资责任追究。探索推进国有企业财务预算等重大信息公开,使国有经济在国民经济中的主导作用更好地发挥出来,推动社会主义市场经济健康发展。

促进混合所有制经济和非公有制经济健康发展。国有资本、集体资本、非公有资本等交叉持股、相互融合的混合所有制经济,是基本经济制度的重要实现形式,有利于国有资本提高竞争力,有利于各种所有制资本取长补短、相互促进、共同发展。在政策上鼓励更多国有经济和其他所有制经济发展成为混合所有制经济。国有资本投资项目允许非国有资本参股。允许混合所有制经济实行企业员工持股,形成资本所有者和劳动者利益共同体。

进一步激发非公有制经济在支撑增长、扩大就业、增加税收等方面的重要作用。政府通过公平合理的财税政策保护各种所有制经济产权和合法利益,保证各种所有制经济依法平等使用生产要素、公开公平公正参与市场竞争、同等受到法律保护,依法监管各种所有制经济。在全面推行"营改增"的进程中,通过结构性减税切实减轻非公有制经济的税收负担,废除对非公有制经济各种形式的不合理规定,消除各种经济壁垒。

加强对产权制度的保护。一切经济交往活动的前提是制度安排,这种制度实质上是一种人们之间行使一定行为的权力。在中国知识产权保护战略框架下,发挥公共财政在界定产权上的作用,设计和完善合适的知识产权保护制度,对有重大经济、社会和生态效益的优秀专利技术给予财政经费上的支持作为政策导向,既能够保护发明创造的积极性,又能够维护我国经济发展的独立自主和提升国家的核心竞争力。通过健全归属清晰、权责明确、保护严格、流转顺畅的现代产权制度,使权利的交易达到资源配置效率的最大化。

(二)财政与完善现代市场体系

执政兴国,发展是第一要务,而发展的动力来自于市场经济体制改革。经济体制改革是全面深化改革的重点,核心问题是处理好政府和市场的关系,使市场在资源配置中起决定性作用和更好地发挥政府作用。市场决定资源配置是市场经济的一般规律,健全社会主义市场经济体制必须遵循这条规律,着力解决市场体系不完善、政府干预过多和监管不到位问题。

作为由政府发动和主导的,要发挥市场在资源配置中基础性作用的我国经济体制改革,如何正确处理市场与政府间的关系,一直是改革成败得失的关键。而正确处理这一关系的关键在于,政府是否按市场要求来配置财政资源。如果财政能遵循弥补市场失效原则来履行其资源配置职能,将市场能做的事交给市场,而做市场不能做又需要做的事情,就有利于理顺政府和市场在资源配置上的职能分工和效率边界。财政在完善我国现代市场体系方面的主要作用有:

遵循公平、开放、透明的市场规则,完善主要由市场决定价格的机制。在全面深化改革中,政府应遵循市场经济规律,加大公共领域投入,推动资源配置更多地依靠市场规则、价格机制和市场竞争,而不是依靠行政指令,维护正常的市场秩序及和谐稳定的社会环境。大力推进简政放权,支持深化行政审批制度改革和政府机构改革,建立财政负面清单机制,加快推进事业单位分类改革,推动事业单位去行政化、行业协会商会与行政机关脱钩,市场能够做的交给市场去做,能够支持市场做的支持市场去做,积极引导社会资本,推进公共服务提供主体多元化,更好地发挥市场在社会公共事务管理中的重要补充作用。

改革市场监管体系,实行统一的市场监管。运用财政的公共规制来清理和废除妨碍全国统一市场和公平竞争的各种规定和做法,严禁和惩处各类违法实行优惠政策的行为,反对地方保护,反对垄断和不正当竞争,从而引导建立社会征信体系,褒扬诚信,惩戒失信。健全优胜劣汰市场化退出机制,完善企业破产制度,凡是能由市场形成价格的都交给市场,政府不进行不当干预。推进水、石油、天然气、电力、交通、电信等领域价格改革,放开竞争性环节价格。政府定价范围主要限定在重要公用事业、公益性服务、网络型自然垄断环节,提高透明度,接受社会监督,注重发挥市场形成价格作用。

建立城乡统一的建设用地市场。在符合规划和用途管制的前提下,允许农村集体经营性建设用地出让、租赁、入股,实行与国有土地同等入市、同权同价;

推动农村经营向集体建设用地进入市场,与国有建设用地享有平等权益,有利于充分发挥市场配置土地的基础性作用,推进城乡要素平等交换和公共资源均衡配置;扩大国有土地有偿使用范围,减少非公益性用地划拨。建立兼顾国家、集体、个人的土地增值收益分配机制,合理提高个人收益。

完善金融市场体系。首先,继续推进国有企业的股份制改革并发展证券市场,促进国有企业利用金融市场和产品扩大融资渠道,提高资金使用效率,鼓励国有企业进行战略性并购、重组,以激活国有企业在市场中的竞争力。其次,健全地方债发行管理体制,强化对地方政府的约束与监管,加强地方债债务资金风险监管力度,采用科学的统计学方法、指标审核方法等加强对地方债债务资金的管理监督,界定中央和地方对公债的监管职责和风险处置责任。最后,完善金融行业的"营改增"方案,在税收上鼓励金融创新,以达到结构性减税的目标,丰富金融市场层次和产品,保障金融市场安全高效运行和整体稳定。

(三)财政与健全城乡发展一体化体制机制

从"一穷二白"到"总体小康"、从"以乡哺城"到"以城带乡",经过不断的探索努力,我国走过了一条曲折漫长的道路,进入了加快改造传统农业、走中国特色农业现代化道路的发展新阶段,进入了加快破除城乡二元结构、形成城乡经济社会一体化发展新格局的新时期。在新的形势下,我国城乡一体化发展既面临重要的战略机遇,又面临严峻的挑战。城乡二元结构是制约城乡发展一体化的主要障碍。必须健全体制机制,形成以工促农、以城带乡、工农互惠、城乡一体的新型工农城乡关系,让广大农民平等参与现代化进程,共同分享现代化成果。

城乡一体化发展的过程就是资源在城乡之间及其社会成员之间优化配置的过程。我国城乡一体化发展存在的突出问题,归根结底是城乡资源配置不均衡。优化城乡资源配置,既是财政发挥职能作用、推进城乡一体化发展的着力点,也是建立健全支持城乡一体化发展财政政策体系的出发点。

从财政的资源配置职能来看,要推进城乡要素平等交换和公共资源均衡配置。健全农业支持保护体系,改革农业补贴制度,完善粮食主产区利益补偿机制。完善农业保险制度。鼓励社会资本投向农村建设,允许企业和社会组织在农村兴办各类事业。统筹城乡基础设施建设和社区建设,推进城乡基本公共服务均等化。制定税收优惠政策,加大对"三农"的财政支出力度,对到农村地区和偏远地区创业、就业的大学生进行适当奖励等财政政策,增强社会资源向农村地区流动的动力,防止社会资源过度向城市地区集聚,促进城乡经济社会均衡发展。

从财政的收入分配职能来看,要赋予农民更多财产权利。保障农民集体经济组织成员权利,积极发展农民股份合作,赋予农民对集体资产股份占有、收益、有偿退出及抵押、担保、继承权。保障农户宅基地用益物权,改革完善农村宅基地制度,选择若干试点,慎重稳妥地推进农民住房财产权抵押、担保、转让,探索农民增加财产性收入渠道。建立农村产权流转交易市场,推动农村产权流转交易公开、公正、规范运行。

从财政的调节经济职能来看,加快构建新型农业经营体系。坚持家庭经营在农业中的基础性地位,推进家庭经营、集体经营、合作经营、企业经营等共同发展的农业经营方式创新。坚持农村土地集体所有权,依法维护农民土地承包经营权,发展壮大集体经济。稳定农村土地承包关系并保持长久不变,在坚持和完善最严格的耕地保护制度前提下,赋予农民对承包地占有、使用、收益、流转及承包经营权抵押、担保权能,允许农民以承包经营权入股发展农业产业化经营。鼓励承包经营权在公开市场上向专业大户、家庭农场、农民合作社、农业企业流转,发展多种形式的规模经营。鼓励农村发展合作经济,扶持发展规模化、专业化、现代化经营,允许财政项目资金直接投向符合条件的合作社,允许财政补助形成的资产转交合作社持有和管护,允许合作社开展信用合作。鼓励和引导工商资本到农村发展适合企业化经营的现代种养业,向农业输入现代生产要素和经营模式。

从财政的监督管理职能来看,要完善城镇化健康发展体制机制。坚持走中国特色新型城镇化道路,推进以人为核心的城镇化,推动大中小城市和小城镇协调发展、产业和城镇融合发展,促进城镇化和新农村建设协调推进。优化城市空间结构和管理格局,增强城市综合承载能力。

(四)财政与构建开放型经济新体制

对外开放作为中国经济社会的重大制度变革,不仅直接促进了经济增长,而且也成为经济社会制度及环境变迁的重要推动力。要适应经济全球化新形势,必须推动对内对外开放相互促进、引进来和走出去更好结合,促进国际国内要素有序自由流动、资源高效配置、市场深度融合,加快培育参与和引领国际经济合作竞争优势,以开放促改革。

我国加入世界贸易组织后,经济得到了较好的发展。然而,随着全球经济的不稳定性因素加大,欧洲债务危机使全球经济陷入低迷状态,国际冲突问题不断,影响了中国对外贸易的发展,顺差缩小。在国家政策支持对外发展贸易的前提条件下,也存在政策方面的有关问题,尤其是在财税方面,需要进一步发挥财政职能,积极影响对外贸易的发展和竞争力的提升。

首先,要发挥国际税收作为国际政治经济交往和维护国家权益的重要政策工具的作用。近年来,国际贸易领域纷争不断,除了正常的国际贸易争端解决机制,包括国际税收等内在的经济手段也常用到。此外,签订税收协定也是促进国际交往的重要方式。

其次,加快自由贸易区建设。坚持世界贸易体制规则,坚持双边、多边、区域次区域开放合作,以周边为基础加快实施自由贸易区战略,加快市场准入、海关监管、检验检疫等管理体制改革,加快政府采购、贸易壁垒、电子商务课税等议题谈判,加快海关特殊监管区域整合优化,形成面向全球的高标准自由贸易区网络。

最后,运用财政手段扩大开放格局。抓住全球产业重新布局和我国深化税制改革的机遇,将"营改增"深入到创新加工贸易模式中,推动内陆产业集群发展的体制机制;进一步优化出口退税管理,调动外贸企业出口积极性,增强我国出口产品在国际市场上的竞争能力,支持对外贸易稳定增长;筹建亚洲基础设施投资银行,推进丝绸之路经济带、海上丝绸之路建设,加快同周边国家和区域基础设施互联互通建设,形成全方位开放新格局。

四、从服务于我国全面改革其他方面视角看财政的地位和作用

(一)财政与社会事业改革创新

中共十八大决议指出,"实现发展成果更多更公平惠及全体人民,必须加快社会事业改革"。加快发展社会事业、全面改善人民生活是实现我国社会经济协调发展的必然要求,也是人民对全面建设小康社会、构建社会主义和谐社会新的期待。就性质而言,社会事业与公共财政具有一致性。要想促进社会事业健康快速发展,则必须有公共财政的大力支持与推动。

在深化教育领域综合改革方面,在继续加大财政对教育的投入的同时,要更加注重运用财政转移支付,完善教育支出体制,优化教育支出结构,统筹城乡义务教育资源均衡配置。贫困地区县、乡两级政府财力十分有限,财力集中和相对丰裕的中央和省级政府有义务通过政府间的纵向财政转移支付,支持贫困地区义务教育的发展,促进政府向居民提供相对均衡的义务教育服务。

在健全就业创业体制机制方面,财政作为国家宏观调控的重要工具,应该而且能够在促进就业的过程中担负起重要职责:一是针对劳动力供求矛盾突出并且劳动力素质偏低的现实国情,通过加大政府在基础产业、环境产业以及农业方面投入力度,努力创造一些就业岗位;二是通过对符合国家产业政策发展的劳动密集型产业实行优惠税收政策,鼓励其吸纳更多的劳动力;三是针对劳动力市场不健全、劳动力市场分割的现实,增加公共产品和公共服务的投入,对劳动职业培训、劳动服务机构予以资金支持。

在形成合理有序的收入分配格局方面,在初次分配中,完善收入分配制度,规范收入分配秩序,健全工资正常化,完善最低工资保障制度,建立增长支付保障机制,着实保障中低收入者的财产性收入。在再次分配中,强化税收调节收入分配差距的功能,继续提高个人所得税免征额,合理调整税率级距和税负水平,减少税率档次,更好地发挥个人所得税调节收入分配差距的作用;整合现有的财产税税种,适时开征房产税和遗产税,增强整个税制结构调节收入分配差距的功能。

在建立公平可持续的社会保障制度方面,健全社会保障财政投入制度,完善社会保障预算制度。加强社会保险基金投资管理和监督,推进基金市场化、多元化投资运营。制定实施免税、延期征税等优惠政策,加快发展企业年金、职业年金、商业保险,构建多层次社会保障体系。

在医药卫生体制改革方面,从促进医药卫生行业健康、可持续发展为落脚点出发,科学、合理编制部门预算,取消以药补医,理顺医药价格,建立科学的财政补偿机制。改革医保支付方式,健全全民医保体系。加快健全重特大疾病医疗保险和救助制度,同时加强区域公共卫生服务资源整合。

(二)财政与社会治理体制创新

创新社会治理,必须着眼于维护最广大人民的根本利益,最大限度地增加和谐因素,增强社会发展活力,提高社会治理水平,全面推进平安中国建设,维护国家安全,确保人民安居乐业、社会安定有序。社会治理作为国家治理的重要组成部分,其治理能力高低直接关系到国家治理能力的高低。随着市场化改革的不断推进,社会各阶层利益主体多元化格局导致社会利益分化,社会矛盾不断增加,使得社会治理问题凸显。财政政策对于消除这些不和谐因素和加快构建社会主义和谐社会具有重要的推动作用。

在公共财政改革中,改进社会治理方式应有意识地发挥税收杠杆或转移支付对国民收入再分配的导向功能,和谐处理地区差距、城乡差距、收入分配差距等社会主义市场经济发展过程中的非对抗性矛盾,使得矛盾的各方能够相互促进、良性运行、和谐共存、共同发展,从而实现社会的安定有序。

首先,应努力推进依法治税,规范执法。执法部门按照法定权限与程序执行各项税收法律法规和政策,做到严格、公正、文明执法,这是对纳税人最根本的服务,也是对经济发展的支持与促进。其次,依法征收具有强制性、无偿性和固定性的国家税收与和谐征纳的关系是统一的。和谐的征纳关系是征纳双方对依法征纳税与诚信征纳税的认同,是对和谐社会中民主法治和诚信友爱关系的认同,是对一个效率、公平与易管理的良好税制的追求,是征纳双方对一个在代际间可以持续发展的税收关系的追求。我们在公共财政改革过程中,应努力在"发展、和谐、依法、诚信"的基础上构建和谐的税收征纳关系。

(三)财政与文化体制机制创新

中共十八届三中全会决定在"推进文化体制机制创新"中,提出"推动政府部门由办文化向管文化转变"来"完善文化管理体制",通过"鼓励各类市场主体公平竞争、优胜劣汰,促进文化资源流动"来"建立健全现代文化市场体系",以"基本公共文化服务标准化、均等化"来"构建现代公共文化服务体系"。

文化体制改革的方向,根本点即在于厘清文化发展中政府与市场的职能边界,由此明确在文化发展中政府财政重点支持的领域和重点。而按公共财政基本原则,市场能做的,就应首先让市场去做,只有市场做不了的,才应该由政府来做。由此出发,则有利于从根本上促进我国文化体制改革。

按公共财政公益性要求界定文化单位的性质,明确政府与市场边界。公共财政是非营利性即公益性的财政。财政要配合事业单位改革,区分不同单位性质。对公益性文化事业,如公共图书馆、博物馆、科技馆等,应充分考虑其公益性,坚持以社会效益为目标,对其加大财政支持力度、转变投入方式;而对经营性文化产业,如影视、出版、艺术等,则应以市场化为导向,以经济效益为目标,通过适当的政府优惠政策鼓励其走市场化、产业化道路。文化单位要按公益性与经营性来分类,从而界定政府与市场职能边界。我国现有的国有经营性文化单位,如报刊和广电集团,既有公益宣传性质的业务,也有竞争经营性质的业务。由此,即使在同一单位内部,也应将具有公益性质、承担"喉舌"功能的文化业务按照事业体制进行管理,坚持政府主导;将可面向市场经营的资产、业务从原有的事业体制中剥离出来,进行市场化运作。

按公共财政公平性要求促进文化市场公平竞争,健全文化市场体系。公共财政是公平性的财政,即要对所有市场主体一视同仁地公平对待,由此创造公平竞争的市场环境。在文化市场上,体制改革的重点就是要破除长期以来国有国营的垄断性局面。由于政府在财政、政策和市场准入方面的倾斜与控制,导致一方面社会资本和民营经济难以涉足文化产业的市场竞争,另一方面政府又未能集中资源把该做的基本文化公共服务做好。因此,应按中共十八大决定所指出的,一方面要"推进国有经营性文化单位转企改制",另一方面要"鼓励非公有制文化企业发展,降低社会资本进入门槛",通过对各类市场主体一视同仁地公平对待来鼓励公平竞争,从而建立健全现代文化市场体系。

按公共财政公共性要求优化财政支出结构,构建基本公共文化服务体系。公共财政是弥补市场失效的公共性财政,政府及其财政重点要放在满足公民基本公共服务上。就文化类来看,基本公共服务应定位于公益性、全民性等市场难以有效提供的基本文化公共服务上,如公共图书阅读、文化科普、全民健身等。由此,在财政上应优化支出结构,积极推动公共图书馆、公益文化馆、群众体育馆等建设,重点向基本公共文化服务,向农村、向落后地区倾斜,"促进基本公共文化服务标准化、均等化"。

(四)财政与加快生态文明制度建设

实现经济社会全面协调可持续发展,是改革顶层设计的根本目标。这就要求在深化公共财政改革中要强化其可持续化取向,即公共财政改革要从根本上服务于经济社会可持续发展;而要做到这一点,又要求实现公共财政本身的可持续化,才能给改革发展以可持续性的财力支持。在公共财政制度改革中,应通过税制改革、支出结构调整等方式积极促进技术进步、产业升级、生态保护和节能环保,从而服务于经济增长方式的转变和资源环境的可持续利用。

增加环境保护的财政预算二级科目,提高财政环保支出占总财政支出的比重,建立环保预算稳定增长的测算机制。在编制财政环保支出科目预算的过程中,应加大环保部门的作用,如统一环保支出科目的编制,提高财政资金的使用效率,并建立财政环保支出项目的效果评估制度等。以国家集中收缴的排污费作国家环保基金的主力本金,加上政府财政拨款、相关环境税收、国际援助等,专款专用,保护环境,以解决财政环保投入资金总量的绝对不足和专项资金的相对不足。

完善环保收费制度,探索排污费改税。在构建资源节约、环境友好型社会下,"加快资源税改革,推动环境保护费改税"是必然的选择。建立政府绿色采购制度,将不同程度的税收减免、政策扶持、优先采购给予循环经济产业和环境友好产品,而将税收标准提高、补贴取消或减少给予环境不友好产业产品。扩大征税范围、改革计征方式和提高税率都是资源税改革的必然取向。特别是从价计征的改革需要尽快由油气企业扩大到煤炭和其他矿产企业。目前,我国没有开征独立的环境保护税,对排污费实行"费改税"是初步的可行选择,尔后再考虑进一步构建碳税等专项环境税。

健全自然资源资产产权制度和用途管制制度。对水流、森林、山岭、草原、荒地、滩涂等自然生态空间进行统一确权登记,形成归属清晰、权责明确、监管有效的自然资源资产产权制度。建立空间规划体系,划定生产、生活、生态空间开发管制界限,落实用途管制。健全能源、水、土地节约集约使用制度。

五、结论、建议与设想

(一)结论:财政是国家治理的基础和重要支柱

基于前文分析,我们得出财政是国家治理的基础和重要支柱这一结论。把现代财政制度的构建嵌入国家治理体系,一方面是由于财政在服务于国家政治经济和社会全面发展中地位重要、作用突出,另一方面则是由于现代市场经济条件下财政本身最具有综合性和全面性的特点,财政的收、支、预算以及政府间财政关系的合理划分,不仅是一个国家政治、经济、社会良序运转的前提和基础,也是决定国家治理能力强弱的关键因素。

首先,财政是国家治理的基础。财政是政府与市场、国家与社会、效率与公平、中央与地方之间联系的纽带,而且在任何的经济形态和社会发展阶段,财政都是政府治理和履行职能的基础。只要有政府职能的执行,任何经济政策或公共政策的施行都需要相应的财力支撑。财税体制内嵌于市场经济体制,作为政治、经济、社会之间连接的纽带和经济体制改革与政治体制改革的交汇点,其本身的健康、稳定、平衡,运行过程的法制化和规范化水平以及对社会公平问题的矫正等内容都关乎一个国家治理体系建设和治理能力的现代化水平。

其次,财政是国家治理的重要支柱。当前在我国全面深化改革的背景下,财政处于政治、经济、社会体制的连接点上,又对众多长远性改革措施具有重大影响。例如,就实现政府职能转变,使市场在资源配置中发挥决定性作用,以及保障和改善民生来讲,需要政府财政致力于维护公平竞争的现代市场经济环境,由此建设服务型政府、激发市场活力、提高市场效率;就实现基本公共服务均等化以及分权激励来讲,需要政府通过完善转移支付和财政合理分权,实现各级政府间财权和事权相匹配,充分发挥中央和地方两个积极性;就改革收入分配制度、促进社会公平正义来讲,就需要进一步完善税制结构,提高直接税的地位和比重,优化个人所得税,完善财产税。当前我国发展的方方面面,都离不开财税政策的支持和财税体制的完善,财税体制已然成为我们解决发展中问题的关键和国家治理的重要支柱。

最后,财政是实现国家治理能力提升的重要工具。在中国特色社会主义市场经济条件下,财政政策是国家宏观调控和实现治理的重要工具,政府部门通过预算、税收、公债、补贴、投资等政策工具相机抉择的使用,"熨平"经济周期波动,实现经济稳定。具体而言,就是在经济增长放慢时,通过积极财政政策扩大政府支出,减少税收,在经济增长过热时,减少政府开支,增加税收,以实现宏观经济的稳定。

(二)建议:财政学有必要成为一级学科

从财政的本质属性及其在政治经济管理中的作用来看,财政无疑是国家治理的基础和重要支柱,有助于全面建成小康社会、全面深化改革、全面依法治国、全面从严治党,在中国特色社会主义政治、经济、文化、社会与生态文明建设的"五位一体"总布局中地位极其重要。同样,从财政学科性质来看,财政学从来都不只是一门单纯的经济学,财政学的研究领域(如预算、税收管理等)大多介于经济学、政治学、公共管理学、法学等之间。因此,财政学的跨学科属性是经济学所难以涵括的。

然而,从目前我国财政学学科设置和院系设置来看,财政学是作为应用经济学二级学科之一,财政一般是经济学院下设的一个系。在这样的学科和院系设置下,财政学从人才培养到课程体系就完全局限于经济学的知识体系,相应的财政学研究也仅仅局限于经济学效率的单维视角,这大大削弱了财政学科发展和人才培养在服务于我国政治经济社会全面发展中的地位和作用。我们认为,只有通过把财政学升级为一级学科,才能更有效地还原财政学原有的多学科属性,也才能更好地服务于我国全面深化改革和促进国家治理体系现代化的实践。

(三)关于财政学一级学科下二级学科设置的设想

财政学科建设的重要内容是加强财政学研究工作和提高人才培养水平,并实现有效服务于我国全面深化改革和国家治理目标。财政学一级学科下二级学科的设定应具有开放性与兼容性,在原本财政学和税务学两个传统学科核心知识和理论的统领下,可按照"同素异构"的原则,进行学科组织结构的创新、融合与重构。对此,我们根据当前我国财政学公共化、本土化、综合化和国际化的发展趋势,提出如下财政学一级学科下二级学科设置的设想。

1. 将原有的财政学、税收学两个专业升级为二级学科

财政学和税收学升级为二级学科后,就可以改变原有单纯经济学的知识和课程体系,引进政治学、管理学和法学等知识和课程体系,如在财政学二级学科下设置财政经济学、财政管理学、税收政治学、税收管理学、财税法学、国际税收与国际税法等专业。这些专业就能在经济学、政治学、管理学和法学间实现知识体系互补,进而在财政学一级学科上实现学科间的交叉融合,充分还原财政学综合性学科属性,并更好地服务于我国财税管理和国家治理。

2. 新设置国有资本管理与运营二级学科,以更好地服务于国家治理和社会需求

设置这个二级学科的主要理由在于:一是理论基础。中国财政是包括国有资本财政和公共财政的双元财政。作为社会中心组织,政府分配形成了公共财政;作为资本所有者,政府分配形成了国有资本财政。二是现实需求。财政是国家治理的基础与重要支柱,在国家治理中,国有资本管理和运营十分重要,如当前的PPP模式在财政引导吸收社会资本参与方面具有很大的现实需求。三是学科历史。国有资本管理天然与财政密不可分,我国国有资产管理活动是财政的一个重要组成内容,财政学科的体系原本包括"国有资产管理"。四是目前

没有专门开设国有资本管理与运营的二级学科,国有资本管理专业的设置可以填补学科空白,可以为国家治理和国有企业公司治理输送人才。

相应地,在国有资本管理与运营这二级学科下,建议设立资产评估、政府投融资、国有资产管理、国有资本运营等专业,以更好地服务于国家和社会多方面需求。

课题组负责人:上海财经大学　樊丽明　刘小兵

课题组执笔人:厦门大学　雷根强　刘　晔

参考文献:

[1]刘邦驰,王国清. 财政与金融[M]. 成都:西南财经大学出版社,2013.

[2]张立球. 国家·财政·经济:中西财政理论比较研究[M]. 北京:中国税务出版社,2004.

[3]邓子基. 国家财政理论思考:借鉴"公共财政论"发展"国家分配论"[M]. 北京:中国财政经济出版社,2000.

[4]张馨. 财政学[M]. 北京:科学出版社,2010.

[5]沈玉平,叶宁. 财政体制的政治属性及相关问题研究[J]. 政治学研究,2008(2).

[6]邓子基. 深化财政改革　理顺分配关系[J]. 经济研究,1992(11).

[7]贾康."十二五"时期中国的公共财政制度改革[J]. 财政研究,2011(7).

[8]王桦宇. 论现代财政制度的法治逻辑——以面向社会公平的分配正义为中心[J]. 法学论坛,2014(3).

[9]罗君丽. 科斯经济思想研究[D]. 杭州:浙江大学,2003.

[10]刘志刚. 推进城乡一体化发展的财政政策研究[D]. 北京:财政部财政科学研究所,2012.

[11]郝菲. 财政教育支出问题与对策[D]. 北京:首都经济贸易大学,2007.

[12]李喆. 中国医药卫生体制改革进程中的公共财政体制建设探析[D]. 吉林:吉林大学,2013.

[13]邓子基. 公共财政与和谐社会[J]. 厦门大学学报:哲学社会科学版,2005(6).

[14]蔡丽丽. 加强环境保护的财政政策研究[D]. 北京:首都经济贸易大学,2012.

[15]许光建,李天建. 国家治理体系视域下的现代财政制度建设[J]. 行政管理改革,

2013(12).

[16]刘晔. 顶层设计与深化公共财政制度改革[J]. 财政研究,2013(3).

[17]刘晔,刘建徽. 公共化、本土化、综合化和国际化——21 世纪以来我国财政学科发展及未来展望[J]. 经济体制改革,2012(4).

财政学 300 年：基于国家治理视角的分析

教育部高等学校财政学类专业教学指导委员会课题组

中共十八届三中全会决定中将财政作为"国家治理的基础和重要支柱"，使得国家治理与财政的关系成为学术界的关注热点。如高培勇所指出的，"认识到国家治理体系是一个全面覆盖经济、政治、文化、社会、生态文明和党的建设等所有领域的概念，将以往主要作为经济范畴、在经济领域定义的财政，转换至国家治理体系的总棋局上重新定位，这一变化的意义当然非同小可"。然而，在现代主流的西方财政学教科书中，财政通常仅被认为是政府为了弥补市场失灵而采取的纠正手段，因而其职能、规模、绩效都取决于经济的运行状况，几乎不讨论财政与国家治理的之间关系。Gruber 认为，财政学就是研究政府在经济中的作用的学问。Rosen 则说得更加直白，财政学研究的根本问题是实际资源的利用问题。这种经济视角的财政定位，若简单地与国家治理相互对应，则有将国家治理简化为经济管理之嫌。本文试图通过对财政学近 300 年来发展历程的回顾，探讨现代西方财政学不强调国家治理的原因，以及在我国修正这一理论框架的必要性。第一部分首先讨论国家治理的含义，以这一概念作为回顾财政学发展 300 年来的主线索；第二到第四部分分别叙述官房学、政治经济学和经济学这三门学科及其国家治理理念，如何在三个 100 年中对财政学产生影响；第五部分提出我们的中心观点。

一、国家治理视角

"治理"在《现代汉语词典》中意为统治与管理,其英文对应词为"governance",起源于古希腊语 kybernan,意指基于权威的引领,如船长引领船只航行。这个词在目前的社会科学领域使用得十分广泛,一方面说明它为各个学科讨论一些共通问题提供了平台,另一方面也使得这个词的含义有了比较大的分歧。为此,需要清楚界定其含义,以免后续分析陷于混乱。"治理"在社会科学中的基本含义,指的是人类群体中与集体决策相关的协调过程。在"治理"之前加上"国家"这一前缀,有可能产生两种歧义。

其一,国家治理指的是国家这一组织(也就是政府①)的治理还是涉及全体国民公共事务的治理? 从字面上看,两种理解都不错。但如将国家治理等同于政府内部治理,则"财政是国家治理的基础和重要支柱"就成了不言自明的道理,毕竟任何政府活动都不能离开财政资金的支持。从中共十八届三中全会决定的语境看,国家治理应当指的是后一种含义。

其二,对全体国民公共事务的治理,应当是"以社会为中心的治理"还是"以政府(国家)为中心的治理"? 回答这个问题,需要我们考察一下政府与治理这两者之间的关系。政府(government)与治理(governance)语出一源,其区别在于政府指的是政府活动的主体,而治理指的则是政府活动的过程。比如说,一个人参加了政府,他就成了政府的一分子,但一个人参加了治理,只是说他能影响政府活动,而不一定是政府的一分子。从这个意义上说,治理如果以政府为中心,则称之为"以国家为中心的治理",若不是以政府为中心,则称之为"以社会为中心的治理"。传统上,前者的使用更为普遍,但当前有大量文献,都是在后一种意义上使用"治理"一词。本文以"国家中心观"与"社会中心观"来指称这两种不同的用法。

持"社会中心观"的学者普遍认为,国家治理由政府转向社会是大势所趋。由于当前发达国家面临财政困难、合法性不足、机构碎片化、基层参与意愿增

---

① 政府广义上是指控制国家的整个体系,能够制定政策并确保其落实;狭义上仅指国家的行政机关。本文在广义上使用这一概念。

强、全球化压力等因素，国家独立实现各项政府目标的能力大幅下降，因而必须将利益集团、私营企业、慈善机构、非政府组织、跨国机构等纳入到治理中来，导致国家在治理中的地位不断下降。然而，尽管同意治理中确实出现了比以往更多的参与者，贝尔（Bell）和欣德穆尔（Hindmoor）却认为上述大转变是不存在的。他们从国家治理观的视角出发，将治理定义为政府为了辅助管理而使用的工具、战略与关系，认为在当前的发达国家中，国家以政府为中心，构建包含了众多参与者的治理网络。在这一网络中，政府可以挑选参与者，制定联系机制，协调各方行动，最终达成政府关注的目标。而且，政府即使向某一治理参与者让渡了某项职能，通常也会保留收回这一职能的最终权力。换言之，在这一治理网络中，政府与其他参与者的地位并不平等，其他参与者要在治理中发挥作用，必须依托政府才能开展，反之则不然。据此看来，"社会中心观"所提出的现代治理中的种种新特征，只是国家治理在当前形势下变换治理手段与策略的结果，政府处于治理的中心这一点，并没有发生根本性的变化。在当今中国，这种情形更是历史的选择。

对比上述两种观点，核心差异在于对国家能力是否充分的判断不同。这正是联结国家治理与财政的关键，毕竟经济学者往往将国家能力等同于国家征税的能力，尽管这一看法可能有失偏颇，但财政是衡量国家能力的重要方面，这是毋庸置疑的。从发达国家的历史看，财政在政治、经济与社会中的重要性持续并仍在不断增强，从而在一定程度上支持了"国家中心观"。因此，在本文中，我们谈到国家治理时，采用的是"国家中心观"的治理理念。

在不同的时代、不同的地域，国家治理与财政之间的关系有不同的表现形式。以政府的财政活动为研究对象的财政学，内容也会因此而有所不同。从这种变化中探究财政学研究的一般规律，有助于构造适合我国国情的财政学理论体系。本文将财政学的历史划分为三个大致为 100 年左右的时期，在这三个时期中，财政学分别作为三个学科的组成部分而得到发展，即官房学时代（1727—

1825年)、政治经济学时代（1825—1928年）与经济学时代（1928年至今）①。

二、财政学的官房学时代

以国家为主体，以其经济活动为对象的学问，在18世纪初的欧洲大陆被称为"官房学（cameralism）"。它与财政学有着天然的血缘关系，官房（kammer）本身指的就是掌管王室财政收支活动的政府机构，直到现在仍被用于指称德国的财政部，而官房学者（cameralist）原意指的其实就是财政官员。官房学产生于威斯特伐利亚体系形成后的神圣罗马帝国地区，中世纪的神权统治趋于消亡，现代（民族）国家开始萌芽，国与国之间的激烈竞争需要这样一门学问的出现来指导国家的行为。1727年，普鲁士首先在哈雷大学和奥德大学设立两个官房学教席，标志着这一学科达到了与神学、哲学、医学、法律四门古老学科并驾齐驱的地位。而迟至1825年，英国才在牛津大学设立政治经济学讲席，财政研究的中心也由欧洲大陆转向英国。因此，这一时期被看作官房学主导下的财政学发展的第一个100年。

官房学包括经济学、财政学和秩序科学（policey science）三方面的内容。其中，秩序科学的观念最为重要。"policey"一词来自亚里士多德关于促进良好社会秩序的条件的思想。早期的官房学者用它来说明社会各阶层通过封建司法制度所实现的和谐。但随着30年战争后欧洲德语地区封建"战国"格局的日益突出，官房学者将其引申为国家只有不断增强自身的行政、经济与军事能力，才能改造社会，增进社会福利，达到秩序国家（police state）②的状态。官房学在经济学与财政学方面的研究，都以实现这种秩序为目的。可以说，官房学实际上是为此类国家治理提供目标与手段的学问。

---

① 三个时代的分期，以财政学发展史上的标识性事件为依据，即1727年普鲁士大学中设立官房学教席，1825年英国大学中设立政治经济学教席，以及1928年庇古（Pigou）的财政学著作中引入边际分析方法。

② "police state"一词常被翻译为"警察国家"，意指政府独断专行，有强烈的贬义。但在官房学的语境中，police state要求所有官员在明确界定的界限中，按照明确界定的规章，行使明确界定的权力，并非可以为所欲为。因此，本文将其翻译为秩序国家，并无贬义。它与法治国家在司法上的主要区别在于，面对个人与国家的纠纷，法治国家可以通过所辖地的普通法庭处理，而秩序国家只能通过层层向上的行政机构进行处理。

根据 Hood 的论述，官房学有如下四个基本观点：

其一，国家的强大与否，取决于国民的财富和在工农业中科技的应用。17 世纪的官房学者格奥尔格·奥布雷赫特（Georg Obrecht）在担任神圣罗马帝国皇帝鲁道夫二世的财政顾问时，就建言经济发展的主要制约来自财政能力（taxability）与人力资本。普鲁士的腓特烈二世因而决定改善农民的健康状况。

其二，经济发展与社会秩序未必能够同步前进，需要积极的国家干预。官房学者 Oldendorp 认为，这种积极干预的对象包括对抗无宗教信仰、无知和贪婪等大众罪行，以及促进经济发展。

其三，为了促进经济发展，政府需要一支职业的公务员队伍。他们不属于任何特定的身份集团，必须详尽地学习有关公共管理和经济发展的"科学"知识，包括财政管理、自然资源（农业、林业和矿业等）管理和经济规制，以及比较行政制度与行政史。这类技能只有通过系统学习才能获得，就如同神学与医学一样，因而必须通过高等教育而不是边干边学的方式来传授。

其四，经济发展应当使人人都能享受到其成果。秩序国家就如同一个大家族，家族成员都应当且能够从家族的发展中获益，管理者与被管理者之间不会存在不可调和的冲突。

从上述四点可以看出，官房学代表着国家治理理念的一次飞跃。旧的封土封臣制不再适应时代的需要，国家雇用公务员取代贵族成为国家运转的核心。公务员的专业素养与高效率，更重要的是作为国家的雇员，他们与国家命运的休戚与共，使得国家能力的提升具备了最重要的"人力"基础。与这种转变相适应，财政学的研究致力于培养财政官员在财政活动中的"科学性"，如财政资金投资于实业以开源，在制度上减少财税官员的腐败以节流等。

三、财政学的政治经济学时代

随着欧洲大陆的主流国家治理观念由王权不受限的"秩序国家"转向王权受限的"法治国家"，盛极一时的官房学迅速走向衰落。在 1918 年的《税收国家的危机》一文中，熊彼特（Schumpeter）指出，现代国家必须由"领地国家"（domain state)向"财政国家"(fiscal state)或"税收国家"(tax state)转变①,这一变化根本性地改变了国家与经济和社会的互动方式,是现代性的一个重要来源。"财政因素是促成现代国家产生的直接因素……最终导致了自由个体经济的形成……国家的手上拿着税单,便可以渗透到私有经济中去,可以赢得对它们的日益扩大的管辖权。一旦税收成为事实,它就好像一柄把手,社会力量可以握住它,从而变革社会结构。"此文是熊彼特(Schumpeter)基于奥地利与德国的经验写成的,但具有讽刺意味的是,真正意义上的现代财政国家并没有诞生于这一地区,而是出现在了英国。

　　财政学在英国的发展伴随着政治经济学的兴起。以亚当·斯密、大卫·李嘉图、约翰·穆勒为代表的政治经济学家们,在大多数问题的看法上都与官房学针锋相对。官房学主张尊崇君主的"秩序国家",政治经济学倡导限制王权的"法治国家";官房学重视重商主义的经济政策,政治经济学反对政府干预,要求自由放任。唯有在财政学方面,官房学重视"科学性"的传统被很好地继承了下来。在《国民财富的性质和原因的研究》第四篇中,斯密开篇为政治经济学所下的定义,就是"政治家或立法者的科学"。显然,斯密认为政治经济学的首要目标并非为私人部门服务,而是帮助政府成员理解其立法、行政行为的后果。将官房学所说的"君主"改换为政治经济学家口中的"议会",并未减损"国家"实体在这两个学派中的核心地位。进一步地,斯密所强调的分工为进步之源泉的观点在应用于政府时,与官房学强调的职业公务员的重要性并无二致。因此,在"光荣革命"之后英国的一系列财政改革中,出现了征税人公务员化、征税渠道国有化、税收收入持续增长等现象,都是官房学在欧洲大陆极力主张而不能实现的举措。

　　尽管如此,法治国家这一国家治理理念还是对财政学的发展产生了根本性的影响。一方面,它改变了政府的构成,决策者由君主变为议会,尽管这一时代的议会成员仍然来自占人口极少数的特权人士,但相较于君主制,决策者与协助者的范围仍是大大扩张了,所代表的国家利益也更具有公共性。另一方面,

---

　　① 前者的国家收入来自于君主的财产(庄园、森林、矿产等),后者的国家收入来自于社会大众缴纳的税收。

它限制了政府的职权范围，重视保护公民的法定权利，特别是财产权利，与自由放任的政策主张紧密贴合。在财政领域中，这两个方面是有矛盾之处的。为了满足国防、司法、行政等社会必需的国家支出，政府不得不征税，甚至需要举借大量债务，然而这又必然导致公民的利益损失，以及危及市场的正常运转。如何在这两方面保持一种平衡？此前的财政学研究不能回答这个问题。因为在官房学的基本假设中，国家与其成员的利益是完全一致的。但若是将个人自由作为一种至高无上的公民权利，那么国家与公民的利益冲突就必定是一种常态。在这种冲突中，财政应当如何自处？多姆（Dome）将"如何构建一种与自由与商业社会相容的财政体系"这一问题称为"休谟难题"，因为大卫·休谟考察过这一问题，却没有得出答案。这也成为了政治经济学时代财政学研究的中心问题。英国的政治经济学家们大多持有尽可能少的政府干预的想法，但面对国防支出不断推高国债水平的现实，除了批评之外，却也提不出什么更好的解决方案。休谟所期望的解决这一问题的哲学性原理一直都没有出现。因此，尽管在政治经济学时代的中后期出现了专门的财政学教科书，但内容主要是对财政实践的描述和对具体财政问题的分析，欠缺完整的理论框架，如巴斯特布尔（Bastable）的《财政学》（*Public Finance*，1892）就是如此。

四、财政学的经济学时代

1928 年出版的英国经济学家庇古的《财政学研究》（*A Study in Public Finance*）被引入美国后，成为当时最主要的财政学教材之一。在这本书中，庇古使用了他在《福利经济学》（*The Economics of Welfare*，1920）一书中创立的外部性理论，提出了补偿原则作为财政学的基础理论，其原理与后来的公共产品理论极为相似，而公共产品理论正是现代财政学的基石之一。因此，本文将其视为财政学的经济学时代的肇始之作。虽然政治经济学向经济学的转变往往以英国经济学家马歇尔（Marshall）的《经济学原理》（*Principles of Economics*，1890）为标志，但学术界基本都同意，美国才是现代经济学开花结果之地，它也同样是财政学的经济学时代的研究中心。

经济学时代的财政学面对"休谟难题"，采用的方法是干脆否认存在国家利益。没有了国家利益，自然就没有了国家利益与个人利益的冲突，因而只要建立一个能够满足社会（个人的加总）利益最大化的财政理论，就能回答"如何构建一种与自由及商业社会相容的财政体系"这一问题。这一思路的背后，隐含的是一种"民主国家"的国家治理理念，即国家不仅仅是要像"法治国家"所要求的那样服从于法律，而且国家自身本就只是一个反映民意的法律程序，它不是一个实体，没有自己的独特利益。

1998 年，在德国慕尼黑大学举办了一场研讨会，经济学时代的两位财政学巨擘布坎南（Buchanan）与马斯格雷夫（Musgrave）分别对自己一生的学术生涯进行了总结，其后两人的讲稿与讨论集结成册，被命名为《公共财政与公共选择——两种截然不同的国家观》（*Public Finance and Public Choice—Two Contrasting Visions of the State*，1999）。布坎南与马斯格雷夫不约而同地将国家看作一种程序和机制，而不是一个具有独立利益的实体。布坎南指出，政府本身不过是一个复杂的交互过程，没有内在一致的选择函数。马斯格雷夫则认为，国家简单来说就是一个契约制的风险企业，建立在个体成员的基础之上，并处理他们共同面对的问题。这种迥异于官房学与政治经济学的对国家的看法，正是经济学时代的主要思想特征。

正如布坎南与马斯格雷夫在国家问题上的相同点反映了当前财政学的主要特征一样，两者的差异也反映出了当前财政学的矛盾之处。布坎南以美国 20 世纪 60 年代之后出现的财政失衡为依据，认为国家是必须通过宪政（包括财政立宪）来加以限制的利维坦。马斯格雷夫则认为，对于有效的政府运作来说，坚强的（行政与议会层面上的）领导是必需的，他举出大萧条中的罗斯福与第二次世界大战中的丘吉尔为例，以此反对布坎南等人将公务员刻画为懒惰的官僚主义者和腐败分子的做法。这在一定程度上反映了理念与现实之间的背离。民主国家并不是完美国家的代名词，无论如何设计民主程序，国家权力仍然可能被少数人用于谋取私利、损害公益，但如果严格限制政府的决策与执行能力，国家在迎接挑战、适应变化方面就会力所不及。构建财政体系的目的，究竟是使之成为限制政府行动的锁链，还是增强政府能力的引擎，这在理论上仍然是个未能达成共识的问题。

五、我国财政学理论体系的再造

从以上历史回顾中可以发现，在财政学的各个发展阶段，国家治理理念与财政学对于合理财政形态的看法总是相互对应的[①]。我们将这种对应性总结为表 1，在此基础上尝试性地提出三个主要观点。

表 1 财政学发展中国家治理理念与财政形态的对应关系

时　期	国家治理理念	财政形态
官房学时代	秩序国家	国家财政：增强国家能力
政治经济学时代	法治国家	市场财政：维护市场机制
经济学时代	民主国家	社会财政：满足选民偏好

第一，财政学的发展是一种演化而不是一种进化。

演化与进化的区别，在于进化意味着"新的"总是比"旧的"好，而演化并不认为"新""旧"有好坏的差别，只是适应了各自的环境而已。

在近 300 年的发展变化中，财政学理论似乎展示出了一种不断脱离"国家"的趋势。官房学时代的财政学以支撑国家富强为己任，不妨称之为"国家财政"；政治经济学时代的财政学以维护市场秩序目标，极力缩小财政职能的范围，不妨称之为"市场财政"；经济学时代的财政学否认国家的利益主体地位，主张财政是为全体选民服务的公共产品提供者，强调透过政治程序反映出来的民意是决定财政活动的范围与规模的关键，不妨称之为"社会财政"。

然而，应当注意的是，这是在三个不同时代、三个不同国家（地区）中发展出来的三种财政理论。它们适应了各自的国情，是演化而非进化的产物。技术的发展通常被认为是一种进化，因此，用火的原始人若是能用上电，生活必能大幅改善。但财政学的发展则完全不具有类似的特征。在 18 世纪的西欧大陆，面对强敌环伺的险恶局面，若不主张"国家财政"，国家迅即就会灭亡。19 世纪的英国远离欧陆，方能在较稳定的环境中"闲庭信步"般地进入现代，也才可以提

[①]　对财政学 300 年的发展进行梳理概括，非一篇论文的篇幅所能涵盖，我们只能选择某一时期中权威性较能得到公认的学者的观点作为该时期的思想代表。这样做虽然难免挂一漏万，有简化分析之嫌，但其权威性有助于降低以偏概全的可能性。感谢审稿人指出这一问题。

出"市场财政"这样的主张,同时代的奥地利与德国则仍在战争的威胁中苦苦挣扎。待到 20 世纪,英吉利海峡也阻挡不住先进武器的进攻时,财政学的研究中心则转移到了与欧洲大洋相隔的美国,以超级大国、全球霸主的地位,美国才可能完善民主制度,推进"社会财政"。18 世纪的普鲁士君主不可能采用"市场财政",19 世纪的英国贵族议员们也绝不会允许"社会财政",这是财政学发展与技术进步完全不同之处。因此,尽管不否认财政学技术层面的发展具有持续性,但"国家财政"、"市场财政"与"社会财政"更适合被看作是三种并列的、适应不同国家态势的财政形态,而不是相继而起、以新代旧的进化过程。

以上述布坎南与马斯格雷夫的争论为例。马斯格雷夫在 1939 年发表代表作《公共经济自愿交换论》(*Voluntary Exchange Theory of Public Economy*),并提出著名的财政三职能,此时正是美国经历大萧条之后,面对世界大战烽火之际,这种态势自然将国家的领导地位突出出来,因而他的财政理论中难免带有"国家财政"的色彩。而布坎南于 1977 年发表《赤字中的民主》(*Democracy in Deficit*)时,美国面对的问题是凯恩斯主义政策与福利国家建设导致支出膨胀,引发种种政治、经济与社会问题,因此,他强调财政纪律,限制政府,因而带有一定程度的"市场财政"成分。

笔者因此主张,不要将当前的主流财政学作为财政学发展的唯一范式,而是应当从"国家财政"、"市场财政"与"社会财政"中求同存异,共同汲取营养。

第二,财政学有必要引入更多的政治学与社会学的相关内容与分析方法。

官房学时代的财政学极其重视国家的作用,奠定了财政学的政治学基础;政治经济学时代的财政学强调国家要顺应经济规律,构建了财政学的经济学基础;经济学时代的财政学主张财政要依据民意,满足社会需要,形成了财政学的社会学基础。当代财政学的发展应当融合三门学科的相关合理内涵,而不仅限于经济学的研究范式。

首先,从政治学角度对国家进行分析对理解财政收支的成因至关重要。脱离了对国家治理模式的探讨,财政学或"公共部门经济学"在分析政府的经济活动方面现实价值大幅降低。布坎南与马斯格雷夫分别是当前财政学两大主要流派的代表人物,他们对财政学的研究也都是从国家角度切入的。特别是对布坎南来说，他的重要学术贡献之一就是将投票这一政治程序的重要环节纳入到经济分析中来，因而才会以"公共选择"称呼其学派。可见，脱离对国家的政治分析，无法说清财政收支的决定因素。

其次，财政收支活动的效应绝不仅仅限于经济领域，对社会也会产生重大影响。当前发达国家的一个现实是社会性支出大致占到全部财政支出的一半左右，这还没有包括大量与社会福利相关的税收支出。规模如此庞大的财政活动，不仅影响到社会中资源配置的状况，还会对社会关系与社会结构产生重大影响。缺乏从社会学角度对财政收支效应的分析，财政学也不完整。

再次，财政学的发展不必也不可能脱离经济学的成果。"经济学帝国主义"这一学术现象本身即已说明经济学在研究方法上较其他社会科学有其优越之处。近些年来，不论是政治学还是社会学领域，都涌现出了大量以经济学研究方法为基础的成果。更何况现代财政收支活动作为社会再生产过程的有机组成部分，直接受到经济规律的支配。我们所强调的是，不能因此拒绝政治学与社会学的思想与方法。理解现实的财政活动，为现实的财政活动提供指引，要求财政学具有更大的包容性。

如何实现财政学中经济学、政治学与社会学的相互融合，我们目前也无法给出明确的答案。这有赖于认识到这种融合的必要性后整个财政学界所作出的回应。然而，提出这样的问题，本身就是解决问题的第一步。从目前的情况来看，国内外的财政学普遍上都是经济学的一个分支学科。这就意味着学习财政学的人主要学习经济学，其课程体系中不会包括政治学与社会学的基本内容；研究财政学的人主要将某种政治学与社会学观点作为研究背景，而不是将其作为研究的中心。了解政治学与社会学的一枝半叶，不能称之为相互融合。掌握政治学与社会学的基本理论与主要研究方法，在学习过程中有系统的教育，在研究过程中能够确实的应用，这才算得上是摆脱了"相互独立"的状态。距离这样的财政学建设，显然还有很长的路要走。

第三，中国财政学的发展必须适应中国的国情。

我国计划经济时代的财政学曾高度突出国家的作用，其中一个主要流派被称为"国家分配论"，即视财政为"国家集中分配过程中形成的以国家为主体（即以国家为主导方面)的分配关系"。改革开放后,财政学界有意识地放弃了"国家"在财政理论中的中心地位。在 1983 年发表的《关于财政理论坚持唯物史观的几个问题》中,陈共教授修正了国家分配论的观点,强调了财政的经济属性。他指出,"研究财政问题始终不应忽略一个基本事实:即任何暴力(包括国家政治权力)不能创造物质财富……国家能够决定财政政策,但不能决定财政规律。如果把财政政策看成一条曲线,这条曲线的轴线则是财政规律,国家只能在财政规律这个中轴线的一定范围之内决定财政政策……国家为了维护其赖以存在的经济基础,可以实行不同的财政政策,然而财政政策的执行后果如何,却不是由统治集团的意志决定的"。随着西方财政理论与研究成果的不断引入,目前我国财政学教科书的体系已基本与西方主流教科书没有什么差别。

如前所述,西方财政学有其内在的矛盾之处。引入西方主流财政学,也就引入了这种矛盾。但更严重的是,现代经济学构建模型、推导结论的演绎方法,倾向于产生某种"放之四海而皆准"的普遍性结论。这种方法看似客观,但在其基础模型构建中其实已经设定了某些关键的制度条件,因而在应用于制度条件不同的国家时,往往产生不令人满意的结果。所以,美国经济学家以美国的国情为基础写作的财政学,对于解释美国的财政现象是有说服力的;但将同样的理论应用于中国,如果仅仅是对数据作简单替换的话,结论往往是形成对中国现实的批评意见。批判现实一向是推进中国改革的积极力量,但如果批判的根源在于基本制度的不相容,则批判最终会成为否定现实的消极力量。

说到底,财政学这样一门应用性学科发展的根本动力在于能否回应现实的需要。18 世纪的普鲁士不可能采用自由市场制度,19 世纪的英国也不会允许议员的"普选"制度,这都是当时的社会现实所决定的。同样,当前的中国也有不同于西方的现实。比如在政策执行方面,我国的地方官员倾向于对上负责,而不是对下负责,以财政联邦制理论来分析中国的政府间财政关系就存在困难。在预算方面,在当前的政治制度之下,公共选择显然无法有效评价财政规模与结构的合理性。进一步说,经济学中常将个人满足自身偏好的程度看作是理性的标准,由此看来,财政的理性就应当取决于财政活动满足国家目标的程度。一个实行"人民民主专政"的国家和一个采用西方式民主的国家,目标很可能是不一样的。不一样的目标，自然会导出不一样的财政制度与政策。18 世纪的普鲁士、19 世纪的英国和 20 世纪的美国，财政制度与政策都不同，这和当前我国财政制度与西方发达国家不同又有什么本质差别？既然在前述国家中都孕育出了独特的财政理论，适应中国国情的财政理论探索与实践也会产生出具有中国特色的财政学。

中国的国情与现实，已经促使学术界对过去 30 年不加批判地吸收西方财政学思想所产生的弊端加以反思。高培勇提出，"财政绝不仅仅是一个经济范畴……从根本上来说，财政是一个跨越经济、政治、社会、文化和生态文明等多个学科和多个领域的综合性范畴"。陈共教授最近指出，"我国财政理论界过去对财政学对象的研究是有成果的，但也存在一种明显的倾向，主要是侧重或者限于经济这个侧面，忽视政治这个侧面，重视从经济学角度研究财政学，轻视从政治学角度研究财政学，强调财政学是研究财政运行规律，忽视财政收支治理的实践"。他还强调，"从财政学科的属性来看，财政学是一门综合性很强的学科，不仅是经济学和政治学的交叉，而且也是和不少的相关学科相互的交叉"。从 20 世纪 60 年代主张国家在财政活动中的中心地位，到 80 年代改革开放后反思"国家分配论"对经济规律的忽视，到当前再度反思财政学对经济规律的过度侧重，陈共教授这位我国财政学泰斗的思想变化，正是我国财政学发展路径的一个缩影。经济规律固然重要，但财政学仅仅研究经济规律是不够的。

财政学的发展是与国家的兴盛联结在一起的。欧陆国家走在了现代的前沿，官房学时代的财政学因而成为显学；英国成为了"日不落帝国"，政治经济学时代的财政学因而受人瞩目；美国在第二次世界大战后俨然已成为西方国家的领袖，经济学时代的财政学才成为各国学习的样板。中国的财政学如要有所突破，也必须紧扣中国的国情。如果说"中国的市场经济不同于欧美"的观点还存在争议的话，中国的政治制度与社会文化则肯定与欧美国家有着巨大的差别，而这种差别必然对中国的财政学产生重大影响。从这个意义上说，官房学时代财政学对国家作用的重视，在中国当前仍旧具有重大的现实意义，毕竟我国政府在政治、经济、社会中的突出作用，是中国与西方发达国家的一个重要差别。中国的财政学者应当直面这种差别，理解它，分析它，阐释它，然后才能改进它，推进财政领域的改革走向深入。这是中国财政学发展的正途所在。为此,除了经济学的分析工具以外,政治学与社会学的思想与方法也是必不可少的。

课题组负责人:上海财经大学　樊丽明　刘小兵

课题组执笔人:中国人民大学　刘晓路　郭庆旺

参考文献:

[1]陈共. 社会主义财政的本质和范围问题[J]. 经济研究,1965(8).

[2]陈共. 关于财政理论坚持唯物史观的几个问题[J]. 财政研究资料,1983(69).

[3]陈共. 财政学对象的重新思考[J]. 财政研究,2015(4).

[4]高培勇. 论国家治理现代化框架下的财政基础理论建设[J]. 中国社会科学,2014(12).

[5][英]亚当·斯密. 国民财富的性质和原因的研究:下册[M]. 北京:商务印书馆,1983.

[6]Bastable C F.*Public Finance*[M]. London:Macmillan & Co.,Ltd.,1892.

[7]Bell S,Hindmoor A.*Rethinking Governance:The Centrality of the State in Modern Society*[M].Cambridge:Cambridge University Press,2009.

[8]Besley T,Persson T.The Origins of State Capacity:Property Rights,Taxation,and Politics[J]. *American Economic Review*,2009,99(4).

[9]Buchanan J M,Musgrave R A.*Public Finance and Public Choice—Two Contrasting Visions of the State*[M]. Cambridge:The MIT Press,1999.

[10]Buchanan J M,Wagner R E. *Democracy in Deficit:The Political Legacy of Lord Keynes*[M]. New York:Academic Press,1977.

[11]Chapman B.*Police State*[M]. London:Pall Mall,1970.

[12]Dome,T.*The Political Economy of Public Finance in Britain 1767—1873*[M]. London and New York:Routledge,2004.

[13]Gruber J.*Public Finance and Public Policy*[M]. 4th Edition. New York:Worth Publishers,2013.

[14]Hood C.*The Art of the State:Culture,Rhetoric,and Public Management*[M]. New York:Oxford University Press,1998.

［15］Marshall A. *Principles of Economics*［M］. London：Macmillan & Co.Ltd.,1890.

［16］Pigou A C. *A Study in Public Finance*［M］. London：Macmillan & Co.,Ltd.,1928.

［17］Rosen H S,Gayer T.*Public Finance*［M］. 10th edition.McGraw-Hill International Edition,2014.

［18］Salamon L.*The Tools of Government：A Guide to the New Governance*［M］.Oxford University Press,2002.

［19］Schumpeter J A.Die Krise des Steuerstaates. Zeitfragenausdem Gebiet der Soziologie,repr. in：Hickel 1976.

［20］Van Assche K,Beunen R,Duineveld M. *Evolutionary Governance Theory：An Introduction*［M］. Heidelberg：Springer,2014.

关于财政学的学科属性与定位问题

中国人民大学　安体富

一、引言：财政学是否属于经济学科

教育部在高等学校的学科分类中，一直将财政学列入经济学科（应用经济学），这曾为大家所接受。但目前在财政学界，许多专家学者对此提出了质疑。陈共教授认为，"财政这个范畴是经济与政治共同作用下的产物，在财政诞生那一刻就注入了两种因素，即经济因素和政治因素，因而财政概念是二元的，是经济和政治的结合体"；"财政学是一门综合性很强的学科，不仅是经济学和政治学的交叉，而且也是和不少的相关学科相互的交叉，例如，法学、管理学、社会学等"；"财政学既要研究财政收支运行规律，又要研究财政政策和财政制度，前者属于经济基础范畴，后者属于上层建筑范畴，是两个有机组成部分。"高培勇教授指出，"财政绝不仅仅是一个经济范畴……从根本上来说，财政是一个跨越经济、政治、社会、文化和生态文明等多个学科和多个领域的综合性范畴"。马骁教授提出，"财政学是经济学、管理学、法学、社会学的融合，不能单纯的将财政学归属于经济学，相反，财政学应摆脱传统学科架构的束缚，要从多学科融合的角度来构建'新财政学'"。

二、财政学的学科属性与定位取决于财政的性质(本质)

那么,什么是财政? 如何概括财政的概念?

陈共教授在《财政学》教材中曾将财政概念简略概括为:"财政作为一个经济范畴,是以国家为主体的分配活动。"

20 世纪 40 年代中华书局出版的《辞海》的财政概念是:"财政谓理财之政,即国家或公共团体以维持其生存发达之目的,而获得收入、支出经费行为也。"

1979 年上海辞书出版社出版的《辞海》的财政概念是:"财政是国家为实现其职能,在参与一部分社会产品的分配和再分配过程中,与有关各方面所发生的经济关系。"

这些对财政概念的概括,都表明财政属于经济范畴。

我国学术界对财政概念问题曾进行过长期的讨论与争鸣,形成了不同的界说,主要有"国家分配论"、"剩余产品论"、"社会共同需要论"、"价值分配论"、"社会再生产论"等。这些界说,各有不同论点,但也有共同之处,即都承认财政是一种国家的经济行为,是一个分配范畴,必须从社会再生产角度进行研究。

"财政"也称为"公共财政",其对应的是同一个英文词汇"public finance",其中,finance 是个多义词,可翻译为"金融"、"融资"、"财政"、"财务"、"资金"等,为了使词义明确,只有加上 public 进行修饰、限制,才能成为"财政",否则会含混不清。但就 finance 一词来看,属于经济学词汇,黄达教授对此曾进行过专门考证,认为:"简言之,凡是与钱有关系的事情都可用 finance 这个词。"显然,这与政治、社会、管理、法律等概念无关。

财政学的发展出现了"公共经济学",即当代财政学。那么,什么是公共经济和公共经济学?

一般认为,市场经济的主体有三个:企业、居民和政府。作为市场经济主体的政府,指的是政府的经济活动,即政府经济,又称公共经济(public economy)或公共部门经济(public sector economics)。而与之相对应的以企业和居民为主体的经济活动,则称为私人经济。公共经济为社会提供公共产品,私人经济为社会提供私人产品。显然,在这里公共经济与私人经济的区分不是以所有制为标准,而是以不同经济主体的经济活动的不同特征为标准。这表明,私人经济与公共经济(政府经济)共同组成了市场经济,缺一不可,它们都属于经济范畴。

在市场经济条件下,经济活动都是围绕着资金运动即资金的筹集与运用展开的。具体地说,企业的经济活动主要表现为企业的收支活动,居民的经济活动主要表现为居民的收支活动,政府的经济活动主要表现为政府的收支活动。而政府的收支活动就是财政。因此,财政(即公共财政)是政府经济即公共经济的主要内容。

公共经济学是研究公共经济的学科。20世纪初逐渐发展起来的福利经济学和随后的凯恩主义为公共经济学的创立提供了理论和方法论基础。1959年出版的马斯格雷夫的《财政学原理:公共经济研究》,才首次引入公共经济学概念,随后,冠以公共经济学的著作陆续出版,其中较为著名的有阿特金森和斯蒂格里茨合著的《公共经济学》(上海三联书店1992年版)以及鲍德威与威迪逊合著的《公共部门经济学》(中国人民大学出版社2000年版)。但就实际来看,目前的公共部门经济学名不副实,它的内容并没有超越财政学研究的范围,最多也只能算是对财政学的研究作了一些深化和发展。因为财政部门不过是诸多公共部门中的一个公共部门,而公共经济学的内容并没有论及其他公共部门的经济和管理问题,实际上是给财政学冠上一顶"大帽子"。

在"财政学"与"公共经济学"的关系上,由于政府的财政收支行为仍然是公共部门的主体,因而财政学依然是公共经济学的核心内容。事实上,当代财政学研究的内容与传统财政学相比,已经有很大的不同,而与公共经济学的内容则大同小异。正因为如此,瓦格纳和罗森曾指出,公共经济学是财政学的另一名称。我国台湾出版的林华德所著《当代财政学》(圆山图书公司1886年版)的前言中也指出:"由于当代财政学之研究,系站在社会福利的立场,以政府的角色来探讨社会资源之运用,从而把"财政学"视为"公共经济学"亦无不可。"因为"当代财政学探讨的内容以公共经济事务为核心"。

综上分析,公共经济属于经济范畴,公共经济学属于经济学科,不可能认为公共经济不是经济,公共经济学不是经济学,那就会陷入"白马非马"的谬论。

至于"财政学既要研究财政收支运行规律，又要研究财政政策和财政制度，前者属于经济基础范畴，后者属于上层建筑范畴，是两个有机组成部分"之说，应当承认"财政政策和财政制度，属于上层建筑范畴"，但它们反映的是财政经济关系，而不是政治关系或其他关系。其实，这种情况并非财政学特有，比如，与财政学关系非常密切的金融学（货币银行学），也必然要研究金融（货币）政策与金融制度，能因此认为，金融学不只属于经济学，还属于政治学与社会学吗？实际上，整个经济学都要研究经济政策与经济制度，这可以从下面西方经典《经济学》研究的内容中得到进一步印证，但人们并未因此把经济学看成是既属于经济基础又属于上层建筑的"两个有机组成部分"。

中共十八届三中全会作出的《中共中央关于全面深化改革若干重大问题的决定》（以下简称《决定》）中提出了"财政是国家治理的基础和重要支柱"的重要判断，从而把财政在国民经济中的地位和作用提到了一个新的高度。财政属于宏观经济，与国民经济各个部门都有着密切关系，其重要性是毋庸置疑的，但这不能成为财政（学）从经济（学）中独立出来的根据。考虑到财政学与其他学科的关系，可以从不同角度，如政治学、社会学、管理学、法学等学科角度研究财政问题，并形成相应的专著，如政治财政学、社会财政学、管理财政学等，但不可能写出包括上述诸学科的综合财政学。

从学科分类来看，目前在我国，财政学科属经济类学科，而财政学的许多专家学者希望提高该学科的地位，将其从经济类学科中独立出来，成为一级学科甚至超一级学科，显然这是不太可能的。要知道在西方国家，财政学甚至不是一个专业和学科，仅是一门课程，但财政（学）的地位绝不低于我国。

总之，研究财政问题，不能就财政论财政，应从多角度进行研究，但不能因此否定财政（学）的经济（学）属性。

三、财政学从来都是经济学的重要组成部分

这可以从西方经典《经济学》专著中得到证明，例如：

亚当·斯密所著《国民财富的性质和原因研究》（商务印书馆 1974 年版）被恩格斯誉为是创立了财政学的著作。该书专门论述财政问题的第五篇冠之以

"论君主或国家的收入"的标题,他把"廉价政府"作为财政追求的最高目标,相应提出"公平、确定、简便和征收费用最小"的税收四原则与厉行节约、"量入为出"的财政支出原则,从而勾画出了财政学的基本框架。

约翰·穆勒所著《政治经济学原理》(华夏出版社 2009 年版)被誉为是具有里程碑意义的著作。该书专门论述财政问题的第五篇的标题则冠之以"政府的影响",专门论述财政与政府的关系问题。

凯恩斯的代表作《就业、利息和货币通论》(商务印书馆 1999 年版)是形成凯恩斯主义的力作,他首次系统地论证了赤字的经济合理性,冲击了古典的"量入为出"原则。在税收方面,着重分析了税收调节收入分配,从而调节经济运行的作用,并拟议一套以直接税为主和以累进税率为特色的租税体系。关于财政支出,论证了政府投资具有"倍数"扩张社会总需求的作用,力主政府负起直接投资之责。由于凯恩斯主义强调财政的作用,人们通常对他及其信奉者的理论冠以"财政学派"的名称。

斯蒂格利茨的《经济学》(中国人民大学出版社 2000 年版)用大量篇章详细论证了财政问题:在第 1 章关于什么是经济学的"导论"中,论证了市场与政府的职能问题;第 7 章"公共部门"专门分析了政府的作用、政府与再分配、政府失灵、政府选择等;第 16 章是"政府对待竞争的政策";第 22 章是"税收、转移支付与再分配";第 23 章是"公共决策";第 32 章是"财政政策与货币政策";第 37 章是"赤字与赤子的减少";等等。

保罗·萨缪尔森的《经济学》(华夏出版社 1999 年版)第 2 章"市场与政府之间界限的划分"专门论述了"政府的经济职能"。而第四篇的标题即"政府在经济中的作用",包括四章内容,其中,第 16 章"政府税收和支出"全面论述了"政府对经济的控制"、"政府的职能"、"政府的政策工具"、"公共选择理论"、"政府支出"、"税收的经济方面"等。在宏观经济政策的篇章中,详细突出论证了财政政策与货币政策及其配合问题,等等。

曼昆的《经济学》(北京大学出版社 1999 年版)第六章专门论述了税收如何影响市场、弹性与税收归宿;第八章是"应用:税收的代价";第十二章是"税制的设计";第三十章专门论述了"政府预算赤字"问题;第三十二章分析了"财政政策如何影响总需求"等。

从以上经典《经济学》的内容看,财政学是经济学不可分割的重要组成部分。

四、如何认识不同学科之间的交叉

随着经济社会的发展,学科之间的交叉越来越频繁和深化,而交叉学科的属性是由主体学科的性质所决定的。例如:

现代经济学广泛运用数学和计量模型进行经济活动的定量分析,使得分析的结果更加准确,从而形成了数理经济学和计量经济学。这是自然科学与社会科学之间的交叉,但在这里,数学、计量模型只是分析经济问题的方法和工具,其本体(主体)是经济,因此,数理经济学和计量经济学的学科属性是经济学,而不是数学。

经济学是一个范围广泛的学科,它可以与许多学科相交叉从而形成不同门类的经济学,例如有教育经济学、劳动经济学、环境经济学、民族经济学、房地产经济学等。

财政学由于财政分配的主体是国家而被称为典型的"政治经济学",但它的本体是经济学,因而政治经济学仍属于经济学范畴。约翰·穆勒所著《政治经济学原理》应是经济学名著,而不是政治学著作。

财政学与法学、管理学、社会学等之间存在着密切关系,应从多角度、多学科交叉的方法来研究财政问题,但这并不能成为否定财政学属于经济学科的根据。

从财政学与法学的关系来看,因为市场经济是法制经济,所有经济活动都受法律的规范和制约,例如,经济法(商法)中有预算法和税法,此外还有银行法、证券法、投资法、保险法、信托法等,在这里,法律是用来规范预算、税收和银行、证券、投资、保险、信托等财政金融行为的,但其实体仍然是预算、税收和银行、证券、投资、保险、信托等财政金融本身的内容。比如,最有代表性的是税法。汤贡亮教授主编的《税法》(经济科学出版社 2004 年版)是财政部"十五"规划教材和全国高等院校财经类专业教材。该书共有十七章,其中除第一章"税法概论"和第十五章"税收征收管理法"外,其余章节都是我国现行税种法,其内容与财政学和税收学介绍的"税收制度"的内容是完全一样的。

财政与管理的交叉更为广泛,如财政管理、预算管理、税收管理、国有资产管理、国有基金管理等,在这里,是用管理的理论和方法,对财政、国家预算、税收、国有资产和国有基金等进行管理,而管理的实体和内容属于财政学研究的范围,而不属于管理学。

五、财政学研究财政政策与财政制度,并不能以此否定财政学的经济学科属性

所有的《经济学》著作既研究经济运行规律,又研究经济政策与制度,它们之间的关系是:经济规律是制定经济政策的理论基础,而经济政策使经济规律得以实现,并且可以推动经济理论的发展,因此,《经济学》著作不可能不研究经济政策与制度,如上述亚当·斯密所著《国民财富的性质和原因研究》、约翰·穆勒所著《政治经济学原理》、凯恩斯的代表作《就业、利息和货币通论》、斯蒂格利茨的《经济学》、保罗·萨缪尔森的《经济学》和曼昆的《经济学》中都包括有经济政策和经济制度的内容,但这并不能否定其经济学科属性。

马斯格雷夫的《美国财政理论与实践》(中国财政经济出版社 2003 年版)是作为经典的财政学教科书被广泛采用,其中除讲授财政职能、财政与税收原则等理论问题外,大量的是关于财政政策、财政体制、财政制度和税收结构、税收制度方面的内容,并且两者结合得非常紧密。

罗森的《财政学》(中国人民大学出版社 2006 年版)也是被广泛采用的教科书,其中除介绍分析工具和财税理论外,第 4 篇用了 5 章篇幅详细介绍美国的收入制度,包括个人所得税、公司税、消费税和财富税。第 5 篇是关于联邦制财政和财产税方面的内容。另外,在其他章节中还有"扶贫支出计划"、"社会保障改革"、"美国对外部性的对策"等内容,这些也都属于政策、制度和措施方面的问题。

陈共编著的《财政学》(中国人民大学出版社 2012 年版)是普通高等教育"十一五"国家级规划教材和教育部经济管理类核心课程教材,在国内广泛使

用。该书第一章至第三章讲述"财政概念和财政职能"、"财政支出的基本理论问题"和"财政支出规模与结构分析",属于理论部分;第四、五、六章介绍财政支出的各项具体内容,属于财政制度范围。第七、八、九章讲述"财政收入规模与构成分析"、"税收原理"、"税收的经济效应",这些应属于理论范畴;第十章至第十六章则是介绍税收制度、我国现行税制、国债市场、预算管理和预算管理体制、财政赤字和财政政策等内容,这些当属于税收制度和财政政策、财政体制方面的内容。目前,国内财政学教材的版本很多,但都与陈共编著的《财政学》教材大同小异。

从上述对《经济学》和国内外《财政学》的内容介绍看,都包括两部分:财政经济理论和财政经济方面的政策、制度。既然不能因《经济学》中包括有经济政策和经济制度的内容,而否定其经济学科属性;同理,也不能因《财政学》研究财政政策与财政制度,而否定财政学的经济学科属性。

六、关于"财政是经济基础还是上层建筑"的争论

关于财政(学)的属性问题,早在20世纪五六十年代就讨论过,这集中反映在《财政是经济基础还是上层建筑》一书中,该书是由中国财政经济出版社委托厦门大学邓子基教授就"财政是经济基础还是上层建筑"问题,组织一部分关心这个问题的同志撰文讨论,并汇编出版。"财政是经济基础还是上层建筑",这一问题同如何理解经济基础与上层建筑之间的关系、财政的性质(本质)、财政学的对象等问题密切相关,最早大约从1954年就开始讨论,其中,关于财政是经济基础还是上层建筑问题,争论相当激烈,当时一些著名学者,像邓子基、姜维壮、王绍飞、何振一、叶振鹏、陈明鑑、赵春新、王传曾、蔡次薛等都参与了讨论。最后收编入《财政是经济基础还是上层建筑》这本书的论文共9篇,有三种观点:财政是经济基础;财政是上层建筑;财政既属于经济基础,又从属于上层建筑。其中,主张财政属于经济基础范畴的占大多数。

当时笔者的论文《财政是一种特殊的经济范畴》也被收入该书。该文是在马克思再生产理论的基础上探讨了财政的本质属性是经济范畴,但由于它与国家又有本质联系,因而是"特殊的经济范畴"。该文的贡献主要有两点。

第一，从财政分配的社会产品的价值形态运动中，将财政资金运动公式纳入社会总资本的运动公式之中，从而证明财政属于经济范畴，这在当时曾得到李成瑞等专家学者的赞赏。

财政是个经济范畴，可以从财政分配的社会产品的价值形态运动中得到证明。这里以资本主义为例。资本主义生产的结果是取得一个商品生产物（设为 W'）。商品 W' 可以分成两部分：一部分代表资本家为生产该商品所耗费的资本价值（设这部分商品为 W）；另一部分代表剩余价值（设这部分商品为 w）。商品生产出来以后，必须按其价值销售出去，资本家才能收回商品生产中耗费的资本价值，并实现剩余价值。假设这一过程顺利实现，这时，商品 W' 便转化为货币 G'。同时，商品资本 W 转化为货币资本 G，商品 w 转化为货币 g。到此，资本完成了一次循环。为要使资本主义生产继续下去，就需要把货币资本 G 重新投入市场，购买生产资料和劳动力，于是资本又开始了第二次循环。但是，当资本通过 W—G 的过程，从而完成了一次循环的时候，剩余价值的流通还没有完成，因为剩余价值的流通不同于资本的流通，而属于一般商品的流通，即按照 w—g—w 的公式流通。因此，当剩余价值由商品形态 w 转化为货币形态 g 的时候，它仅完成了剩余价值流通的第一阶段，还必须继续进行第二阶段的流通，即由剩余价值的货币形态 g 到剩余价值的商品形态 w 的更换，而这一更换却是一个复杂的过程。在剩余价值流通的这个第二阶段，g—w 之间需要插入一个剩余价值在货币（价值）形态 g 上的再分配过程。也就是说，剩余价值的价值形态更换（由货币形态 g 到商品形态 w），必须以剩余价值的价值形态分配（即价值形态运动）为前提。财政分配的社会产品的价值形态运动，就是在这一过程中产生的。我们知道，剩余价值是由劳动者的剩余劳动创造的，它先是由产业资本家占有，"随后以地租、商业利润、资本利息、捐税等形式在各类资本家及其仆从之间进行分配"。可见，地租、利润、利息和捐税等是剩余价值分配的产物，是它的转化形态。之后，地主和各类资本家把地租、利润和利息（设它们为 R）的一部分形成积累（设为 G），用于资本的扩大再生产，另一部分用于消费支出（设为 H），购买各种消费品（设为 W_H），并把它消费掉。于是，这部分剩余价值 R 就完成了由货币形态到商品形态的转化。而捐税（设为 S）则形成国家的财政收入(设为 $F_收$),然后通过财政支出(设为 $F_支$)的形式,转化为国家各类强力机构的收入(设为 I)。此后,这些国家强力机构就把这些收入用于购买消费品(设为 w_I),并把它消费掉。于是,另一部分剩余价值 S 也完成了由货币形态到商品形态的转化。

上述资本和剩余价值的流通与分配过程,可用公式表示如下:

$$W'\begin{pmatrix} W \\ + \\ w \end{pmatrix} \begin{matrix} -- \\ -G' \\ -- \end{matrix} \begin{pmatrix} G \\ + \\ g \end{pmatrix} --W \Big\langle \begin{matrix} A \\ P_m \end{matrix} \cdots P \cdots W' \atop \begin{pmatrix} R \\ + \\ S \end{pmatrix} \begin{matrix} \to G-W \Big\langle {A \atop P_m} \cdots P \cdots W' \\ \to H - w_H \\ \to F_收 \to F_支 \to I \to w_I \end{matrix} \Big\} w$$

式中:A 为可变资本;R 为地租、利润和利息;P_m 为不变资本;S 为捐税;P 为生产资本;H 为地主、资本家的个人消费支出;$F_收$ 为财政收入;$F_支$ 为财政支出;I 为国家各类机构的收入;……流通的中断;——价值(资本或剩余价值)形态的更换;→价值形态的运动(即价值分配)。

上述公式中的 $W'(W) --G'(G) --W \Big\langle {A \atop P_m} \cdots P \cdots W'$ 部分,在马克思的《资本论》中有详细的论述。而

$$w --g -- \begin{pmatrix} R \\ + \\ S \end{pmatrix} \begin{matrix} \to G-W \Big\langle {A \atop P_m} \cdots P \cdots W' \\ \to H - w_H \\ \to F_收 \to F_支 \to I \to w_I \end{matrix} \Big\} w$$

是剩余价值的流通和分配公式。其中的 $S \to F_收 \to F_支 \to I \to w_I$ 就是国家财政分配的社会产品价值形态的运动公式,或称作财政资金的运动公式。在此,财政资金的运动公式表明了财政有它独立的价值形态及运动过程。财政分配关系就是这种价值形态的实体,是它的内容。同时,财政资金的运动公式和剩余价值的流通与分配公式,以及同社会总资本的流通公式之间的关系,更加表明了财政是社会总经济关系中的一个有机组成部分,因而属于经济范畴。

通过对财政分配与一般经济分配异同的分析,可以得出如下两点基本结论:

一是财政本身属于经济范畴,财政分配关系包括在整个社会经济关系之

中,不过,在国家产生以前,它是融合于一般经济分配之中的。二是国家的产生是财政从一般经济分配中独立出来的原因。当财政独立出来以后,它就具有区别于一般经济分配的新的特征,成为一个特殊的经济范畴。这种特殊性是由国家决定的,表现为财政分配的主体、手段和目的等都是以国家为转移,听从于国家的意志。不过财政的特殊性并不能改变它本身属于经济范畴的本质。

第二,分析了为何不少人把财政看作是附属于国家的上层建筑,这主要是由于把不相同的问题混淆了。

一是混淆了"财政本身是什么"和"财政产生的原因是什么"这样两个问题。财政本身是种分配关系,属于经济范畴。而财政产生的原因,即财政这种分配关系为什么会从一般经济分配关系中独立出来,则是由于国家产生的缘故。这是两个问题,两回事情。

二是混淆了"财政形成的手段是什么"和"财政本身是什么"这样两个问题。财政形成的手段,不是依靠对生产要素(生产资料和劳动力)的占有,而是凭借国家的政治强力。但是,财政本身并不就是政治强力,而只是国家政治强力的结果。财政本身回答的问题是:凭借国家政治强力形成的是什么关系。而财政形成的手段所回答的问题是:国家依据什么取得财政收入并形成财政关系。

三是混淆了"财政本身是什么"和"财政服务的对象是什么"这样两个问题。大家知道,财政服务的对象是国家机器及其"实体的附属物"。但是,财政本身并不就是国家机器,也不是军队、警察、监狱和法庭等国家机器的附属物。财政只是保证国家及其附属物存在的物质基础。如像马克思所说的,"赋税是政府机器的经济基础"。显然,"政府机器"和"政府机器的经济基础"是不同的两种东西。

四是混淆了"财政分配关系本身是什么关系"和"透过财政分配关系反映了什么关系"这样两个问题。诚然,透过财政分配关系可以反映出国家的政治关系,即反映出国家的阶级性质、活动范围和方向。但是,财政分配关系本身毕竟还是一种分配关系,是经济关系的一部分。

现在看来,上述观点用来分析当今的财政学的学科属性与定位问题,仍具有重要意义。

七、如何理解"财政是国家治理的基础"

2013 年《决定》中作出"财政是国家治理的基础和重要支柱"的结论,从而把财政的地位和作用提高到了一个新的高度,那么,如何理解"财政是国家治理的基础",应放在《决定》提出的"全面深化改革的总目标"中来认识。

《决定》提出,"全面深化改革的总目标是完善和发展中国特色社会主义制度,推进国家治理体系和治理能力现代化"。应当看到,这两句话是密不可分的,其中,完善制度,即"完善和发展中国特色社会主义制度",是"国家治理体系和治理能力现代化"的前提条件和核心内容,同时,制度完善的程度是衡量"国家治理现代化"程度的标尺。总之,把"国家治理体系和治理能力现代化"作为全面深化改革的总目标,从而第一次将其上升到了国家战略高度,这是改革理论和改革战略的一次重大突破。这有一个发展过程。

"治理"原本是个学术概念,是指"统治与管理",国家的存在必然要对社会进行统治与管理。中国古代文献中的治理,首先是指完善、良好的管理和统治的状态。新中国成立后,最初,治理的含义主要是治国理政,随后,治理被用于经济环境治理、社会环境治理等方面,之后,治理扩展到了国家和政府层面。中共十六大提出治党、治国、治军以及党要管党、从严治党等概念,直至 2013 年在中共十八届三中全会的文件中治理成为位居核心的关键概念之一,治理概念的地位提到了战略高度。

国家治理体系和治理能力现代化关键是要建章立制,不断完善制度,要把权力关进笼子里,并且要扎紧笼子。这里的"笼子",指的就是制度、法律、法规。近一段时期以来,反贪腐、"抓老虎"、"打苍蝇"所暴露出的过去体制造成的一些情形令人发指、触目惊心。这反映出我们制度不完善、有漏洞,治本的办法就是完善制度,实现国家治理的现代化。在《决定》公布后,习近平同志对国家治理体系和治理能力还进一步作出了阐释:"国家治理体系是在党领导下管理国家的制度体系,包括经济、政治、文化、社会、生态文明和党的建设等各领域体制机制、法律法规安排,也就是一整套紧密相连、相互协调的国家制度;国家治理能力则是运用国家制度管理社会各方面事务的能力,包括改革发展稳定、内政外交国防、治党治国治军等各个方面。国家治理体系和治理能力是一个有机整体,相辅相成,有了好的国家治理体系才能提高治理能力,提高国家治理能力才能充分发挥国家治理体系的效能。"这突出表明,完善国家制度是国家治理的核心内容和实现国家治理现代化的关键。

根据上述对"全面深化改革的总目标"的简略分析,对"财政是国家治理的基础",可作如下几方面理解:

(一)财政是国家治理的财力保障,是其经济基础

国家的存在及其治理活动离不开财政提供的财力保障。国家这种"公共权力"的存在不是抽象的,它是由军队、警察、监狱、法庭、官吏等统治机构所组成。国家为了维持这一套权力机构的存在和实现其职能,就需要有财力保障,能够提供这种财力保障的,只有财政。正像恩格斯所说:"为了维持这种公共权力,就需要公民缴纳费用——捐税,捐税是以前的氏族社会完全没有的。但是现在我们却十分熟悉它了。"捐税是历史上最早出现的,也是最典型的财政范畴。"随着文明时代的向前发展,甚至捐税也不够了,国家就发行期票,借债,即发行公债。"马克思对财税与国家之间的关系有过深刻的论述,指出,"赋税是喂养政府的娘奶","国家存在的经济体现就是捐税","赋税是政府机器的经济基础,而不是其他任何东西"。这表明,财税是喂养政府的奶汁;国家与财税的关系是形影相随,结伴而行,永不分离,财税作为经济范畴体现着国家在经济上的存在;财税是国家存在的物质基础。可见,关于"财政是国家治理的基础",这里的"基础",只能是"经济基础",而不可能是其他"基础"。

古今中外,国家的兴衰和朝代的更迭都与财税状况密不可分。这就说明,如果没有财政,不仅国家各项治理活动无法开展,国家本身的存在都成了问题。例如,美国联邦政府因为两党争斗而影响预算拨款,致使出现或长或短的政府关门现象,近30多年来,在1977年、1978年、1980年、1996年等十余个年份,曾出现过政府有关部门"停摆"现象,最近一次是2013年,17年后政府再次"停摆"。这从一个侧面反映出财政的经济基础作用。

就国家与政府治理来看,国家与政府是既相联系又相区别的两个概念。国

家是政治权力机构和公共服务机构,而政府是国家的执行机构和行政机关,国家是通过政府这一行政机关来实施并实现其职能的,因此,国家治理主要由政府治理来实现,而国家或政府的治理活动是由其所属的各个部门来实施和实现的。目前我国政府(国务院)由 25 个部门和 15 个直属机构组成,它们具有不同的性质和活动(治理)范围。例如,外交部、国防部、公安部、国家安全部、监察部、司法部等,属于履行政治治理职能方面的部门;国家发展和改革委员会、国家科学技术部、工业和信息化部、财政部、中国人民银行、国土资源部、水利部、交通运输部、农业部、商务部等,属于履行经济治理职能方面的部门;民政部、文化部、教育部、国家卫生和计划生育委员会等,属于履行社会治理职能方面的部门。政府的上述各个部门和机构从不同角度进行国家的治理活动,但要成为"国家治理的经济基础",必须具备两个基本条件:第一,该部门必须是经济部门,从事经济活动。很难想象,政治部门或社会部门会成为国家治理的经济基础,比如说,国防部、司法部或民政部、文化部等在国家治理中都很重要,但它们都不可能成为国家治理的经济基础,因为它们本身不是经济部门,与经济无直接关系;反之,财政是国家治理的经济基础,而不可能是国家治理的政治基础或社会基础,因为财政属于经济范畴,财政部门属于经济部门。第二,国家治理的经济基础只能是财政及其财政部门,这具有唯一性,因为只有财政能为政府各个部门的治理活动提供财力保障,其他任何政治部门、社会部门以及除财政部门之外的所有经济部门都做不到这一点。

《决定》关于"财政是国家治理的基础"中,并没有在"基础"前加任何修饰词,但根据前面的分析,这里的"基础",只能是"经济基础"。

(二)财政是国家治理的功能保障

国家治理作为一个综合系统,需要多种手段的协同使用,主要包括经济、行政、法律、道德、教育、协商等手段。其中,经济手段主要是宏观调控体系手段,包括财政政策、货币政策、产业政策和价格政策等政策手段。在宏观调控中,最重要的手段是财政政策与货币政策及其相互配合,而最后兜底的是财政政策手段。例如,在经济结构(包括产业结构、城乡结构、地区结构、投资与消费结构等)调整中,由于银行贷款利率难以区别对待,货币政策的调控作用会受到限制,而财税政策则不受此影响,可以根据需要,灵活运用;又如,在经济萧条甚至危机时,需要用宽松的货币政策进行调控,办法是通过降低存款准备金率和降低利息率来扩大贷款规模,增加货币供给。但是,在大量企业亏损和破产的情况下,即使采取零利率甚至负利率,贷款也难以发放出去。而财政则可以通过减税、发债和扩大财政支出的赤字财政政策发挥调控作用,促进经济的恢复与增长。再如,当社会保障基金收不抵支出现缺口时,为了保障离退休人员的生活不受影响,最后能兜底的也只有财政。

在这里,财政发挥的是国家治理的"重要支柱"的功能。这种功能是财政职能的表现,是由财政的本质是经济范畴所决定的。这进一步证明,财政是国家治理的经济基础。

(三)财政是国家治理的制度保障

《决定》规定的"全面深化改革"包括深化经济体制改革、政治体制改革、文化体制改革、社会体制改革、生态文明体制改革和党的建设制度改革。在深化经济体制改革中,对财政体制改革的要求是"建立现代财政制度"。

财政体制改革和财政制度建设反映着政府与市场、政府与社会、中央与地方之间的关系,涉及政治、经济、社会、文化和生态文明等各个方面,其重要性是显而易见的。由于财政是个分配范畴,涉及各方面的经济利益,而改革就是进行利益的调整,因此,国家的每次改革都是从财政改革开始,成了改革的突破口。

新中国成立以来,我国财税体制经历多次调整,经历了从"统收统支"到"分灶吃饭"的包干制,再到"分税制"的改革历程。其中,1994 年的分税制改革是我国财政制度建设的里程碑,为建立现代财政制度奠定了良好基础。经过这次改革和随后的调整、完善,调动了地方、企业的积极性和创造性,实现了政府财力的大副增加和经济的高速增长,增强了中央宏观调控能力,对推进建立社会主义市场经济体制发挥了重要作用。可以说,这一时期经济改革和经济发展中的成就,都与财政体制改革分不开。

当前,我国进入了经济发展新常态阶段,面临着许多新的问题与挑战。例如,在经济领域,转变发展方式进展缓慢,重复建设和产能过剩矛盾突出;在社会领域,收入分配差距过大,公共服务滞后、均等化程度不高,教育、医疗、社保等问题较多;在资源环保领域,资源浪费、环境污染、生态退化等问题十分严重等。这些问题,从制度上看,都与现行财政体制存在漏洞,改革不到位、不适应有关。

可以说,财政体制与制度同经济社会的关系,是一荣俱荣、一损俱损,两者密不可分。财政制度在国家治理中发挥着制度保障作用。

建立现代财政制度的主要内容包括:建立完整、规范、透明、高效的现代财政预算管理制度;建设有利于科学发展、社会公平、市场统一的税收制度体系;健全中央和地方财力与事权相匹配的财政体制。如前所述,政策、制度属于上层建筑范畴,但财政政策和制度反映的是财政经济关系,属于财政学、经济学研究的内容。

财政作为国家治理的财力保障、功能保障和制度保障,从不同角度表明,财政是国家治理的经济基础。

综合以上分析,结论是:财政是经济范畴,财政学属于经济学科。

参考文献:

[1]中共中央关于全面深化改革若干重大问题的决定[M]. 北京:人民出版社,2013.

[2]陈共. 财政学[M]. 北京:中国人民大学出版社,2004.

[3]陈共. 财政学对象的重新思考[J]. 财政研究,2015(4).

[4]陈共. 财政学[M]. 北京:中国人民大学出版社,2012.

[5]黄达. 金融——词义、学科、形势、方法及其他[M]. 北京:中国金融出版社,2001.

[6]高培勇. 论国家治理现代化框架下的财政基础理论建设[J]. 中国社会科学,2014(12).

[7]高培勇. 由适应市场经济体制到匹配国家治理体系——关于新一轮财税体制改革基本取向的讨论[J]. 财贸经济,2014(3).

[8]刘晓路,郭庆旺. 财政学 300 年:基于国家治理视角的分析[J]. 财贸经济,2016(3).

[9]邓子基. 财政是经济基础还是上层建筑[M]. 北京:中国财政经济出版社,1964.

[10]安体富. 财政是一种特殊的经济范畴[M]//财政是经济基础还是上层建筑. 北京：中国财政经济出版社，1964.

[11][英]亚当·斯密. 国民财富的性质和原因的研究：下卷[M]. 郭大力，王亚南，译.北京：商务印书馆，1974.

[12][英]凯恩斯. 就业、利息和货币通论[M]. 高鸿业，译. 北京：商务印书馆，1999.

[13][美]斯蒂格利茨. 经济学：上册，下册[M]. 梁小民，等译. 北京：中国人民大学出版社，2000.

[14][美]萨缪尔森，威廉·诺德豪斯. 经济学[M]. 萧琛，译. 北京：华夏出版社，1999.

[15][美]马斯格雷夫. 美国财政理论与实践[M]. 邓子基，邓力平，译. 北京：中国财政经济出版社，2003.

[16][英]阿特金森，[美]斯蒂格里茨. 公共经济学[M]. 蔡江南，许斌，邹华明，译. 上海：上海三联书店，1992.

[17][美]鲍德威，威迪逊. 公共部门经济学[M]. 邓力平，译. 北京：中国人民大学出版社，2000.

[18]林华德. 当代财政学[M]. 台北：圆山图书公司，1986.

[19][英]约翰·穆勒. 政治经济学原理[M]. 金镝，金熠，译. 北京：华夏出版社，2009.

[20][美]曼昆. 经济学[M]. 梁小民，译. 北京：北京大学出版社，1999.

[21][美]罗森. 财政学[M]. 赵志耘，译. 北京：中国人民大学出版社，2003.

[22]李岩. 国家治理体系和治理能力现代化：背景、意涵与影响[J]. 领导文萃，2014(6).

[23]楼继伟. 建立现代财政制度[M]//《中共中央关于全面深化改革若干重大问题的决定》辅导读本. 北京：人民出版社，2013.

[24]汤贡亮. 税法[M]. 北京：经济科学出版社，2004.

[25]蔡红英，魏涛. 深化财政学科建设的理论思考[M]. 北京：中国财政经济出版社，2016.

[26][德]马克思，恩格斯. 马克思恩格斯选集[M]. 北京：人民出版社，1992.

[27][德]马克思，恩格斯. 马克思恩格斯全集[M]. 北京：人民出版社，1958.

对财政学科定位的反思

西北师范大学　崔治文　　中央财经大学　韩　青

　　财政学作为经济学的一个分支,常常被定义为是研究政府收支行为或政府经济活动的一门科学。基于上述定义,财政学主要侧重于用经济学的分析方法分析政府的财政行为,并广泛借助大量数理模型和计量经济分析工具。这种对财政学研究过度经济学化和"科学化"、技术化的行为使得其缺乏对财政现象与财政发展趋势的解释与预测能力,促使我们不得不对现有财政学科定位进行反思和改变。

　　中共十八届三中全会作出的《关于全面深化改革若干重大问题的决定》(以下简称《决定》)提出,将"财政作为国家治理的基础和支柱"。这一重要表述对当下我国财政学科的定位具有重大的指导意义,开启了我国财政学研究由偏重于经济方面的分析向经济方面与政治方面分析并重的转变。本文试图通过回顾财政学两大学派的基本发展脉络来对财政学科的定位作出回答。文章的第一部分阐述了财政学两大学派的历史发展脉络及其基本观点;第二部分阐述了对于财政学科定位的基本认识。

一、财政学的经济基础与政治基础

　　财政学作为经济学的一个分支学科,其研究对象是政府的经济活动。从字面意思来看,财政学科所阐述的内容要体现出"财"与"政"两方面,其中"财"指的是政府的收支活动,"政"所指应为管理、治理之意,即国家的管理和治理活动。由此来看,财政应该既是一个经济范畴又是一个政治范畴。经济学说的发展历史可以很好地佐证上述观点。

在财政学说的发展历史中,大体上存在两种财政学说流派。一种是我们现在所熟知的主流财政学——英美学派,又称盎格鲁—撒克逊(Anglo-Saxon)学派;另一种主要财政学流派则不太被学者所关注——欧洲大陆学派(由官房学演进而来)。① 以上两种财政学学派分别奠定了财政学科的政治基础和经济基础。

(一)财政学的政治基础——官房学与欧洲大陆学派

一般认为,经济学产生于政治经济学,而财政学则作为经济学的一门分支学科。实际上,这种观点只适合于英美的财政学传统,若站在大陆学派的角度来看,则财政学的产生是要早于政治经济学和经济学,财政学的产生至少可以追溯到 16 世纪的欧洲官房学②(cameralism)。

官房学作为最早的财政学,主要产生和流行于 16—18 世纪的以德国、瑞典、意大利和奥地利为核心的欧洲大陆地区,其中又以德、意的官房学研究最为活跃。16 世纪的欧洲,政治高度分裂,小国林立,每个王国的政权都面临着非常大的生存压力,如何使得本国政权得以自保并扩张就成为该国国王或王室关心的重中之重。时代的背景与王国的需求催生了官房学的兴起,并内在地决定了官房学侧重于研究国家的治理、管理问题。胡德(Hood)指出,官房学的研究内容包括经济学、财政学和秩序科学(policy science)三方面,其中秩序科学的观念最为重要。官房学对经济学和财政学方面的研究,均是为了实现国家的秩序。因此,传统的官房主义财政学研究所采用的方法并不像现代主流财政学那样——采用单一的经济学研究方法,而是运用经济、法律、政治等跨学科的研究方法,因而其视野也更加宽阔。从事官房学研究的学者称为官房学者(camera-

---

① 盎格鲁—撒克逊学派主要来自于以英语为学术语言的英国和美国,而欧洲大陆学派则发端于意大利、奥地利、德国和瑞典为核心的欧洲地区。

② 一部分人认为官房学是日耳曼的重商主义视角,然而官房学和重商主义产生的国际环境是不同的,因而并不能将官房学等同于重商主义。

list)，他们同时扮演着咨询者和管理者两种角色。作为咨询者，他们的任务就是为各王国的国王、王后以及王室成员提供相关的政策建议。作为管理者，他们则主要在各个产业中施行管理的职责（这里的产业指的是各王国自己开办的各种产业如煤矿、玻璃厂等，不同于私人开办的工厂）。

独特的经济环境在官房学的财政理论中刻下了深深的烙印。一方面，由于当时的各个王国均拥有自己开办的产业，直接参与社会生产，因而政府的活动显然是具有生产性的，这与英国古典政治经济学强调的政府活动的非生产性不同。此外，将政府的活动视作生产性的同时，则必然要求对政府的支出方面进行相应的分析。官房学者关于政府支出的讨论大多集中于"资本的理论品质"（capital-theoretic quality）方面——当前的支出项目将会在未来使得收益增长，关注的重心落脚于人力资本的支出方面。正是由于对政府活动看法的不同，导致了英国古典政治经济学缺少了政府支出方面的分析。另一方面，官房学者认为既然国家拥有土地和自己开办的产业，那么国家收入的首要来源就应当依靠这二者，税收则应当作为国家次要的收入来源。当国家的活动高度依赖于这些国家产业的收入时，国家角色就定位于经济的参与者，又被称作"参与型政府"（participative state）模式。显然，官房学所理解的"参与型政府"与盎格鲁—撒克逊学派所认为的"干预型政府"完全相反。

19世纪的欧洲各国，绝对君主制已经开始了向君主立宪和其他各种的民主模式的转变。在德国，伴随着政治制度的转变，官房主义开始转向了国家科学（staatswissenchaften），学者们（有时候被称作国家科学教员）寻求对原有财政理论的调整以期适应这种制度环境的变化，其研究仍然秉持了早期官房学所采用的跨学科研究方法，主要关注于人类的治理结构方面。与大陆学派不同的是，英美的财政理论并没有随着制度的变革作出相应的改变，而是仍然将财政现象视作一个"独断专行人"的最优选择问题。这种独立于制度变革的财政理论遭到了威克塞尔的批评。

从官房主义到国家科学的转变，不仅与人类治理模式的转变息息相关，也是对当时财产关系改变的反应。19世纪的欧洲，私人产权逐步扩大，国有财产也转变成了契约形式的政府持有，税收作为国家的财政收入越来越重要，来自国家产业的收入则明显下降。瓦格纳(Adolf Wagner)通过分析上述变化进一步推动和强化了官房学者的国家观——政府作为一种有别于普通企业的特殊企业参与社会活动。威克塞尔(Knut Wicksell)作为大陆学派的重要代表之一,同样接受和坚持了瓦格纳将政府看作一个特殊企业的基本观点。比瓦格纳更进一步的是,威克塞尔将国家视作一个支配人与人之间关系的规则框架和程序。依照威克塞尔的观点,财政现象不是某些外生的最优选择的结果,而是产生于财政和政治程序中各参与者之间的互动行为,这个概念可以被称作交易财政学(catallactical public finance)。

然而,欧洲大陆学派的财政学传统由于纳粹的上台和第二次世界大战的爆发而逐步消失,这直接导致了财政学的政治基础逐步消失于人们的视野,直到布坎南公共选择理论的提出,标志着欧洲大陆学派再一次复兴。

(二)财政学的经济基础——英美财政学派

1. 英美财政学的起源

英美财政学传统发端于以亚当·斯密(Adam Smith)为代表的古典政治经济学传统①。斯密在其著作《国富论》和《道德情操论》中将市场配置资源的功能比作"看不见的手"(invisible hand)并强调政府活动的非生产性,因而国家对经济的干预越少越好,应当作为"守夜人"角色,政府的职责仅限于保护国家免受外敌入侵,维持社会正义以及提供必要的公共机构和公共工程。斯密之后的大卫·李嘉图(David Ricardo)以及后来的约翰·穆勒(John Stuart Mill)同样秉持了斯密关于政府活动非生产性的观点,并从不同角度对表达了各自对于限制政府干预经济的观点。李嘉图认为:对于每一项最优的财政计划而言,花费应当是最少的;对于所有的税收,也应该确保其在最小的征收数量中。像斯密一样,穆勒也认为"自由放任应该是最一般的尝试,除非能带来极大的好处,任何对它的偏离都是邪恶的"。同时,穆勒也发现了一些例外的重要情况使得政府需要介入,并将这些例外分为"普通的"和"可选的"两类。从斯密开始,英国的传统作家只是将市场视为一种规则,将公共部门看成例外,并认为只有当市场

---

① 一般将亚当·斯密所著《国富论》中的第五篇作为英美财政学诞生的标志。

失灵发生时,公共部门才会介入。

2. 英美财政学的初步发展——财政学的经济学化

不论是亚当·斯密、大卫·李嘉图还是后来的约翰·穆勒,均遵循着古典政治经济学的传统,将政府看作例外,强调其活动的非生产性。正是由于这种局限性的观点使得古典的财政理论缺乏公共支出理论,继而导致缺少有关公共品概念(尽管斯密和穆勒等人注意到了一些"例外")。

直到19世纪80年代,门格尔(Menger)和杰文斯(Jevons)引领的"边际革命"在使得经济研究从研究长期的财富增长与分配转移到市场机制下稀缺资源的有效配置上,同时也将对公共品供给的理论分析带入了一个全新的视角——关注的重点从国家的责任转移到个体消费者的需求上来,于是公共部门摆脱了尴尬的地位,不再游离于经济规律之外,资源有效利用的原理现在同时适用于公共和私人领域。这种研究取向的变化使得古典政治经济学逐步摆脱了"政治"内涵,向着纯经济学的方向演化。贯穿于这种转变过程的是数学方法的大量应用——"科学化"进程的开启。1890年,马歇尔(Alfred Marshall)《经济学》的出版标志着政治经济学彻底转变成为新古典经济学,财政学同样承袭了经济学的这种变化,并被当作经济学的一个分支学科而存在。

3. 当代"主流"财政学的确立

到了20世纪初,自由竞争的资本主义已经逐步转变为垄断资本主义,阶级矛盾日益突出。为了适应这种新的变化,经济学的改良主义应运而生。1920年,庇古(Arthur Cecil Pigou)出版的《福利经济学》作为改良主义的重要著作,为缓和阶级矛盾提供了理论基础。庇古在书中提出了与公共产品理论相似的外部性(externality)理论,给英语世界的学者带来了全新的视角,并用外部性理论区分了社会产品和私人产品。这样,建立在外部性基础上的财政工具自然而然就成为纠正和调整外部性的机制。由于福利经济学要求国家应实施广泛的福利政策,这也必然意味着国家需要干预经济。于是,依照福利经济学的理论,国家干预经济的范围明显比过去(即斯密、李嘉图、穆勒时期)扩大了。① 可以肯

---

① 这里所指的国家干预经济仍然是在亚当·斯密的自由竞争的基础上,对斯密、穆勒提出的"例外"情况进行了扩充。

定地说,英美财政学的发展到庇古这里已经初步考虑到了公共支出方面的问题,但仍然没有将公共部门独立出来,作为私人部门的对立面进行详细分析。

改良主义并未能挽救资本主义的社会现实,随后爆发的资本主义经济危机使得西方国家在应用自由放任的经济理论治理国家时变得束手无策。伴随着经济危机的到来的是政治危机的加深,为了挽救处在双重危机下的资本主义,新的经济理论呼之欲出。1936 年,凯恩斯(Maynard Keynes)发表了《就业、利息与货币通论》成为解决资本主义经济危机的一剂良药。凯恩斯主张在萧条时期扩张性的财政与货币政策(尤其是突出了财政政策的作用)使经济走出衰退,开启了国家干预经济的思潮。

随后,作为一个从欧洲移民美国的,深谙欧洲大陆财政学传统学者马斯格雷夫(Richard Musgrave)①发现了英美财政学的缺陷,随即将欧洲大陆的财政学成就以论文的形式介绍到了英美世界[所著论文为《公共经济自愿交换论》(1938)]。萨缪尔森(Paul Samuelson)受到该论文的启发并于 1954 年发表了著名的论文《公共支出的纯理论》。在该文章中,萨缪尔森不仅对公共物品做出了明确的定义,还分析私人物品和公共物品最优供给条件。五年后,马斯格雷夫又在萨缪尔森的基础上发表了《公共财政理论:公共经济研究》(1959),将英美财政学、欧洲大陆财政学以及凯恩斯的宏观经济理论进行整合,以公共物品理论作为国家活动的中心并提出了著名的政府财政三职能论。至此,英美主流财政理论的分析框架基本构建完成。② 伴随着主流财政理论的形成,公共部门(政府)的角色就从私人部门独立出来并被当作私人部门的对立面而存在,而私人部门也渐渐等同于市场了。

二、对未来财政学研究的看法

从财政学的发展历史看,财政研究的原初就包含有政治内容。欧洲大陆学派对财政的研究就是一个跨学科(当然包含经济学的研究内容)的过程,而这一

---

① 马斯格雷夫 1910 年出生于德国的 Konigstein 并在慕尼黑大学完成了本科学业,1933 年移民美国深造。

② 主流财政理论的分析范式又称为"阿罗—马斯格雷夫—萨缪尔森"(AMS)范式。

过程的最终目的就是要实现国家的治理。而英美学派财政学发端于古典的政治经济学传统，这也正表明了经济和政治的关联性。遗憾的是，发端于古典政治经济学传统的英美财政学派，其研究的重点却经历了一个退化的过程——财政学研究的政治方面逐步被忽略（这正是财政学过度经济学化和科学化的过程）。因此，尽管当下的英美财政学派的理论体系显得无比系统，看似科学严谨，但其缺乏对经济现象的解释和预测，于是逐步沦为了"黑板经济学"。

(一)"主流"财政学研究存在的首要问题

当今主流财政学(即英美财政学)研究主要偏重于财政学的经济基础方面，采用经济学的研究方法[即将经济学看作是选择的科学，称之为配置范式(the allocative approach)或资源配置最大化范式]，理论的核心为市场失灵理论，根据市场失灵推导出政府存在的必要性。其理论假设主要有三点：其一是政府与个人一样是一个独立的对资源进行配置(或选择)的主体；其二，政府超脱于市场独立存在并且对市场进行干预；其三，对政府角色的设定为"仁慈、无所不知"的决策主体。上述三点假设使得政府似乎具有了独立的意识并按照经济学中资源配置最大化的要求进行资源配置，因而政府部门只需要按照经济学的分析方法，借助于数学工具做最优或者次优的计算就能够得到满意的答案。然而采用此种方法分析财政问题，很容易忽略决策规制以及决策过程重要性，这正是"主流"财政学缺乏对财政现象与财政发展趋势解释与预测能力的症结所在。

(二)对财政学科的定位

主流财政学对当下经济现象的解释和预测能力的缺乏，不仅仅是因为其研究的方法过于经济学化和科学化，还在于目前财政学科的设置是属于经济学科下的二级学科。这种从属学科的从属关系很容易将财政学的研究完全引入到经济学研究的轨道上来。实际上，从财政学的研究对象来看，它既是一个政治范畴也是一个经济范畴，是连接政治学与经济学的一个纽带。因此，我们设想，如果将财政学作为一门单独的一级学科，在采用政治学和经济学作为研究财政学的基础上与其他联系紧密的学科结合起来做跨学科研究，可能更加符合财政学学科的准确定位。

(三)未来财政学的研究

"主流"财政学研究过度经济学化所造成的对政治决策规制、过程以及国家治理方面的忽略是当下财政学研究存在的主要问题,因而需要对财政学的政治基础——欧洲大陆学派财政学传统进行适度的回归,重新确立财政学的政治与经济属性。

首先,需要加强对政治决策规则及过程的研究。英美的财政学理论重视财政学的经济基础部分分析而忽略了政治基础部分的分析。具体而言,英美财政学对财政学科的定位就是研究政府的收支行为。因此,其研究对象主要集中于政府的税收和支出两方面(当然是建立在市场失灵理论基础上)。很明显,这种研究是不全面的。因为政府在进行收支活动之前还需要经过政治决策过程,而决策结果有依赖于规则的制定。以下的例子可以很好地说明上述问题。

财政学中,关于公共物品提供最著名的一个模型是林达尔均衡,见图1。当公共品供给达到最优时,显然是 A、B 两者的无差异曲线交点,而达到交点的过程显然是一个政治决策过程(因为要确定 A、B 两人负担税收大小的问题)。

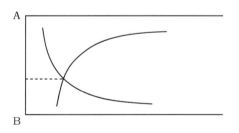

图1　林达尔模型

因此,财政学科的研究内容要扩展至政治决策以及规则制定方面,对于社会的普通事件如何上升为决策过程这一研究内容,作为可选的研究方面,具体如图2所示。

其次,重视财政学的跨学科研究。财政学研究主要是基于政治基础和经济基础进行的,然而这并不意味着只能研究政治基础和经济基础。随着经济的发

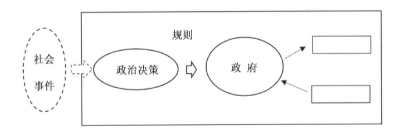

图2 财政学科研究内容的扩展

展,各学科的研究与教学均朝着跨学科的方向进行,财政学科亦不能不重视跨学科的研究。因此,财政学的研究要在立足于经济和政治研究的基础上与各相关学科进行跨学科研究,如财政学与管理学、社会学、法学的交叉。

最后,创立有中国特色的财政学理论。从财政学的发展史来看,任何理论都有其适应的制度背景和时代背景,这也就是为什么欧洲大陆财政学派发端并演进与欧洲而英美学派主要流行于英美国家的原因。我国走的是具有中国特色社会主义的道路,其政治制度有别于西方国家的政治制度,经济制度在某些方面与西方国家有共同点也有不同点。上述国情决定了我国的财政学研究在某种程度上可以借鉴和融合西方各国家的财政学理论,并在此基础上创立具有中国特色的财政学理论体系。

参考文献:

[1]李俊生.盎格鲁—撒克逊学派财政理论的破产与科学财政理论的重建——反思当代"主流"财政理论[J].经济学动态,2014(4).

[2]张晋武.财政学的政治观:历史回溯与现实反思[J].财政研究,2015(9).

[3]马珺.财政学研究的不同范式及其方法论基础[J].财贸经济,2015(7).

[4]刘晓路,郭庆旺.财政学300年:基于国家治理视角的分析[J].财贸经济,2016(3).

[5]马珺.财政学:两大传统的分立与融合[J].经济理论与经济管理,2012(10).

[6]Backhaus J G,Wagner R E.Continental Public Finance:Mapping and Recovering a Tradition[J].*Journal of Public Finance and Public Finance*,2005,23(1/2).

[7]钟晓敏,高琳.现代财政学的发展历史、现状和趋势[J].财经论丛,2009(1).

[8]詹姆斯·M.布坎南,理查德·A.马斯格雷夫.公共财政与公共选择:两种截然不同

的国家观[M].北京:中国财政经济出版社,2000.

[9]哈维·罗森.财政学[M].8 版. 北京:中国人民大学出版社,2009.

[10]谷成.西方财政学的发展轨迹与研究方法探析[J].中国人民大学学报,2011(2).

关于财政学学科属性问题的探讨

山西财经大学财政金融学院　迟美青

一、关于财政学学科属性的纷争

学科属性的界定对学科自身的建设和发展具有重要意义。关于财政学这一学科,按照教育部的学科分类,其一直被定位于经济学科之中(现为应用经济学下的二级学科)。然而近年来,在财政学界,许多专家学者对财政学的学科属性及定位提出了质疑,认为将财政学归属到经济学科中并不适当,提出将财政学纳入到多学科的综合范畴进行研究。陈共指出,"财政是经济与政治的交汇点……从财政学学科的属性来看,财政学是一门综合性很强的学科,不仅是经济学和政治学的交叉,而且也是与不少的相关学科相互的交叉,例如,法学、管理学、社会学等"。另外,高培勇、马骁等学者也提出类似的观点,认为不能单纯地将财政学归属于经济学,财政学应是一个跨越多个学科和多个领域的综合性范畴。有的学者如杨志勇则直接提出"将财政学设置为与应用经济学、理论经济学并列的一级学科,这主要是由财政学的跨学科属性决定"。另外,安体富仍坚持认为,"财政是经济范畴,财政学属于经济学科"。这与 20 世纪五六十年代大部分人关于财政(学)的属性问题的观点一致。

总结争论的焦点:财政学是单一属性的经济学科,还是综合属性(或交叉属性)学科? 回答这一问题并不容易,这也是此问题几十年来被财政学界诸位大家关注和讨论的原因。而学科归属和划类的主要依据是学科的研究对象、研究方法、研究目的及派生来源等方面。因此,要回答财政学的学科属性需先研究如下问题:财政的本质是什么？财政学的研究对象、范围是什么？财政与国家治理的关系如何？中国需要什么样的财政学理论体系？

二、财政学学科属性的认知

学科属性决定了学科定位,学科属性则由学科本身的性质决定。然而,随着人类社会的发展,越来越多的学科呈现出多种属性,进而从形式上增加了学科定位的难度。但是,从实质上判断一门学科的属性要看其处于主导地位的本质属性,其他属性只起到辅助性作用。而学科的本质属性则是由这门学科的研究对象决定,这是判定一门学科属性时的重要依据。因此,有必要弄清楚财政的本质及财政学的主要研究对象。

(一)财政的本质

从人类发展史来看,财政是一个历史范畴,财政是伴随国家的产生而产生的。为维持国家的存在及国家机器的运转,需要一种手段获取收入,这种手段就是我们现在称之为"财政"的事物。国家所获取的这部分收入,从本源上是劳动创造的,但从产权上则可能来源于其他社会主体,也可能来源于国家自有产权的产业。由此,满足国家需要的收入就以"公民缴纳费用—捐税……甚至捐税不够了……发行公债"等财政形式来取得。可见,财政本质是一种国家具体的经济行为,并以分配范畴介入到社会生产中。只不过其服务主体是国家,是为实现国家职能并满足国家治理的需要而存在,财政的体现形式又具有多样性,而这些都是财政自带的附属性质,会因不同的国家特质而在具体形式、作用范围方面有所不同。所以,财政本质上是一种国家的经济行为,主要为实现国家治理服务。

另外,"财政"一词的词义本身也是财政本质的体现。虽然我国历代都有精髓的财政思想,但是历史文献中却没有"财政"这个词,而是用"国计"、"经费"、"度支"、"计政"等词语表达财政之事。我们现在通用的"财政"这个术语由清末维新派从日本引入,而日本明治维新后所造的"财政"一词主要是吸收了我国"财"与"政"两个字的含义。"财"是指收支,"政"则是指治理。所以,无论是中国古代用以体现财政思想的词语还是从外来引入的术语,都含有国家和理财的意思,其实质是为了治理国家而进行的收支。英文词汇"public finance"对应于我们的"财政"一词,其中 finance 可以翻译为"金融"、"财政"、"融资"、"财务"等,都体现出与经济相关的意思。至于加上 public,则主要起修饰、限制作用,表明该类经济是与公共或政府有关。随之,出现的公共经济学(public economy)、公共部门经济学(public sector economics)被称为现代财政学,不管其将国家置于何种地位,都是国家或政府为实现治理目的而进行的经济范畴。

(二)财政学研究什么

站在学科的角度,财政学研究什么是财政学学科属性界定的根基,其主要涉及财政学的研究对象及研究范围这两个不同的概念。

1. 财政学的研究对象

一门学科的研究对象是对该门学科研究活动和研究内容的本质概括。虽然财政学历尽各种变迁,但其研究对象的核心应始终是"财政"。因此,财政学以财政领域的现象为研究对象,围绕财政现象或活动,最终揭示财政的特殊矛盾、特殊规律。这正是财政学区分于其他学科所独有的特质。

2. 财政学的研究范围

与财政学的研究对象密不可分或容易混淆的是财政学的研究范围。财政学的研究范围类似于财政学研究所包含的内容,它比财政学的研究对象范围要广泛。除了研究对象之外,财政学的研究范围还包括其他相关的现象和事物。财政收支运行规律、财政政策、财政制度等财政问题都是财政学的研究范围。从另一个角度讲,对研究范围内的现象和事物的研究是用来完满地阐明研究对象的规律性所必要涉及的从属性领域。

因此,财政学学科属性主要取决于其研究对象,研究范围内的其他问题可以界定为附属性质。财政学的研究范围会因现实需要而发生变化,并可以推动财政学学科自身发展完善。但是,研究范围的扩展和变化却不会撼动财政学研究对象的地位及财政学学科属性。

(三)财政学的学科属性定位

教育部在 1997 年和 1998 年先后进行的研究生和本科生专业目录调整,带来了以财政学为代表的其他相关学科建设和发展方向的变化。而学科本身的发展特点及需求又使得某些学科难以被完全框进调整后的某一个专业目录中,进而引发多方争议。财政学几经变迁,作为一门服务于国家治理的应用性学科,在回应时代更替的过程中始终肩负自身使命,兼收并蓄,进而财政学始终是一门以经济学科属性为主并密切联系其他学科的应用性学科。

1. 财政学的经济学科属性

财政学的发展史可以印证财政学的经济学科属性定位。总结财政学的发展史,虽伴随着学术纷争,但是一直都围绕着特殊的经济问题而展开。德国官方学派关于财政问题的研究早于现代财政学的起源,其所研究的财政学也早于经济学或政治经济学,并呈现多学科研究特色。然而,其研究主要是围绕所服务的君主的最大利益,其使命是为统治者获得收入和进行支出提供决策建议。虽然在当代主流财政学家眼中,官方学算不得是一门学问,但是不难发现,其主要是一种为国家存续和治理提供的经济手段。随后,财政学在英国得到发展,亚当·斯密、约翰·穆勒等学者在研究政治经济学的同时勾勒出了财政学的基本框架,使财政学成为传统古典经济学的重要组成部分。尽管庇古及其以前的财政理论学家将政府活动看成非生产性的,但这恰巧说明政府及其财政对经济干预的影响,进而反映出当时的财政学是关于减少国家活动对纳税人损失的经济分析。当代主流财政学科体系的建立更是开启了财政学全新的经济学时代,集大成者——马斯格雷夫的划时代贡献是其融合了英美、欧陆两大财政学传统以及凯恩斯宏观经济学理论,并以《财政学理论:公共经济学研究》一书彰显了财政学与经济学的不解之缘。中国财政学来源于马克思主义的政治经济学,经历了计划经济时代的以"国家分配论"为主流的探讨,正处于引入西方主流财政学形式化和科学化而偏离中国实践的现状。这是一个构建与社会主义经济发展相适应的财政学学科体系的历程,也是一次创建具有本土特色中国财政学的伟大探索。

"经济学帝国"的较为成熟和优越的基础理论和研究方法是财政学发展和完善的重要支撑。经济学在研究方法上较其他社会科学有优越之处。近些年来，不论是政治学还是社会学领域，都涌现了大量以经济学研究方法为基础的成果。更何况现代财政收支活动作为社会再生产过程的有机组成部分，直接受到经济规律的支配。财政学的发展既不必要也不可能脱离经济学的成果。与此同时，财政学与其他经济学科有着天然共同的经济学理论基础。现代财政学是在福利经济学的框架下展开的，并以外部性理论、公共产品理论、价格理论、资源配置理论、宏观经济理论等为发展的理论基石。这一发展特点是财政学作为经济学学科属性的有力证据，优势性压倒其他学科归属分析。

另外，对"财政学的经济学科属性"定位存在异议，还可能源于经济学科本身的问题，也就是对当前学科大类划分的理解有偏差。在1997年和1998年的专业目录调整之前，经济学是个比较宽泛的概念，管理学还归属于经济学门类。那个时候的经济学，既包括了今天我们称之为经济学的内容，亦覆盖了今天我们称之为管理学的内容。因此，在较为宽泛的经济学门类下的各个专业，究竟是属于经济学类，还是属于管理学类，或者，究竟是经济学类的成分多一些，还是管理学类的成分多一些，也就不十分重要了。当时经济学门类下所列的不少专业，都系经济学的成分和管理学的成分兼而有之。财政学也是当时的19个经济学类专业之一。调整之后的经济学门类相对窄了，而财政学仍被归为其中。但是，财政学的研究对象和研究范围并没有改变，因而其经济学学科属性和定位不变。调整后的学科大类是从另一个角度强调财政学以经济学学科属性为主的客观事实，但不代表财政学只能在经济学范围中进行研究，研究财政学仍需考虑管理因素、政治因素等。

因此，由上述方面，笔者认为经济学属性是财政学的主体属性，财政学应归属于经济学科。

2. 财政学与其他学科的关系

将财政学归类为经济学科属性并不否认其还附属于其他学科的性质。事实上，许多学科都存在类似的问题，多个学科同时研究一个对象的例子比比皆是。同时,学科存在研究角度多样性问题,这可以促进本学科研究内容的创新并带动整个学科的完善发展。例如,以福利最大化为目标的财政政策研究,如果改变以往单纯考虑经济因素而增加社会因素,以经济福利最大化的目标转变为社会福利最大化的目标,则会增加财政政策的科学性和现实性。

从知识的完整性和连续性来看,财政学与政治学、管理学、法学、社会学等学科之间存在着密切联系,但不能以此否定财政学的经济学学科属性定位,也不能以此认为财政学应是一门综合学科。管理学、政治学等学科有其独特的学科任务和对象范围,但它们又是财政学所必要涉及的从属性领域。政治学研究对象是关于国家的基本理论(产生、本质、目的、任务)、政治制度和政治过程等的国家问题;管理学的研究对象是管理,包括管理现象和管理活动两个层面,在很大程度上是对人的管理。可见,这两门学科的本质属性与财政学的主要研究内容相差较大。而财政学的主要研究领域和内容还是与经济学科较为一致。

三、中国财政学学科体系的未来发展

目前财政学界关于财政学学科属性问题的讨论,既是对过去财政学研究的反思,也是未来中国财政学回应现实的必然要求。争议的存在并非坏事,反而是加强对学科认识和促进学科建设发展的"推动力"。我国财政学学科体系的建设和发展需要我们停下来思考"未来中国财政学应向何处去"。

首先,在研究内容和分析方法上,财政学应更加包容,融入更多的政治学、社会学、管理学等学科因素。财政从诞生的那天起就与国家有着不解之缘,对财政与国家关系的处理及对国家定位的认识的差异则催生了不同的财政学研究流派。所以,研究财政学不能脱离对国家治理问题的探讨,而政治学中关于国家问题的分析更是研究财政学中政府财政收支等方面的经济活动的思想指引。另外,财政学中关于财政政策效应的评价分析也应加入社会关系和社会结构因素,而不仅仅考虑经济方面的资源配置,如何将社会因素与经济因素结合则需要一定的社会学研究背景。至于财政学与管理学更是因"公共管理学"而相互支撑。因此,财政学人在以经济学为主要学习内容的同时还应系统学习其他学科。

其次,在研究目标上,财政学应围绕时代背景和现实需要,适应中国国情。回望国内外财政学近 300 年的发展变化,不同时代的财政理论也许以现在的观点看都或多或少存在不妥之处,但是其共同之处则是适应了各自的环境与国情,没有好坏之差别。中国学界过去 30 年中不加批判地引入西方财政理论与研究成果,虽然有助于中国财政学研究的"国际化",但倾向于数量建模及形式化、科学化的极端走向使得财政学远离中国的现实越来越远。中国有不同于西方的现实,中国的政治制度、社会文化需要探索出独特的财政理论。中共十八届三中全会《中共中央关于全面深化改革若干重大问题的决定》提出"财政是国家治理的基础和支柱",重新引起中国财政学界对国家治理问题的关注,也带来了财政地位和作用的提升。中国财政学可以此为契机进一步深化理论探索和扩展研究领域。

未来,财政学学科体系的建设理应以经济学科属性为中心,融合其他学科优势,进行多元化发展,并为国家与社会的发展进步作出应有的贡献。

参考文献:

[1][德]马克思,恩格斯. 马克思恩格斯全集:21 卷[M]. 北京:人民出版社,1965.

[2]王国清. 对财政理论几个基本问题的再认识[J]. 四川财政,1996(5).

[3]刘晓路,郭庆旺. 财政学 300 年:基于国家治理视角的分析[J]. 财贸经济,2016(3).

[4]高培勇. 论公共管理学科和财政学科的融合[J]. 中国高教研究,2003(2).

[5]陈共. 财政学对象的重新思考[J]. 财政研究,2015(4).

[6]高培勇. 论国家治理现代化框架下的财政基础理论建设[J]. 中国社会科学,2014(12).

[7]蔡红英,魏涛. 深化财政学科建设的理论思考[M]. 北京:中国财政经济出版社,2016.

[8]杨志勇. 财政学科建设刍议:结合中国现实的研究[J]. 财贸经济,2007(12).

[9]崔惠玉. 论政府预算的财政学科属性[J]. 财政研究,2010(4).

[10]马珺. 财政学:两大传统的分立与融合[J]. 经济理论与经济管理,2012(10).

[11]刘守刚,刘雪梅. 财政研究的政治学路径探索[J]. 江苏教育学院学报:社会科学,2010(3).

对财政学学科属性及其
未来跨学科发展趋势的几点探讨

天津财经大学　孙　正

我国市场经济体系建立以来，关于财政学科属性的讨论一直未从间断。2013 年，《中共中央关于全面深化改革若干重大问题的决定》(以下简称《决定》)提出"财政是国家治理的基础和重要支柱"以后，财政与财政体制有了全新的定位，财政学人对财政学科的属性以及财政学理论体系的重新构建进行了热烈的讨论，可以说"财政学科及《财政学》需要进行一场革命"的时刻到了。本文在梳理前任学者研究的基础上，对财政学的学科属性进行了探讨，并试图勾勒出未来财政学跨学科发展的趋势。

一、财政学与经济学学科范畴比较

从学科分类上来看，财政学属于应用经济学的二级学科，这被大多数财税学家认可。但随着国情的变化与学科的发展，财政学的跨学科属性也逐渐被大家所接受。从学说史的视角来看，经济学由政治经济学发展而来，政治经济学又从财政学产生。目前西方主流的财政理论是以"盎格鲁—撒克逊"学派为主的财政理论，该学派将现代经济学分析的范式引入到现实财税问题的分析之中。但是迄今为止，主流财政学理论被严重的"经济学化"以后，已经丧失了对现实问题的解释能力。西方财政理论对现实问题的分析建立在公共财政理论和凯恩斯的宏观经济理论基础之上。因此,西方主流的财政学理论缺陷主要表现在如下两方面:第一,以市场失灵为出发点,被动地去解释一些财政活动与经济现象;第二,财政理论被严重地经济学化,导致财政学丧失了自己的学科特征,缺乏系统的理论体系与框架,随着时间的推移与外部环境的变化,已经不适应当代经济社会的发展,对当前经济社会的发展也不具有解释力。

亚当·斯密在《国富论》的古典分析框架之下,将财政学作为一门单独的学问进行了系统的分析,从而财政学作为一门独立的学科正式创立。这意味着财政学的理论体系构建以经济学的发展为基础,也预示着财政学与经济学的学科属性具有极大重合性。从学说史的角度来看,财政学与经济学范畴的重合主要表现在如下三个时间维度上:第一个维度是古典经济学与财政学学科范畴的重合,亚当·斯密的《国富论》在依据劳动价值论对国家的性质进行界定的基础上,提出了财政学的研究对象、国家职能以及框架体系。第二个维度是新古典经济学框架下财政学的经济学化与科学化,主要表现为运用边际效应理论推动了公共产品理论的产生与发展,并利用微观经济学的研究方法推动了财政学的经济学化与科学化。第三个维度是凯恩斯宏观经济学突破了新古典经济学微观分析框架,构建了宏观经济分析框架,丰富和发展了财政政策的内容,为国家通过财政政策干预经济提供了理论基础,并深化认识和理论概括了财政职能。

二、财政学与其他学科范畴的交叉

中共十八大赋予财政"国家治理基础和重要支柱"的地位,将财政学的职能从经济领域拓展到政治、经济、文化、生态、社会、法律六个领域。对财政学的重新定位,离不开过往财政学学科发展过程中与其他学科属性的交叉。

(一)财政学的政治属性

财政学发展到今天形成了三大流派,分别是公共经济学、新政治经济学、财政社会学。其中,新政治经济学以公共选择理论为基础研究财政。公共选择理论的产生,使财政学的研究对象从经济学领域正式拓展到政治学领域,带来财政学与政治学研究对象的重合。在公共选择理论产生以后,政府收支活动作为传统财政学的主要研究对象,同时也是政治学的重要研究对象。另外,财政在很大程度上也是运用公共权力配置资源,由此可知财政学与政治学在学科属性上存在着诸多天然的联系。随着财政职能内涵与外延的拓展,未来必然有更多政治学的研究领域进入到财政学的研究视野之中。财政学将经济过程中的政治制度因素看作是内生变量,克服了传统经济学将政治因素或政府作为外省变量不予考虑的缺陷,更接近于现实经济运行。

(二)财政学的社会学属性

自德国宗教社会学家马克斯·韦伯提出"韦伯命题"以来,学者们开始从社会文化环境的视角对经济发展进行解析,同样,在财政制度运行过程中与特定的社会文化环境之中,社会文化制度会影响乃至决定财政行为主体的运行。透过复杂的财税现象去探求其背后的社会文化根源,亦成为财政学人研究问题的新视角。另外,经济学追求的是利益最大化、效率最大化,但是财政活动从来不是单纯地追求效率,而是公平与效率的权衡,公平与效率的权衡离不开社会学的视角。

(三)财政学的管理属性

这是与主流财政学交叉最广泛的学科,诸如财政管理、预算管理、税收管理、国有资产管理、国有基金管理等方面主要是运用管理学的方法,对上述财税问题进行研究,也就是说,方法属于管理学,但管理的实体与内容属于财政学。不可否认,诸如公共资产与负债、预算编制、资产评估以及为政府提供决策信息方面,管理学的方法与分析工具技术性更强。上述诸如财税体制、政府行为以及政府组织与决策需要按照管理学的研究范式来研究,管理学研究范式的引入也使财政学的技术方法得到进一步拓展。

三、当前财政学对当前我国财税现象的解释力

主流财政理论被严重地"经济学化"后,传统财政学对我国财税现象的解释力在逐渐变弱,或者可以说基本上丧失了解释力,更不能很好地为我国经济社

会发展服务。

在传统计划经济向市场经济转型的过程中,财政学与其他学科一样,面临着学科体系与西方接轨的紧迫感。同时,我国在传统计划经济时代积累了大量的财政欠账,民生领域亟待大量的财政资金投入,补完民生欠账以后,财政的职能继续延伸到国防、外交、社会管理以及环境保护等领域。随着财政职能的延伸,具有中国特色的财政运行格局和财政体制机制逐渐建立起来。这一时期也构建了较为完备的我国财政学学科体系,但这一阶段国家更注重财政收入和支出的结构,特别是组织财政收入方面,忽略了或者没有意识到运用财政来管理和治理国家。也就是说,政府更注重财政在经济领域的职能,忽视了财政的其他职能,更没有考虑到国家治理能力与治理体系现代化对财政的要求。

2013年,《决定》提出"财政是国家治理的基础和重要支柱",从而极大地拓展了财政学的外延以及内涵,将财政提高到一个前所未有的高度。此时,对于财政学人来说,如何理解与定位"财政是国家治理的基础"是一个巨大的挑战,在新的经济社会发展形势下如何构建财政学的理论基础与政策基石,更好地服务于政治、经济、文化、社会、法律、生态六个方面,增强财政对我国现实经济的解释力,成为时代赋予财税人新时期最重大的任务。安体富认为可以从经济基础、功能保障、制度保障三个维度来理解财政国家治理的基础,这也为财税学者提出了后续构建财政理论的方向。

西方主流财政学理论主要基于英美国家的国情进行构建,其适应性是有范围的,特别是对当前我国诸多的财税现象缺乏解释力,更不能适应国家治理能力与治理体系现代化的要求。随着财政学的经济学化与科学化,主流财政学更倾向于用数学和计量经济学解释及度量财政问题,不但不能系统全面地解释当前问题,反而可能会离现实问题越来越远。《决定》中关于财政的定位,也为当前财税人提出了新的要求与动力。未来我国财政学学科体系与理论构建如何摆脱现有财政学的束缚,构建适合我国国情的财政学科,增强对我国现实经济问题的解释力与指导,是当前财政学科建设的重中之重。

四、财政学未来发展趋势的设想

未来财政学科发展的大趋势,离不开《决定》对财政与财政体制的全新定位,也离不开我国现实国情,同时要符合财政学跨学科发展的大趋势。

(一)跨越专业和学科壁垒,构建综合性的财政理论体系

鉴于《决定》将财政的定位提高到一个前所未有的高度,以及财政学在发展过程中跨学科的属性,后续财政发展的一个大趋势就是继续进行跨学科融合。高培勇认为,"财政绝不仅仅是一个经济范畴……从根本上来说,财政是一个跨越经济、政治、社会、文化和生态文明等多个学科和多个领域的综合性范畴"。现阶段,如何实现财政学与上述学科的融合发展,我们虽然不能回答,但认识到这个层次,本身就是跨学科构建财政学理论体系的首要步骤。在后续的学科体系与理论构建过程中,财政学在不脱离经济学科研究成果的前提下,应该纳入政治学与社会学的观点,而不仅仅是将其作为财政学研究的一个背景。郭庆旺提出,官房学时代的财政学极其重视国家的作用,奠定了财政学的政治学基础;政治经济学时代的财政学强调国家要顺应经济规律,构建了财政学的经济学基础;经济学时代的财政学主张财政要依据民意,满足社会需要,形成了财政学的社会学基础。追古烁今,当代财政学的理论构建与学科发展应当充分融合其他学科的最新成果,而不仅仅局限于经济学的研究范式。

(二)在综合构建学科体系的基础上,充分融合各学科研究方法

相对于一个学科的学科体系与理论基础,学科的研究方法都是处于一个动态变化过程中。财政学的跨学科属性决定了除经济学分析工具外,其他学科的研究方法与思想也是必不可少的。传统的财政学研究方法主要以经济学的研究方法为主,在当今数据大爆炸以及学科极大交叉的背景下,财政学的研究方法需要大视野。在改进传统研究方法的基础上,中国财政学人要做到汲取各学科研究方法之长,学习和吸收其他学科先进的研究方法。财政学跨学科理论体系的构建,应与研究方法的融合同步进行,使财政学科更好地适应于国家治理体系和治理能力现代化的要求。

(三)财政学的学科发展必须适应我国现实国情

统治集团为了维护国家赖以生存的经济基础,针对不同的经济现实,实行

不同的财政政策。现代西方财政学引入经济学的模型构建与逻辑推演,更希望得出一个具有普遍性的结论,更有甚者,针对不同的国家,由于某些关键制度条件的提前设定,可能会得出相反的结论。中国特色的政治制度和社会文化环境与西方国家差别巨大,财政学的根本目的是适应中国现实的需要,特别是中共十八大以后,为了使财政学契合国家对财政的全新定位,中国特色财政学的构建需要适应中国国情的财政理论探索与政策实践。

参考文献:

[1]李俊生. 盎格鲁—撒克逊学派财政理论的破产和科学财政理论的重建——反思当代"主流"财政理论[J]. 经济学动态,2014(4).

[2]马海涛,陈珊珊. 新市场财政学:批判、继承与开拓[J]. 经济与管理评论,2017,33(3).

[3]安体富. 关于财政学的学科属性与定位问题[J]. 财贸经济,2016(12).

[4]樊丽明,王澍. 中国财政学研究态势——基于 2006－2015 年六刊发文的统计分析[J]. 财贸经济,2016(12).

[5]刘晓路,郭庆旺. 财政学 300 年:基于国家治理视角的分析[J]. 财贸经济,2016(3).

[6]高培勇. 论国家治理现代化框架下的财政基础理论建设[J]. 中国社会科学,2014(12).

[7]高培勇. 由适应市场经济体制到匹配国家治理体系——关于新一轮财税体制改革基本取向的讨论[J]. 财贸经济,2014(3).

[8]白文杰. 论社会主义财政学的两个研究路径[J]. 山西财经大学学报,2009,31(S2).

[9]高培勇. 公共财政:概念界说与演变脉络——兼论中国财政改革 30 年的基本轨迹[J]. 经济研究,2008,43(12).

[10]边明社. 西方经济学不同流派对财政学学科发展的贡献[J]. 云南社会科学,2008(4).

[11]张文春. 财政学与公共经济学的关系及其发展趋势——对部分世界著名经济学家的调查[J]. 财贸经济,2007(3).

[12]孙开,许慧. 公共经济学的学科定位问题研究[J]. 当代财经,2005(5).

[13]高培勇. 论公共管理学科和财政学科的融合[J]. 中国高教研究,2003(2).

[14]Buchanan J M, Musgrave R A. *Public Finance and Public Choice － Two Contras-*

ting Visions of the State[M]. Cambridge:The Mit Press,1999.

[15]Barro R J. Comment from An Unreconstructed Ricardian[J]. *Journal of Monetary Economics*,1978,4(3).

[16]Pigou A C. *A Study in Public Finance*[M]. Read Books Ltd.,2013.

审核评估视角下的财政学专业建设探析

——以贵州财经大学财政学专业为例

贵州财经大学　朱红琼

本科教学审核评估,用一句通俗的话来说就是用自己的尺子量自己。故而先要看尺子是否标准,打造得是否合适,这是审核评估的前提;其次要看在办学过程中,是否适合用这把尺子来衡量培养过程,以及为达到这把尺子的要求,是否有相应的支撑与保障措施;最后还要看培养结果是否达成了该目标。因此,可以说,审核评估的核心是对专业人才培养目标、培养过程、培养效果的评估,考量的是专业人才培养目标定位是否科学合理、培养过程和保障条件是否能支撑培养目标的实现、培养效果是否能达到培养目标的要求。本文以贵州财经大学财政学专业为例,从审核评估的角度来探析该专业建设过程中应注意的各种问题。

一、尺子的打造——专业人才培养目标如何定位

总体而言,专业人才培养目标的确立主要有三个依据:一是学校的办学定位,二是该专业的历史积累下来的办学特色和优势,三是经济社会发展的需要。贵州财经大学财政学专业人才培养目标定位为:培养适应深度全球化背景下国家和地方经济社会发展需要,胸怀建设中国特色社会主义理想,具有健全的人格心智、良好的道德情操、扎实的理论功底、较强的实践能力,并富于创新精神

和人文关怀的高素质应用型人才。该专业人才培养目标定位契合贵州财经大学的办学定位：坚持立德树人，锻铸"儒魂商才"，即培养"深受中国优秀传统文化熏陶，符合现代经济社会发展需要；富有高度的社会责任感，胸怀忧国忧民的道德意识；诚信为本，勇于担当；关注民生，勤于学习，善于创新；艰苦奋斗，严谨务实，负重致远；具有扎实理论功底、较强实践能力、鲜明经管特质的高素质复合型人才"。

贵州财经大学财政学专业人才培养目标的定位也是多年办学历程的积淀。贵州财经大学财政学专业是 1958 年建校初仅有的三个专业之一，1978 年贵州财经学院恢复办学后，该专业经过近 40 多年的培养，为贵州社会经济发展培养了大批财税领域精英、骨干。这些毕业生，融儒魂于商才，强心智以致远，深深融入到学生的职业生涯中，肩负起为贵州经济社会发展贡献青春与智慧的历史使命。这些毕业生在各自的岗位上严谨务实、负重致远，有的已经成为省内外具有一定影响的专业人才和政府部门的重要领导。深厚的办学历史积淀，为确立该专业人才培养目标提供了基于自身血脉的历史依据。

财政学专业人才培养目标在设计过程中，主动适应社会发展与区域经济需要，强化对学生素质和能力的要求，提炼出了培养"具有健全的人格心智、良好的道德情操、扎实的理论功底、较强的实践能力，并富于创新精神和人文关怀的高素质应用型人才"的人才培养目标。

总体而言，财政学专业人才培养目标定位合理、明确，反映出了对该专业人才培养的质量预期。

二、培养过程——专业人才培养目标的实现渠道

培养方案是人才培养目标的具体化和重要载体，同时也是人才培养过程的行动指南。要实现以上财政学专业人才培养目标，就要适时修订培养方案，优化课程体系，进行"以生为本"的教学范式改革。贵州财经大学财政学专业人才培养目标的实现有赖于以下几个方面。

(一)培养方案的修订

培养方案作为教学的根本大法，其制定、调整与执行是非常严格的。根据

地方经济发展需要和财政学学科发展前沿,在保持财政学专业培养方案总体稳定的情况下,需根据人才培养目标的需要,适时进行修订。修订的财政学专业培养方案主要体现为三个方面:一是进一步明晰财政学专业人才培养的质量要求,即财政学专业学生应具备的能力和素养;二是根据市场需求、学科发展,对一些课程进行调整,如增加"财政学学科导论"、"社会保障学"、"比较财政学"等课程;三是实践课程学分有所增加,如增加"财政支出学"、"税收筹划"等课程的学分。

(二)完善的课程体系

从财政学专业人才培养目标来看,要培养"适应深度全球化背景下国家和地方经济社会发展需要,胸怀建设中国特色社会主义理想,具有健全的人格心智、良好的道德情操、扎实的理论功底、较强的实践能力,并富于创新精神和人文关怀的高素质应用型人才",其课程设计既要考虑到学科、专业发展的前沿性,同时也要考虑地方经济社会发展的区域性。前者不用再说,上文已经提及,而后者则体现在"贵州省情"、"地方财政学"等课程上。

此外,还要考虑理论课程与实践课程的问题。贵州财经大学财政学专业实现了"两轮驱动"的人才培养模式,即理论教学与实践教学并重,形成了完善的社会实践、课程实验、综合仿真实验、实战模拟和实训等在内的实践教学体系。该体系分"课程实验—专业综合实验—跨专业协同高峰体验综合实验"三个阶段,贯通学生整个培养过程。

思想道德等品性的培养除了教育部规定的思政课外,更多体现在第二课堂中。贵州财经大学财政学专业建立了较为完备的第二课堂育人体系,实现了第一课堂与第二课堂的有效链接,主要有四个平台:思想政治教育平台、学科竞赛平台、校园文化活动平台、社会实践平台。这四个平台对于培养学生的道德情操、实践能力、创新精神等发挥了巨大的作用,重点培养学生爱国情怀、责任意识、担当精神,使学生"又红又专"。

(三)"以生为本"的教学范式改革

根据学校的总体部署,贵州财经大学财政学专业全面推进教学范式改革,从教学理念、教学方法、教学内容、教学设计、教学考核与评价等方面进行了改革。教学重心由教师转向学生,教学目标由单一目标(成绩)向多维转变(能力、思维等),教学重点从知识传授向能力提升转变,教学方式从听、授向学生自主学习转变,课程考核由结果考核转向过程考核。在此过程中,财政学专业教师大力推进探讨式、导学式、互动式、案例式、模拟式教学,在传授理论知识的同时,针对当前的经济现状或事件,让学生自己去收集资料进行分析,使学生参与到课堂中,提高学习的兴趣和思辨能力。财政学专业教学推进"走出去,请进来,促协同",强化与财政税务等业务部门的联系,把课堂教学建立在真实业务环境之上,甚至部分课程采取现场教学,让学生在课堂上通过体验学习法,增强学习的实践性、互动性和趣味性,让学生在体验中去感受,在感受中发现不足,进而寻求创新。最终,学生的自主学习能力和知识应用能力得到提升,创新能力和就业能力得到加强。

三、培养效果——是否达到质量预期

毕业生的各种数据是检验经过培养过程,预期目标是否达到,即是否达到质量预期的重要数据。一般而言有就业率、就业质量、用人单位评价、职业发展指标。根据历年的麦可斯报告和 2015 年新景成公司所提交的《贵州财经大学2014 届毕业生就业与培养质量综合报告》。仅就业率来看,财政学专业初次就业率在近五年均保持在 90％以上,2014 届毕业生就业率为 94.74％,就业状况良好。下面以 2015 年(2014 届毕业生)数据来分析人才培养的效果(见表 1)。

表 1 　　　　　　　　**2014 届贵州财经大学财政学专业就业竞争力指数**

专业	就业率	薪酬(元/月)	专业对口度	就业满意度	就业竞争力
财政学	94.74％	3 838.28	88.89％	83.33％	86.36
全校平均	85.10％	4 065.90	72.44％	90.32％	

体现就业质量的指标主要是月收入、工作与专业对口度、就业满意度、离职率方面。收入的高低,是毕业生质量的市场价值的体现;工作与专业相关度越高,体现了专业培养帮助毕业生更多地得到了市场价值的实现;就业满意度反映了毕业生所从事的职业与期待的差距;离职率低,工作稳定性较强,反映了毕

业生与用人单位匹配度较高,毕业生满足了用人单位的需求,用人单位也符合了毕业生的期望。

贵州财经大学 2014 届毕业生的平均月收入为 4 065.90 元,财政学专业毕业生的平均月收入为 3 838.28 元,低于本校平均,主要是因为从事社会服务人员的月收入相对较低。财政学专业主要就业职业分布为行政管理办公人员 33.33%,经济业务人员 27.78%,金融业务人员 22.22%,企业管理人员 11.11%,社会服务人员 5.56%。

贵州财经大学该届毕业生工作与专业的对口度为 72.44%,财政学专业的毕业生工作与专业的对口度为 88.89%。从就业行业来看,财政学专业主要就业行业中,制造业为 33.33%,公共管理、社会保障和社会组织为 27.78%,金融业为 16.67%,租赁和商务服务业为 5.56%,水利、环境和公共设施管理为 5.56%。

从就业满意度来看,贵州财经大学 2014 届毕业生的就业现状满意度为 90.32%,财政学专业的就业满意度为 83.33%,比本校平均低 7 个百分点,主要原因是学生的就业预期与实际就业差距较大,一些学生希望进入公务员队伍,但逢进必考使很多学生最终选择了其他行业就业。

贵州财经大学 2014 届毕业生目前就职岗位的职业匹配度为 3.61(5 分为满分),偏向比较匹配,财政学专业毕业生的职业匹配度为 3.66,在全校排名第 8 位。贵州财经大学该届毕业生离职率(更换工作位在 1 次及以上人数/总人数)为 40.9%,财政学专业毕业生的离职率为 38.89%,低于全校平均。

从用人单位的评价来看,近四年来,学校对党政机关、企事业单位、金融部门等单位和行业进行了大量的毕业生跟踪调查,从问卷调查的结果看,用人单位对财政学专业毕业生普遍反映较好,不管是知识结构还是专业知识程度都给予了很好的评价和肯定,在专业能力方面也作出了相当的评价,普遍认为:财政学专业的毕业生整体综合素质高,实际工作能力强,大部分毕业生成为了本单位及部门的中坚力量和业务骨干,工作积极,在工作中能够发挥业务骨干作用,工作成绩得到了单位领导和同事的肯定,为本单位和地方经济社会又好又快发展作出了积极贡献。

从就业的地区特色来看,财政学专业毕业生在贵州省内就业的毕业生人数较多,立足贵州、服务地方的特色得以很好体现。

从以上分析可以看出,财政学专业人才培养基本上达到了预期的效果。

四、保驾护航——质量保障是否发挥作用

从目标的确定到目标的达成,培养过程是关键,而为使培养过程能够保质保量地进行,人、财、物及制度起到培养质量的保障作用。

(一)师资保障

前三者可以说是资源上的保障。要培养"具有扎实理论功底、较强实践能力、鲜明经管特质的高素质复合型人才",师资队伍是关键。经过多年的建设,通过引进优秀人才、优化师资结构、提升教师教学水平、激励教师发展等方式,财政学专业现拥有一支结构合理、教学经验丰富的师资队伍。财政学专业(不含税收学专业教师)现有教师 14 人,其中具有高级职称的有 12 人,占 85.7%;博士 9 人,占 64%;双师型和具有行业背景的有 11 人,占 78.6%。可以说,财政学专业形成了一支理论基础扎实、专业能力强、实践经验丰富的师资队伍,有力地保障了专业人才培养目标的实现。

(二)教学资源保障

学院十分重视教学资源对人才培养目标的实现和保障作用,在学校逐年增加教学经费投入,不断完善课堂教学设施、科研设施、辅助教学设施等的基础上,财政学专业通过申请各类教学质量工程项目(见表2),多方面筹集教学研究资金,丰富教学资源。

(三)制度保障

长期以来,财政学专业配合学校、学院、系三级管理,形成了校、院、系三层质量保障体系和"全过程监控、动态反馈、全员参与"的质量保障模式。校级教学团督导负责对学校的整体教学状况进行检查、评价、调研、监督、指导,对全校

表 2 财政学专业教学质量建设项目

项目名称	立项单位	立项时间
财政学省级示范专业	贵州省教育厅	2008 年
《财政学》省级精品课	贵州省教育厅	2008 年
财政学专业综合改革试点项目	贵州省教育厅	2014 年
财政学一流专业建设项目	贵州省教育厅	2017 年
财政学专业核心课程群建设——一流课程建设培育项目	贵州省教育厅	2017 年

教学工作的各个环节提出改进的建议。学院级教学督导对所在二级学院的教学工作进行评价、监督、指导,同时参与专业培养方案修订、观摩教学、教学检查等活动。而系这一级则更多的是通过学生评教、系主任听课、同行听课、学生信息员制度、学生座谈会、满意度调查等手段,对本系的教学过程进行跟踪、反馈、指导、监督。财政学专业根据专业人才培养质量标准,以教学资源、教学管理队伍和制度建设为保障,以教学质量监控、评价和反馈为重点,进行教学全过程闭环质量监控。围绕人才培养全过程进行监控、分析与改进,确保财政学专业人才培养目标的实现。

当然,贵州财经大学财政学专业在建设过程中还存在着一些问题,如专业核心课程教学方式满足度不够,专业课程教学对目前工作的重要性程度还有待加强,理论与实践的结合性有待改进,实验课程教学软件和数据有待更新等,这些都需要在今后加以改进和完善。

学习《财政学类本科专业教学
质量国家标准》后的几点想法

泉州经贸学院　　陈永泰

在参加今年的教育部高等学校财政学类专业教学指导委员会(以下简称财政学教学指导委员会)组织的第五届全国财政师资培训期间,笔者学习了财政学教学指导委员会制定的《财政学类本科专业教学质量国家标准》(以下简称《标准》)。该标准是财政学教学指导委员会以《国家中长期教改革和发展规划纲要(2010—2020年)》、国务院办公厅《关于深化高等学校创新创业教育改革的实施意见》和教育部《关于全面提高教育质量的若干意见》等文件为依据制定的。通过对《标准》的学习,笔者结合本学院的实际人才培养方案,谈谈以下几方面的看法。

一、对制定《标准》意义的理解

《标准》是财政学类本科专业教学质量的工作指南和衡量标准。正确理解本《标准》的意义,科学确定其地位,是财政学类专业建设成一流专业的必需之举。《标准》的制定是针对本专业"培养什么样的人才"的理性研究与周密设计,对本专业具有导向价值、标识价值和激励价值。因此,《标准》有其深远的意义。

首先,《标准》决定了财政学类专业人才培养模式的行动导向,具有导向价值。《标准》通过对财政学类专业人才培养模式进行科学的调研、设计与构思,经过多次严谨的研讨、分析、理性研究以及周密设计而得出可行的框架,是财政学类专业人才培养模式的基本方针与基本目标,各个院校的财政学类专业人才培养模式都应该达到并超过本《标准》规定的最低标准。《标准》明确指出:"本标准是全国设置财政学类本科专业、指导专业建设和评估教学质量的基本标准。各高校可根据自身定位和办学特色,依据本标准制定财政学类本科专业教学质量标准,对本标准中的条目进行细化规定,但不得低于本标准相关要求。鼓励各高校高于本标准办学。"因此,各高校所有工作的开展都应该以促进该《标准》的实现为依据。

其次,《标准》体现了财政学类专业人才培养模式的水平层次,具有标识价值。《标准》将培养目标明确为"具备综合运用专业知识分析和解决公共经济问题能力的应用型、复合型、创新创业型人才"。培养目标看似志存高远、理想远大,实则贴近现实、着眼实际,是基于市场对人才的需求、对现实的审视而作出的科学合理的设计。因此,《标准》是符合不同学校的不同发展情况和办学条件的需要,是与当前各院校的发展相互匹配的。《标准》决定了各院校的发展目标的定位与设计,反之,透过《标准》可以体现出各院校的办学层次、办学水平与办学类型,《标准》就像是财政学类专业的一张名片,在表达各院校财政学类专业人才培养模式的使命与愿景。

最后,《标准》直接影响了财政学类专业人才培养模式的士气高低,具有激励价值。《标准》通过比较简洁凝练的话语勾勒出财政学类专业所培养人才的轮廓,饱含了财政学教学指导委员会与设计者的崇高理想与美好愿望,是一种对未来财政学类专业发展的憧憬与期望。《标准》是正向、积极的,是向善、引真,并最终致美的。这是语言所赋予的力量,而这种力量也会散发出一定的感染力,激发人们朝着它不懈奋斗。

二、《标准》中培养目标的界定

教育界对人才培养目标的界定是:人才培养目标其实就是有关人才培养活动的目标,是各院校对自身的办学特色、办学条件和发展情况的认识,根据社会对人才需求环境变化趋势的了解,确定内在办学水平与外在人才需求,在理性分析与周密研究的基础上,结合学校的使命与愿景,而设计出的一种有关学生成长的合理性且理想化的未来远景。一个良好的人才培养目标就如同一面鲜明的旗帜,为学生的"学"和教师的"教"指明了行动方向,并规定出相应的可执行、能检验的标准。《标准》明确提出培养的方向是满足市场需求的应用型人才:"该专业类毕业生适合在财政、税务、公共投资、国有资产管理、社会保障等公共经济管理部门和各类企事业单位、非营利组织从事相关工作,以及在市场上自主创业。"但是,财政学类专业的人才培养目标有着与其他专业普遍共性的一面,也存在自身专业的特殊属性。本专业的培养目标同其他专业的培养目标相同,都具有标准性和指引性。但在制定培养目标时,往往由于制定者的主观差异性而导致制定者基于不同价值取向而作出的选择与判断在很大程度上带有主观性。财政学类专业具有本专业的特殊性,其培养目标必须能适应本专业的可教育性需求。首先,根据可教育性需求,现代培养模式须体现以"人"为中心的本质,体现人与人之间的差异性和能动性。为了促进人的发展,财政学类专业的培养目标必须能够体现出"以人为本"。其次,人才成长过程具有特殊性。人的成长是一个复杂的综合过程,受到内外界各种因素的影响,无法用具体的生产规格和要求以及明确的对象和标准来实现,在很大程度上具有不确定性。因此,财政学类专业培养目标无法具体准确地描述出对象的特征,也不具有如产品生产规格的准确标准和规范化的评估指标,财政学类专业的培养目标更多的是一种指引人才培养的方向、体现教育活动的理念以及表达财政学教学指导委员会对财政学类专业人才培养的使命。

三、《标准》之我见

通过细读《标准》,笔者反思了本学院的人才培养模式,认为其在以下几方面与《标准》存在差异。

(一)框架体系上的差异

关于《标准》中"4. 培养规格"的"4.2 知识要求"、"4.3 能力要求"和"4.4 素养要求"这三个方面,我院在制定本院的人才培养方案时,通过研究分析,在

"3. 培养目标"下设知识目标、能力目标和素养目标,在"4. 培养规格"中明确要求毕业之前必须获得如资产评估师、税务师、经济师等专业技术证书。

(二)培养目标上的差异

本科院校培养目标应该包含两种类型,即学术研究型和技能应用型。《标准》中的培养目标是"应用型、复合型、创新创业型人才",培养出来的学生就业导向是"该专业类毕业生适合在财政、税务、公共投资、国有资产管理、社会保障等公共经济管理部门和各类企事业单位、非营利组织从事相关工作,以及在市场上自主创业"。我院关于培养目标的制定,以《标准》要求的总目标为基础,细分为知识目标、能力目标和素养目标。除《标准》要求的知识目标外,我院在能力目标和素养目标上进行了详细细分,主要围绕这几个方面:"1. 职业社会能力(与人交流、与人合作和解决问题);2. 自我学习能力;3. 信息处理能力;4. 数字应用能力"。

我院制定的培养目标除了《标准》中所要求的"财政学类本科专业培养践行社会主义核心价值观,具有良好的思想品德、社会公德、职业道德和社会责任感的思政素质,具备基本人文知识和方法,具备健全的心理和健康的体魄,具有公共意识和创新精神;掌握经济学和财政税收基本理论和方法、熟悉我国财税政策法规、了解我国财经运行状况"外,更多地强调学生必须具有较强的与人交流、与人合作和解决问题的职业核心能力,具有综合运用专业知识进行信息处理的能力、数字应用的能力和解决公共经济问题的能力,力求培养具备思政、人文、身心"三素质",专业核心技能与职业核心能力"双核并重"(如图 1 所示)的应用型、复合型、创新创业型人才。

(三)实践教学累计数上的差异

《标准》指出,"实践教学包括实验(实训)、专业实习、社会实践、创业培训和毕业论文等。专业培养方案总学分控制在 160 学分左右,其中实践教学累计学分不少于总学分的 15%"。《标准》还提出,"专业实习时间累计不少于 8 周","社会实践累计时间应不少于 4 周",此外,还有毕业论文,如果把军训、体育、计

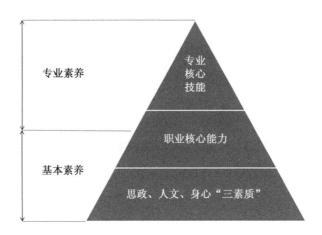

图1　泉州经贸学院制定的培养目标

算机等方面的教学也列为实践教学,那实践教学远远超过 20 周。因此,《标准》中"实践教学累计学分不少于总学分的 15％"明显偏低,根据以上数据,实践教学累计学分不少于总学分的 25％才有意义。我院根据培养目标确定了应用型人才培养模式,加强了实践操作,在制定实践教学累计数上超过 50％,使学生一毕业就能更快适应市场的需求,满足用人单位的实际紧缺的人才。

(四)学制与学分上的差异

在人才培养模式的质量考核中一般采用三种方式,即学分制和班建制、导师制,合称三大教育模式。在《标准》"4.1 学制与学位"条款规定,"学生完成专业培养方案规定的课程,成绩合格,准予毕业。达到规定条件的,授予经济学学士学位"。而《标准》"5.1 总体框架"条款指出,"专业培养方案总学分控制在 160 学分左右"。前者所规定的课程成绩合格与后者所指出的学分制,二者之间的表达是否统一? 是否可以表达为:"学生完成专业培养方案规定的必修课程,成绩合格,及修满学分,准予毕业。"另外,"达到规定条件的,授予经济学学士学位",这一表达中的规定条件不够明确,可否明确表达为"达到学分规定条件的,授予经济学学士学位"。

基于专业教学质量国家标准的师资队伍水平提升研究

——以河北经贸大学财政学专业为例

河北经贸大学　习亚哲　温立洲

国内外理论和实践都表明,师资队伍状况是学校办学和专业建设质量高低的决定性因素,因此,高等学校必须重视师资队伍建设。《财政学类本科专业教学质量国家标准》(以下简称《标准》)的推出为师资队伍建设提供了质量标准和保障体系,高等学校需以此为基础,在师资队伍水平提升中统筹规划、协调,促进更高素质师资队伍的形成,进而实现高等学校人才培养质量和办学水平的提升。财政是国家治理的基础,财政学专业更需要有一支品德高尚、业务精专、结构合理的师资队伍。

一、《标准》对师资队伍建设的要求

《标准》对财政学师资队伍建设提出了如下要求:

(一)教师数量

《标准》要求各高校财政学专业应至少配备 8 名及以上专任教师;每门专业核心课程应至少配备 1~2 名专任教师;在师生比方面,每位专任教师每年指导本科毕业论文一般不超过 10 篇。

(二)学历及职称结构

《标准》要求各高校财政学专业具有讲师及以上专业技术职称或具有硕士及以上学位教师占专业教师总数的比例不低于90％,具有副教授及以上职称的教师占专业教师总数的比例不低于30％。

(三)年龄和学缘结构

《标准》要求各高校财政学专业教师队伍年龄结构和学缘结构均衡合理。

(四)专业背景

《标准》要求各高校财政学专业专任教师一般应具有4年以上本学科专业教育或研究背景,实践性强的课程的专业教师应具有实务工作背景或实务经验。鼓励聘请具有实务工作经验的专家授课。有条件的高校,教师队伍中应有一定数量具有海外留学或进修经历的专业教师。

(五)水平要求

《标准》要求各高校财政学专业教师应具备高尚的职业道德;坚持教书育人,为人师表。了解教育心理学基本知识,掌握教学基本方法;具有较强的教学、科研与知识更新能力,并能将科研成果和更新的知识转化为教学内容。

(六)教师发展规划

《标准》要求完善课程组、教研室、系等基层教学组织,健全老、中、青教师传、帮、带机制,鼓励集体备课。学校应成立教学指导委员会和教学督导组,指导专业建设和督查教学质量。鼓励有条件的学校建立教师教学发展中心,有计划地开展教师培训和教学咨询等活动。建立相关专业教师到实务部门挂职锻炼制度。

(七)条件保障

学校应提供与专业有关的图书、刊物、音像资料和数字化资源,以满足理论教学和实践教学的需要。学校要切实保障专业教学经费投入,专业教学经费是指在专业教学各环节所需的资源建设费用、教学运行费用与教学评估费用;教学经费的使用应向教学一线倾斜和支持创新创业教育,不得用于非教学教育用途;教学经费最低保障标准及增长应符合国家相关规定。

(八)约束机制

建立和完善教师和教学管理人员岗位责任制度和奖惩制度;建立和完善课程教学质量评价制度,鼓励有条件的学校探索学生评教、同行互评和社会评学等多元评价体系。

二、师资队伍水平状况

河北经贸大学财政税务学院现设有财政系、税收系和资产评估系,通过近些年来教师进修及人才引进,学院教师的职称、学历、学缘结构得到明显改善,已超出国家标准要求。当前学院师资队伍水平建设面临的主要问题和任务是:培养、引进拔尖人才,加强学术团队建设,完善约束机制,增强实践经验,做好条件保障等。

(一)师资队伍硬件满足《标准》要求,但仍存在优化空间

目前财政系有专任教师 10 人,税收系有专任教师 8 人。其中,讲师以上或硕士学位以上教师达到 100%,副教授以上职称教师比例达到 77%,博士或在读博士 10 人,4 名教师具有海外留学或进修经历。从师生比来看,师资仍有一定的缺口,平均来看,每位专任教师每年指导本科毕业论文 13 篇左右。整体上,师资队伍的数量、质量和结构还存在进一步优化的空间。

(二)缺乏在国内外有影响力的拔尖人才

国内外有影响的拔尖人才在专业和学科发展中的作用不言而喻,其不仅自身具备较高的学术研究能力,也能有效带动整个团队的建设。经过多年的发展,我院已经培养了一批年富力强、具有较高科研水平的教师及拔尖人才,为学

院、学科的高水平发展创造了条件。但由于地方高校吸引力有限,整体上国内外有影响力的拔尖人才相对缺乏。随着一批有影响力的教师即将退休,优秀拔尖人才和学术领军人物的数量需要进一步增加,中青年优秀教师数量也需要大幅度提高。

(三)学术团队建设仍需加强

学术团队建设是提高师资队伍水平的有效途径,以有丰富学术经验的专家为核心组建学术团队,可形成学术研究合力,通过学术碰撞和相互影响形成更多思想火花,青年教师融入学术团队则可缩短其成长周期,尽快提升教学、科研能力。我院在财税学科建设中,已形成几支以学科带头人为核心的学术团队,已营造起积极向上的学术氛围,今后需要在克服场地、精力、协调难度大等因素的基础上,适当集中并形成稳定的研究方向。

(四)专业实践经验相对缺乏

财政学专业属于应用经济学的范畴,河北经贸大学财政学科是河北省重点建设学科,地方高等院校主要以培养应用型人才为目标并积极为地方发展服务,这就要求教师有较丰富的实践经验。当然,作为应用经济学科,教师从事科学研究也要从现实出发,了解现实最有效的途径即是参与实践。然而,从现实来看,尽管有一些与实践部门的合作,但由于教学任务较重、缺乏相关制度制约和保障,教师参与实践的时间或机会相对缺乏,理论与现实存在一定程度的脱节,不利于应用型人才的培养及科研服务工作的展开。

(五)教师发展空间仍需提升

师资队伍水平的提升,一方面有赖于教师自身在教学和科研过程中不断学习、思考和总结,以提高专业水平及教学、科研能力;另一方面也需要高校创造条件,通过相关政策、办法拓展教师发展途径,开辟教师成长的通道。近些年来,学校和学院在教师发展方面作出了许多积极的努力。如完善图书、数字资源,为教师从事教学、科研工作提供必备的外部条件;成立教学评估与教师教学发展中心,专门负责教师发展;鼓励教师出国留学、进修;鼓励教师参加学习、培训等。尽管如此,受经费总量不足影响,学校和学院在人才引进、教师培训、资源建设、教学运行经费投入上仍显不足,教学任务较重也导致有时无法派出教师进修。

(六)教师激励、考核机制欠科学

高校教师的激励、评价机制非常复杂,激励、评价机制直接决定高校会形成什么样的教师队伍。现实中,许多高校在不断探索更加合理的教师评价、激励机制,但科学、成熟机制的形成需要一个时间过程。当前高校教师的激励、评价方面普遍存在一些消极因素,如教师物质报酬相对较低,实际贡献和收入不匹配,导致教师动力不足,甚至不得不想办法搞副业,分散精力,同时也导致一些优秀教师脱离教师岗位;以奖惩为目的的学生评教、记工分式的科研考核,不仅不能有效激励后进者,还会普遍助长浮躁情绪,并在一定程度上贬低教师的精神追求,最终教学、科研成果的实际价值可能会打折扣。

三、提升师资队伍水平的举措

师资队伍是高校及专业发展的基础和保障,没有一支富有活力和创新能力的高水平的师资队伍,学科建设、专业发展、学校水平提升均不能实现。高校必须把师资队伍建设作为规划重点,并通过制度和管理创新,营造尊重知识、尊重人才的氛围,充分调动教师教学、科研的积极性和主动性,不断提升师资队伍水平。

(一)做好师资队伍水平提升规划

学校要真正确立人才资源是第一资源的观点,把教师队伍水平提升列入重要工作议程,切实加强对教师队伍建设的领导,根据学校发展规划制定教师队伍水平提升规划,各专业在此基础上制定更详细的专业师资队伍水平提升规划。规划制定和实施过程中要健全目标责任管理机制及各部门协调沟通机制,保障提升规划的合理性和有效性。在具体内容上,要结合部门长远发展进行总体规划,规划应尽可能详细,包含师资队伍水平现状、面临的问题、改进的措施等。

(二)规范师资队伍水平提升的组织制度

师资队伍水平提升规划是提升师资队伍教学、科研水平的纲领性文件,为保证其得到贯彻落实,还需要形成较规范的组织制度,主要包括:制定学科带头人和骨干教师引进、选拔、培养制度,发挥学科带头人和骨干教师专业建设引领作用;严格制定并执行集体备课制度,为教师之间讨论、交流创造条件;建立起不以奖惩为目的、发展式的教学质量评价制度,实现多主体、多维度评价相结合,为教师提高教学技能提供建议;建立起科学的科研考评办法,鼓励教师潜心学术研究,避免急功近利。

(三)优化师资队伍水平提升的外部环境

首先,确立以教师为本的思想,把学校建成各类人才实现自身价值的平台,营造尊师重教、支持教师干事业的融洽氛围。其次,积极改善教师办公的硬环境,增加教师办公面积、办公设备,注重引进和推广现代化的办公网络、办公软件。再次,提高教师时间的使用效率,教师的根本任务是做好教学与科研,尤其在教学任务比较重的情况下,应减少教学、科研以外的任务安排和事务处理活动,可探索考虑学术秘书、学术休假制度。最后,优化高校支出结构,提高财政资金使用的边际效应,把加强教师队伍建设作为教育投入重点,新增教育经费向教师队伍建设倾斜,普遍提高教师的生活待遇,使教师工资水平与受教育层次、付出相匹配,促进教师安心做好教研工作;积极支持中青年骨干教师到国内外相关专业和学术机构进修或进行学术访问。

(四)进一步加强学术团队建设

高质量的学术团队是学科可持续发展的保证,学术团队在促进学科发展的同时,又可以实现人才的成长,并形成一种良性循环。为此,学院要把学术团队建设作为提升师资水平的有效手段,做好学术团队建设的顶层设计,完善团队成员结构,保持较高的学缘异缘率,并形成老中青、传帮带的格局;各个学术团队要设计总体的计划和方向,各团队成员根据自己的兴趣、专业背景等,确定更具体的研究领域;各团队成员要有协作意识,不能频繁流动,团队成员间要互补并形成合力。

(五)鼓励教师参与财政专业相关实践

地方财政学专业建设要满足地方财政经济发展对应用经济研究的需要,财政学专业教师应进行理论与实践相结合的地方财税理论与实务研究。实践经验一方面可用于教学案例,一方面可结合理论形成科研成果,更好地为地方政府相关部门及企业决策提供借鉴。要想了解实务情况,获得第一手资料,则需要采取有效措施,积极鼓励专业教师到财税相关部门及企业等进行课题调研或进行实践。

参考文献:

[1]教育部高等学校财政学类专业教学指导委员会.财政学类专业教学质量国家标准[S].

[2]支戈壁.强化师资队伍建设是提升地方院校办学水平的关键[J].山西农业大学学报:社会科学版,2008(7).

[3]李敏.基于本科专业教学质量国家标准的师资队伍建设——以北京吉利学院经济与金融专业为例[J].教育教学论坛,2017(1).

[4]樊丽明,刘小兵,姚玲珍.研制财政学类专业教学质量国家标准的实践及思考[J].中国大学教学,2014(7).

[5]孙明春.高水平的师资队伍是提升高等教育质量的关键——访首都经济贸易大学校长王稼琼[J].北京教育:高教,2011(6).

新标准下独立学院财政学专业发展中存在的问题

山东财经大学东方学院　　李克婷

一、独立学院财政类专业办学现状

(一)独立学院办学特点

我国的独立学院自 1999 年全国第三次教育工作会议召开后正式创立，2003 年 4 月，教育部制定并下发了《关于规范并加强普通高校以新的机制和模式试办独立学院管理的若干意见》，提出了"积极支持、规范管理"原则，使得独立学院进入了保护性和规范性的发展阶段。创立至今，独立学院的发展取得了很大成就，在培养高素质人才、提升高等院校录取率方面作出了较大贡献。这种校企合作创新办学模式，使得独立学院介于一般的普通本科院校和高职院校之间，所招的学生高考分数略低于普通本科院校，这就使其在培养目标方面定位在培养适应就业市场需要的应用型人才，也有学者将其称为实施本科职业教育的高等院校。独立学院发展至今，年限比较短，青年教师居多数，在教学经验、科研水平方面相对比较弱。

(二)财政学类专业界定和概述

财政学类专业隶属于经济学学科门类，以经济学、管理学、政治学、社会学和法学等学科知识为基础，以关注政府分配行为及其经济社会影响为视角，以传授公共资金筹集、使用和管理的基本理论、知识和方法为重点，具有很强的综合性和应用性。财政学类专业主要包括财政学专业和税收学专业，它们主要研究宏观经济问题，相比较金融、会计等专业而言，不算热门专业。该专业类毕业生适合在财政、税务、公共投资、国有资产管理、社会保障等公共经济管理部门和各类企事业单位、非营利组织从事相关工作，就业面不宽。

(三)独立学院财政学类专业的办学状况——以山东财经大学东方学院为例

山东财经大学东方学院是一所涵盖经济学、管理学、文学、艺术学、理学5个学科门类的财经类独立学院，学校现有在校生近8 000人，开设会计学、金融学等27个本科专业和金融管理等6个专科专业。会计学、金融学为两大品牌专业，分别为省级、校级特色专业。财政学类专业虽然不是其特色专业，但也是自建校之初就设立的老牌专业。

1. 专业设置和学生规模方面

目前财政学类专业包括财政学专业和税收学专业。财政学是老牌专业，每年招收2个班级的学生，平均80～100人。税收学专业是2014年申请增设、2015年开始招生的新专业，2015年和2016年税收学专业都是招收1个班级45人左右，2017年预计也是招收1个税收班。2015年财政学专业就停止招生了，把刚刚毕业的2013级计算在内，在校生共6个班级，4个财政学班级，2个税收学班级，共计246人。财政学类专业只有本科没有专科，现在每年招1个税收学班级，虽然招生人数不多，但是报到率能够达到95%，学习氛围较好。

2. 课程设置和教学设施方面

财政学类专业主干课程主要有微观经济学、宏观经济学、财政学、税收学、中国税制、基础会计、中级财务会计、财务管理、税收管理、税务检查、税收会计、国际税收学等。实行学年学分制，计划学习年限为4年。4年期间要求学生修满160学分，其中通识教育课62学分，学科共同基础课32学分，专业课36学分，实践环节30学分。目前拥有财税综合实验室一个，承担"财税管理综合实训"和"税务模拟综合实训"等实训课程教学。

3. 教师队伍方面

目前财政学类专业设财政学教研室一个,专职专业教师 5 人均为硕士研究生学历,其中 4 人为讲师,1 人为助教,无副教授以上职称的教师;5 名专职专业教师中,40～45 岁的 1 人,30～35 岁的 4 人;5 名专职专业教师中,4 人毕业于山东财经大学,1 人毕业于其他高校。

二、独立学院财政学类专业发展与《财政学类本科专业教学质量国家标准》的差距

(一)学制与学位方面,缺乏弹性

按照《财政学类本科专业教学质量国家标准》(以下简称《标准》)的要求,财政学类本科专业基本学制为 4 年。可实行弹性学制,但修业年限不少于 3 年。允许保留学籍休学,创新创业。独立学院的财政学专业本科学制 4 年,尚未实施弹性学制,没有提前毕业的学生。主要原因在于,独立学院的学生在综合能力方面与其他公立本科院校的学生相比有一定差距,即使学校允许提前毕业,也未必有多少人能够符合要求。在保留学籍、创新创业方面,独立学院暂时没有相关的规定和文件。

(二)课程体系方面,实践教学质量不高

按照《标准》的要求,财政学类本科专业课程体系包括理论教学和实践教学。由于独立学院属于高等教育,理论教学的主导地位没有改变,实践教学的数量和质量方面还不够。例如,税收学专业本科要求学生修满 160 学分,实践环节 30 学分,学分符合要求,但是质量不高。独立学院设置财政学类专业的不多,一般设置在财政金融系里,虽然财政在前,金融在后,虽然财政是宏观,金融是微观,但由于金融学属于特色专业、热门专业、就业前景比较好,因而在整个系里财政学专业往往就是"陪太子读书"的。财政学专业教师数量少,学生规模小,各个方面都不太受重视,没有自己的实验室、实训课等。财政学专业就 2 个

班级 90 人左右,2015 年以前实训课分成两部分,一部分是大三上半学期最后 6～8 周跟着金融学专业的学生一起上"银行、证券模拟实训"课,一部分是大四上学期跟会计专业一起上"会计手工模拟"课。这两部分实训课的效果都不太好。金融实训课连续开两学期,内容差不多,第二学期学生就开始厌烦了。会计实训课程效果同样不好,因为财政学专业的学生所学会计课程仅有"会计学",因而他们在处理会计业务方面显得能力不够,时间短任务重,老师讲得快,学生学起来就显得比较吃力,效果不佳。直到 2015 年引进财税综合模拟软件,设置了"财税管理综合实训"和"税务模拟综合实训"课程,财政学专业才真正有了自己的实训课。

按照《标准》的要求:学校应为专业教学和创新创业教育提供必要的设施与设备,包括教室、讨论室、实验室和实践基地等。各专业实践基地应不少于 3 个。在这方面,独立学院也存在一定的差距。财政与税收专业实践涉及政府机关和企业的财务资料,一直以来专业实习机会也比较少,通过近一两年与税务部门的合作与协商,学生每年假期可以到税务局和税务师事务所进行专业实习,目前的实践基地主要有两个,还比较少,只能安排少部分学生到实践基地实习。

(三)教师的规模与结构方面,数量少且结构欠合理

1. 专业教师数量与规模方面

按照《标准》的要求:专业教师队伍应满足教学需要。各专业应至少配备 8 名及以上专任教师。原则上,每门专业核心课程应至少配备 1～2 名专任教师,每位专任教师每年指导本科毕业论文一般不超过 10 篇。在这一方面,独立学院的差距是比较大的。财政学类专业学生规模不大,自然教师的人数也就不多了,一般一个财政学教研室也就 4～5 名专任教师,距离至少 8 名还有些差距。专任教师不足主要有以下几个方面的原因:第一,学生少,课少,所需要的教师自然也会少一些;第二,贡献课时量是制约专任教师的另一重要因素,专任教师每学期要完成至少 180 个课时量,一周至少 10 个课时,专业课通常为 3～4 节课一周,所以有的教师一学期至少要上 2～3 门专业课才能完成课时量,现有的

教师课时不够，也就不需要新进教师了；第三，外聘教师的"查缺补漏"功能，也是影响专任教师数量的因素。没有太多的专任教师，在课程分配方面每位教师负责 1～2 门专业课程也就在常理之中了。

2. 专业教师队伍结构方面

按照《标准》的要求：具有讲师及以上专业技术职称或具有硕士及以上学位教师占专业教师总数的比例不低于 90%，具有副教授及以上职称的教师占专业教师总数的比例不低于 30%；专业教师队伍年龄结构和学缘结构应均衡合理。独立学院建校时间比较短，所以教师相对比较年轻，95% 以上的都具备硕士研究生学历和讲师职称，但是由于教师比较年轻，具有博士学位的教师很少，在科研方面比较弱，再加上每年职称评聘的数量有限，副教授以上职称的教师占比比较低，远远低于 30%，甚至副高以上职称的专任教师一个都没有。在年龄结构上，年轻教师占 80%～90%，退休反聘教师占一小部分，而 40～60 岁的中坚骨干力量太过于薄弱。

在学缘结构方面，独立学院"近亲繁殖"比较严重，属于母体学校的教学实践基地。10 个新进的年轻教师里面，有 8 个毕业于母体院校。这样一来，可以把母体学校的优良传统带到独立学院，有利于同事之间的沟通和学习，同时也会导致缺乏"新鲜血液"，创新不足。

三、独立学院财政类专业教学过程中存在的问题

(一)学校重视程度不够

由于独立学院没有财政资金的支持，经费有限，一般关注度主要放在重点专业、特色专业以及学生规模比较大的专业方面，财政学类专业在这方面没有足够的优势，自然受重视程度不够。这在招生规模上可见一斑，财政学类专业的招生规模不大，两个班级 100 人，在当前独立学院与母体学校错位发展的情形下，在独立学院扩大专科招生规模的现实条件下，财政学类专业的招生规模也在缩小。除了学生规模，独立学院在学科发展、教学基础设施改善方面的投入也不够。

(二)师资队伍不稳定

独立学院属于民办非企业,没有财政拨款,学校自给自足、自负盈亏,所以教师福利待遇不高,无法与普通本科高校相比,甚至也比不上高职院校,另外,在科研项目的申报申请方面也受到很多的限制,这使得很多独立学院的教师将这样一份工作看成一个跳板,时刻寻找其他更好的工作机会,从而导致教师队伍不够稳定。新教师刚刚培养出来,很快就走了,再进新教师,再培养,再流失,进入这样一个恶性循环。如此一来,独立学院就变成了一个实验田,教学质量也就难有长足提高。

独立学院的年轻教师占多数,大多是刚刚毕业的研究生,他们教学经验明显不足。缺少老教师的传、帮、带,年轻教师在成长的道路上需要摸索更长的时间。

(三)学生学习积极性不高,学习氛围不浓

独立学院的学费比普通本科学费要高出 1~2 倍,所以这里的学生家庭条件较优越的占多数,上大学的目的也各不相同。有的是真的想好好学习,将来找份好工作;有的在高考中考得不理想,想奋斗几年考研究生;有的是为了"混"张大学毕业证,毕业好就业的。学生水平参差不齐,目标各不相同,表现在学习上就是整体积极性不高,学习氛围不浓,不是为了考试取得好成绩而努力,很多仅将及格作为奋斗目标。

(四)教学手段、方法创新不够

随着高等教育的快速发展,翻转课堂、微课、慕课以及过程化考试已经迅速走进大学校园。在这方面,独立学院的创新相对比较慢,还是以传统的课堂讲授教学为主,学生考核也还是采取平时成绩占 20%、期中检查占 10%、期末考试占 70%的传统考试模式,过程化考核方式难以推广使用。在教学资源共享方面,由于资金有限,也难以为教师和学生提供良好的平台。

综上所述,独立学院财政学类专业的发展与《标准》相比还存在很大的差

距。要想提升独立学院财政学类专业的办学质量和教学水平,可从以下几个方面入手:第一,重新认识财政学类专业,增加对其重视程度,在基础教学设施、学科发展以及教师培养方面增加投入,增加学生的招生规模。随着我国税收改革的不断深入,财政学和税收学专业就业前景还是比较好的,将来熟悉会计、掌握税收又懂得法律的学生会成为企业的新宠,尤其是人工智能快速发展的时期。第二,引进高水平人才,稳定教师队伍,调整教师结构。针对当前教师队伍过于年轻的状况,在人才引进时要优先考虑经验丰富的中年教师,提高教师的福利待遇,给教师以安全感,稳定教师队伍。第三,加强对学生的引导,提高学生学习的积极性;一视同仁,奖罚分明,引导学生好好学习,形成良好的学习氛围。第四,鼓励创新与创业。

参考文献:

[1]樊丽明,刘小兵,姚玲珍. 研制财政学类专业教学质量国家标准的实践及思考[J].中国大学教学,2014(7).

[2]财政学类教育部高等学校专业教学指导委员会课题组. 切实加强财政学类专业实践教学研究[J].中国大学教学,2016(3).

[3]陈平. 基于独立学院办学特点的教师教学能力内涵研究[J].经济研究导刊,2015(1).

关于地方性院校财政学类
专业人才培养目标定位的探讨

——以河南工业大学为例

河南工业大学　李小珍

一、地方性院校财政学类专业人才培养目标的定位思路

截至 2013 年,我国开设财政学类专业本科的普通高等院校有 121 所。从高校的办校层次来看,目前我国开设财政学类本科专业的普通高等院校可分为研究型大学、研究教学型、教学研究型、教学型四个类型。

研究型大学大多为特色"211 工程大学"、部分"985 工程大学",如设有财政学专业的中国人民大学、厦门大学、北京大学、南开大学等属于此列。这类大学多属于国家级综合性重点大学,办学历史悠久,师资雄厚,生源质量优秀。该类院校的财政学专业本科教育致力于培养在财税领域具有创新能力的研究型人才。

研究教学型大学稍偏科研,教学并重,多为非具特色的"211 工程大学"、研究型以外的其他"985 工程大学",如中南财经政法大学、中央财经大学、上海财经大学等设有财政学专业的院校,也有个别省部级重点院校,如河南大学等。这些大学的办学时间较长,办学条件好,师资力量强,财政学专业人才培养目标为培养具有研究潜力的创新应用型人才。

教学研究型大学多为省部级重点院校,其财政学专业办学时间至少在 20

年以上,如天津财经大学、河南财经政法大学等。这些学校的办学条件较好,师资力量较高,一般拥有财政学类本科、硕士两个办学层次,财政学专业博士研究生招生资格取得较晚,或者目前仍然依托于应用经济学或其他一级学科。这类学校培养的财政学类专业本科生具有一定的科研能力,但在一定程度上偏重实际应用能力的培养。

教学型大学一般属于省级或省部共管院校,其财政学类专业办学时间不足20年,或财政学类专业相对于校内其他专业较为"年轻",办学层次上多为财政学类本科生,硕士研究生教育处于起步阶段,甚或没有独立招生财政学类专业研究生的资格,财政学类本科专业发展的相关支撑及配套正在推进中,师资力量较为一般或者薄弱。这类学校多为地方综合性高等院校或专升本之后合并而来的财经类院校,如河南工业大学、山东工商学院等。这类学校的财政学类专业本科教育应该更加着重培养学生的应用能力。

比较而言,前两个层次的大学的财政学类专业办学时间长,生源质量优秀,办学层次包括本、硕、博三个层次,师资力量强,经、管、法、文、理、工等各学科门类齐全,有利于研究型或偏重研究型的财政学专业高级人才的培养,但也不能忽视学生应用能力的培养;而后两个层次的大学相对来讲办学时间较短,多属于20世纪50年代及其后开办或合并的地方性院校,尤其是第四种类型的大学,其生源质量一般,办学条件一般,师资条件一般,这类大学的财政学专业应该培养偏重应用能力的专业人才。笔者认为,财政学类专业人才培养目标定位应考虑所属学校的整体办学层次与该校财政学专业的办学史。不同办学层次的大学,其财政学类专业本科人才培养目标应该有所差异,这样才能适应整个社会和市场经济对财税专业人才的差别化需求。下面以河南工业大学为例,研究该校财政学专业本科人才培养目标设定及其实现路径,着重剖析该校财政学专业建设和学科发展中存在的问题,并相应提出解决对策措施,希望能对该校及其他地方性院校财政学专业建设提供借鉴和思路。

二、地方性院校财政学专业人才培养的目标定位——以河南工业大学为例

(一)河南省内高校财政学专业开设情况

了解河南工业大学财政学人才培养目标定位情况,需要了解河南工业大学财政学专业的设置概况,有必要从河南省高校财政学类本科专业的总体办学情况说起。目前,河南省开设财政学类本科专业的高等院校共有 4 所,分别是河南财经政法大学、河南大学、河南工业大学和河南财政金融学院(其前身是河南财政税务高等专科学校和河南教育学院),具体情况如下:

1. 河南财经政法大学

该校财政学类专业目前设在财政税务学院,包括财政学和税收学两个本科专业。该校自 1984 年开始招生财政学专业本科生,财政学专业于 2008 年被评为省级特色专业,2002 年获批财政学专业硕士学位授权点,2010 年增设税务学本科专业,后来根据教育部专业目录调整方案调整为税收学专业。目前该校财政学类专业专任教师 33 名,副教授以上职称 10 人,博士(包括在读博士)占比82%。就河南省内来讲,该校无论是师资还是生源,以及学生毕业去向,在某种程度上都具有一定的优势,属于教学研究型大学。

2. 河南大学

相比河南财经政法大学,河南大学仅设有财政学专业,且发展起步较晚,但由于该校整体办学层次偏向研究教学型,这种由科研能力带动财政学学科建设发展的态势迅猛。河南大学自 2002 年开始招生财政学专业本科生,2005 年即获批财政学专业硕士点授予权,2012 年获得应用经济学及统计学一级学科博士点下财政学和财政统计学博士研究生招生资格。河南大学财政系设在经济学院内部,现有专任教师 16 人,副教授以上职称 11 人,博士(含在读博士)11 人,师资力量较强。该校历史悠久,文化底蕴深厚,在一定程度上吸引了一批优秀生源,有利于财政学专业人才培养目标的实现。

3. 河南财政金融学院

　　该校没有开设财政学专业,但设有税收本科专业,除此之外,还开设有财政学、税务、税务(税收筹划方向)、资产评估与管理、政府采购管理5个专科专业(或方向)。由于该校本专科并存,每年的招生人数较多,相应地财政学类专业的专任教师也较多。目前,该校拥有财政学类专任教师43人,其中副教授以上职称30人,博士(含在读博士)6人。据该校官网公布的消息,该校已于2017年5月向教育部正式提出设置财政学本科专业的申请。

　　4. 河南工业大学

　　该校财政学专业隶属于该校经济贸易学院下的财政系,是2002年批准招生的本科专业,自2003年开始正式招生。财政系现有专任教师10人,副教授以上职称4人,博士(含在读博士)5人,师资力量一般。截至2017年6月,河南工业大学已为社会培养了500余名财税专业人才,成为区域经济社会发展中财税专业人才输出的重要培养基地,在推动区域经济社会发展方面发挥了重要作用。2017年该校财政学专业毕业生就业率达到100%,考研率达到21.54%,这在一定程度上表明该校财政学专业的办学水平得到了社会的肯定和认可。

　　相对于省内其他三所设有财政学类专业来说,河南工业大学财政学专业无论是师资力量,还是招生生源质量以及学生就业去向等,均处于相对弱势地位,这对该校财政学专业的长远发展来说非常不利,亟须该校各级领导及全体专任教师共同努力,集思广益,在厘清国内和省内兄弟院校财政学本科专业发展情况的基础上,明确该校的办学特色及该校开设财政学专业的优势,通过不断修订财政学专业人才培养方案,凝练财政学专业人才培养目标,加强优化课程体系、改革课程考核方式、优化师资队伍、打造仿真实验室和实习实训基地等措施,提升财政学专业人才培养的整体质量。

(二)河南工业大学财政学专业人才培养目标的具体表述

　　由上可知,河南工业大学的财政学专业无论是与省内外其他兄弟院校相比,还是与河南工业大学校内其他老牌专业如粮油食品、土建等专业相比,均处于"夹缝中求生存"的状态。即便如此,该校财政学专业仍然表现出良好的发展态势,该专业毕业生连续五年考研率(含出国深造)和就业率居于校内文科专业前列。因此,我们有理由相信,只要合理定位该校财政学专业的人才培养目标,并在此基础上调整现有不合理的课程体系、改革僵化的课程考试模式、优化师资队伍以及打造实习实训校内外实验基地等,该校财政学专业一定会越来越好。

根据笔者的设想,相对于河南大学、河南财经政法大学的财政学专业培养偏重研究教学型或教学研究型,河南财政金融学院和河南工业大学的财政学专业人才培养目标应偏重应用型技能的培养。因此,河南工业大学财政学专业人才培养应依托专业培养方向——税收筹划方向,着力培养适应地区经济发展需求的财税专业应用型人才,其具体表述为:财政学专业旨在培养适应社会主义市场经济要求,德、智、体、美全面发展,财税基础扎实、税务技能突出、财务与会计管理精通的高素质应用型人才。要求学生成为既具有较高的专业理论水平,又熟知国家财税政策与财税运作管理实际情况,能综合运用所学专业知识分析解决实际问题,适应在政府机关、企事业单位从事财政税收管理、税务代理与筹划、财务会计等工作及进一步学习深造要求,理论基础宽厚、综合知识丰富、专业技能达标的财税人。

三、促进地方性院校财政学专业培养目标实现的建议

地方性院校财政学专业人才培养的目标是培养高素质应用型人才,但不同地方性院校所处的区域经济发展水平、学校的办学特色和办学条件各不相同,实现财政学专业人才培养目标的措施和路径也不相同。下面仍以河南工业大学为例,提出几点设想。

(一)注重财政学专业课程体系建设与优化

财政学专业课程体系建设是该专业人才培养最基本的重要环节,该校财政学专业人才培养目标需要依托规范化的基础课程、研究化的理论课程、实验化的实务课程来实现。而现实中该校财政学专业现有课程之间的协调性不足,课程设置存在重复(中国税制、税务代理实务、纳税筹划、税收案例分析等课程之间知识内容重复)和缺失问题(财税史学类课程缺失),实操性课程课时较少。

该校为节约教学成本,保证学生选课的集中性,规定学生选课人数不足20人不能开课,这一制度变相削弱了学生自主选课的权利,使原本门数不多的选修课更加缩水,致使一些专业选修课在实际执行中变成了必修课或空置课。针对以上问题,亟须修订财政学专业人才培养方案,新增、简化合并现行财政学专业培养方案中的一些课程,建立财税专业课程群,重新调整各课程之间讲课内容衔接与重点难点界定、课程考试方式、具体课程讲课学时与实验学时等,推动财税专业各门课程一体化联合改革。通过对课程群中每门课程讲授重点难点、讲授方法及考核方式的进一步明确,梳理不同课程之间的逻辑关系,理解各门课程在财会课程群体系中的作用和地位,避免学生所学专业先后课程内容知识重复,注重专业知识的拔高和升华,保证财政学专业学生对财税相关知识的系统掌握。

(二)优化专任教师队伍提升师资队伍质量

师资力量是决定财政学专业人才培养目标是否实现的关键因素,课程体系设置再完美,如果没有专业胜任能力的师资,也是空谈一场。河南工业大学目前财政学专业的整体师资比较薄弱。首先从河南工业大学近五年新进财政学专业任课教师的知识结构来看,除了1名教师在职攻读财政学专业博士学位外,其他引进的4名教师中也只有1名教师是具备财税或财会相关专业知识的人才,这对财政学专业人才培养偏重财税应用能力培养的人才培养目标的实现非常不利。从职称结构来看,目前该校财政学专业任课教师师资结构处于专业学术带头人和正高级职称缺失、副高级职称占比小(只有40%)、中级职称占比过大的状态,不利于整个财税专业教学团队和科研团队的组建和发展,亟须引进财税专业高层次人才来改善。但目前国内每年培养的财政学专业博士研究生毕业人数不多,加上该校人才引进机制滞后,导致"年年设财政学专业人才引进指标年年落空"的现象。鉴于此,建议学校改革财政学专业高级人才引进制度,考虑增聘行政部门、企事业单位财税实践经验丰富的专家或技术人员为学生授课,也可以鼓励专任教师到政府相关部门或企事业单位进行挂职锻炼,弥补校内现有实务课程授课师资经验不足的缺陷;同时,学校或学院应根据专业建设进度,调整职称晋升和绩效考核等相关制度,培育具有教学、科研并重的师资,让专任教师寓研于教,带动财政专业课程的教学质量提升,支撑地方性院校财政学专业的长远发展。

(三)创新专业课程教学方法及考核方式

河南工业大学现有课程授课仍然存在严重的"填鸭式"和"满堂灌"现象,学生课堂学习的积极性不高。实地调查结果显示,财政学专业课堂学生到课率呈现随着年级升高而下降的现象。对此,应创新课程讲授及考核方式,激发学生学习的积极性。譬如当由两名以上任课老师同上一门课时,实行任课教师集体备课制度。财政学专业每门课程指定具体的课程负责人,安排至少两名以上任课教师讲授。每学期开课前由课程负责人召集各课程组所有任课教师进行教学研讨,按照培养方案设置课程讲授内容,理顺财政学专业各门课程之间的逻辑关系及内容安排。改变原有各专业课程考核内容以记忆性内容为主,通过对学生掌握的知识进行灵活的、发散性考核,增强学生创新意识和创造力;鼓励专业任课教师运用多媒体技术,制作"微课"和"慕课",通过多种形式提升教学效果。在课程考试中引入"互联网+"技术,考试方式可以参考社会各种资格考试进行机考尝试,也可考虑通过调研报告、口试、课程论文等形式结课。

(四)打造校内外有效对接的实习实训实验平台

河南工业大学财政学专业人才培养目标定位为高素质应用型人才,除了需要构建财税理论与实践相结合的课程体系、优化提升师资队伍水平和改革教学考核方式方法外,校内外实践性教学平台打造和有效对接也是重要一环。该校财政学专业现行实践教学集中体现在"专业实习"、"毕业实习"、"学年论文"、"毕业论文"等课程上,专业课程只有"税务代理实务"(现已改名为"涉税实务")、"纳税筹划"等设有实验项目,但实验学时较少。由于实践课程课时较少,直接导致该校针对财政学专业的实验室建设比较滞后。就目前来看,该校财政学专业仿真实验室形同虚设,连一个能用的实验软件都没有。针对课程中实验项目的软件也没有随着财税法律的变化及时升级更新。此外,该校财政学专业校外实习基地仅有两个，接纳学生实习的人数非常有限，不能保证该专业学生实习需要。加上学校针对校外实践教学质量缺乏有效的监督机制和考核机制，学生上实践课程的效果可控性差，学生校外实习经常流于形式，整体效果差。同时，不同课程中的实验项目由任课教师自行设计确定，课程之间缺乏协调性和系统性。新修订的财政学专业人才培养方案中增加了"手工账与财务软件操作"、"税收案例分析"、"财税计量分析"等集中实践课，要求该校财政学专业加快推进校内外实习实训基地的建设，以适应财政学专业人才培养目标的实现，提升该校开办财政学专业的特色。

参考文献：

[1]张锦华,郑春荣. 我国财政学类本科专业建设状况分析报告——基于 56 个专业点的问卷调查[J]. 中国大学教学,2014(7).

[2]教育部高等学校财政学类专业教学指导委员会课题组. 切实加强财政学类专业实践教学研究[J]. 中国大学教育,2016(3).

普通理工科院校财政学类专业发展的困局与出路

山东科技大学　潘光曦

作为经济学二级学科,财政学在我国的发展经历了起步、快速发展、持续繁荣、影响力衰退等几个阶段。目前,从全国范围来看,财政学专业在开设高校数量、招生规模、就业竞争力等方面落后于金融学、会计学专业的发展,与20世纪八九十年代的学科繁荣期相比,已不可同日而语。全国有部分理工科院校开设了财政学类专业,发展水平参差不齐,但多数都是在夹缝中生存,学科发展不受重视,招生数量变动较大,师资力量相对薄弱,学科生态极不稳定。创新思路、突破"瓶颈"、找寻出路已经成为理工科高校财政学类专业发展亟待解决的问题。

一、财政学类专业在全国高校的开设情况

(一)开设高校分布

根据教育部高等学校财政学类专业教学指导委员会编制的《财政学类本科专业教学质量国家标准》,财政学类专业隶属于经济学学科门类,以经济学、管理学、政治学、社会学和法学等学科知识为基础,以关注政府分配行为及其经济社会影响为视角,以传授公共资金筹集、使用和管理的基本理论、知识和方法为重点,具有很强的综合性和应用性。财政学类专业代码0202,目前包含财政学

（020201K）及税收学（020202）两个专业。

截至目前,中国人民大学、厦门大学、上海财经大学等全国 120 多所高校（含独立学院）开设了财政学类专业,综合类高校与财经类高校占了绝大多数,部分理工类院校、师范类院校与民族类院校也开设了财政学类专业,如图 1 所示。

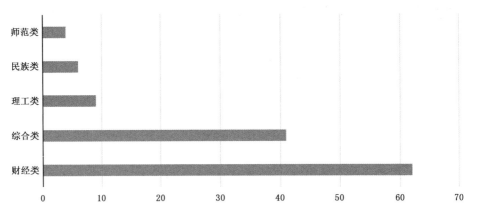

图1 全国财政学(含税收学)本科专业开办高校(含独立学院)分布(2015 年 2 月)

全国开办财政学本科专业的理工科院校共 9 所,其中 985 工程高校 1 所,普通理工科高校 4 所,理工科独立学院 4 所,如表 1 所示。

表 1   开设财政学类专业的理工科高校名单(2015 年 12 月)

高　　校	专业代码	专业名称	主管部门
华中科技大学	020201K	财政学	教育部
沈阳城市学院	020201K	财政学	辽宁省
山东科技大学	020201K	财政学	山东省
河南工业大学	020201K	财政学	河南省
武汉纺织大学	020201K	财政学	湖北省
东南大学成贤学院	020202	税收学	江苏省
成都理工大学工程技术学院	020202	税收学	四川省
山东科技大学泰山科技学院	020201K	财政学	山东省
西南交通大学希望学院	020202	税收学	四川省

(二)课程设置情况

财政学类专业在我国发展到目前阶段,各高校课程设置相对完善,内容大同小异,但各有侧重。在专业基础课方面,基本都开设了宏微观经济学、会计学、金融学、计量经济学等相关课程,在专业必修课程中,开设税收学的高校侧重于财政学、中国税制、税务管理、税务检查、税收筹划、国际税收等课程,开设财政学的高校侧重于中国税制、财政学、政府预算、预算会计、国有资产管理、税收筹划等课程。但部分开设财政学专业的高校特别侧重于学生税收实务操作能力方面的培养,比如河南工业大学,其特色课程包括纳税筹划、税务代理实务、审计、财务管理、税收软件应用、财务报表分析等。

二、普通理工科院校财政学类专业发展的困局

近年来,在全国高校追求建设"大而全"的综合类高校的浪潮中,部分理工科院校设置了财政学类专业,并且在2000年左右的高校整合过程中,很多财经类的中专、高职被部分理工科院校整合,保留了相关专业。然而,新上或整合之后的财政学类专业在理工科院校并没有实现突飞猛进的发展,反而影响力被逐渐削弱,学科发展受到极大限制。

(一)外部竞争严峻,生源质量降低,社会影响力下降

调查显示,目前全国有120多所院校开设了财政学类专业,主要集中在社会知名度较高、影响力较大的综合类与财经类院校。财经类专业目前尚属于热门专业,录取分数普遍较高,上述院校在全国或当地吸收了大部分有志于从事财税事业的青年学生,而分流到其他类型院校的财政学类学生无论是在质量还是数量上都受到较大限制。9所开办财政学类专业的理工科高校其所在的省份皆有影响力较大的综合类与财经类高校,如表2所示。除华中科技大学因其综合实力较强,生源质量可以获得保障之外,其他院校在招收优质生源的工作上皆存在不同程度的困难。

表 2　　　　　　　　部分省份开设财政学类专业的综合类与财经类高校

地　区	高校名称
湖北	武汉大学、中南财经政法大学、湖北经济学院、中南财经政法大学武汉学院
辽宁	辽宁大学、东北财经大学、沈阳大学、辽宁对外经济贸易学院、大连财经学院
山东	山东大学、山东财经大学、山东工商学院、青岛大学、山东财经大学东方学院
河南	河南大学、河南财经政法大学
江苏	南京大学、苏州大学、江苏大学、南京财经大学、扬州大学、南京审计大学、南京财经大学红山学院、南京审计大学金审学院
四川	四川大学、西南财经大学

在社会影响力方面,以山东科技大学为例,该校财政学专业缘起于 1964 年成立的省财政厅所属山东省财政学校,2001 年 3 月,山东省人民政府下发《关于调整省直部门所属普通中等专业学校管理体制的通知》(鲁政发〔2001〕20 号),批准将山东省财政学校并入山东科技大学。时年,山东省财政学校开设了财政、税务、财务会计、会计电算化等多个专业,建校以来共培养毕业生17 000余名,毕业生遍布全省财政、税务、金融、审计、工商等经济管理部门和企事业单位,毕业生以优良的政治素质和过硬的业务能力受到社会普遍赞誉,为山东省经济和社会发展作出了突出贡献。并入山东科技大学之后,由于院校扩招与本科教育大众化、学校发展侧重点倾斜、财经类本科高校崛起等多方面的因素,山东科技大学财政学类专业社会影响力大不如前。

(二)校内重视程度不够,学科建设不完善

毋庸讳言,理工科院校的强势专业皆为理工类专业,例如山东科技大学的矿业类专业、河南工业大学的粮食类专业、武汉纺织大学的纺织类专业、沈阳城市学院的城建类专业,学校将大量的人力、物力、财力投入到强势专业以保障其良性发展,建立相关专业的博士点、硕士点与科研院所,储备了大量的科研与教学人才,团队建设合理,设施配备充分,资金力量雄厚,发展势头强劲。财政学类专业与上述专业相关性较差,无法在高校强势专业发展过程中分一杯羹,在师资力量、教学实验配备、科研团队构建、学生培养质量等各个方面全面落后于

本校的强势专业,近几年,9所理工科院校中皆没有财政学博士研究生招生计划(或资格),且只有华中科技大学招收税收学方向硕士研究生(见表3)。

表3 开设财政学类本科专业的高校学科建设情况(2016年底)

高　校	经济学一级学科博士学位授权	经济学一级学科硕士学位授权	是否招收财政学类博士	是否招收财政学类硕士
华中科技大学	有	有	否	是
沈阳城市学院	无	无	否	否
山东科技大学	无	无	否	否
河南工业大学	无	有	否	否
武汉纺织大学	无	无	否	否

资料来源:根据相关院校官网信息整理。

(三)教学团队构建不合理,实践教学设备匮乏

作为教学过程重要的组织与实施者,专业教师在教学过程乃至学科发展过程中发挥着举足轻重的作用。专业师资的数量是否充足、年龄分布情况、教学团队构建情况、职称结构是否合理等因素都会影响财政学科发展。

表4 部分理工类高校财政学类专业师资力量配备统计 单位:位

高　校	教授	副教授	讲师
华中科技大学	4	4	1
沈阳城市学院	0	0	3
山东科技大学	0	7	6
河南工业大学	0	2	5
武汉纺织大学	2	—	—

资料来源:根据相关院校官网信息整理。

调查显示(参见表4),作为985高校的华中科技大学与普通理工院校武汉纺织大学都聘有财政学类专业教授,华中科技大学人才梯队建设相对合理,教授、副教授数量可以满足教学科研需求,该校财政学讲师人数较少,但该层次队伍扩充比较容易,人才团队较为稳定。山东科技大学财政学类方向的副教授与讲师数量较多,但缺乏学术影响力较大的教授岗,且据调查,该校财政学副教授

的年龄普遍较大,急需补充后备力量。从上述 5 所院校的师资力量来看,为了保证财政学类专业的健康发展,搭建合理教学团队已成为当务之急。

财政学专业的大部分专业实验课较少,部分院校设立了税务检查、税务申报、税收筹划、财政管理、政府预算等财政税收方面的实验课。从开设情况来看,专门的财政学实验室在财经类院校较多,在其他类型院校中为数不多,理工科院校在校内做财政实验的过程中多借助其他经济类实验室,缺乏独立实验室,同时也缺乏能与政策变化同步的实验软件和从事财政实验教学的专任教师,校外实践受成本、场所、工作经验等方面的限制,往往是走马观花、流于形式,财政学实验教学效果并不好。

(四)社会需求的降低导致学生学习兴趣下降,教学参与度降低

包括理工科高校在内的几乎所有开设财政学专业的高校都将本专业的培养目标定位为:培养毕业生适合在财政、税务、公共投资、国有资产管理、社会保障等公共经济管理部门和各类企事业单位、非营利组织从事相关工作,以及在市场上自主创业。现实情况是公共经济管理部门与知名企事业单位的人员招录有严格的招录程序,如公务员考试,且招聘专业不仅局限于财税类。财政学专业大多数毕业生从事较低层次且不对口的工作。从专业竞争力来看,近年来财政学要弱于金融、会计等专业,在读学生对未来出路的担忧导致其在学校想方设法增强自身的业务技能与综合素质,如参加证券、银行、保险、会计从业资格考试,辅修其他专业等,客观上削弱了其对本专业知识的学习。目前财政学多以"收支平管"理念为基础介绍专业基本内容,侧重于基本概念与框架介绍,专业课将会计学和税法的内容融于其中,教学内容陈旧,空洞乏味,使得学生的教学参与度降低。

三、破局之策探讨

(一)明确专业定位,优化课程结构,厘清专业核心能力培养体系

理工科院校培养财政学类毕业生应避免向综合院校与重点财经类院校的

培养目标或定位看齐,须以社会需求为导向,以复合应用型人才为目标,培养能适应区域经济发展、具备扎实的财税理论功底、熟悉财税政策与会计工具、沟通与动手能力兼备的社会实用型人才。从目前来看,财政学的培养方向大致涵盖政府采购、资产评估、国有资产管理、税务(税务师、筹划、代理、国际税收等)、财政审计、财经新闻等几个方向。理工科院校可以根据自身情况,选择合适的培养方向。以山东科技大学为例,财政学专业课程设置中除了注重课堂专业课的学习以外,大幅增加了涉税实践教学在整个课程结构中的比重,强化学生实际操作能力的培养,开设了纳税申报、税收代理与税收筹划、税务检查、政府预算模拟等多门实习实训课程,而且指导实践教学的多为"双师型"师资,具备丰富的企业、教学实践经验。实践能力的增强将进一步拓宽财政学毕业生的就业领域,增强市场竞争力。

(二)完善实习基地建设,做实财税实践教学,提升学生动手实践能力

实习基地是开展实践教学的重要校外平台。一方面可以借助基地开展实践教学,另一方面可以在社会上树立学校品牌、专业品牌。武汉纺织大学、山东科技大学的财政学专业都沿袭于当地省份的财政学校,可以充分依托校友资源,与当地财政系统、税务系统以及税务师事务所等机构进行充分接洽,建立教学实践基地,给学生提供真实的专业实践环境,锻炼学生的沟通能力、动手能力、创新能力等。这不仅有利于高校师生加强与社会各部门的联系,获取有价值的实证研究素材,锻炼学生各方面能力,而且可以向基地单位输送前沿的财政经济理论,提升其社会服务水平。完善实习基地建设,做实财税实践教学,实现多方共赢局面。

(三)加强师资队伍建设,构建教学团队,实现财政学科的可持续发展

普通理工科院校财政学教学团队的师资力量具备很大的提升空间,突出表现为学历层次较低、职称结构不合理、年龄搭配不合适、科研产出水平较低等。加强师资队伍建设,构建知名教学团队,必须注意以下几点:第一,主观上,应充分调动财政学专任教师的积极性与能动性,创新发展教学理念,改革落后教学

方式。第二,加强后备人才的引进与培养,出台相关政策重点引进综合类或财经类大学的博士生并加以培养,作为本学科发展的后备力量。若条件成熟,可以尝试引进财税领域影响力较大的专家学者,作为领军人物发展本校财政学类专业。作为理工类院校,还有必要加强与其他财经类或综合类大学的交流沟通,建立"请进来"与"走出去"相结合的工作机制,聘请专家来校指导,指派教师去往其他高校学习深造、观摩名师教学等。此外,还有必要鼓励青年教师去财政、税务部门进行挂职锻炼,开拓视野与思路,促进理论与实践相结合,提高其实际操作能力与综合素质,并以此促进教学科研水平的提高。第三,聘请财税系统或中介机构工作人员指导学生实验实训课程。各地财政税务系统大多有一批学历层次高、业务能力强的专门人才,如果能够通过有组织的形式借力于这些专家型的干部参与财政专业的建设,无疑对教师提高教学水平和学生学习专业认识都大有裨益。

(四)强化服务社会职能,打造专业品牌,扩大自身在当地的社会影响力

当代高校的基本职能包括人才培养、科学研究、服务社会、文化传承与创新。财政学类专业要想在理工科高校获得健康稳定发展,必须注重发挥自身的服务社会职能,给各需求方提供智力支持。第一,财税教学团队可以用自身知识储备为所在高校的筹资、投资、教学科研、资产管理、个税申报等涉税领域提供咨询服务,增强财税学科在理工科院校中的地位。第二,抽调精干力量为学校所在当地的财政、税务部门提供培训工作。由于财税政策更新频度较快、新员工入职等诸多原因,财税部门有大量职工在职教育的需求,范围涉及预算管理、绩效评价、税收法律、税务稽查、纳税评估、财务会计等多个领域。高校通过讲授专业知识的形式,不仅可以帮助财税部门提升业务素质,更好地服务于社会,而且更有助于提升自身在财税系统的知名度与影响力,互相促进,相得益彰。第三,2016年,中共中央办公厅、国务院办公厅联合下发了《关于实行以增加知识价值为导向分配政策的若干意见》,激发科研人员创新创业积极性,允许科研人员和高校教师依法依规适度兼职兼薪。理工科院校的财税类教师可以去当地会计师事务所、律师事务所、税务师事务所等咨询中介机构或其他高校

从事兼职工作或提供咨询服务,将自身所学最大限度地分享于社会,服务于社会,还可以鼓励、协调本专业学生去当地咨询中介机构实习,增强实践能力。

参考文献:

[1]教育部高等学校财政学类专业教学指导委员会课题组.地方财经院校财政学类专业实践教学调研报告[J]. 中国大学教学,2015(4).

[2]张晋武.地方院校财政学专业课程体系与人才培养模式创新研究[J].河北经贸大学学报(综合版),2008,8(1).

[3]欧阳华生,裴育.财政学专业人才特色培养探讨——基于我国 20 所高校财政专业的比较分析[J].高等财经教育研究,2011,14(3).

[4]赵宝廷.财政学实验教学中的问题与对策[J].高等财经教育研究,2013,16(3).

[5]磨玉峰,王文辉.工科院校经管类专业人才培养模式研究[J].经济研究导刊,2009(2).

[6]刘天祥,袁浩然,温桂荣.地方商科院校财政学专业能力培养指标体系的构建研究[J].湖南商学院学报(双月刊),2011,18(4).

[7]孙健夫.高等学校财政学专业办学实践与探索——以河北大学为例[J]. 教学研究,2013,36(3).

[8]张锦华,郑春荣. 我国财政学类本科专业建设状况分析报告——基于 56 个专业点的问卷调查[J]. 中国大学教学,2015(7).

第一届教育部高等学校财政学类
专业教学指导委员会委员名单

教育部关于成立 2013－2017 年
教育部高等学校教学指导委员会的通知

教高函〔2013〕4 号

各省、自治区、直辖市教育厅(教委),新疆生产建设兵团教育局,有关部门(单位)教育司(局),部属各高等学校,有关单位:

为深入贯彻落实党的十八大精神,全面落实教育规划纲要,充分发挥专家学者对高等教育教学改革的研究、咨询、指导作用,推动高等教育内涵式发展,大力提升本科人才培养质量,经认真研究并广泛征求意见,决定成立 2013－2017 年教育部高等学校教学指导委员会(以下简称"教学指导委员会")。现将有关事项通知如下。

一、教学指导委员会性质

教学指导委员会是教育部聘请并领导的专家组织,具有非常设学术机构的性质,接受教育部的委托,开展高等学校本科教学的研究、咨询、指导、评估、服务等工作。

二、主要任务

(一)组织和开展本科教学领域的理论与实践研究。

(二)就高等学校的学科专业建设、教材建设、教学实验室建设和教学改革等工作向教育部提出咨询意见和建议。

（三）制订专业规范或教学质量标准。

（四）承担有关本科教学评估以及本科专业设置的咨询工作。

（五）组织教师培训、学术研讨和信息交流等工作。

（六）承担教育部委托的其他任务。

三、教学指导委员会组成

本届教学指导委员会委员是在省（区、市）教育行政部门、中央部门所属高校、行业部门（协会）和上届教学指导委员会推荐基础上，经我部认真遴选并广泛征求意见选聘的（见附件）。各教学指导委员会委员由我部颁发聘书聘任，任期自 2013 年 4 月 1 日起至 2017 年 12 月 31 日止。

每个教学指导委员会（含分教学指导委员会）设主任委员 1 人，副主任委员若干人、秘书长 1 人。教学指导委员会的工作由主任委员主持，副主任委员协助，秘书长协助主任和副主任委员处理日常工作。秘书长原则上在主任委员所在高校聘请。建立秘书长联席会议制度，相关工作由我部高等教育司综合处负责协调。

四、各高校和有关单位要积极支持教学指导委员会的工作，委员所在单位应为委员提供参加教学指导委员会工作的必要支持。

附件：2013－2017 年教育部高等学校教学指导委员会委员名单.xls

教育部

2013 年 4 月 9 日

附件:　　　　　财政学类专业教学指导委员会委员名单

主任委员

　樊丽明　　　　上海财经大学

副主任委员

郭庆旺	中国人民大学	李俊生	中央财经大学
雷根强	厦门大学	王　乔	江西财经大学
杨灿明	中南财经政法大学	马　骁	西南财经大学

秘书长

　刘小兵　　　　上海财经大学

委员

计金标	北京第二外国语学院	倪志良	南开大学
王晓洁	河北经贸大学	廉桂萍	内蒙古大学
白　贵	内蒙古财经大学	杨志安	辽宁大学
孙　开	东北财经大学	年志远	吉林大学
杨春梅	吉林财经大学	石　磊	复旦大学
王　莹	上海金融学院	陈东平	南京农业大学
李林木	南京财经大学	裴　育	南京审计学院
钟晓敏	浙江财经学院	李光龙	安徽大学
郝书辰	山东财经大学	张世强	河南大学
随新玉	河南财经政法大学	卢洪友	武汉大学
林　江	中山大学	于海峰	广东商学院
朱红琼	贵州财经大学	罗美娟	云南大学
李香菊	西安交通大学	崔光莲	新疆财经大学

教育部高等学校财政学类专业教学指导委员会五年发文汇总

教育部高等学校财政学类专业教学指导委员会 2013 年工作计划

财教函〔2013〕1 号

根据《教育部关于成立 2013－2017 年教育部高等学校教学指导委员会的通知》（教高函〔2013〕4 号）和教育部副部长杜玉波同志在教育部高等学校教学指导委员会成立视频会议上的讲话精神，制定教育部高等学校财政学类专业教学指导委员会（以下简称财政学教指委）2013 年工作计划。

财政学教指委的总体工作任务是，在教育部指导下和财政学教指委各位委员的配合下，围绕本科人才培养的理念、质量标准体系、培养模式和师资队伍能力建设，开展财政学专业本科教学的研究、咨询、指导、评估、服务等工作。

2013 年，在财政学教指委成立初期，需要开展的工作主要有：

1. 建章建制。

2. 制定 2013 年工作计划。

3. 召开财政学教指委第一次全体会议。通过相关制度和计划，通过研究制订财政学本科专业教学质量国家标准工作方案。

4. 教育教学改革热点难点问题开展一次调研，形成一份研究报告或政策措施建议。

5. 组织财政学专业暑期师资培训。

6. 研究制订财政学本科专业教学质量国家标准,根据工作方案安排的进度完成本年度工作。

教育部高等学校财政学类专业教学指导委员会
2013 年 6 月

财政学类本科专业教学质量国家标准研制工作方案

财教函〔2013〕2 号

根据教育部《关于做好 2013 年教学指导委员会重点工作的通知》(教高司函〔2013〕58 号)的要求,结合教学指导委员会成立视频会议精神,制定本工作方案。

一、工作目标

专业教学质量标准是对一个专业评价的基本尺度和对一个专业建设的基本要求,是开展人才培养的基本依据。研究制定本科专业类教学质量国家标准,明确各级各类人才培养的要求,是高等学校教学指导委员会工作的重中之重,是提高本科教学工作的针对性和实效性的一项重要工作。因此,本工作方案的目标是,在认真总结我国财政学教学成功经验、合理借鉴国际先进做法、大量听取有关部门和单位意见建议的基础上,在 2014 年上半年制定出一套科学合理并切实可行的财政学类本科专业教学质量国家标准。

二、计划安排

1. 任务传达与工作部署(2013 年 7 月 10 日前完成)

传达教育部《关于做好 2013 年教学指导委员会重点工作的通知》(教高司函〔2013〕58 号)中关于研究制订本科专业类教学质量国家标准的任务要求,并就暑期工作作出安排部署,提请各委员单位对如何制定"财政学专业教学质量国家标准"利用暑期时间进行思考,总结各自单位在财政学教学方面的成功经验。

2. 暑期初步调研(2013 年 8 月 31 日前完成)

为充分利用时间,抓紧完成"财政学类本科专业教学质量国家标准"的研制工作,准备利用财政学教指委在暑期举办的"财政学专业暑期师资培训"时机,进行"财政学类本科专业教学质量国家标准"研制的调研活动,初步了解一线财政学教师和前来授课的专家学者对财政学类本科专业教学质量国家标准的意见和建议。

3. 第一次会议研讨(2013 年 9 月 30 日前)

在上述一些基础工作开展的基础上,召开第一次财政学教指委委员会议,讨论商议财政学类本科专业教学质量国家标准制定,具体商定与布置相关工作。

4. 调查、走访与借鉴(2013 年 11 月 30 日前)

为制定出一套科学合理并切实可行的财政学类本科专业教学质量国家标准,调查、走访与借鉴工作必不可少。在这一阶段,将组织各教指委委员单位前往各相关部门、科研院所、行业企业开展调查、走访活动,听取各方意见和建议。同时,组织力量选择国外举办相关专业的国际著名高校进行考察研究,借鉴国际财政学教学的先进经验。通过大量的调查、走访与借鉴工作,掌握一手材料、成功做法和经验教训,为制定财政学类本科专业教学质量国家标准打下扎实的基础。

5. 第二次会议研讨(2013 年 12 月 31 日前)

在今年年底前召开第二次财政学教指委委员会议,汇集前述工作所获取的各种材料,研究财政学类本科专业教学质量国家标准初稿的起草工作及其分工。

6. 初稿(2014 年 3 月 31 日前)

根据第二次会议决定,组织各委员单位进行财政学类本科专业教学质量国家标准初稿的撰写工作。根据需要,由各委员单位开展补充调查研究工作以及小型的研究会议。

7. 意见征询(2014 年 4 月 30 日前)

在初稿基本成型之后,向广大的相关部门、科研院所、行业企业发出意见征询函,征询社会各界对制定出来的财政学类本科专业教学质量国家标准的进一步修改意见与建议。必要时,可组织小范围的学术研讨会。

8. 第三次会议研讨(2014 年 5 月 31 日前)

在广泛征询各方意见建议的基础上,召开第三次财政学教指委委员会议,听取各方意见,研究讨论对财政学类本科专业教学质量国家标准初稿的修订工作。

9. 定稿(2014 年 6 月 30 日前)

在 2014 年 6 月 30 日前完成财政学类本科专业教学质量国家标准的定稿工作。

三、组织保障

专业类教学质量国家标准研制工作是一项牵涉多方的重要工程,必须有足够的人力、财力和精力的投入,并做好组织保障工作。

财政学类本科专业教学质量国家标准的研制工作,将在教育部的指导与支持下,由财政学教指委主任委员所在单位上海财经大学负责牵头,在六个副主任委员所在单位和二十六个委员单位的通力合作下,以及在一百零二个举办财政学专业的高校的积极参与下,保障这项工作的顺利开展。

教育部高等学校财政学类专业教学指导委员会
2013 年 6 月

关于教育部高等学校财政学类专业教学指导委员会举办 **2013** 年财政学专业第一届暑期师资培训的通知

财教函〔2013〕3 号

根据《教育部关于成立 2013－2017 年教育部高等学校教学指导委员会的通知》（教高函〔2013〕4 号）和教育部党组副书记、副部长杜玉波在 2013－2017 年教育部高等学校教学指导委员会成立视频会议上的讲话精神，以及根据高校财政学专业深化教学改革的实际需要，教育部高等学校财政学类专业教学指导委员会（以下简称"财政学教指委"）决定举办 2013 年财政学专业第一届暑期师资培训（以下简称"暑期师资培训"）。

第一届暑期师资培训由财政学教指委委托财政学教指委主任委员所在单位上海财经大学承办。培训内容以财政学本科教学为主，包括财政学理论基础与前沿、财政学教学内容的创新和财政学教学方法与手段等内容。授课师资主要来自中国人民大学、厦门大学、中山大学、中央财经大学、中南财经政法大学、西南财经大学、广东商学院和上海财经大学（参见附件二）。

本次暑期师资培训时间为 2013 年 8 月 21 日至 25 日，8 月 20 日报到。报到地点为上海市武东路 188 号上海财经大学学术交流中心（豪生酒店），培训地点在上海市武川路 111 号上海财经大学公共经济与管理学院凤凰楼 302 会议室（具体参见附件三地图）。

本次师资培训免收培训费和餐饮费，往返交通和住宿费自理。为适应不同的需求，我们联系了两个不同费用的住宿地点供选择（参见附件三）。请您务必在 2013 年 7 月 15 日前将培训报名表发送至 panjie@mail.shufe.edu.cn，或邮寄至上海市国定路 777 号上海财经大学公共经济与管理学院潘洁(邮编 200433)。

教育部高等学校财政学类专业教学指导委员会
上海财经大学(代章)
2013 年 6 月 13 日

附件一：

培训报名表

姓名(性别)	
工作单位	
职称/职务	
联系方式(电话、手机)	
电子邮箱	
抵达上海的时间、航班、车次	

培训部门联系人：

上海财经大学公共经济与管理学院办公室主任　何华武(18918825577)

上海财经大学公共经济与管理学院科研秘书　潘洁(13816745845)

培训部通讯地址：上海市国定路 777 号

　　　　　　　上海财经大学公共经济与管理学院

邮编：200433

办公室电话：021－65903686　　传真：021－65104294

培训报到时间：2013 年 8 月 20 日

培训报到地点：上海市武东路 188 号

　　　　　　　上海财经大学学术交流中心(豪生酒店)

附件二:

培训课程安排

时　间	内　容	授课人
8月21日上午	公共品理论的教学问题探讨	樊丽明
8月21日下午	立足于多学科交叉的财政学理论研究与教学改革	杨灿明
8月22日上午	财政学专业课程设置的创新与改革	马　骁
8月22日下午	财政学的经济学基础	郭庆旺
8月23日上午	我国财政基本理论的若干问题	张　馨
8月23日下午	财政政策与公共决策机制	蒋　洪
8月24日上午	财政学研究及专业发展方向	马海涛
8月24日下午	财政学实验教学的手段与方法	庞　磊
8月25日上午	财政学的案例教学及其经验与体会	刘　虹
8月25日下午	研讨	刘小兵(主持)

授课师资介绍:

樊丽明:财政学教指委主任委员,上海财经大学校长;

杨灿明:财政学教指委副主任委员,中南财经政法大学副校长;

马　骁:财政学教指委副主任委员,西南财经大学副校长;

郭庆旺:财政学教指委副主任委员,中国人民大学财政与金融学院院长;

张　馨:厦门大学经济学院教授;

蒋　洪:上海财经大学公共经济与管理学院教授;

马海涛:中央财经大学财政学院院长;

庞　磊:广东商学院财政税务学院副院长;

刘　虹:中山大学岭南学院副教授;

刘小兵:财政学教指委秘书长,上海财经大学公共经济与管理学院副院长。

关于召开教育部财政学类专业教学指导委员会
第一次全体会议的通知

财教函〔2013〕4 号

尊敬的财政学教指委委员＿＿＿＿＿＿教授：

为履行教育部教学指导委员会的职责和贯彻落实《教育部关于成立 2013—2017 年教育部高等学校教学指导委员会的通知》（教高函〔2013〕4 号）的精神与任务，经商议，决定于 2013 年 9 月 15 日在上海财经大学召开教育部财政学类专业教学指导委员会第一次全体会议。会议内容主要有：

1. 讨论确定任期内工作计划和本年度工作安排。

2. 协商财政学教指委工作机制与制度。

3. 落实"财政学类本科专业教学质量国家标准研制工作方案"。

4. "教育教学改革热点难点问题"调研工作安排。

5. 颁发财政学类专业教学指导委员会委员证书。

2013 年 9 月 14 日报到，报到地点为上海市武东路 188 号上海财经大学学术交流中心（豪生酒店）。敬请您安排好时间参会！

教育部高等学校财政学类专业教学指导委员会
2013 年 7 月

财政学类专业教学指导委员会关于 2013 年四季度工作安排的通知

财教函〔2013〕5 号

财政学类专业教学指导委员会各位委员：

为了更好地完成财政学类本科专业教学质量国家标准的研制任务，切实掌握国内 160 所高校举办财政学类专业的实际状况及教育教学的重点难点问题，根据 9 月 22 日财政学类专业教学指导委员会全体会议讨论意见，本年度第四季度的重点工作是结合国标研制开展专项调研。具体安排如下：

一、工作目标

11 月末完成专项调研工作，12 月末完成调研报告，递交教育部。

二、工作安排

专项调研工作由问卷调研、委员个人调研、分片实地调研和研讨汇总四部分组成。

1. 问卷调研

基于教育部提供的经济学国标模板，设计出一套能客观反映财政学类专业本科教学现状的问卷，在 10 月上旬寄送至 103 所举办财政学专业和 57 所举办税收学专业的高校教务处，10 月底填写好，连同最新的财政学专业或税收学专业的教学计划和培养方案，邮件寄回财政学教指委秘书处（czxjzw2013@126.com）。

2. 委员调研

财政学教指委各位委员根据本校填写调研问卷所反映的情况进行分析，形成分析报告，10月底邮件寄回财政学教指委秘书处。

3. 分片实地调研

分东北、东南、中部、西部四片地区，每个地区选择5所高校和3家用人单位开展实地调研。其中，5所高校由2所财经类高校（其中1所为"211"或开办相关专业历史较久、质量较高的高校），2所综合性和理工类高校（其中1所为"985"或"211"高校）和1所独立学院和新办高校组成；3家用人单位为财政、税务（或中介机构）和企业。11月15日前各小组提交一份调研报告邮件寄回财政学教指委秘书处。其中：

（1）东北片包括黑龙江、吉林、辽宁、内蒙古、北京、天津、河北、山东8个省（直辖市、自治区），由副主任委员李俊生和郭庆旺教授牵头；

（2）东南片包括江苏、安徽、上海、浙江、福建、广东、广西、海南8个省（直辖市、自治区），由副主任委员雷根强教授和秘书长刘小兵教授牵头；

（3）中部包括湖南、湖北、山西、陕西、河南、重庆、江西、贵州8个省（直辖市、自治区），由副主任委员王乔和杨灿明教授牵头；

（4）西部包括新疆、西藏、甘肃、宁夏、四川、青海、云南7个省（直辖市、自治区），由副主任委员马骁教授和新疆财经大学校长崔光莲委员牵头。

对高校的实地调研以上述财政学类专业本科教学现状的问卷为依据。对用人单位的实地调研以另外一套专门设计的问卷为依据，该调查问卷在10月上旬会与本科教学现状的问卷一并寄给负责实地调研的各副主任委员和委员。

4. 研讨汇总

11月中下旬，由主任委员樊丽明教授牵头组织完成上述所有调研材料的汇总，形成调研报告初稿。12月上中旬召开财政学教指委主任委员扩大会议，就调研情况和调研报告初稿开展研讨。12月末财政学教指委秘书处完成调研报告定稿。

教育部高等学校财政学类专业教学指导委员会
上海财经大学(代章)
2013年9月25日

关于开展财政学类专业建设与发展状况调查的通知

财教函〔2013〕6 号

各举办财政(税收)专业的高校:

根据《教育部关于成立 2013－2017 年教育部高等学校教学指导委员会的通知》(教高函〔2013〕4 号),教育部高等学校财政学类专业教学指导委员会(以下简称财政学教指委)于 2013 年 4 月成立(主任委员单位为上海财经大学)。为了履行教育部赋予财政学教指委的职责,完成教育部委托制定财政学类专业教学质量国家标准的任务,经财政学教指委讨论决定,在 2013 年 10 月至 11 月期间开展一次财政学类专业建设与发展状况调查。

本次调查对象为全国 103 所举办财政学专业和 57 所举办税收学专业的高校。请接到本通知和调查问卷的单位在 10 月底填写好问卷,连同贵校最新的财政学专业(税收学专业)的教学计划和培养方案,一并寄回财政学教指委秘书处。

财政学教指委秘书处地址:上海市国定路 777 号上海财经大学公共经济与管理学院潘洁收;邮编:200433;电话:021－65903686

衷心感谢您的支持!

教育部高等学校财政学类专业教学指导委员会
上海财经大学(代章)
2013 年 10 月

关于承办教育部财政学类专业教学指导委员会 2014 年第一次全体会议的通知

财教函〔2014〕1 号

中南财经政法大学教务处：

根据教育部《关于成立 2013－2017 年教育部高等学校教学指导委员会的通知》精神（教高函〔2013〕4 号）和教育部高等教育司对本科教学质量国家标准研制工作的要求（教高司函〔2013〕58 号），教育部财政学类专业教学指导委员会（以下简称财政学教指委）兹定于 2014 年 5 月 17 日召开 2014 年度第一次全体会议，研讨国内外财政学专业发展动态和财政学类本科专业教学质量国家标准研制等事宜。

经商议确定，由财政学教指委副主任委员所在单位中南财经政法大学承办此次会议。特此来函，敬请贵处商同贵校财政学类专业所在院系中南财经政法大学财政税务学院，在国家有关办会的精神指导下，共同合力承办好此次会议。

教育部高等学校财政学类专业教学指导委员会
上海财经大学（代章）
2014 年 3 月 21 日

关于委托江西财经大学举办
2014 年度财政学类专业暑期师资培训班的通知

财教函〔2014〕2 号

江西财经大学教务处：

根据《教育部关于成立 2013－2017 年教育部高等学校教学指导委员会的通知》精神（教高函〔2013〕4 号）和教育部财政学类专业教学指导委员会（以下简称"财政学教指委"）的工作计划，每年举办一次财政学类专业暑期师资培训班是财政学教指委的一项重要常规工作。今年是本届财政学教指委任期内的第二次，将按计划在今年暑期正常举办。

经商议确定，2014 年度的财政学类专业第二届暑期师资培训班委托财政学教指委副主任委员所在单位江西财经大学举办。特此来函，敬请贵处商同财政学教指委秘书处和贵校财政学类专业所在院系江西财经大学财税与公共管理学院，在国家有关举办培训活动的精神指导下，确定好此次暑期师资培训班的主题、讲课教师和培训计划，共同合力办好此次暑期师资培训班活动。

请财政学教指委各委员及其所在单位积极配合，共同做好 2014 年度财政学类专业第二届暑期师资培训班活动。

教育部高等学校财政学类专业教学指导委员会
上海财经大学（代章）
2014 年 3 月 21 日

关于开展 2014 年财政学类专业教学改革
难点问题研究的委托函

财教函〔2014〕3 号

南京财经大学财政与税务学院：

云南大学经济学院：

根据教育部成立高等学校教学指导委员会的精神和财政学类专业教学指导委员会 2014 年的工作安排，财政学教指委确定 2014 年财政学类专业教学改革难点问题的研究领域为地方财经院校实践教学的经验与问题，并委托财政学教指委委员单位南京财经大学财政与税务学院和云南大学经济学院共同承担此项研究任务。

特此来函，敬请各委员单位合力做好此项研究，并在 2014 年 10 月前向财政学教指委提交研究报告。研究报告请提交至邮箱 panjie@mail.shufe.edu.cn。

教育部高等学校财政学类专业教学指导委员会
上海财经大学（代章）
2014 年 5 月

关于进一步开展财政学类专业建设与发展状况调研的委托函

财教函〔2014〕4 号

西安交通大学经济与金融学院：

浙江财经大学财政与公共管理学院：

贵州财经大学财政与税收学院：

为更好地修订与完善财政学类本科专业教学质量国家标准，根据教育部高等教育司对本科教学质量国家标准研制工作的要求（教高司函〔2013〕58 号）和教育部财政学类专业教学指导委员会（以下简称财政学教指委）2014 年度工作安排，财政学教指委决定委托财政学教指委部分委员单位对部分独立学院的财政学类专业建设与发展状况开展调研，调研方式包括填写调查问卷和进行实地座谈。

经商议确定，委托西安交通大学经济与金融学院对西安交通大学城市学院和西安财经学院行知学院进行调研；委托浙江财经大学财政与公共管理学院对浙江财经学院东方学院进行调研；委托贵州财经大学财政与税收学院对贵州财经大学商务学院进行调研。

特此来函，敬请各受委托的委员单位做好此次调研工作，并在 2014 年 6 月 5 日前提交一份调查问卷和一份调研报告至 panjie@mail.shufe.edu.cn。

教育部高等学校财政学类专业教学指导委员会
上海财经大学（代章）
2014 年 5 月

关于教育部高等学校财政学类专业教学指导委员会举办 2014 年财政学专业第二届暑期师资培训的通知

财教函〔2014〕5 号

根据《教育部关于成立 2013－2017 年教育部高等学校教学指导委员会的通知》(教高函〔2013〕4 号)的精神和教育部高等学校财政学类专业教学指导委员会(以下简称"财政学教指委")的工作安排,财政学教指委决定举办 2014 年财政学专业第二届暑期师资培训(以下简称"暑期师资培训")。

本届师资培训由财政学教指委委托财政学教指委副主任委员所在单位江西财经大学承办。培训内容以十八届三中全会关于深化财税体制改革的决定精神为主题,围绕"财政改革与国家治理体系和治理能力现代化"、"改进预算管理制度"、"完善税收制度"、"建立事权和支出责任相适应的制度"和"财税理论发展新动态"等五个领域设置相关专题,聘请在相关领域有深入研究的财税学界资深教授和专家学者,对如何贯彻十八届三中全会关于深化财税体制改革的决定及其对我国财税学科的发展将产生何种影响进行深入浅出的讲解。授课师资来自中国社科院、财政部财科所、中国人民大学、厦门大学、中央财经大学、中南财经政法大学、西南财经大学、江西财经大学和上海财经大学等高校与科研院所(参见附件二)。

本次暑期师资培训时间为 2014 年 7 月 19 日至 23 日,7 月 18 日报到。报到和培训地点为江西财经大学招待所(南昌市经济技术开发区双港东大街 169 号,江西财经大学蛟桥园校区北区)(具体参见附件三地图)。

本次师资培训免收培训费,往返交通和住宿费自理。请您务必在 2014 年 6 月 15 日前将培训报名表(参见附件一)发送至邮箱 ggglyj@163.com,或邮寄至江西财经大学财税与公共管理学院教学管理办公室(邮编 330013),或传真至 0791−83816613。

教育部高等学校财政学类专业教学指导委员会
上海财经大学(代章)
2014 年 5 月

附件一:

培训报名表

姓名(性别)	
工作单位	
职称/职务	
联系方式(电话、手机)	
电子邮箱	
抵达南昌的时间、航班、车次	

注:请在 6 月 15 日前发邮件、邮寄或传真回执。

培训部门联系人:

叶静(院教务秘书)　　电话:0791−83881397　15970630859(手机)

纪江(院办公室主任)　　电话:0791−83816613　13970924528(手机)

邮箱:ggglyj@163.com　zfzhang@jxufe.edu.cn

传真:0791−83816613

附件二：

培训课程安排

时　间	内　容	授课人
7 月 19 日上午	专题一：从国际比较视角看我国税制结构完善	樊丽明
7 月 19 日下午	专题二：对主流财政理论的反思	李俊生
7 月 20 日上午	专题三：我国宏观财政政策的调整与优化	杨灿明
7 月 20 日下午	专题四：关于税制改革的几个问题	王　乔
7 月 21 日上午	专题五：财政改革与国家治理能力建设	高培勇
7 月 21 日下午	专题六：现代财政制度的构建逻辑	刘尚希
7 月 22 日上午	专题七：行为财政学的前沿理论研究	刘　蓉
7 月 22 日下午	专题八：计量方法在财税研究中的应用	王艺明
7 月 23 日上午	专题九：税制改革与完善地方税体系	朱　青
7 月 23 日下午	研　讨：地方院校实践教学的经验与问题	刘小兵

授课师资介绍：

樊丽明：财政学教指委主任委员，上海财经大学校长；

李俊生：财政学教指委副主任委员，中央财经大学副校长；

杨灿明：财政学教指委副主任委员，中南财经政法大学校长；

王　乔：财政学教指委副主任委员，江西财经大学校长；

高培勇：中国社科院财经战略研究院院长，教授、博导；

刘尚希：财政部财政科学研究所副所长，教授、博导；

刘　蓉：西南财经大学财政税务学院院长，教授、博导；

王艺明：厦门大学财政系副主任，教授、博导；

朱　青：中国人民大学财政金融学院学术委员会主任，教授、博导；

刘小兵：财政学教指委秘书长，上海财经大学公共经济与管理学院副院长。

财政学类本科专业教学质量国家标准
(讨论稿)征求意见函

财教函〔2014〕6 号

各举办财政学类专业高校：

　　《财政学类本科专业教学质量国家标准(讨论稿)》(见附件)已于 2014 年 5 月 17 日经教育部财政学类专业教学指导委员会第二次全体会议讨论通过。根据教育部高教司《关于印发〈高等学校本科专业类教学质量国家标准研制工作会议纪要〉的通知》(教高司函〔2014〕22 号)要求,在 2014 年 9 月 1 日之前要完成面向本专业类标准涉及的所有高校广泛征求意见的工作,因此,特此来函征求意见。敬请各举办财政学类专业高校认真学习讨论,并在 2014 年 9 月 1 日前向财政学教指委提交书面意见。

　　书面意见请提交至邮箱 panjie@mail.shufe.edu.cn,或邮寄至教育部财政学类专业教学指导委员会秘书处。秘书处地址:上海财经大学公共经济与管理学院潘洁收,邮编 200433。

教育部高等学校财政学类专业教学指导委员会
上海财经大学(代章)
2014 年 6 月

　　附件:财政学类本科专业教学质量国家标准(讨论稿)

附件：　财政学类本科专业教学质量国家标准（讨论稿）

1. 概述

为贯彻落实《国家中长期教育改革和发展规划纲要（2010－2020 年）》和教育部《关于全面提高教育质量的若干意见》（教高〔2012〕4 号）等文件，进一步深化财政学类本科专业教学改革，提高人才培养质量，设置本标准。

财政学类专业隶属于经济学学科门类，以经济学、管理学、政治学、社会学和法学等学科知识为基础，以关注政府分配行为及其经济社会影响为视角，以传授公共资金筹集、使用和管理的基本理论、知识和方法为重点，具有很强的综合性和应用性。

本标准是全国设置财政学类本科专业、指导专业建设和评估教学质量的基本标准。各高校可根据自身定位和办学特色，依据本标准制定财政学类本科专业教学质量标准，对本标准中的条目进行细化规定，但不得低于本标准相关要求。鼓励各高校高于本标准办学。

本标准行文中黑体字的内容为专业准入标准，凡举办财政学类专业者必须达到。

2. 适用专业范围

2.1　专业类代码
财政学类专业代码：0202
2.2　本标准适用专业
财政学（020201K）、税收学（020202）及教育部认定的其他专业。

3. 培养目标

财政学类本科专业培养践行社会主义核心价值观，具有较强的社会责任感、公共意识和创新精神，掌握经济学和财政税收基本理论和方法、熟悉我国财税政策法规、了解我国财经运行状况，具备综合运用专业知识分析和解决公共经济问题能力的应用型、复合型、创新型人才。该专业类毕业生适合在财政、税务、公共投资、国有资产管理、社会保障等公共经济管理部门以及各类企事业单位、非营利组织从事相关工作。

各高校应根据自身办学条件和目标定位选定人才培养类型。

4. 培养规格

4.1　学制与学位

财政学类本科专业基本学制为四年。可实行弹性学制,但**修业年限不少于三年**。鼓励学生具有海外学习经历。

学生完成专业培养方案规定的课程,成绩合格,准予毕业。达到规定条件的,授予经济学学士学位。

4.2　知识要求

财政学类专业学生应具备基础性知识、专业性知识和工具性知识。基础性知识包括经济学、管理学、政治学、社会学和法学等社会科学知识,以及有利于促进学生全面发展的人文、艺术和自然科学知识。专业性知识包括财政与税收的理论、制度和管理等相关知识。工具性知识包括数学、外语、计算机及信息技术应用、文献检索、社会调查与研究方法、论文写作等。

4.3　能力要求

具备独立自主地获取和更新知识的学习能力;具备将专业理论与知识融会贯通,综合运用专业知识分析和解决问题的能力;具备较强的沟通协调能力、团队合作能力和开拓创新能力。

4.4　素质要求

具有良好的道德修养、公共意识、职业人格和社会责任感,具有较高的审美情趣、文化品位和人文素养,具备健康的心理和体魄。

5. 课程体系

5.1　总体框架

财政学类本科专业课程体系包括理论教学和实践教学。理论教学包括通识课程、专业基础课程和专业课程;实践教学包括实验(实训)、专业实习、社会实践和毕业论文等。**专业培养方案总学分为 155 学分左右,其中实践教学累计学分不少于总学分的 15%。**

5.2 理论教学

5.2.1 通识课程

通识课程包括思想政治理论课、数学、外语、计算机及信息技术应用、体育等必修课程,以及根据学校特色和条件设置的人文艺术、社会科学和自然科学类选修课程。**通识课程学分应占总学分的 40% 左右。**社会科学类选修课程应包括政治学、社会学、法学相关课程。

5.2.2 专业基础课程

专业基础课程应包括政治经济学、微观经济学、宏观经济学、财政学、会计学、统计学、金融学、国际经济学和管理学等相关课程。鼓励有条件的高校开设计量经济学等课程。

5.2.3 专业课程

不同专业可根据专业特点和条件设定专业必修与选修课程,所设课程应符合专业培养目标要求。**财政学专业必修的核心课程包括中国税制、政府预算、财政管理等。税收学专业必修的核心课程包括税收学、国际税收、税务管理等。各专业核心课程应不少于 5 门。**专业选修课程应当与专业必修课形成逻辑上的拓展与延续关系,并形成课程模块(课程组)供学生选择性修读。各专业可以自主设置专业选修课程体系。鼓励有条件的高校开设专业双语课程或全英文课程和财税史学类课程。

提倡高校间课程资源共享和充分利用网络资源为学生自主学习提供优质课程与便利条件。鼓励开发跨学科、跨专业的新兴交叉课程。

5.3 实践教学

5.3.1 实验(实训)

各专业应根据专业教学的实际需要,独立设置实验(实训)课程或环节,利用实验室和实训基地开展教学活动。

5.3.2 专业实习

各专业的培养方案应至少包含一次专业实习,专业实习时间累计不少于8周。

5.3.3 社会实践

各专业应根据培养目标组织社会实践。社会实践包括社会调查、勤工助学、公益活动和创业实践等。**社会实践累计时间应不少于4周。**鼓励高校积极开展创业实践,丰富学生的创新创业知识和体验,提升学生的创新精神和创业能力。

5.3.4 毕业论文

学生应根据自身兴趣,结合专业特点,在教师指导下撰写毕业论文。毕业论文写作应综合运用所学专业知识,并遵守学术道德和学术规范。**毕业论文指导教师应由讲师及以上职称的专业教师担任,**必要时可聘请实务部门有关人员共同指导。毕业论文可采取学术论文、案例分析、调研报告等多种形式。

6. 教学规范

6.1 教学计划

教学计划是学校保证教学质量和人才培养规格的重要文件,是组织教学过程、安排教学任务的基本依据,应保持相对稳定,并适时修订。执行过程中如需变动,应有规范的论证和审批手续。

6.2 教学大纲

教学大纲是实施教学和考核的依据,列入教学计划的各门课程或实践教学环节,应在开课前制订科学合理的教学大纲。教学大纲视课程性质而定,一般应包括课程性质、先修课程、课时数、各章节知识要点、教材、参考书、教学方法、教学手段和考核方式等。

6.3 课堂教学

课堂教学是教学工作的最主要形式。教师在课前需认真备课,编制《教学进度表》,明确并公布课外辅导与答疑时间。教师在教学中应注重改进教学方法,提倡启发式、互动式、讨论式和案例式教学,调动学生参与的积极性;鼓励使用计算机辅助教学、多媒体教学等现代教育技术;坚持教书育人,为人师表,语言文字规范,仪表端庄。教师应布置适量课后作业,并认真批改。

6.4 课外实践

课外实践是课堂教学的延伸,是教学活动的重要组成部分。各专业需制订课外实践计划,教师应参与指导学生课外实践活动。

6.5 成绩考核

成绩考核是教学的一个重要环节,应根据课程特点选择恰当方式,考察学生对知识点的掌握和运用能力。成绩考核由平时考核和期末考核组成,平时考核形式包括出勤、课堂讨论、作业和测验等。

7. 师资队伍

7.1 教师规模与结构

专业教师队伍应满足教学需要。**各专业应至少配备 7 名及以上专任教师。**原则上,每门专业核心课程应至少配备 1 至 2 名专任教师,每位专任教师每年指导本科毕业论文不超过 10 篇。

专业教师队伍应保持合理结构。**具有讲师及以上专业技术职称或具有硕士及以上学位教师占专业教师总数的比例不低于 90%,具有副教授及以上职称的教师占专业教师总数的比例不低于 30%**;专业教师队伍年龄结构应均衡合理。

7.2 专业背景与水平

专任教师一般应具有 5 年以上本学科专业教育或研究背景,实践性强的课程的专业教师应具有实务工作背景或实务经验。鼓励聘请具有实务工作经验的专家授课。有条件的高校,教师队伍中应有一定数量具有海外留学或进修经历的专业教师。

专业教师应具备高尚的职业道德;了解教育心理学基本知识,掌握教学基本方法;具有较强的教学、科研与知识更新能力,并能将科研成果和更新的知识转化为教学内容。

8. 教学条件

8.1 教学设施

学校应为专业教学提供必要的教学设施与设备，包括教室、讨论室、专业实验室和实习基地等。**各专业实习基地应不少于3个。**

8.2 图书资料

学校应提供与专业有关的图书、刊物、音像资料和数字化资源，以满足理论教学和实践教学的需要。

8.3 教学经费

学校要切实保障专业教学经费投入。专业教学经费是指在专业教学各环节所需的资源建设费用、教学运行费用与教学评估费用。**教学经费的使用应向教学一线倾斜，不得用于非教学用途。教学经费最低保障标准及增长应符合国家相关规定。**

9. 质量保障

9.1 组织保障

完善教研室（课程组）、系等基层教学组织，坚持集体备课，健全老中青教师传帮带机制。**学校应成立教学指导委员会和教学督导组，指导专业建设和督查教学质量。**鼓励有条件的学校建立教师教学发展中心，有计划地开展教师培训和教学咨询等。

9.2 制度保障

建立和完善教学计划、教学大纲和教学进度表等基本教学文档管理制度；建立和完善排课与调课、教材选用、成绩考核、试卷与论文等教学档案管理制度。

建立和完善教师和教学管理人员岗位责任制度和奖惩制度，鼓励有条件的学校建立助教制度；建立和完善课程教学质量评价制度，鼓励有条件的学校探索学生评教、同行互评和社会评学等多元评价体系。

建立和完善学生守则、课堂规范、课外活动规则等学生管理制度。

9.3 质量监控

学校应建立教学质量状态数据平台，鼓励有条件的学校按专业建立实时的教学质量状态数据库。各高校应围绕质量保障目标要求，开展经常化和制度化的质量评估,确保对教学质量形成全过程有效监控,保证教学质量的持续提高和专业人才培养目标的充分实现。**学校应定期发布本科教学质量报告**,鼓励发布专业教学质量报告。

10. 培养效果

各专业应做到培养效果与培养目标相吻合,与培养规格中对知识、能力和素质的要求相一致,社会评价良好。毕业生就业率和就业质量较高,**就业率应达到80%以上**。

11. 名词释义

(1)专业基础课程:也称为学科平台课,是指财政学类专业学生的共同必修课程。

(2)专业课程:是指各专业独立设置的、反映本专业核心知识点的课程。考虑到专业课程的具体名称在高校间存在差异,本标准列示的课程主要是指该课程应该涉及的知识领域,不完全是课程的具体名称,各高校可自定课程名称。

(3)专任教师:是指学校在编的、具有教师专业技术职称的、承担专业课程教学任务的教师。

(4)资源建设费:包括课程建设费、教材建设费、教学大纲编写费、专业实习基地建设费、专业实验室建设与仪器设备购置费等。

(5)教学运行费:包括课时费、命题费、阅卷费、监考费、课堂教学资料复印费、论文指导与答辩费、实习指导费、学生实习补助、教学仪器设备维修费等。

(6)教学评估费用:包括教学质量评价督导专家费用等。

教育部高等学校财政学类专业教学指导委员会
2014 年 6 月

关于召开《财政学类本科专业教学质量国家标准》意见征询会的通知

财教函〔2014〕7 号

各举办财政学类专业高校：

《财政学类本科专业教学质量国家标准（讨论稿）》已于 2014 年 5 月 17 日经教育部财政学类专业教学指导委员会第二次全体会议讨论通过。根据教育部高教司《关于印发〈高等学校本科专业类教学质量国家标准研制工作会议纪要〉的通知》（教高司函〔2014〕22 号）要求，在 2014 年 9 月 1 日之前要完成面向本专业类标准涉及的所有高校广泛征求意见的工作。兹定于 2014 年 8 月 30 日在上海财经大学召开《财政学类本科专业教学质量国家标准》意见征询会。特此通知，敬请各举办财政学类专业高校积极参加。

有意参会者请将参会者信息（姓名、单位、职务、职称、联系电话与邮箱）发至 liuxiao0640@126.com 邮箱，或邮寄至教育部财政学类专业教学指导委员会秘书处。秘书处地址：上海财经大学公共经济与管理学院刘小兵收，邮编 200433。

教育部高等学校财政学类专业教学指导委员会

上海财经大学（代章）

2014 年 8 月

关于下发《教育部高等学校财政学类专业教学指导委员会 2015 年工作计划》的通知

财教函〔2015〕1 号

各财政学类专业教指委委员：

《教育部高等学校财政学类专业教学指导委员会 2015 年工作计划》已经财政学教指委主任委员会议审议通过，现下发给大家，请知悉并积极参与和承担相关工作。

特此通知。

教育部高等学校财政学类专业教学指导委员会

上海财经大学（代章）

2015 年 3 月

附： **教育部高等学校财政学类专业教学指导委员会 2015 年工作计划**

根据《教育部关于成立 2013－2017 年教育部高等学校教学指导委员会的通知》（教高函〔2013〕4 号）精神，为保障教育部高等学校财政学类专业教学指导委员会（以下简称财政学教指委）2015 年工作的顺利有效开展，特制定年度工作计划。

一、举办第三届财政学类专业师资暑期培训班

2015 年度第三届财政学类专业师资暑期培训班将由广东财经大学承办,时间暂定在 7 月中下旬,主题拟定在"依法治国与深化财税体制改革"和"财政学类专业教学改革"两个领域。

二、《财政学类本科专业教学质量国家标准》定稿及解读培训会

配合教育部"本科专业类教学质量国家标准"定稿工作,完成《财政学类本科专业教学质量国家标准》定稿及解读培训工作。拟在教育部"本科专业类教学质量国家标准"定稿之后,开展《财政学类本科专业教学质量国家标准》解读培训活动,邀请全国举办财政学类专业高校的院长(系主任)参加,解读培训"标准"的同时开展经验交流。

三、2015 年度财政学教指委调研课题

每位委员根据情况自选课题独立研究,或经协调组成小组开展研究,形成成果。

1. 财政学学科属性研究

无论是从学科发展的规律还是从我国的实践来看,将财政学简单归于应用经济学之下的一个二级学科,都存在问题,其科学性受到质疑,不利于财政学学科发展。为此,有必要利用财政学教指委这一平台,对财政学的学科属性开展较为系统、全面的研究与讨论,为学科设置和发展提出意见建议。拟从以下三个视角进行对财政学学科属性的研究:

(1)财政学发展历史视角的研究;

(2)中外财政学发展比较视角的的研究;

(3)服务我国政治经济改革视角的研究。

2. 我国地方财经类院校财税应用型人才培养问题研究

提交每年度本领域教育教学改革热点难点问题研究报告或政策措施建议,是教育部对专业教指委提出的一个要求。2013 年和 2014 年,财政学教指委就

如何完善我国财政学类本科专业建设问题和地方财经院校财政学类专业本科实践教学问题开展了调研,向教育部提交了专家建议。今年,财政学教指委计划聚焦我国地方财经类院校财税应用型人才培养问题,拟从以下三个方面开展调研分析:

(1)课程设置与就业导向问题;

(2)切实加强实践教学问题;

(3)教材建设与教材选用问题。

四、召开财政学教指委第三次全体会议

拟 9 月底在西南财经大学召开财政学教指委第三次全体会议,总结研究工作,交流调研成果。

教育部高等学校财政学类专业教学指导委员会
2015 年 2 月

关于教育部高等学校财政学类专业教学指导委员会举办 2015 年财政学专业第三届暑期师资培训的通知

财教函〔2015〕2 号

　　根据《教育部关于成立 2013－2017 年教育部高等学校教学指导委员会的通知》(教高函〔2013〕4 号)的精神和教育部高等学校财政学类专业教学指导委员会(以下简称"财政学教指委")2015 年度的工作安排,财政学教指委决定举办 2015 年财政学专业第三届暑期师资培训。

　　本届师资培训由财政学教指委委托财政学教指委委员所在单位广东财经大学承办,培训内容围绕"依法治国与深化财税体制改革"和"财政学类专业教学改革"二个领域设置相关专题,聘请在相关领域有深入研究的财税学界资深教授和专家学者,对我国财税体制改革如何贯彻十八届三中、四中全会精神,以及我国财政学类专业教学改革的经验与思考进行深入浅出的讲解。授课师资将来自中国社科院、财政部财科所、中国税务报、北京大学、厦门大学、中南财经政法大学、上海财经大学和广东财经大学等高校与科研院所(参见附件二)。

　　本次暑期师资培训时间为 2015 年 7 月 6 日至 10 日,7 月 5 日报到。报到和培训地点为广州市海珠区赤沙路 21 号广东财经大学麗枫酒店(具体参见附件三地图)。

　　本次师资培训免收培训费,往返交通和住宿费自理。请您务必在 2015 年 6 月 5 日前将培训报名表(参见附件一)发送至邮箱 fyz_gufe2015@163.com,或邮寄至广州市海珠区赤沙路 21 号广东财经大学财政税务学院方元子老师收(邮编 510320）,或传真至 02084096886。

教育部高等学校财政学类专业教学指导委员会
上海财经大学（代章）
2015 年 4 月

附件一：

培训报名表

姓名(性别)	
工作单位	
职称/职务	
联系方式(电话、手机)	
电子邮箱	
抵达广州的时间、航班、车次	

注:请在 6 月 5 日前发邮件、邮寄或传真回执。

培训部门联系人：

伍春梅　　电话:02084096886　　13922132333(手机)

方元子　　电话:02084096886　　13694285011(手机)

邮　　箱:fyz_gufe2015@163.com

传　　真:02084096886

附件二：

培训课程安排

时　间	内　容	授课人
7月6日上午	专题一：关于大国财政的几点思考	樊丽明
7月6日下午	专题二：十八届四中全会精神与我国财税改革	贾　康
7月7日上午	专题三：十八届三中全会精神与我国财政学科的发展	高培勇
7月7日下午	专题四：关于全面依法治国的思考	杨灿明
7月8日上午	专题五：我国地方税体系建设的若干问题	刘　佐
7月8日下午	专题六：税收法定原则与我国税收法治建设	刘剑文
7月9日上午	专题七：从经济学教改看财政学类专业的教改	雷根强
7月9日下午	专题八：如何贯彻与弘扬新预算法	蒋　洪
7月10日上午	专题九：财政学类专业的教改经验与问题	于海峰
7月10日下午	研　讨：财政学类专业的学科发展与教学改革	刘小兵

授课师资介绍：

樊丽明：教育部财政学教指委主任委员，上海财经大学校长；

贾　康：财政部财科所原所长；

高培勇：中国社科院财经战略研究院院长；

杨灿明：教育部财政学教指委副主任委员，中南财经政法大学校长；

刘　佐：中国税务报总编；

刘剑文：北京大学法学院教授；

雷根强：教育部财政学教指委副主任委员，厦门大学经济学院党总书记；

蒋　洪：上海财经大学公共经济与管理学院教授；

于海峰：教育部财政学教指委委员，广东财经大学副校长；

刘小兵：教育部财政学教指委秘书长，上海财经大学公共经济与管理学院副
院长。

关于委托开展 2015 年度财政学教指委
课题研究的通知

财教函〔2015〕3 号

中国人民大学财政金融学院：

厦门大学经济学院：

上海财经大学公共经济与管理学院：

《教育部高等学校财政学类专业教学指导委员会 2015 年工作计划》已下发给大家，其中一项工作是开展《财政学学科属性研究》课题研究，包括"从财政学发展历史视角的研究"、"从中外财政学发展比较视角的的研究"和"从服务我国政治经济改革视角的研究"三个子课题。

经商议，委托中国人民大学财政金融学院承担子课题《从中外财政学发展比较视角的的研究》，厦门大学经济学院承担子课题《从服务我国政治经济改革视角的研究》，上海财经大学公共经济与管理学院承担子课题《从财政学发展历史视角的研究》。课题研究成果将在 9 月底的财政学教指委第三次全体会议上交流，经会议讨论完善后，形成 2015 年度的教指委专家建议提交教育部。请知悉并完成研究工作。

特此通知。

教育部高等学校财政学类专业教学指导委员会
上海财经大学（代章）
2015 年 4 月

关于委托开展《我国地方财经类院校财税应用型人才培养问题》课题研究的通知

财教函〔2015〕4 号

东北财经大学财政税务学院：

南京审计学院公共经济学院：

贵州财经大学财政与税收学院：

西安交通大学经济与金融学院：

河北经贸大学财政税务学院：

河南大学公共经济研究所：

《教育部高等学校财政学类专业教学指导委员会 2015 年工作计划》已下发给大家，其中一项工作是开展《我国地方财经类院校财税应用型人才培养问题》课题研究，包括"课程设置与就业导向问题研究"、"切实加强实践教学问题研究"和"教材建设与教材选用问题研究"三个子课题。

教指委经征询与商议决定，委托东北财经大学财政税务学院和西安交通大学经济与金融学院承担子课题《切实加强实践教学问题研究》，南京审计学院公共经济学院和河北经贸大学财政税务学院承担子课题《教材建设与教材选用问题研究》，贵州财经大学财政与税收学院和河南大学公共经济研究所承担子课题《课程设置与就业导向问题研究》。课题研究成果将在 9 月底的财政学教指委第三次全体会议上交流，经会议讨论完善后，形成 2015 年度的教指委专家建议提交教育部。请知悉并完成研究工作。

特此通知。

教育部高等学校财政学类专业教学指导委员会
上海财经大学(代章)
2015 年 5 月

关于下发《教育部高等学校财政学类专业教学
指导委员会 2016 年工作计划》的通知

（草案）

财教函〔2016〕1 号

各财政学类专业教指委委员：

《教育部高等学校财政学类专业教学指导委员会 2016 年工作计划》已经财政学教指委主任委员会议审议通过，现下发给大家，请知悉并积极参与和承担相关工作。

特此通知。

教育部高等学校财政学类专业教学指导委员会
上海财经大学（代章）
2016 年 2 月

附： 教育部高等学校财政学类专业教学指导委员会
2016 年工作计划

根据《教育部关于成立 2013－2017 年教育部高等学校教学指导委员会的通知》精神，为保障教育部高等学校财政学类专业教学指导委员会（以下简称财政学教指委）2016 年工作的顺利有效开展，特制定年度工作计划。

一、举办第四届财政学类专业师资暑期培训班

2016 年度第四届财政学类专业师资暑期培训班将由内蒙古财经大学承办，时间暂定在 7 月中旬，主题拟定在"经济新常态与财税体制深化改革"、"供给侧改革与财政政策取向"和"财政学类专业教学改革"等领域。

二、《财政学类本科专业教学质量国家标准》解读培训会

配合教育部"本科专业类教学质量国家标准"工作，拟在教育部"本科专业类教学质量国家标准"印发之后，开展《财政学类本科专业教学质量国家标准》解读培训活动，邀请全国举办财政学类专业高校的院长（系主任）参加，解读培训"标准"的同时开展经验交流。

三、2016 年度财政学教指委调研课题

2016 年，财政学教指委计划本年度调研课题聚焦在两个方面开展调研分析。一是在 2015 年对财政学学科属性有一个初步研究的基础上，今年继续开展深入研究，力争推出阶段性研究成果供相关部门做决策参考；二是对财政学类专业的若干专业基础课（财政学、税收学）的教学内容与大纲开展框架性研究，以便对财政学类专业的教材建设和本科教学提供一个指导性意见。

四、召开财政学教指委第四次全体会议

拟 9 月底在辽宁大学召开财政学教指委第四次全体会议，总结研究工作，交流调研成果。

教育部高等学校财政学类专业教学指导委员会
2016 年 2 月

关于教育部高等学校财政学类专业教学指导委员会举办 2016 年财政学专业第四届暑期师资培训的通知

财教函〔2016〕2 号

根据《教育部关于成立 2013－2017 年教育部高等学校教学指导委员会的通知》(教高函〔2013〕4 号)的精神和教育部高等学校财政学类专业教学指导委员会(以下简称"财政学教指委")2016 年度的工作安排,财政学教指委决定举办 2016 年财政学专业第四届暑期师资培训。

本届师资培训由财政学教指委委托财政学教指委委员所在单位内蒙古财经大学承办,培训内容围绕"经济新常态与财税体制深化改革"、"供给侧改革与财政政策取向"、"财政学类专业教学改革"和"财政学基础理论研究新动态"等领域设置相关专题,聘请在相关领域有深入研究的资深教授和专家学者进行深入浅出的讲解(参见附件二)。

本次暑期师资培训时间为 2016 年 7 月 4 日至 8 日,7 月 3 日报到。报到和培训地点为呼和浩特市新城区呼伦贝尔北路 43 号内蒙古军区招待所(具体参见附件三地图)。请有意向参加培训的老师安排好工作参加培训。

本次师资培训免收培训费,往返交通和食宿费自理。请您务必在 2016 年 6 月 5 日前将培训报名表(参见附件一)发送至邮箱 hanyubin119@vip.qq.com,或邮寄至内蒙古呼和浩特市回民区北二环 185 号内蒙古财经大学(西区)财政税务学院曹贵恒老师收(邮编 010071),或传真至 04715300428。

由于承办单位接待能力有限,本次培训规模限制在 130 人以内,请每个学校(单位)参加人数控制在 3 人以内。学员住宿费为 280～300 元/天,餐费按

100 元/天收取。

教育部高等学校财政学类专业教学指导委员会
上海财经大学(代章)
2016 年 5 月

附件一:

培训报名表

姓名(性别)	
工作单位	
职称/职务	
联系方式(电话、手机)	
电子邮箱	
抵达呼和浩特市的时间、航班、车次	

注:请在 6 月 5 日前发邮件、邮寄或传真回执。

培训部门联系人:

曹贵恒　　电话:04715300429　　13674755561(手机)

韩宇滨　　电话:04715300429　　15049109009(手机)

邮　　箱:hanyubin119@vip.qq.com

传　　真:04715300428

附件二：

培训课程安排

时　间	内　容	授课人
7月4日上午	我国近十年财政学研究态势：基于五本代表性期刊发文的分析	樊丽明
7月4日下午	供给侧结构性改革与财政政策取向	杨灿明
7月5日上午	国家治理现代化与财政学科的发展	刘尚希
7月5日下午	对我国财政学科发展的反思	李俊生
7月6日上午	"营改增"	李万甫
7月6日下午	中国传统法律思维对现代财政转型的影响	李炜光
7月7日上午	关于我国财税改革若干问题的思考	高培勇
7月7日下午	财政学研究方法与理论新动态	范子英
7月8日上午	《财政学》教学的经验与思考	刘　虹
7月8日下午	研　讨	刘小兵

授课师资介绍：

樊丽明：教育部财政学教指委主任委员，上海财经大学校长；

杨灿明：教育部财政学教指委副主任委员，中南财经政法大学校长；

刘尚希：财政部财政科学研究院院长；

高培勇：中国社科院财经战略研究院院长；

李万甫：国家税务总局税收科学研究所所长；

李俊生：教育部财政学教指委副主任委员，中央财经大学副校长；

李炜光：天津财经大学财政学科首席教授；

范子英：上海财经大学公共经济与管理学院教授；

刘　虹：中山大学岭南学院教授；

刘小兵：教育部财政学教指委秘书长，上海财经大学公共经济与管理学院副院长。

教育部财政学类专业教学指导委员会
第四次全体会议通知

财教函〔2016〕3 号

尊敬的财政学教指委委员_____教授：

为履行教育部教学指导委员会的职责和贯彻落实《教育部关于成立 2013－2017 年教育部高等学校教学指导委员会的通知》(教高函〔2013〕4 号)的精神与任务,经商议,决定于 2016 年 10 月 22 日在辽宁沈阳辽宁大学召开教育部财政学类专业教学指导委员会第四次全体会议。

会议研讨内容主要有：

1. 财政学学科属性研讨。

2. 高校"双一流"建设与我国财政学科的发展。

3. 2017 年度的工作安排。

敬请您做好准备,安排好时间参会！

教育部高等学校财政学类专业教学指导委员会
上海财经大学(代章)
2016 年 9 月

关于下发《教育部高等学校财政学类专业教学 指导委员会 2017 年工作计划》的通知

财教函〔2017〕1 号

各财政学类专业教指委委员：

《教育部高等学校财政学类专业教学指导委员会 2017 年工作计划》已经财政学教指委主任委员会议审议通过，现下发给大家，请知悉并积极参与和承担相关工作。

特此通知。

教育部高等学校财政学类专业教学指导委员会

上海财经大学（代章）

2017 年 2 月

附： **教育部高等学校财政学类专业教学指导委员会**

2017 年工作计划

根据《教育部关于成立 2013－2017 年教育部高等学校教学指导委员会的通知》精神，为保障教育部高等学校财政学类专业教学指导委员会（以下简称财政学教指委）2017 年工作的顺利有效开展，特制定年度工作计划。

一、举办第五届财政学类专业师资暑期培训班

2017 年度第五届财政学类专业师资暑期培训班将由广西财经学院承办，时间暂定在 7 月中上旬,主题拟定在财税改革热点问题和财政学类专业教学改革两大领域。

二、《财政学类专业本科教学质量国家标准》解读培训会

本科专业类教学质量国家标准今年预计将发布实施,为配合教育部"本科专业类教学质量国家标准"的宣传推广工作,计划开展《财政学类专业本科教学质量国家标准》解读培训活动,邀请全国举办财政学类专业高校的院系负责人参加,解读培训《财政学类专业本科教学质量国家标准》的同时开展经验交流。

三、出版本届教指委工作成果报告

本届教指委除每年举办一次全国财政学类专业师资暑期培训和召开一次全体会议,具建设性的工作主要在于开展了财政学科属性的研讨和研制推出了《财政学类专业本科教学质量国家标准》,并取得了一定的相关研究成果。为了更好地发挥这两项工作的效果,计划在 2017 年通过征文形式动员教指委委员所在单位的相关研究力量,对这两个主题在原有基础上做进一步的深入研究,争取在教指委第五次全体会议召开之际,出版两本能够充分反应本届教指委主要工作成效的图书。

四、召开财政学教指委第五次全体会议

定于 10 月 21 日至 22 日在河南大学召开财政学教指委第五次全体会议,总结研究工作,交流教改成果。

教育部高等学校财政学类专业教学指导委员会
2017 年 2 月

关于继续开展财政学科属性讨论及征文的通知

财教函〔2017〕2 号

各财政学类专业教指委委员：

2015 年以来，财政学教指委开展了财政学学科属性的研讨，引起了学界广泛讨论，也取得了一定的相关研究成果。为了进一步总结分析财政学科的发展规律，探索十八届三中全会关于"财政是国家治理的基础和重要支柱"的论述对我国财政学科发展的影响，研究财政学科成为一级学科的可能性，财政学教指委决定通过征文形式动员教指委委员所在单位的相关研究力量，继续开展财政学学科属性的讨论。教指委将按照择优原则选取部分优秀论文，专门出版一本关于财政学学科属性研讨的著作，请各位委员收到通知后积极组织，踊跃来稿。

为了迎接 10 月份举办的财政学教指委第五次全体会议，财政学学科属性研讨的著作计划在 10 月出版。考虑到稿件甄选、修改及出版所需时间，请大家在 7 月底之前将稿件发至以下邮箱：geyini@mail.shufe.edu.cn

特此通知。

教育部高等学校财政学类专业教学指导委员会
上海财经大学（代章）
2017 年 2 月

关于开展《财政学类专业本科教学质量国家标准》学习活动及征文的通知

财教函〔2017〕3 号

各财政学类专业教指委委员：

本科专业类教学质量国家标准预计今年将发布实施，为配合教育部"本科专业类教学质量国家标准"的宣传推广工作，财政学教指委决定开展《财政学类专业本科教学质量国家标准》（以下简称标准）学习活动。同时，在学习过程中，请大家对照《标准》的要求，结合本院校财政学类专业的教育教学改革情况，积极撰写教改论文。教指委将按照择优原则选取部分论文，与《标准》研制的一些前期成果汇总出版一本专门的著作。请各位委员收到通知后积极组织，踊跃来稿。

为了迎接 10 月份举办的财政学教指委第五次全体会议，著作计划在 10 月出版。考虑到稿件甄选、修改及出版所需时间，请大家在 7 月底之前将稿件发至以下邮箱：geyini@mail.shufe.edu.cn

特此通知。

教育部高等学校财政学类专业教学指导委员会

上海财经大学（代章）

2017 年 2 月

关于教育部高等学校财政学类专业教学指导委员会举办 **2017** 年财政学专业第五届暑期师资培训的通知

财教函〔2017〕4 号

根据《教育部关于成立 2013－2017 年教育部高等学校教学指导委员会的通知》(教高函〔2013〕4 号)的精神和教育部高等学校财政学类专业教学指导委员会(以下简称"财政学教指委")2017 年度的工作安排,财政学教指委决定举办2017 年财政学专业第五届暑期师资培训。

本届师资培训由财政学教指委委托广西财经学院承办,培训内容围绕财政基本理论、财税改革热点问题和财政学类专业教学改革等领域设置相关专题,聘请知名高校、科研院所和中介机构在相关领域有深入研究的资深教授和专家学者授课(参见附件二)。

本次暑期师资培训时间为 2017 年 7 月 10 日至 14 日,7 月 9 日报到。报到和培训地点为南宁市明园饭店(具体路线参见附件三)。请有意向参加培训的老师安排好工作参加培训。

本次师资培训免收培训费,往返交通和食宿费自理,由会务组统一安排。请您务必在 2017 年 6 月 5 日前将培训报名表(参见附件一)发送至邮箱1903707454@qq.com,或邮寄至广西南宁市大学西路 189 号广西财经学院财政与公共管理学院李建美老师收(邮编 530008),或传真至 0771－3385641。

由于承办单位接待能力有限,本次培训规模限制在 120 人以内,请每个学校(单位)参加人数控制在 3 人以内。学员住宿费为 280～320 元/天,会务费按每人 600 元收取。

教育部高等学校财政学类专业教学指导委员会
上海财经大学(代章)
2017 年 5 月

附件一：

培训报名表

姓名(性别)	
工作单位	
职称/职务	
联系方式(电话、手机)	
电子邮箱	
抵达南宁市的时间、航班、车次	

注：请在 6 月 5 日前发邮件、邮寄或传真回执。

培训部门联系人：

李顺明　　电话：0771－3385639　　13006918084(手机)

李建美　　电话：0771－3385641　　15277044671(手机)

邮　　箱：1903707454@qq.com

传　　真：0771－3385641

附件二：

培训课程安排

时　间	内　容	授课人
7月10日上午9—12点	大学人才培养目标与财政学核心课程	樊丽明
7月10日下午2—5点	高校教师应处理好的三大关系	杨灿明
7月11日上午9—12点	供给侧结构性改革中的积极财政政策	王　乔
7月11日下午2—5点	关于财政学教学改革的思考	马　骁
7月12日上午9—12点	深化财税体制改革　建立现代财政制度	马海涛
7月12日下午2—5点	财政学专业教育与创新创业教育的深度融合	蒙丽珍
7月13日上午9—12点	财政学在中国的发展	杨志勇
7月13日下午2—5点	税务规划的原则和方法	叶永青
7月14日上午9—12点	全球化背景下中国企业税务风险的管理架构、制度与手段	林　绥
7月14日下午2—5点	研　讨	刘小兵

授课师资介绍：

樊丽明：教育部财政学教指委主任委员，上海财经大学校长；

杨灿明：教育部财政学教指委副主任委员，中南财经政法大学校长；

王　乔：教育部财政学教指委副主任委员，江西财经大学校长；

马　骁：教育部财政学教指委副主任委员，西南财经大学副校长；

马海涛：中央财经大学研究生院院长，全国财政学教学研究会理事长；

蒙丽珍：广西财经学院副院长；

杨志勇：中国社会科学院财经战略研究院财政研究室主任；

叶永青：金杜律师事务所合伙人，中国财税法学研究会理事；

林　绥：德勤中国合伙人，联合国中国发展项目专家；

刘小兵：教育部财政学教指委秘书长，上海财经大学公共经济与管理学院院长。

教育部财政学类专业教学指导委员会
第五次全体会议通知

财教函〔2017〕5 号

尊敬的财政学教指委委员_____教授：

为履行教育部教学指导委员会的职责和贯彻落实《教育部关于成立 2013—2017 年教育部高等学校教学指导委员会的通知》(教高函〔2013〕4 号)的精神与任务,经商议,定于 2017 年 10 月 28—29 日在河南大学召开教育部财政学类专业教学指导委员会第五次全体会议。

会议内容主要包括高校"双一流"建设与财政学科发展研讨、财政学类专业教改成果交流、本届财政学教指委工作总结以及对下届教指委工作的建议。

会议地点及会务安排参见附件。

敬请做好准备并安排好时间参会!

教育部高等学校财政学类专业教学指导委员会
上海财经大学(代章)
2017 年 8 月

附录 3

财政学类专业建设与发展状况调查问卷

（高校卷）

各举办财政(税收)专业的高校：

为进一步了解财政(税收)专业的建设与发展情况,给制定财政学类本科专业教学质量国家标准提供参考,我们特设计此调查问卷,请贵校协助填写(建议以财政(税收)专业所在院系和教务处为主开展调查)。衷心感谢您的支持！

注:单选和多选题,请在选项字母下打"√";填空题在横线上直接填入答案。

教育部高等学校财政学类专业教学指导委员会
上海财经大学(代章)
2013 年 10 月

一、基本情况

1. 学校名称_____
   学校地址_____
   邮政编码_____,校园网址_____

2. 学校基本类型：

   A. 综合类　　B. 财经类　　C. 理工类　　D. 其他

3. 学校办学属性：

   A. 大学　　B. 学院　　C. 独立学院

4. 学校办学定位：

   A. 教学型　　B. 教学研究型　　C. 研究型

5. 学校主管部门：

   A. 教育部　　B. 其他部委　　C. 省(直辖市、自治区)教(委)育厅

6. 学校在校生人数：_____。

7. 财政(税收)专业在校生人数：_____。

8. 财政(税收)专业所在院系名称:_____。

9. 学校开始举办财政学专业的时间:_____。

10. 本校开设与财政(税收)相近专业情况(列举 3～5 个专业):

_____、_____、_____、

_____、_____。

二、专业建设的现状

1. 财政(税收)专业生源在贵校所有专业中的地位:

A. 最好　　　B. 中等偏上　　　C. 中等　　　D. 中等偏下　　　E. 最差

2. 财政(税收)专业在贵校所有专业中属于:

A. 最好的专业之一　　　B. 中等偏上的专业之一　　　C. 中等的专业之一

D. 中等偏下的专业之一　　　E. 最差的专业之一

3. 贵校财政(税收)专业属于(可多选):

A. 国家重点专业　　　B. 国家特色专业

C. 省(直辖市、自治区)重点专业　　　D. 一般专业

4. 贵校财政(税收)专业的人才培养目标:

_____

_____。

5. 贵校财政(税收)专业的人才培养目标与贵校的办学定位:

A. 很相符　　　B. 相符　　　C. 基本相符　　　D. 不相符　　　E. 不清楚

6. 财政(税收)专业的人才培养目标与社会经济发展需要:

A. 很适应　　　B. 适应　　　C. 基本适应　　　D. 不适应　　　E. 不清楚

7. 贵校对财政(税收)专业的专业培养目标:

A. 定期评估与修订　　　B. 偶尔评估与修订　　　C. 从不评估与修订

8. 贵校____年一次修订财政(税收)专业的培养方案。

9. 近年来修订该专业培养方案的目标、原则是:

_____

_____。

10. 目前该专业的总学时是_____,总学分是_____。

11. 体现贵校对财政(税收)专业人才培养知识、能力、素质要求的核心课程有(至少列举8门)_____、_____、_____、_____、_____、_____、_____、_____、_____。

12. 贵校财政(税收)专业开设的特色课程有_____、_____、_____。

13. 贵校对本科教学质量监控采取了哪些措施(可多选)?

A. 学生评教　　　B. 领导、专家听课　　　C. 设立奖惩制度

D. 其他_____

14. 贵校是否建立了教学质量定期评估制度(选"A"者请提供教学质量定期评估制度)?

A. 已建立　　　B. 未建立

15. 贵校有无教材选用管理办法?

A. 有(请提供一份管理办法)　　　B. 无

16. 贵校财政(税收)专业选用教材的做法是:

A. 使用统编教材　　　B. 由学科带头人推荐教材

C. 任课教师自选教材

17. 教授《财政学》(《税收学》)课程时,贵校普遍使用的教材是:

A. 国家精品课程教材　　　B. 省(直辖市、自治区)精品教材

C. 自编非国家精品课程教材　　　D. 国外教材

18. 贵校财政(税收)专业双语课程占所有课程的比重:

A.<5%　　　B.≥5%但<10%　　　C.≥10%但<30%　　　D.≥30%

19. 贵校财政(税收)专业是否开设了全英语课程?

A. 已开设(请列举课程名称)_____

B. 未开设

20. 贵校财政(税收)专业是否有实践教学环节?

A. 有　　　B. 无

21. 贵校财政(税收)专业的实践教学环节包括:

A. 课程实验　　B. 教学实习　　C. 社会实践　　D. 科研训练

E. 其他(请列举)＿＿＿＿＿＿＿＿＿＿＿

22. 贵校财政(税收)专业是否建有实验室?

A. 有(名称分别为＿＿＿＿＿＿＿＿＿＿＿)　　　　B. 无

23. 贵校财政(税收)专业是否建有实习基地?

A. 有(＿＿＿＿个)　　　B. 无

24. 贵校是否建立了毕业论文管理制度(选"A"者请提供一份管理制度)?

A. 已建立　　B. 未建立

25. 贵校财政(税收)专业学生考试违纪率是:

A. 0　　B. <1%　　C. <3%　　D. <5%　　E. ≥5%

26. 财政(税收)专业专任教师总体状况:请按"姓名、性别、年龄、专业技术职务、第一学历毕业学校(专业、学位)、最后学历毕业学校(专业、学位)、现从事专业、担任的主干课程、专职/兼职"列示教师清单,作为附件附后。

27. 财政(税收)专业专任教师中副教授及以上职称教师所占比例为＿＿＿＿＿＿＿。

28. 财政(税收)专业专任教师的博士比例为＿＿＿＿＿＿。

29. 财政(税收)专业专任教师出国进修研究＿＿＿次/人均、年,其中,3 个月的占比＿＿＿＿＿＿,6 个月的占比＿＿＿＿＿＿,1 年以上的占比＿＿＿＿＿＿。

30. 财政(税收)专业专任教师国内培训进修研究＿＿＿＿＿＿次/人均、年,采取的形式:

A. 访问学者　　B. 博士后研究人员　　C. 参加培训班　　D. 其他＿＿＿＿＿＿

31. 贵校的生师比是＿＿＿＿＿＿＿＿。

32. 贵校财政(税收)专业学生毕业率是＿＿＿＿＿＿＿＿。

33. 贵校财政(税收)专业学生获得学位率是＿＿＿＿＿＿＿＿。

34. 近三年来,贵校财政(税收)专业的就业率分别是＿＿＿＿＿＿、＿＿＿＿＿＿、＿＿＿＿＿＿。

35. 贵校财政(税收)专业最近一届毕业生的就业去向(在下表相应的空格

中根据就业去向的排序打"√")。

	1	2	3	4	5	6	7	8
财政(税务)机关								
其他机关事业单位								
各类事务所中介机构								
升学								
金融机构								
工业企业								
商业企业								
其他								

36. 该专业毕业生就业是否存在困难？

A. 不存在　　　B. 基本不存在　　　C. 存在

如存在困难,主要是＿＿＿＿＿＿＿＿＿＿＿＿＿＿＿＿＿＿＿＿。

三、改革发展重点难点问题

1. 您认为影响本科教学质量的主要因素是(限选3项)：

A. 学校重视程度　　　B. 学校管理水平　　　C. 经费投入水平

D. 学校整体师资水平　　　E. 社会实践条件　　　F. 其他＿＿＿＿＿＿＿

2. 当前我国财政(税收)专业本科生教育存在的最主要问题是(限选3项)：

A. 教育投入不足,教学条件紧张

B. 专业设置、课程体系与社会需求脱节

C. 人才培养的规格或模式趋同,缺乏特色

D. 教师队伍整体素质不高

E. 教学模式和方法落后

F. 其他＿＿＿＿＿＿＿

3. 提高我国财政(税收)专业本科生教育质量最急需的是（限选3项)：

A. 提高教师队伍整体水平　　　B. 推动人才培养模式改革

C. 加强实践性教学环节　　　D. 推动人才培养的国际化进程

E. 推动人才培养的个性化　　F. 其他_____

4. 为了提高财政(税收)专业本科生教育教学质量,贵校采取了哪些有效措施? 哪些经验值得推广?

_____

_____

_____。

5. 对制定财政类专业本科教学质量国家标准,您有何建议?

_____

_____

_____

_____

_____

_____

_____。

6. 您最希望教育部财政学教指委给予的指导、服务是_____、

_____、_____、_____、_____、_____、

_____、_____、_____、_____。

附录 4

财政学类专业建设与发展状况调查问卷

（用人单位卷）

各有关用人单位：

为进一步了解各用人单位对财政（税收）专业毕业生的需求与使用情况，给制定财政学类本科专业教学质量国家标准提供参考，我们特设计此调查问卷，请贵单位协助填写，感谢您的参与！（建议以人事管理部门为主开展调查）

教育部高等学校财政学类专业教学指导委员会
上海财经大学（代章）
2013 年 10 月

    1. 贵单位名称：＿＿＿＿＿＿＿＿＿＿＿＿＿＿＿＿＿＿＿＿。

    2. 贵单位现有员工人数是＿＿＿＿＿＿＿人。

    3. 贵单位现有员工中具有大学本科以上学历的人数是＿＿＿＿＿＿＿人。

    4. 贵单位现有大学本科以上学历的员工中，来自财政（税收）专业的有＿＿＿＿＿＿人。

    5. 贵单位现有大学本科以上学历的员工中，女性有＿＿＿＿＿＿＿人。

    6. 从贵单位每年的用人需求看，主要招聘对象是：

A. 中专生及以下   B. 大专生   C. 本科生   D. 研究生

E. 没有要求

    7. 贵单位在招聘毕业生时对下列因素的重视程度如何（在下表相应的格中打"√"）？

	非常看重	比较看重	一般	不看重
学历层次				
所学专业				

续表

	非常看重	比较看重	一般	不看重
学校声誉				
第一学历毕业学校				
学习成绩				
竞赛获奖				
个人能力				
性格特点				
学生干部				
面试表现				
是否本地人				
相貌身高				
性别				
文体特长				

8. 贵单位目前需要的人才类型是：

A. 学术型人才　　 B. 应用型人才　　 C. 其他（请列举）_____

9. 在应聘者的素质、能力、知识中，您认为最重要的是：

A. 素质　　 B. 能力　　 C. 知识　　 D. 无差异

10. 作为财政（税务）部门，贵单位认为毕业生是否是财政（税收）专业对是否录用的影响：

A. 很大　　 B. 较大　　 C. 较小　　 D. 很小　　 E. 无影响

11. 作为企业，贵单位录用财政（税收）专业毕业生的原因主要是：

A. 专业对口　　 B. 综合素质高　　 C. 动手能力强　　 D. 毕业学校好

12. 贵单位安排毕业生从事的工作岗位主要是：

A. 技术类　　 B. 管理类　　 C. 科研类　　 D. 其他（请列举）_____

13. 贵单位认为财政（税收）专业毕业生选择贵单位的主要原因是：

A. 薪酬　　 B. 发展潜力　　 C. 专业对口　　 D. 城市地域

E. 社会地位　　 F. 其他（请列举）_____

14. 贵单位现任处级及以上干部有_____人。

15. 现任处级及以上干部中具有本科以上学位者有_____人。

16. 现任处级及以上干部中来自财政（税收）专业的有_____人。

17. 对于财政（税收）专业人才培养中进行的实践教学，您认为：

A. 非常必要　　　B. 可有可无　　　C. 没必要　　　D. 不好说

18. 贵单位是否愿意接受财政（税收）专业的学生前往贵单位实习？

A. 愿意　　　B. 不愿意　　　C. 不好说

19. 您认为在财政（税收）专业的人才培养过程中，财政（税务）部门是否存在与高校合作的可能？

A. 存在　　　B. 不存在　　　C. 不好说

 20. 如果您认为存在合作的可能，可能采取的合作方式有（请列举）

_____、_____、_____、_____、_____。

21. 贵单位聘用的财政（税收）专业本科生主要来自于哪些高校？请按聘用数量排序：_____、_____、_____、_____、_____；请按适用度排序：_____、_____、_____、_____、_____。

22. 在贵单位聘用的本科生中，您认为财政（税收）专业毕业的比非财政（税收）专业毕业的在专业适应性方面是否更具有优势？

A. 有　　　B. 没有　　　C. 不好说

23. 就贵单位已聘用的财政（税收）专业毕业的本科生来看，总体印象是：

A. 非常满意　　　B. 比较满意　　　C. 基本满意　　　D. 不满意

24. 您认为在工作中财政（税收）专业大学毕业生存在哪些不足（可多选）？

A. 知识宽而不精　　　B. 基础知识不牢固　　　C. 实际操作能力有待提高

D. 书本知识与实际操作不能很好的衔接

E. 吃苦耐劳精神较差　　　F. 不愿从基层做起且缺乏主动性

G. 其他_____

25. 如果要加强对财政（税收）专业学生的培养，您希望得到加强的是：

A. 思想品德　　　B. 专业知识　　　C. 分析能力　　　D. 社会实践

E. 操作技能　　F. 综合素质　　G. 适应社会的能力　　H. 其他＿＿

26. 对高校财政(税收)专业人才培养,您有什么建议?

＿＿＿＿＿＿＿＿＿＿＿＿＿＿＿＿＿＿＿＿＿＿＿＿＿＿＿＿＿＿＿

＿＿＿＿＿＿＿＿＿＿＿＿＿＿＿＿＿＿＿＿＿＿＿＿＿＿＿＿＿＿＿＿＿

＿＿＿＿＿＿＿＿＿＿＿＿＿＿＿＿＿＿＿＿＿＿＿＿＿＿＿＿＿＿＿＿＿

＿＿＿＿＿＿＿＿＿＿＿＿＿＿＿＿＿＿＿＿＿＿＿＿＿＿＿＿＿＿＿。

27. 其他意见和建议：

＿＿＿＿＿＿＿＿＿＿＿＿＿＿＿＿＿＿＿＿＿＿＿＿＿＿＿＿＿＿＿

＿＿＿＿＿＿＿＿＿＿＿＿＿＿＿＿＿＿＿＿＿＿＿＿＿＿＿＿＿＿＿＿＿

＿＿＿＿＿＿＿＿＿＿＿＿＿＿＿＿＿＿＿＿＿＿＿＿＿＿＿＿＿＿＿＿＿

＿＿＿＿＿＿＿＿＿＿＿＿＿＿＿＿＿＿＿＿＿＿＿＿＿＿＿＿＿＿＿＿。

附录5

财政学类专业实践教学状况调查问卷

（高校卷）

各有关高校：

根据财教函〔2014〕3号文件精神和财政学类专业教学指导委员会2014年的工作安排，南京财经大学财政与税务学院和云南大学经济学院共同承担"地方财经院校实践教学的经验与问题"课题研究。为进一步了解地方财经院校财政学类专业实践教学的现状，为财政学类专业教学改革提供依据，特设计此问卷。

本问卷中的财政学类专业包括财政学、税收学专业。调查结果仅用于研究，所有答案均无正确与错误之分。对于有备选答案的题目，可直接在所选项上打"√"。本卷填好后，请连同收回的用人单位问卷（每个高校至少5份）和毕业生问卷（每个高校至少10份）在10月15日前寄往云南大学经济学院罗美娟副院长收（昆明市翠湖北路2号 邮编：650091）。我们将严格履行保密义务，衷心感谢支持！

教育部高等学校财政学类专业教学指导委员会
2014年9月

1. 贵单位名称：＿＿＿＿＿＿＿＿＿＿＿＿＿＿＿＿＿＿＿＿＿＿＿＿

2. 贵校是否制定了财政学（税收学）专业实践教学的培养方案或教学计划：

A. 是　　B. 否

3. 贵校财政学（税收学）专业实践教学体系主要包括（可多选）：

A. 专业实践教学　　B. 第二课堂　　C. 假期社会实践　　D. 毕业实习

E. 校内模拟实验（训）　　F. 其他（请列举）＿＿＿＿＿＿＿＿＿＿＿＿

4. 贵校是否开设财政学(税收学)专业实践教学的相关课程?

A. 无　　B. 有(请列举课程名称)_____

5. 贵校财政学(税收学)专业是否建有校外实习(践)基地?

A. 无　　B. 有(_____个)

6. 贵校的财政学(税收学)专业实践教学的学分设置占全部学分的比重是:

A. 10%以下　　B. 10%～20%　　C. 20%～30%　　D. 30%以上

7. 贵校是否与政府部门、企事业单位等共同建设实践教学基地?

A. 无　　B. 有(合作单位_____)

8. 贵校是否有财政学(税收学)专业实践教学实验室?

A. 无　　B. 有(实验室名称_____)

9. 贵校哪些财政学(税收学)课程安排了教学实践环节,这些课程中,理论和实务各占多少? 有多少课程是在实验室完成的? 效果如何?

_____

_____。

10. 贵校财政学(税收学)专业实验室教学的主要方式方法是:

A. 以教师为主体的启发式教学方法

B. 教师和学生作为合作者相互沟通交流的教学方式

C. 以学生为主体,进行课堂讨论和情景模拟等内容的教学方法

D. 其他_____

11. 贵校实验中使用计算机等仪器设备是否能满足教学要求?

A. 能满足教学要求　　B. 基本满足教学要求　　C. 无法满足教学要求

12. 贵校财税模拟实验室拥有的配套软件系统有:

_____

_____。

13. 贵校财政学(税收学)拥有配套软件系统的课程包括:

_____

_____。

14. 贵校负责实验教学工作的师资队伍构成是:

A. 以校内有较强的理论功底和教学经验的专职教师为主

B. 校内教师和校外兼职教师联合指导,产学研相结合

C. 以校外兼职教师为主,引导学生注重实践性和现实性

D. 其他情况＿＿＿＿＿＿＿＿＿＿＿＿＿＿＿＿＿＿＿＿＿＿＿

15. 贵校在财政学(税收学)专业实践教学中对于教师的考核标准是:

A. 以教师的理论水平和学术水平为主要考核标准

B. 以学生的评价和学生考核成绩为主要考核标准

C. 以院校教学督导组的听课评价为主要考核标准

D. 其他＿＿＿＿＿＿＿＿＿＿＿＿＿＿＿＿＿＿＿＿＿＿＿＿＿

16. 贵校在财政学(税收学)专业实践教学中对于学生成绩的评定标准是:

A. 学生的考试成绩或实践教学成果

B. 综合学生的平时表现进行评价

C. 以用人单位、实践实习基地的反馈为主要参照标准

D. 其他＿＿＿＿＿＿＿＿＿＿＿＿＿＿＿＿＿＿＿＿＿＿＿＿＿

17. 贵校开展财政学(税收学)专业实践教学工作以来,本专业学生的动手能力:

A. 有明显提高　　　B. 有一定提高　　　C. 提高不大

18. 贵校开设财政学(税收学)专业实践教学工作取得的主要成果形式是:

A. 科研论著　　　B. 案例　　　C. 各类竞赛获奖　　　D. 课题研究报告

E. 其他(请列举)＿＿＿＿＿＿＿＿＿＿＿＿＿＿＿＿＿＿＿＿＿＿＿

19. 对于建设良好的专业实验教学辅助环境,下列哪些条件是目前需要解决的紧迫问题(可多选)?

A. 建立辅助实验教学的网站,将实验教学大纲、数据、操作手册等统一公布在网站上,便于学生开展实验

B. 建立开放的实验环境,可以使学生在实验室以外的计算机上进行实验

C. 建立完善的实验考评制度,便于对学生实验效果进行全面、公正的考评

D. 提供高水平的实验教材

E. 其他＿＿＿＿＿＿＿＿＿＿＿＿＿＿＿＿＿＿＿＿＿＿＿＿＿

20. 就贵校财政学(税收学)专业实践教学的现状而言,下列哪方面的改革是急需进行的(可多选)?

A. 强化教师及学生对实践教学的认识

B. 强化实践教学师资队伍的建设

C. 加大财力物力投入,改善实验教学环境

D. 改革实验教学内容,逐步实现专业课程理论与实践的融合

E. 加强校内校外实习基地的建设

F. 其他_____

21. 当前开展财政学(税收学)专业实践教学工作中的薄弱环节是(可多选):

A. 对用人单位需求了解不够充分,实践教学内容陈旧、脱离实际

B. 专业实践教学体系构成不够全面、完整

C. 缺乏专业实践教学师资队伍,难以起到引领作用

D. 目前的专业实践教学内容和社会实践脱节,难以有效培养学生的实践和创新能力

E. 其他_____

22. 贵校在财政学(税收学)专业实践教学方面做了哪些创新性的工作?

_____

_____

_____

_____

_____。

23. 贵校如何保障专业实践教学质量?

_____

_____

_____

_____

_____

_____。

24. 对地方财经院校财政学(税收学)专业实践教学改革,贵校有何建议?

_____

_____

_____

_____

_____

_____。

财政学类专业实践教学状况调查问卷

（毕业生卷）

各位校友：

　　根据财教函〔2014〕3号文件精神和教育部财政学类专业教学指导委员会2014年的工作安排，南京财经大学财政与税务学院和云南大学经济学院共同承担"地方财经院校实践教学的经验与问题"课题研究。为进一步了解地方财经院校财政学类专业实践教学的现状，为财政学类专业教学改革提供依据，特设计此问卷。

　　本问卷中的财政学类专业包括财政学、税收学专业。本卷实行匿名填写。调查结果仅用于研究，所有答案均无正确与错误之分。对于有备选答案的题目，可直接在所选项上打"√"。请如实填写后将本问卷寄回发卷母校。我们将严格履行保密义务，衷心感谢支持！

教育部高等学校财政学类专业教学指导委员会
2014年9月

毕业院校：_____专业：_____　　毕业时间：_____

1. 你所在学院的实验室开放情况：

A. 全方位开放（时间、空间、内容）　　　B. 只在实践教学时开放

C. 只对创新实验项目开放　　　D. 不开放

2. 你认为本专业实验课程指导教师的操作和指导的水平：

A. 整体水平较高　　　B. 部分教师水平较高　　　C. 整体水平一般

3. 你认为通过校内实验课程的学习，动手（实践）能力：

388

A. 提高较快　　B. 有所提高　　C. 提高不明显　　D. 没有提高

4.下列实践教学环节中,哪类实践教学对培养专业能力帮助最大?

A. 实验课　　B. 毕业实习　　C. 科研训练　　D. 假期社会实践

5. 你在校内外实践基地进行专业实践的时间是否充足?

A. 时间充足　　B. 时间不足　　C. 刚好合适

6. 你所在专业的实践课程布置过课外操作技能训练或社会实践作业吗?

A. 布置过　　B. 有布置,但很少　　C. 从不布置

7. 你在校外实践基地实习中的收获:

A. 很大　　B. 很一般　　C. 没有什么收获

8. 你觉得我校校外实践教学环节的组织、管理工作做得:

A. 很好　　B. 还行,不太完善　　C. 不好,放任自流

9. 校外毕业实习指导情况:

A. 有校内带队教师指导　　B. 实习单位安排专人指导

C. 没有任何人指导,靠自己干

10. 你对毕业实习各项规章制度的熟悉情况:

A. 清楚　　B. 基本清楚　　C. 不清楚

11. 贵校的毕业实习时间是____个月。你认为毕业实习时间长度:

A. 过长　　B. 合适　　C. 基本合适　　D. 过短

12. 毕业实习前,你是否参加过见习?

A. 参加过　　B. 参加过,但时间很短　　C. 没有参加过

13. 毕业实习前,你是否参加过职业技能训练?

A. 参加过　　B. 参加过,但时间很短　　C. 没有参加过

14. 毕业实习单位安排的实习内容与实习任务主要是_____。

你对毕业实习单位安排的实习内容与实习任务是否满意?

A. 满意　　B. 基本满意　　C. 不满意

15. 你认为毕业实习单位的设备、设施等基本条件:

A. 能满足实习的要求　　B. 基本能满足实习的要求

C. 不能满足实习的要求

16. 你对毕业实习效果的评价：

A. 达到效果　　B. 基本达到效果　　C. 没有达到效果

17. 你在学校参加了哪些职业技能鉴定考试？

_____

_____。

获得了什么证书？

_____。

18. 你对改进我校财政学(含税收学)专业实践教学有何意见和建议？

_____

_____。

财政学类专业实践教学状况调查问卷

（用人单位卷）

各单位：

　　根据财教函〔2014〕3 号文件精神和教育部财政学类专业教学指导委员会 2014 年的工作安排，南京财经大学财政与税务学院和云南大学经济学院共同承担"地方财经院校实践教学的经验与问题"课题研究。为进一步了解地方财经院校财政学类专业实践教学的现状，为财政学类专业教学改革提供依据，特设计此问卷。

　　本问卷中的财政学类专业包括财政学、税收学专业。调查结果仅用于研究，所有答案均无正确与错误之分。对于有备选答案的题目，可直接在所选项上打"√"。请如实填写后将本问卷寄回发卷院校。我们将严格履行保密义务，衷心感谢支持！

教育部高等学校财政学类专业教学指导委员会
2014 年 9 月 15 日

1. 贵单位名称：_____。
2. 贵单位现有在职员工人数_____人。
3. 贵单位现有在职员工中具有大学本科以上学历的人数是_____人。
4. 贵单位现有在职员工中，来自财政学（税收学）专业的有_____人。
5. 贵单位在招聘员工时，最注重哪些方面的素质与能力（可多选）？

A. 政治素质　　　B. 职业道德　　　C. 敬业精神与责任心

D. 上进心　　　　E. 文化修养　　　F. 竞争意识

G. 团队精神　　　H. 外语水平　　　I. 独立解决问题能力

J. 表达能力　　　　　K. 管理能力　　　　L. 适应能力

M. 创新能力　　　　　N. 沟通能力　　　　O. 人际交往能力

P. 持续学习能力　　　Q. 领导能力　　　　R. 其他

6. 贵单位目前需要的人才类型是：

A. 学术型人才　　　B. 应用型人才　　　C. 其他(请列举)＿＿＿＿＿＿

7. 贵单位录用的财政学(税收学)专业本科生主要来自于哪些高校？

请按录用数量排序：＿＿＿＿＿＿＿＿、＿＿＿＿＿＿＿＿、＿＿＿＿＿＿＿、

＿＿＿＿＿＿＿、＿＿＿＿＿＿＿。

请按适用度排序：＿＿＿＿＿＿＿＿、＿＿＿＿＿＿＿＿、＿＿＿＿＿＿＿、

＿＿＿＿＿＿＿、＿＿＿＿＿＿＿。

8. 贵单位对已录用的财政学(税收学)专业毕业的本科生总体印象是：

A. 非常满意　　　B. 比较满意　　　C. 基本满意　　　D. 不满意

9. 您认为在工作中财政学(税收学)专业大学毕业生存在哪些不足(可多选)？

A. 知识宽而不精　　　B. 基础知识不牢固

C. 实际操作能力有待提高　　　D. 专业技能不扎实

E. 吃苦耐劳精神较差　　　F. 不愿从基层做起且缺乏主动性

G. 其他＿＿＿＿＿＿＿

10. 如果要加强对财政学(税收学)专业学生的培养，您希望得到加强的是(可多选)：

A. 思想品德　　　　B. 专业知识　　　　C. 分析能力

D. 社会实践　　　　E. 操作技能　　　　F. 综合素质

G. 适应社会的能力　　　H. 其他＿＿＿＿＿＿＿

11. 您认为我校毕业生与其他高校相同专业毕业生相比，有哪些优势和不足？(以下方面，具有优势的打"√"，不具有优势的打"×")

□ 学习能力　　　□ 独立思考　　　□ 动手能力　　　□ 竞争意识

□ 团队精神　　　□ 敬业精神　　　□ 责任心　　　　□ 文化修养

□ 公关能力　　　□ 创新能力　　　□ 表达能力　　　□ 管理能力

☐ 适应能力　　　☐ 上进心　　　☐ 其他＿＿＿＿＿＿

12. 您对我校财政学（税收学）专业课程设置和实践教学有何意见和建议？

＿＿＿＿＿＿＿＿＿＿＿＿＿＿＿＿＿＿＿＿＿＿＿＿＿＿＿＿＿＿＿＿＿

＿＿＿＿＿＿＿＿＿＿＿＿＿＿＿＿＿＿＿＿＿＿＿＿＿＿＿＿＿＿＿＿＿

＿＿＿＿＿＿＿＿＿＿＿＿＿＿＿＿＿＿＿＿＿＿＿＿＿＿＿＿＿＿＿＿＿

＿＿＿＿＿＿＿＿＿＿＿＿＿＿＿＿＿＿＿＿＿＿＿＿＿＿＿＿＿＿＿。

13. 其他意见和建议：

＿＿＿＿＿＿＿＿＿＿＿＿＿＿＿＿＿＿＿＿＿＿＿＿＿＿＿＿＿＿＿＿＿

＿＿＿＿＿＿＿＿＿＿＿＿＿＿＿＿＿＿＿＿＿＿＿＿＿＿＿＿＿＿＿。